KB201175

덩샤오핑 제국 30년

이 도서의 국립중앙도서관 출판예정도서목록(CIP)은 서지정보유통지원시스템 홈페이지(http://seoji.nl.go.kr)
와 국가자료공동목록시스템(http://www.nl.go.kr/kolisnet)에서 이용하실 수 있습니다.
CIP제어번호: CIP2016002270(양장), CIP2016002271(반양장)

鄧小平帝國三十年

덩샤오핑 제국
30년

롼밍 지음 | 이용빈 옮김

한울
아카데미

한국어판 서문

『덩샤오핑 제국 30년(鄧小平帝國30年)』의 한국어판이 번역·출간되는 시점에 즈음해, 한국의 독자 여러분께 몇 가지 말을 전할 수 있는 기회를 갖게 된 것을 매우 기쁘게 생각합니다.

우선, 저는 우선 생명력과 창조력으로 가득한 한국 국민들에게 경의를 표합니다. 한국은 유구한 역사를 지닌 '동방의 고국(古國)'입니다. 그런데 근대 시기 이래로 외래 정권과 독재 정권이 한국 국민을 노예로 만들고자 압박했던 바가 있습니다. 한국의 국민 여러분은 이러한 멍에를 쓴 가운데서도 끊임없이 투쟁해왔던 것을 부디 자랑스럽게 여기시기 바랍니다. 일본으로부터의 독립을 위한 1919년 3·1 운동을 위시해, 용감한 한국 국민들은 자유와 민주를 쟁취하기 위한 휘황찬란한 역사의 한 페이지를 아름답게 장식해왔습니다.

더욱 감탄스러운 일은, 전 세계 제3차 민주화 물결[1] 가운데 독재 통치의

---

[1] 1980년대 이후 개발도상국에서 권위주의 정권이 퇴장하고 동유럽의 사회주의 체제가 몰락하면서, 전 세계가 '민주주의'라는 단일 패러다임으로 수렴되는 과정을 일컫는다. _옮긴이 주

멍에를 벗어던진 한국의 국민들은 위대한 생명력과 창조력을 발휘해 새롭게 부흥하는 자유민주국가 가운데 경제·정치·문화 영역에서 유례를 찾을 수 없는 기적을 만들어냈으며, 한국을 새로 떠오르는 국가 중 하나로 신속하게 발돋움시켰다는 점입니다.

한국이 성공하게 된 비밀은 어디에 있을까요? 저는 바로 1919년의 「독립선언서」에 제시된 "아(我) 조선(朝鮮)의 독립국(獨立國)임과 조선인(朝鮮人)의 자주민(自主民)임을 선언하노라"라는 구절에 있다고 생각합니다. 독립과 자주는 한 국가, 그리고 한 개인의 영혼입니다. 한국 국민의 위대함은 바로 독립과 자주정신을 견지해 스스로 자신의 주인이 되고, 국가의 주인이 된 데 있습니다. 또한 자신이 위대하다고 여기고, 자신의 위대함을 믿으며, 자신의 위대함을 실현한 데 있습니다.

노예의 멍에로부터 벗어난 신생 국가는 자신을 인정하지 않고 스스로를 신뢰하지 않으며 독립과 자유로부터 도피하기 십상입니다. 환경적으로는 노예의 멍에로부터 벗어나더라도 자신이 만들어낸 정신적 멍에로부터는 벗어나지 못하며, 신체가 일어서더라도 그 영혼은 땅바닥에 무릎을 꿇곤 합니다. 이 때문에 타국에 의존하거나 모방하는 경향을 지니기가 쉬우며, 자주적·혁신적인 길을 개척하기를 주저해 생명력과 창조력을 실현하기가 어렵습니다. 이러한 점에서 저는 한국 국민이 지닌 독립자주 정신의 가치를 높이 평가합니다.

둘째, 『덩샤오핑 제국 30년』은 제가 당대 중국의 역사에 '진실로서의 기록'을 남기기 위해 집필한 것입니다. 1989년에 천안문 학살이 일어난 이후 저는 『덩샤오핑 제국(鄧小平帝國)』(1992)이라는 책을 집필했는데, 이는 덩샤오핑(鄧小平)이 중국을 통치하던 첫 번째 10년, 즉 1979년에서 1989년까지의 사실을 기록한 내용이었습니다.

1992년 이후 중국과 덩샤오핑에 대해 쓴 책들이 많이 출간되고 있습니다. 그런데 그 내용은 대부분 덩샤오핑에 대한 '완전한 칭송'과 '완전한 부정'의 두 가지 극단 중 하나에 편중되어 있습니다.

중국의 국내총생산(GDP)이 빠르게 증가함에 따라 서방의 일부 정치인, 학자, 관료는 중국의 정치제도가 서방보다 우월하다고 맹목적으로 고취하면서, 미국과 중국이 G2가 되어 세계를 함께 관리하자고 유세를 했습니다. 그리고 이러한 흐름은 2009년에 절정에 달했습니다. 이 책은 바로 그 당시 한편으로 물거품이 되어가고 있던 '중국 연구'에 대한 반응이었습니다.

물극필반(物極必反)이라는 말이 있듯이, 사물은 극단에 도달하면 반드시 거꾸로 나아가게 되어 있습니다. 2010년 중국은 남중국해와 동중국해에서 막강한 무력을 위협적으로 드러내어 미국과 아시아·태평양 지역의 자유 국가들이 경각심을 갖도록 만들었으며, 사람들이 신중하게 중국의 부상에 대해 살펴보도록 했습니다. 그렇지만 중국의 표면적인 현상에 미혹되어 내재적인 본질을 홀시하는 저작들이 여전히 세상에 유행하고 있는데, 에즈라 보겔(Ezra Vogel) 교수가 최근 출간한 『덩샤오핑과 중국의 전환(Deng Xiaoping and the Transformation of China)』이라는 두툼한 서적도 여기에 포함됩니다.

따라서 이 책의 출간이 역사의 대비(對比)라는 측면에서, 한국의 독자 여러분이 당대 중국을 전면적으로 이해하고 중국의 미래 발전상을 전망하는 데 하나의 유용한 참조가 될 수 있기를 진심으로 희망합니다.

셋째, 중국은 현재 새로운 역사적 전환점에 서 있으며, 곧 열릴 중국공산당 제18차 당대회²는 커다란 변화의 시작이 될 것입니다. 오늘날의 세계는

---

2 2012년 11월 열린 중국공산당 제18차 당대회에서는 시진핑(習近平)이 당 총서기 및 당 중앙군사위원회 주석에 임명되었다. 그리고 2013년 3월에 개최된 전국 양회(전국인민대표대회 및 전국정치협상회의)에서는 시진핑이 국가주석에, 리커창(李克強)이 국무원 총리에 임명되었다. 이로써 이른바 제4대 '후진타오(胡錦濤)·원자바오(溫家寶) 체제'를 계

풍요롭기도 하고 빈곤하기도 하며, 기쁨으로 충만하기도 하고 비극으로 가득하기도 하며, 밝게 빛나기도 하고 칠흑같이 어둡기도 합니다. 그러므로 이른바 '세계는 평평하다'는 말은 사실상 하나의 허구에 지나지 않습니다.

스티븐 호킹(Stephen Hawking)은 자신의 저서 『호두껍질 속의 우주(The Universe in a Nutshell)』에서 "세계는 최근 100년 동안 과거 그 어떤 세기보다 초월해 있는데, 이것은 새로운 정치 또는 경제학설 때문이 아니라 기초과학의 발전이 과학기술의 비약을 초래했기 때문이다. 만약 역사의 진보에 기여한 대변인을 찾아야 한다면 아인슈타인 외에는 없을 것이다"라고 서술한 바 있습니다.

20세기 과학과 민주의 진보는 본래 공평하고 정의로우며 자유롭고 행복한 새로운 시대를 열어가도록 만들기에 충분했습니다. 그렇지만 소수의 사람들이 자신들의 탐욕과 권력욕을 충족하기 위해 대다수 사람의 생명력과 창조력을 약탈함으로써 '역사 진보'의 성과를 집어삼켜 버렸습니다.

'덩샤오핑 제국'의 기득권 자본과 미국 월스트리트를 대표로 하는 국제 자본가들이 서로 손을 잡고 자유롭지 못한 노동자를 압박하고 착취하는 '세계화'는 세계 경제의 쇠퇴, 빈부 간의 현저한 격차, 사회적 불안정, 그리고 극단적인 민족주의를 대두하게 만든 역사적 근원입니다.

세계화는 이미 중국의 운명과 아시아·태평양 지역 및 세계의 운명을 함께 연계시키고 있습니다. 자유롭고 평화로운 아시아·태평양 지역과 세계는 대내적으로는 자국 국민을 노예화하고 대외적으로는 무력을 통해 상대국을 위협하는 강대국의 부상을 용납하지 않을 것입니다.

21세기는 더 이상 특정한 하나의 강대국이 지배하는 세기가 아니며, 세계 모든 사람이 자유롭고 민주적이며 공평하고 정의로우며 평화롭고 행복

승하는 제5대 '시진핑·리커창 체제'가 성립되었다. _옮긴이 주

한 곳을 향해 함께 걸어 나아가는 세기입니다. 최근 중국에서 발생한 정치적 사건은, 덩샤오핑 제국 30년의 '공포를 통한 균형'이 이미 무너졌으며 중국은 반드시 스스로 변화함으로써 앞을 향해 나아가고 있는 시대의 흐름에 동참해야 한다는 것을 확실하게 보여주었습니다. 저는 시대의 조류 가운데 선두를 향해 달려가고 있는 한국 국민들이 중국과 세계의 미래를 위해 반드시 일정한 공헌을 할 것이라고 굳게 믿습니다.

2012년 10월
미국 뉴욕에서
롼밍(阮銘)

차례

덩샤오핑을 알아야 중국을 알 수 있다

2009년 10월 1일로 중화인민공화국(中華人民共和國)은 수립 60주년을 맞이했다. 그런데 명칭과 실제가 서로 부합되지 않는 이 '인민공화국'의 역사는 두 단계로 나눌 수 있다. 즉, 전체 60년 중 전반 30년은 '마오쩌둥 제국(毛澤東帝國)', 후반 30년은 '덩샤오핑 제국(鄧小平帝國)'이라 할 수 있다.

마오쩌둥(毛澤東)이 사망한 지 33년, 덩샤오핑이 사망한 지 12년이 되었다.[1] 두 사람은 비록 사망해 관 속에 있지만 이들에 대한 정론은 아직 없다. 마오쩌둥과 덩샤오핑의 유령은 여전히 중국 대지를 헤매고 있기 때문이다. 오늘날의 중국을 알기 위해서는 마오쩌둥과 덩샤오핑을 제대로 인식해야 하는데, 그중에서도 특히 덩샤오핑을 알아야 한다. 왜냐하면 후진타오(胡錦濤)가 통치하고 있는 현재의 중국은 여전히 100% '덩샤오핑 제국'이기 때문이다.

'마오쩌둥 제국'에서 '덩샤오핑 제국'에 이르는 동안 중국은 두 차례의 전

---

1   마오쩌둥은 1976년 9월, 덩샤오핑은 1997년 2월에 사망했다. _옮긴이 주

환을 거쳤다. 첫 번째 전환은 중국공산당 11기 3중전회에서 이론공작 학습 토론회까지로, 평화적으로 이뤄졌다. 이 시기에는 마오쩌둥의 '두 가지 범시(凡是)'[2]가 부정되고 덩샤오핑의 '4항 기본원칙'[3]이 확립되었다. 두 번째 전환은 후야오방(胡耀邦)의 하야에서 천안문 학살까지로, 유혈이 낭자한 시기였다. 이는 '덩샤오핑의 문화대혁명'이라 할 수 있으며, 덩샤오핑은 유혈 사태 속에서 자신의 절대적 권위를 세웠다.

중국공산당 11기 3중전회는 '두 가지의 범시'를 부정했는데, 이는 곧 마오쩌둥 제국의 종결을 의미했다. 이 역사적 변화를 주도한 것은 덩샤오핑이 아니라, 시단(西單) 민주주의의 벽[4]으로 대표되는 중국 사회의 자유민주 세력과 후야오방으로 대표되는 당내의 민주개혁 세력이었다. 덩샤오핑이 회의에서 발표한 강화(講話)는 역사의 흐름에 순응해 임시로 구상해서 황급히 작성한 문장에 불과했다. 3개월 후 그는 이론공작 학습토론회에서 「4항 기본원칙을 견지하자」라는 주제의 강화를 발표했는데, 바로 이것이 '덩샤오핑 제국'이 줄곧 관철한 정치적 강령이 되었다.

제1차 역사적 전환에서 제2차 역사적 전환에 이르기까지 덩샤오핑은 10년의 시간에 걸쳐 당내 민주개혁파를 철저하게 제거했다. 그런데 왜 그렇게 오랜 시간이 걸렸던 것일까? 왜냐하면 덩샤오핑이 '개혁·개방'을 추진하는 데에는 적수(敵手)도 두 부류이고 조수(助手)도 두 부류였기 때문이다.

한 부류는 정치·사상·문화 영역에서 경제 영역에 이르기까지 '전면 보수파(專政派, 독재주의파)'로, 주요 구성원은 천윈(陳雲), 왕전(王震), 보이보

---

2 화궈펑(華國鋒)이 제창한 것으로, 마오쩌둥의 결정과 지시는 무조건 옳다는 것을 의미한다. _옮긴이 주
3 덩샤오핑 사상의 핵심으로, 사회주의 노선의 견지, 인민민주독재의 견지, 공산당 영도의 견지, 마르크스·레닌주의와 마오쩌둥주의의 견지를 의미한다. _옮긴이 주
4 1978년 베이징 중심가인 시단 거리가 민주화를 요구하는 대자보로 뒤덮인 사건을 두고 '시단 민주주의의 벽'이라고 일컫는다. _옮긴이 주

(薄一波), 야오이린(姚依林), 덩리췬(鄧力群), 후차오무(胡喬木), 리펑(李鵬)이었다. 다른 한 부류는 정치·사상·문화 영역에서 경제 영역에 이르기까지 '전면 개혁파(改革派, 민주개혁파)'로, 주요 구성원은 후야오방, 저우양(周揚), 시중쉰(習仲勳), 자오쯔양(趙紫陽), 완리(萬里), 샹난(項南), 런중이(任仲夷)였다.

덩샤오핑 자신은 정치·사상·문화 영역에서는 보수파였고, 경제 영역에서는 개혁개방파였다. 그는 민주개혁파의 지혜와 용기를 필요로 했는데, 민주개혁파는 덩샤오핑을 위해 전면 보수파가 설치한 갖가지 장해물을 제거함으로써 경제 영역에서 개혁·개방으로 향하는 길을 개척해주었다. 또한 그는 전면 보수파의 완고함과 잔혹함을 필요로 했는데, 이는 민주개혁파가 개혁·개방을 정치·사상·문화 영역으로까지 확대하는 것을 막아야 했기 때문이다.

이와 같이 덩샤오핑은 '2개의 주먹'을 교대로 사용하며 민주파와 보수파에 대응했지만, 실제로는 이를 구별해서 사용했다. 그가 스스로 말한 바와 같이, 그는 경제 분야에서 문제가 출현하면 양보할 수 있었지만 자유화와 관련해 문제가 발생하면 양보할 수 없었다. 덩샤오핑의 관점에서 볼 때 국제 대기후(國際大氣候, 세계 자유민주화의 물결)와 국내 소기후(國內小氣候, 사회민주운동)는 제국주의가 사회주의국가를 평화적으로 전복시키려는 '하나의 포연 없는 세계대전'이나 다름없었다. 따라서 반자유화를 위해서는 독재적인 수단을 채택할 수밖에 없었다. 민주개혁파가 비록 10년 동안 수많은 공로와 위대한 업적을 세워 인민들로부터 사랑을 받고 있었지만, 그 비극적인 말로는 결국 결정되어 있었던 것이다. 덩샤오핑이 최종적으로 유혈 진압을 통해 덩샤오핑 자신의 제국을 통치하기 위한 기초를 세운 것은 권력 의지의 발전으로 인한 필연적인 결과였다.

일찍이 1986년 12월 30일, 덩샤오핑은 후야오방을 축출하기 전에 이미 학생운동에 대해 "유혈 진압을 꺼려하지 말고 천안문에 오면 한 명씩 모두 체포하라"라는 지시를 내린 바 있다. 1987년 1월 1일, 공안 관련 부서는 눈바람을 맞으며 천안문에 도착한 학생들을 차량을 이용해 학교로 돌려보내 충돌을 피했다. 후야오방이 사임하고 하야한 이후, 덩샤오핑은 민주개혁파를 대대적으로 숙청하기 위해 왕전과 덩리췬에게 처벌 대상자 명단을 작성토록 했다.

그 이후 비록 자오쯔양이 방법을 강구해 이를 완화시키는 한편 집행을 중지토록 만들었지만, 독재적인 수단을 통해 국내외 자유민주의 물결에 대항하려는 덩샤오핑의 대전략에는 변함이 없었다. 다만 언제 실행에 옮길 것인가 하는 시기 선택의 문제만 남아 있었을 뿐이다. 이는 그가 천안문 학살을 자행한 날로부터 5일이 지난 뒤(1989년 6월 9일)에 다음과 같이 말했던 데서도 알 수 있다.

> 이 풍파는 조만간 도래할 것이었다. '국제 대기후'와 중국의 '국내 소기후'에 따라 결정된 이 풍파는 반드시 도래할 것이었으며, 사람들의 의지로 움직이는 것이 아니라 단지 늦고 빠름의 문제이자 크고 작음의 문제였다. 그런데 지금 도래한다면 우리에게 비교적 유리할 것이다. 가장 유리한 점은 적지 않은 원로 동지들이 아직 건재하다는 것이다. 이들은 수많은 풍파를 겪었기에 사안의 이해관계를 잘 파악하고 있으며, '폭력적 난동'에 대해 강경한 행동을 취하는 것을 지지한다. 비록 일부 동지가 잠시 이해하지 못하고 있지만, 결국 이해하게 될 것이며 중앙의 이 결정을 지지하게 될 것이다.

이것이 바로 덩샤오핑의 대전략이다. 그가 인민민주독재라는 강철 주먹을 내세워 대응하려 한 대상은 단지 평화적 시위를 하던 학생 및 시민이나, 학생운동 진압에 반대했다는 이유로 권력을 박탈당한 총서기 자오쯔양이 아니었다. 그의 주요 목표는 휘몰아쳐오는 자유민주의 역사적 조류였으며, 그의 상상 속에서 이는 '제국주의가 사회주의국가를 평화적으로 전복시키려는 포연 없는 세계대전'이었다.

천안문 학살은 마오쩌둥 이후의 제2차 역사적 전환점을 완성했다. 후야오방 및 자오쯔양 시기의 민주개혁파 중 혹자는 감옥에 수감되었고, 혹자는 관직을 박탈당하고 집으로 돌려보내졌으며, 혹자는 해외로 망명했다. 이로써 덩샤오핑은 자신의 절대적 권위를 확립했고, 더 이상 좌파와 우파를 활용해 서로를 견제하는 게임을 할 필요가 없어졌다.

제1차 역사적 전환점 이후 중국은 다음 세 가지 종류의 발전 경로를 보여주었다. 첫째, 전면적인 개방이다. 역사의 흐름과 인민의 의지에 순응해 일당독재의 노예제도를 종결짓고 자유·민주·평등·행복을 실현하는 현대적인 헌정(憲政) 국가를 수립하려 했다. 둘째, 덩샤오핑의 '2개의 주먹'이다. 경제 영역은 개방하고 일당독재는 견지함으로써 세계 자본주의 시장에 개방된 새로운 노예제도의 제국을 건립하려 했다. 셋째, 전면적인 독재다. 전면적인 독재를 통해 마오쩌둥식의 봉쇄된 옛 노예제도하의 제국으로 되돌아가려 했다.

덩리췬은 1979년에서 1989년까지의 10년 동안 "자산계급의 자유화 범람을 두 차례 겪었고 마르크스주의가 한 차례 활개를 쳤다"라고 말했는데, 이는 바로 전면 개혁파와 전면 보수파 사이의 '10년 내전'을 제대로 묘사한 것이다.

결정적인 것은 1987년과 1989년의 두 차례 싸움이었다. 당시에는 덩샤오핑과 보수파가 연합해 후야오방과 자오쯔양을 무너뜨렸고, 6·4 천안문 학살로 전면 개혁파 전체를 괴멸시켰으며, 중국이 '민주헌정'으로 가는 길을 봉쇄했다.

6·4 학살 이후 덩샤오핑은 도광양회(韜光養晦)[5]하면서 냉정하게 상황을

관찰했다. 그는 베를린 장벽이 무너지고 동유럽이 거대한 변화에 직면하고 소련이 와해하는 것을 지켜보면서, 중국은 자신의 대전략 때문에 소련 및 동유럽의 공산제국이 괴멸한 길을 피할 수 있었다고 더욱 믿게 되었다.

덩샤오핑의 마지막 일격은 1992년 감행한 남순(南巡)으로, 주로 전면 보수파를 겨냥한 것이었다. 민주개혁파는 이미 제거되었으므로 전면 보수파라는 후환을 남겨둘 수 없었던 것이다.

남순을 마치고 돌아오며, 덩샤오핑은 중국공산당 제14차 당대회를 계획하면서 중앙고문위원회(中央顧問委員會)라는 이름의 원로원을 폐지했다. 그리고 새장파(鳥籠派)[6]인 야오이린, 쑹핑(宋平)을 정치국 상무위원회에서 축출시키고 좌파 수장인 덩리췬을 쫓아냈다. 60년간 우정을 나눈 전우인 양상쿤(楊尙昆)과도 단교했으며, 양상쿤과 그의 동생 양바이빙(楊白冰)에게 단번에 군권을 내놓도록 강제했다. 이때부터 중국에서는 오로지 '덩샤오핑 이론(鄧小平理論)'만 따르게 되었다. 이는 바로 천안문에 뿌려진 피가 가져온 강력한 힘이었다.

덩샤오핑의 이러한 최후의 대규모 프로젝트는 '덩샤오핑 2세'인 장쩌민(江澤民)과 '덩샤오핑 3세'인 후진타오에게 탄탄한 길을 깔아주었다. 덩샤오핑은 이때부터 별다른 언동을 하지 않으며 『덩샤오핑 문선(鄧小平文選)』 제3권을 편찬하는 데 힘을 기울였다. 그는 이때부터 덩샤오핑 제국이 장기간 안정적인 치세를 확보할 수 있을 것이라고 스스로 믿었다.

6·4 학살의 유혈 속에서 부상한 새로운 제국은 대내적으로는 '자산계급 자유화에 반대'하는, 즉 반자유·반민주·반평등·반인권을 기조로 하면서

---

5 자신의 실력을 숨기며 때를 기다린다는 의미로, 덩샤오핑 시기 중국의 대외정책을 일컫는 용어다. _옮긴이 주
6 새가 날아가지 못하도록 새장을 치는 것처럼 국가의 경제 발전에서 일정한 계획과 조정 정책의 수립을 중시하는 그룹을 지칭한다. _옮긴이 주

자국 인민을 노예화하고 있다. 한편 대외적으로는 반대로 글로벌 자산계급에 대해 자유의 문을 활짝 열고 국제자본, 금융자본, 부동산 상인, 개발회사를 끌어들여 이들이 중국에 끊임없이 들어오도록 하고 있다. 해외 자본과 중국 정부가 손을 잡고 농민의 토지와 자연 자원을 약탈하고, 생태 환경을 훼손시키며, 수억 명의 노동자[농민공(農民工)]로부터 대규모 이윤을 함께 착취하는 등의 방법을 통해 중국은 신속하게 전 세계의 제조공장이 되었다.

　이는 중국의 전제(專制) 왕조의 기반이던 중체서용(中體西用), 즉 '중국의 학문을 정신으로 삼고, 서양의 학문을 도구로 이용한다'는 낡은 수법과 다름없다. 마오쩌둥 시대에는 진시황의 '대일통(大一統) 제국'을 본체로 삼고, 소련식 사회주의 계획경제를 도구로 이용했다(마오쩌둥은 이를 '마르크스에 진시황을 더한 것'이라고 불렀다). 덩샤오핑은 이를 수정해 진시황의 '대일통 제국'을 본체로 삼고, 글로벌화된 자본주의 시장경제를 도구로 이용했다(덩샤오핑은 이를 '중국 특색의 사회주의'라고 불렀다). 덩샤오핑이 취한 '혁신'은 전통적인 사회주의 계획경제 모델뿐 아니라 전통적인 자본주의 시장경제 모델도 타파한 것이 특징인데, 이는 '덩샤오핑 모델(鄧小平模式)' 또는 '덩샤오핑주의(鄧小平主義)'라고 불러야 할 것이다. 이는 바로 중국공산당이 영도(領導)하고 인민민주독재 국가기관이 통제하는 '자본 제국주의'다.

　1992년 이래 덩샤오핑 모델은 세계 자본과 자유국가 정부로부터 칭송을 받았으며, 중국공산당은 세계화의 최대 수혜자였다. 중국 정부는 전 세계에 대규모의 '은탄(銀彈, 돈)' 살포와 대대적인 '통일전선' 공세를 성공적으로 전개했는데, 주요 타깃은 미국의 월스트리트였다. 이후 워싱턴에서 중국 관련 정책을 결정하는 데 기여한 중요한 인물이자 미국 정부에서 중미 관계를 주도한 주역인 로버트 죌릭(Robert Zoellick, 전 국무부 부장관, 현 세계은행장)과 헨리 폴슨(Henry Paulson, 전 재무부 장관)은 모두 중국에 대한 투자를 통해 이익을 거두고 있는 월스트리트의 골드만삭스 출신이다.

오늘날에는 미국의 대기업, 대재벌, 대학, 연구기관의 학자, 전문가, 정부 관료, 주류 미디어 등 도처에서 '중국 모델'을 긍정하는 소리를 들을 수 있다. 이는 전혀 기이한 현상이 아니다. 중국이 오늘날 채택하고 있는 원시적인 자본주의 축적 방식은 바로 사람과 자연에 대해 조악하고 폭력을 일삼는 약탈적인 발전 모델이다. 이처럼 인도주의를 거스르고 자연스럽지 못한 부(富)의 축적 방식은 이미 인류가 진보하면서 역사에서 도태된 바 있다. 그런데 오늘날 13억 명의 인구를 보유한 동방대국이 갑자기 다시 나타나 국가의 문을 크게 개방하고 전체 시장자본에 뛰어들더니 한 그릇 가득히 수프를 나누도록 하고 있다. 중국 정부는 전 세계 제조공장으로부터 얻은 방대한 이윤을 협력자와 분할하고, 저렴한 생산품을 수출해서 얻은 거대한 무역 흑자로 책임 있게 미국 국채를 매입하면 '만사 오케이'인 것이다! 이것이 바로 죌릭이 중국을 '책임 있는 이익상관자(responsible stakeholder)'라고 부른 진의다.

고대 로마의 역사학자 폴리비우스는 "53년 동안 전 세계는 로마의 권위 아래 신하로서 복종했다"라고 기록한 바 있다. 그렇다면 우리는 이렇게 물을 수 있을 것이다. '덩샤오핑 제국'이 53년째에 진입하는 2032년 무렵, 세계는 과연 베이징(北京)의 권위 아래 신하로서 복종할 것인가?

핵심은 자유국가와 자유 인민이 오늘날 중국을 제대로 인식하고 있는지 여부다. 인류는 자유가 승리를 거두어 노예를 해방시켜온 역사를 통해 진보해왔다. 그러나 일단 자유민주 세력이 경각심을 상실하면 노예제도가 다시 부상해 자유를 집어삼킬 수도 있다. 20세기 나치 독일과 소련 공산 노예제도가 부상한 것은 바로 자유국가의 타협과 회유에 기인했으며, 이는 결국 거대한 역사적 재앙을 만들어냈다.

오늘날 인류는 또다시 새로운 노예제도의 부상에 직면하고 있다. 미국의 비정부기구 프리덤 하우스(Freedom House)가 2009년 발표한 「세계 자유 보고서」에 따르면, 전 세계 193개 국가 가운데 비자유국은 42개이며, 비자유국의 전체 인구 가운데 64%를 중국이 차지했다. 이 수치는 향후 20년 동안 중국이 자유를 향해 나아갈 것인가, 아니면 계속 노예제도를 유지하면서 전 세계로 확장해 나아갈 것인가 하는 인류 및 세계의 미래와 관계된 것이다.

중국은 현재 개발도상국 중 노예제도 국가에 해당하며, GDP는 전 세계 7%에 불과하지만[7] 탄소 배출량은 이미 세계 1위를 차지하고 있다. 국민 수입의 분배는 극단적으로 불균형한 상태이고, 대다수 인민의 생활은 세계 최빈국에 속한다. 그런데 중국 정부는 반대로 세계에서 가장 부유하며, 국가 재정 수입 및 군사 장비 개발을 위한 지출은 매년 두 자릿수 증가율을 보이는 등 급격히 상승하고 있다. 중국 정부는, 대내적으로는 아무런 거리낌 없이 독재적인 수단으로 자국의 각 민족을 압박하고 대외적으로는 독재 국가와 연합해 인민들이 자유민주를 요구하는 '색깔 혁명'[8]을 일으키지 못

---

[7] 구매력 평가지수(Purchasing Power Parity: PPP)를 기준으로 세계 GDP에서 차지하는 중국의 비중은 1980년 2.29%에서 2000년 7.3%로 증가했으며, 2014년에는 16.32%로 미국의 16.14%를 제치고 세계 1위를 차지했다. _옮긴이 주

[8] 색깔 혁명(color revolution)은 인민 군중이 평화적·비폭력적 방식으로 벌이는 정권 교체 운동을 지칭한다. 1989년 11월 체코슬로바키아가 평화적 방식으로 정권 교체를 실현해 공산 전제주의 제도에서 자유민주 정권으로 전환했는데, 당시 이를 칭해 '벨벳 혁명(velvet revolution)'이라고 불렀다. 후에 중앙아시아, 중동, 독립국가연합(CIS)에서 발생한 일련의 정권 교체는 체코슬로바키아의 '벨벳 혁명'을 모방한 평화적·비폭력적 방식이었는데, 이를 칭해 '색깔 혁명'이라고 한다. 예를 들면, 2003년 11월 조지아의 '장미 혁명', 2004년 11월 우크라이나의 '오렌지 혁명', 2005년 1월 이라크의 '자색 혁명', 2005년 2월 레바논의 '백향목 혁명', 2005년 3월 키르기스스탄의 '튤립 혁명' 등이 있다. 색깔 혁명은 일반적으로 신속하고 평화적인 민주 변혁으로, 독재 정권을 종식시키고 자유민주 체제를 수립하는 데 취지가 있다.

하도록 억제함으로써 제3의 민주화 물결이 전 세계에서 퇴조하도록 만들고 있다.

다른 국가와의 역량을 비교해보면, 미국, 유럽연합(EU), 일본 3대 자유경제체제의 GDP는 전 세계의 60%가 넘는데, 이는 중국의 9배에 해당한다.[9] 군사, 정치, 과학기술, 문화, 소프트 파워(soft power)의 모든 부분에서도 자유민주국가는 노예제도의 역량을 훨씬 능가하고 있다. 덩샤오핑의 다극화 전략은 미국과 EU를 분리시키고, 미국과 일본을 분리시키며, 미국·일본과 아시아 국가를 분리시키고, 자유국가들 사이의 틈새를 이용해 각종 형태의 전략 연맹을 수립해 작은 힘으로 큰 것에 대항함으로써 노예제도의 역량을 확장하는 데 목적을 두고 있다.

자유민주국가들이 중국의 반자유 및 반인권 전략에 타협하고 회유당하는 것은 중국 노예제도가 강력하고 불가항력적이기 때문이 아니라, 중국이 견지하는 개방적인 형태의 새로운 노예제도에 대해 명확하게 인식하고 있지 못하기 때문이다.

여기에서 타이완을 예로 들어보도록 하겠다. 1980년대부터 1990년대까지 민주제도로 전환한 이 자유국가는 전 세계적으로 공인된 정치와 경제 기적을 창출했고, 전 세계 제3차 민주화 물결 가운데 '동방의 모범'으로 칭송받고 있으며, 국가 경쟁력은 세계 선진국 가운데 선두에 위치해 있다. 그런데 오늘날의 타이완 정부는 도리어 이처럼 선진적이고 현대적인 '헌정국가'의 미래를 노예제도하의 중국에 의존하는 잘못된 궤도를 걷고 있다.

---

9 세계은행(World Bank)의 자료에 따르면, 2014년 세계 GDP 순위는 1위 미국(17조 4190억 달러), 2위 중국(10조 3548억 달러, 홍콩 및 마카오 제외), 3위 일본(4조 6014억 달러), 4위 독일(3조 8682억 달러), 5위 영국(2조 9888억 달러)으로, 중국이 일본과 독일 등을 제치고 미국을 바짝 뒤쫓고 있는 흐름을 보여준다. World Bank, *Gross domestic product 2014*, http://databank.worldbank.org/data/download/GDP.pdf(2016년 1월 19일 검색) _옮긴이 주

또한 타이완이 경제·정치·외교·문화 영역에서 이룬 자주적인 발전을 거리낌 없이 희생하고 있으며, 중국에서 활로와 생존 공간을 찾으려는 환상을 품고 있다. 이는 장차 타이완 사람들이 자유, 민주, 평등, 행복으로 가득한 생존 및 발전으로 향하는 길을 끊어 놓을 뿐만 아니라, 중국 노예제도의 역량을 강화해 노예제도의 쇠사슬에서 벗어나기 위한 중국 인민의 투쟁을 어렵게 만들 것이다.

타이완에서 미국에 이르기까지 자유 진영의 노예에 대한 이러한 타협과 회유는 사라지지 않고 싹트고 있다. 미국 월스트리트 출신의 세계은행 총재 졸릭은 최근 타이완 출신으로 중국에서 성장한 부은행장 린이푸(林毅夫)와 공동 명의로 ≪워싱턴포스트(The Washington Post)≫에 글을 기고해, 중국과 미국 양국이 주요 2개국(G2)을 구축해 주요 20개국(G20)의 추동력이 되어야 한다고 고취했다.

그런데 상상해보라. 새로운 개방형 노예제도 국가인 중국과, 일찍이 자유를 가장 어두운 구석까지 확장시켰지만 오늘날에는 노예제도를 종용하고 있는 미국이라는 두 나라가 세계를 공동 관리하게 된다면 과연 20년 후에 어떻게 되겠는가?

혹자는 벌써부터 "중국이 반드시 미국을 대신할 것이다"라고 예언하기도 한다. 그렇다면 덩샤오핑이 자신의 정치 유훈인 「남순 강화」에서 했던 말, 즉 "사회주의는 장기간 발전 속에 자본주의를 필연적으로 대체할 것이다"라는 사태가 발생할 가능성도 배제할 수 없다.

노예제도가 자유를 집어삼키는 사태를 방지하기 위해서는 중국을 변화시키고 중국의 노예제도를 자유제도로 변화시키는 것이 핵심이다. 그런데 중국을 변화시키기 위한 전제 조건은 중국을 제대로 인식하는 것이자 덩샤오핑을 제대로 이해하는 것이다. 이것이 바로 이 책을 집필하게 된 동기다.

2008년 2월, 온후이(溫輝) 형이 전화를 걸어와 오늘날 중국을 인식하려면 반드시 덩샤오핑을 이해해야 한다며, 나에게 이 주제에 관해 홍콩에서 간행되는 잡지 ≪쟁명(爭鳴)≫에 기고해줄 것을 부탁했다. 원고를 집필하면서 나는 최근 30년의 중국 역사에 대해 중국 정부 측은 후야오방, 자오쯔양 등 역사를 창조한 인물을 고의적으로 말살한 반면, 민간에서는 덩샤오핑, 후야오방, 자오쯔양을 하나로 다룬(소위 '삼두마차론') 사실을 발견했는데, 이는 모두 역사적 사실과 다르다. 따라서 거짓을 제거하고 진실을 복원하기 위해 역사 과정에서 반드시 규명해야 하는 일련의 구체적인 정황을 다루지 않을 수 없었다. 이렇게 써 내려가면서 '매달 하나의 주제'로 정리한 기간이 어느덧 1년이 넘었다.

타이완의 출판사 옥산사(玉山社)의 발행인 웨이수전(魏淑貞) 여사는 중국의 역사와 관련된 이와 같은 내용을 내가 집필하고 있다는 소식을 듣고 원고를 완성한 이후 옥산사에서 출판할 것을 요청했다. 중국을 제대로 인식하는 것은 타이완 측에 대단히 중요한 의의를 갖는다. 심지어 타이완의 미래는 타이완 사람들이 중국을 어떻게 인식하는가에 따라 결정된다고 말할 수도 있다.

국민당(國民黨)은 중국은 물론, 미국도 제대로 파악하지 못했다. 장제스(蔣介石)는 마오쩌둥을 만났지만, 만나기만 했을 뿐 제대로 알아차리지는 못했다. 그는 국공(國共) 내전의 역사적 교훈을 정확하게 습득하지 못한 채 타이완에서 국민당이 일당독재정치를 계속하면 미국의 지지를 바로 획득하고 '반공과 반소(反蘇)', '대륙 수복'을 할 수 있을 것이라고 생각했다. 그렇지만 리처드 닉슨(Richard Nixon)과 헨리 키신저(Henry Kissinger)가 마오쩌둥과 손잡고 소련에 반대할 것이라고는 상상도 하지 못했다. 또한 지미 카터(Jimmy Carter)와 즈비그뉴 브레진스키(Zbigniew Brezezinski)가 덩샤오핑과 연합해 타이완을 압박할 것임을 몰랐으며, 타이완에 대해 '단교, 철군, 조약 폐기'를 단행해 타이완을 막다른 길목으로 내몰 것이라고는 생각도하지 못했다.

1979년부터 1980년대와 1990년대까지의 타이완 역사에서는 타이완 사람들이 외래 정권에 의한 압제에 굴복하지 않았다. 그렇기 때문에 국민당의 두 지도자 장징궈(蔣經國)와 리덩후이(李登輝)는 왕성하게 타오른 타이완 내부의 민주 독립 운동 열기와 전 세계 제3차 민주화 물결이 회합해 시대와, 환경, 그리고 조류가 변하고 있음을 인식할 수 있었다. 그래서 계엄을 해제하고 당금(黨禁, 정당 금지)·보도 금지를 해제했으며, '동원감란시기 임시조관(動員戡亂時期臨時條款)'[10]을 폐지했던 것이다. 또한 타이완은 총통과 민의 대표를 전체 국민의 직접 선거를 통해 선출함으로써 외래 정권을 종식하고 현대 민주헌정 국가로 제도를 전환하게 되었다. 이를 통해 타이완은 신생 자유국가의 길을 향해 나아갈 수 있었고, 나아가 '공산(共産) 중국'에 의해 병탄될 위험을 피할 수 있었다.

타이완의 민주 발전은 중국 노예제도에 대한 최대의 도전이다. 이는 덩샤오핑에서 후진타오에 이르는 이른바 '중국 통일'의 꿈을 무산시켰을 뿐만 아니라, 중국 인민이 노예제도를 종식하고 자유민주를 향해 나아갈 수 있는 새로운 본보기를 보여주었다. 2005년 후진타오가 '반국가분열법(反分裂國家法)'을 공포해 타이완 사람들과 국제사회로부터 강렬한 비난을 받던 중대한 시기에, 당시 국민당 주석 롄잔(連戰)은 베이징에 도착해 후진타오와 '롄후후이(連胡會) 성명'에 서명했다. 이로써 그는 장징궈와 리덩후이가 민주주의를 통해 수립한 '반공 전략'을 배신했으며, 후진타오를 대신해 '반국가분열법'에 배서한 모양새가 되었다. 롄잔은 베이징대에서 연설하면서 중국공산당과 연합해 타이완 독립에 반대하자고 제기했다. 중국공산당과

---

10 1948년 5월 10일 선포되어 1991년 4월 1일 폐지된 중화민국 헌법의 임시조항으로, 전국적으로 총동원령을 엄격히 시행해 중국공산당의 반란을 진압하는 것을 핵심 내용으로 하는 임시조치를 일컫는다. 1991년 폐지될 때까지 다섯 차례에 걸쳐 수정되었다. _옮긴이 주

연합해 타이완 독립에 반대하는 것은 바로 '국공 제휴'로서, 타이완의 자유민주제도를 전복시켜 궁극적인 통일을 실현하려는 정치 강령이다.

국공연맹(國共聯盟)은 반자유·반민주·반인권의 공산 노예제도 강령을 감히 공개적으로 선포할 수 없기 때문에 '중국공산당과 연합해 타이완 독립에 반대한다'거나 '독립도 하지 않고 무력도 사용하지 않는다'는 등의 모호한 개념으로 논점을 흐리게 만들어 여론을 속이고 있다. 그런데 여기에서 논의되는 독립국가는 결코 자유민주국가가 아니며 노예제도 국가인 중국처럼 될 수도 있다는 사실을 모두 다 알고 있다. 그렇지만 이러한 국가를 독립국가라고 하는 것은 자유국가의 국민들이 외래 정권에 의한 노예 통치를 받아들이는 것이나 마찬가지이기 때문에 인정할 수 없다. 따라서 렌잔과 국민당이 중국공산당과 연합해 타이완 독립에 반대하는 것은 반자유·반민주·반인권이라고 할 수 있다. 또한 타이완 사람들을 배신하고 중국공산당에 항복해버린 강령이기 때문에 반국가적이라고 할 수도 있다.

2008년 타이완 국민들이 분열되자 국민당은 입법원(立法院) 선거와 총통 대선에서 쉽게 승리를 거두었다. 1년 남짓한 기간 동안 타이완의 자유, 민주, 인권, 국가주권은 모두 제자리걸음을 하거나 도태되었다. 이는 전 세계가 목도한 사실로, 프리덤 하우스가 발표한 「세계 자유 보고서」와 국제 여론에 모두 기록되었다. 최근 마잉주(馬英九)는 또다시 총통 신분으로 국민당 주석에 당선되었다.[11] 앞으로 타이완 사람들은 국민당 정부가 '중국공산당과 연합해 타이완 독립에 반대하는' 강령을 가속화하고 있으며 '민주 타이완'을 '공산 중국'의 품으로 보내려는 엄중한 위협을 가하고 있음을 반드시 명확하게 깨달아야 한다.

---

11 마잉주는 2009년 10월부터 2014년 12월까지 중국국민당 주석직을 역임했으며, 마잉주가 퇴임한 후 2014년 12월 3일에는 우둔이(吳敦義)가 대리주석(代理主席)으로 취임했다. _ 옮긴이 주

이러한 시기에 이 책을 간행하는 것은 오늘날 '덩샤오핑 제국'의 반자유·반민주·반인권적 노예제도의 본질을 독자들에게 명확히 인식시키기 위함이다. 자유를 얻은 타이완 사람들이 또다시 외래 정권의 노예 통치 아래로 전락하지 않으려면 성적(省籍), 족군(族群), 언어, 당파, 피부색을 구분하지 않고 연대하고 일치단결해 타이완의 자유, 민주, 인권을 보호해야 하며, 국가 주권이 침범을 당하지 않도록 해야 한다.

마지막으로 드는 의문은 덩샤오핑을 이해하고 오늘날 중국을 인식하게 된다고 해서 과연 중국 인민이 노예제도를 종결짓고 자유를 향해 나아갈 수 있겠는가 하는 점이다.

왜 가능하지 않은가? 20년 전에 중국 인민은 마오쩌둥이 초래한 역사적 재난을 인식해 '두 가지의 범시'를 부정하고 마오쩌둥에 대한 미신을 종식시켰다. 또한 후야오방, 저우양, 시중쉰, 자오쯔양, 샹난, 런중이 같은 일련의 전면 개혁파와 시단 민주주의 벽의 자유 전사들이 샘솟듯이 출현해 중국을 전 세계 제3차 민주화 조류의 최전방으로 움직이게 만들었다. 그렇지만 덩샤오핑의 반자유화 대전략은 당내 민주개혁파와 자유민주 인사를 깨끗하게 제거하고 학생 민주운동과 인민 권익운동을 진압해 중국 인민이 자유, 민주, 평등, 행복을 향해 나아가는 역사적 전진 과정을 무너뜨렸다.

덩샤오핑 제국의 부상은 사람들이 가진 '덩샤오핑 신화'에 대한 미신을 이용한 것이다. 장쩌민과 후진타오 밑에서 활약했던 '어용 필자들'은 전면 개혁파가 창출해낸 모든 역사적 공적을 덩샤오핑의 공으로 돌려버렸고, 덩샤오핑이 자행한 반자유·반민주·반인권의 모든 죄와 책임은 리펑, 리시밍(李錫銘), 천시퉁(陳希同), 덩리췬 등 몇 명의 소인배에게 전가시켰다. 이는 예전에 범시파(凡是派)[12]가 마오쩌둥의 죄와 책임을 사인방(四人幇)[13]에

---

12 '마오쩌둥이 결정한 모든 정책은 굳게 지키며 마오쩌둥이 지시한 모든 것은 굳게 따른다'

게 돌려버렸던 것과도 같다. 장쩌민과 후진타오의 어용 필자들은 서로 다른 목소리를 자산계급 자유화를 요구하는 동란을 유발할 요인으로 간주하고 맹아 상태에서 소멸시켰으며, 오늘날 중국에 오직 하나의 목소리만 존재하도록 만들어버렸다. 즉, 자유, 민주, 평등, 행복 등의 보편적 가치를 인정하고 전면 개혁을 주장하는 노선은 '잘못된 노선(邪路)'으로 비판받았고, 보편적 가치를 부정하고 대외 개방을 부정하며 전면적인 독재정치를 주장하는 노선은 '낡은 노선(老路)'으로 비판받았다. 반면 대내적으로는 독재정치를 견지하고 대외적으로는 개방을 추진하는 '2개의 주먹 전략'만 덩샤오핑이 제기한 '중국 특색의 사회주의'를 실현하는 '올바른 노선(正路)'으로 인정받았다.

30년간, 특히 6·4 천안문 학살 이후의 20년 동안 중국은 부국강군(富國强軍)을 이루었지만, 민중을 학살하고 도의를 저버린, 개방적인 형태의 새로운 노예제도 노선은 이미 중국 인민의 생활과 자연조건에 거대한 불행과 파괴를 초래하고 있다. 이 책을 집필하는 목적은 과거 30년 동안의 중국 역사를 새롭게 인식하도록 만들기 위함이다. 이로써 양쪽 극단으로 치우쳐 있는 덩샤오핑에 대한 미신을 타파하는 한편, 자유민주개혁 세력이 함께 연대해서 30년 동안 개혁을 추진했던 선구자들의 성공과 실패에서 역사적 교훈을 얻도록 하기 위함이다. 그리고 이를 통해 더 높은 지혜, 더 커다란 용기로 인민의 의지와 역사 진보의 흐름에 순응함으로써 자유가 노예제도에 대해 승리하는 '포연 없는 세계대전'을 완수하고, 지구상에서 최후의 노

는 태도를 견지한 사람들로, 당시 화귀펑 중공중앙 주석을 중심으로 한 정치세력을 지칭한다. _옮긴이 주
13 문화대혁명 시기에 형성된 하나의 정치집단을 지칭하는 말로, 1973년 중국공산당 제10차 당대회 이후 형성되었다. 중공중앙이 사인방 타도 시 언급한 순서대로 구성원을 나열하면 왕훙원(王洪文), 장춘차오(張春橋), 장칭(江青), 야오원위안(姚文元)이다. _옮긴이 주

예제도 대국인 중국을 자유롭고 민주적이며 평등하고 행복하며 밝고 찬란한 자유국가로 개조하기 위함이다.

끝으로 자유를 위해 공헌한 모든 친구들에게 삼가 이 책을 바친다.

도고일척 마고일장*

1989년 6월 4일 천안문 학살 이후 나는 미국에서 『덩샤오핑 제국』이라는
책을 썼는데, 그 책의 마지막 내용 중 한 단락은 다음과 같다.

　　덩샤오핑은 6·4 학살 이후 본래의 비합법적인 최고 권력을 자신의 세 번째
　　계승자인 장쩌민에게 또 한 차례 넘기겠다고 선포했다. 따라서 '덩샤오핑 제
　　국'은 역사적으로 이미 끝났다고 말해야 할 것이다. 6·4 이후의 중국은 이미
　　'포스트 덩샤오핑 제국' 시대에 진입했다. 독재제도가 구차하게 숨을 연명하
　　고 있는데, 아직 숨이 끊어지지 않았다. 민주제도는 이미 배태되어 어머니의
　　배 속에 있지만, 아직 탄생하지 않았다. 중국의 자유민주제도가 평화적으로
　　탄생하려면 모든 중국인이 각자 독립적으로 공헌을 해야 할 것이다.

---

* 도고일척 마고일장(道高一尺 魔高一丈)은 도(道)가 한 척(尺, 약 3cm) 높아지면 마(魔)는
　한 장(丈, 약 3m) 높아진다는 사자성어로, 내적 도덕 수양이 높아지면 외적 유혹은 그보
　다 열 배 많아진다는 뜻이다. _옮긴이 주

그런데 역사는 이 결론이 틀렸다는 것을 증명하고 있다. 덩샤오핑은 이미 1997년 2월에 사망했다. 하지만 그가 남긴 덩샤오핑 제국은 끝나지 않고 계속 부상하고 있으며, '민주국가로서의 중국'도 탄생하지 않고 있다. 그렇다면 이러한 역사 현상을 도대체 어떻게 해석해야 할 것인가?

덩샤오핑 이론은 마오쩌둥주의보다 더욱 기만적이다

오늘날의 사람들은 마오쩌둥은 열심히 비판하면서도 덩샤오핑에 대한 비판은 회피하려 한다. 아마도 마오쩌둥을 철저하게 비판하면 중국이 자유로 향하는 데 방해가 되는 장애물들을 바로 제거할 수 있다고 생각하기 때문일 것이다. 그런데 내가 보기에 이는 매우 어려운 일이다. 오늘날 중국을 통치하는 사상은 바로 '덩샤오핑 이론'이다. 덩샤오핑 이론은 당연히 '마오쩌둥주의'를 포함하고 있으며, 덩샤오핑 자신이 표방한 '완벽하고 정확한 마오쩌둥주의 체계'이기도 하다. 따라서 내가 이 같은 반론을 제기하는 첫 번째 이유는 덩샤오핑을 비판하지 않으면 마오쩌둥도 철저하게 비판할 수 없기 때문이다. 그리고 두 번째 이유는, 덩샤오핑 이론은 마오쩌둥주의에 비해 더욱 발전된 면이 있는데, 즉 오늘날 세계에서 마오쩌둥주의보다 더욱 기만적이기 때문이다.

1989년에 중국을 석권한 자유민주운동은 전 세계 제3차 민주화 물결이 격동함에 따라 나타난 산물이었으나 덩샤오핑의 '학살용 칼'에 의해 천안문 아래에서 궤멸했다. 나는 당시 덩샤오핑이 두려워한 전 세계 민주화 물결의 '대기후'와, 그리고 중국 인민이 자유, 민주, 인권을 쟁취하려는 '소기후'를 덩샤오핑이 탱크와 총탄으로 막을 수 없을 것이라고 판단했다. 이러한 대기후 및 소기후는 결국 장차 다시 일어나 덩샤오핑 제국을 끝장내버릴 것이기 때문에 나는 『덩샤오핑 제국』의 마지막 장에 '폭력의 효력 상실과 제국의 마지막 날'이라는 제목을 붙였다.

그런데 역사의 발전은 예상을 빗나갔다. 제3차 민주화 물결은 피로 낭자한 천안문광장을 우회해서 지나갔고, 그로부터 6개월 후 베를린 장벽 아래에 도달했다. 동독공산당은 덩샤오핑이 명령을 내려 진압하는 방식을 그대로 따라하지 않았고, 환호성을 지르는 민중에게 공산 노예제도와 자유세계를 격리시켜온 감옥과 같은 장벽을 밀어서 무너뜨리게 했다. 루마니아의 독재자 니콜라에 차우셰스쿠(Nicolae Ceausescu)는 진압 명령을 내렸지만 군대는 이를 거부하고 집행하지 않았으며, 오히려 이 '공산 폭군'을 체포해 총살형에 처해버렸다. 결국 동유럽의 모든 공산국가는 자유를 획득했다.

마지막으로 덩샤오핑을 흉내 낸 사람은 소련에서 1991년 8월 쿠데타를 발동한 겐나디 야나예프(Gennady Yanayev)였다. 그는 흑해에서 휴양 중이던 미하일 고르바초프(Mikhail Gorbachev)를 연금시키고 자신이 대통령 직무를 대행한다고 선포했다. 그리고 국가긴급상황위원회를 구성해 전국의 권력을 접수했으며, 적군(赤軍)을 이동시켜 모스크바에서 시위하고 있던 민중을 진압했다. 그러나 보리스 옐친(Boris Yeltsin)이 전차 위에서 연설을 하며 민중과 함께 군대를 가로막자 타만스카야 기갑 사단의 전차는 포구를 돌려 옐친을 보호했고, 74년 동안 군림했던 소련 제국은 이에 따라 와해되었다.

공산 노예제도가 자유민주의 파도에 도전하는 역사는 끝나지 않았다

제3차 민주화 물결이 남유럽에서 처음으로 일어났을 때 전 세계에 민주국가는 단 40개뿐이었으며, 그중 절대다수는 공업이 발전한 부유한 서방의 국가들이었다. 하지만 그로부터 20년이 지난 후에는 전 세계의 절반이 넘는 국가와 인구가 민주국가 행렬에 진입했다. 혹자는 이에 근거해 인류가 이미 역사의 종언을 향해 진입했다고 보기도 한다. 프랜시스 후쿠야마

(Francis Fukuyama)는 "우리는 인류 의식의 형태가 변화하는 종점을 향해 가고 있으며, 서방에서 자유민주가 보편화되는 것은 인류 정부의 최종 형태로 간주되고 있다"라고 했다.

그러나 '도고일척 마고일장(道高一尺 魔高一丈)', 즉 도가 한 척 높아지면 마는 한 장 높아진다는 말처럼 공산 노예제도가 자유민주의 물결에 도전하는 역사는 아직 종결되지 않았다. 천안문 학살 이후 덩샤오핑의 개방형 공산 노예제도는 전 세계 자유국가의 자본, 자원, 정보, 기술, 인재의 강력한 증원 아래 신속하게 부상하고 있으며, 오늘날 제3차 민주화 물결이 전 세계에서 물러나도록 압박을 가하고 있다. 그런데 사람들은 아직까지도 덩샤오핑식 새로운 노예제도의 확장이 인류의 자유에 대한 거대한 위협이라는 사실을 제대로 인식하지 못하고 있다.

제2장

마오쩌둥 제국에서
덩샤오핑 제국으로

마오쩌둥은 자신을 지칭해 '마르크스＋진시황'이라고 일컬었다. 나는 마르크스에게 2개의 영혼이 있다고 말한 적이 있는데, 그중 하나는 '모든 사람의 자유와 발전'을 추구하는 인도주의적 마르크스이고, 다른 하나는 폭력과 인민민주독재를 인정하고 구(舊)세계를 철저히 타파하려는 마르크스다. 그런데 마오쩌둥은 그중 오직 한 가지만 취했다.

진시황에게도 2개의 영혼이 있다. 하나는 '건설자의 영혼'으로서, 그는 문자와 도로를 통일했으며, 고대 중국의 교통, 수리(水利), 문화를 발전시켰다. 다른 하나는 폭력적인 '학살자의 영혼'으로서, 만리장성을 수축하고 아방궁을 증축했으며, 무덤을 설계한 뒤 분서갱유를 자행했고, 법치가 아니라 말로써 죄를 다스렸다. 마오쩌둥은 그중에서도 오직 한 가지만 취했다. 마오쩌둥은 옛 것을 파괴해야 새로운 것을 세울 수 있다며 '불파불립(不破不立)'을 주장했으나, 사실 그는 파괴만 하고 세우지는 않는 '지파불립(只破不立)'을 실행했다.

마오쩌둥은 절반의 마르크스에 절반의 진시황을 더함으로써 하나의 봉건적이고 폐쇄적인 자신의 제국을 건립했다. 봉건적이고 폐쇄적인 진(秦)나라 제국의 산물이 만리장성이라면, 봉건적이고 폐쇄적인 마오쩌둥 제국의 산물은 바로 이념의 만리장성, 즉 '마오쩌둥주의'다.

노예제도 제국은 고도의 집권을 통해 인민을 노예화시키고 착취함으로써 일시적으로 일어설 수도 있다. 일찍이 천이(陳毅)는 "입을 바지가 없어서 바지를 벗어야 하더라도 원자탄을 만들어야 한다"라고 말하지 않았던가? 마오쩌둥 제국은 끊임없이 인민들의 바지를 벗겼을 뿐만 아니라 가마솥을 부수어버려 수천만 명의 사람들을 굶어 죽게 만들었다. 그리고 그 이후 1964년 원자폭탄을 하늘로 쏘아 올렸고, 이어서 모든 것을 타도하는 전면 내전의 문화대혁명 가운데 수소폭탄, 유도미사일, 인공위성을 쏘아 올렸다.

그러나 봉건적이며 폐쇄적인 제국의 부상은 한계점이 있을 수밖에 없다. 마오쩌둥 전면 독재의 이념적인 만리장성은 정치, 사상, 문화의 생기를 질식시켰을 뿐만 아니라 자본, 정보, 자원, 물품, 인력의 유통을 가로막아 경제를 붕괴되기 직전에 이르게 했다. 이에 따라 덩샤오핑의 개혁이 출현하게 되었다.

덩샤오핑은 마오쩌둥을 일부는 계승하고 일부는 변혁했다. 그가 계승한 것은 마오쩌둥의 정치·사상·문화 영역에서의 봉건적이고 폐쇄적인 사항으로, 덩샤오핑 스스로 개괄한 '4항 기본원칙의 견지, 자산계급 자유화 반대'다. 이는 완전히 마오쩌둥으로부터 나온 것으로서, '완벽하고 정확'할 뿐만 아니라 심지어 마오쩌둥보다 더욱 마오쩌둥스러웠다. 덩샤오핑은 마오쩌둥 제국의 '4대(四大)' 사항, 즉 대명(大鳴, 자기의 견해를 밝힐 권리), 대방(大放, 자신의 생각을 자유롭게 말할 권리), 대변론(大辯論, 토론할 권리), 대자보(大字報, 대자보를 쓸 수 있는 권리)를 헌법에서 삭제했다. 그가 변혁한 것은 서방 자유국가의 자본, 정보, 자원, 물품, 인력에 대한 개방이다.

덩샤오핑의 2개의 주먹 전략

덩샤오핑의 2개의 주먹 전략이 처음부터 중국공산당 11기 3중전회에서 확립된 것은 결코 아니었다. 11기 3중전회의 주제는 사상해방과 민주개혁이었으며, 11기 3중전회 이전에는 중앙공작회의에서 실천파·민주파 대 범시파·보수파가 서로 대립해 완전 개방 대 완전 폐쇄를 놓고 논쟁을 벌였다.

11기 3중전회 전에 덩샤오핑은 후차오무(胡喬木)에게 자신을 대신해 한 편의 원고를 기초하도록 시켰다. 후차오무는 원고에 "인민민주독재하에서 지속적으로 혁명을 실현하려면 사회주의 사회에 계급투쟁이 있다는 사실과 당 내부에 아직 자본주의 노선을 가려는 당권파(黨權派)가 있다는 사실을 잊어서는 안 된다"라면서, "우리는 반드시 계급상의 적(敵)이 활동을 벌이기 시작할 때부터 이들을 소멸시켜야 한다"라는 내용을 담았다. 이는 마오쩌둥 제국에서 철저하게 봉건적이며 폐쇄적인 노선을 견지했던 범시파 및 보수파의 전형적인 담론이었다.

덩샤오핑은 후차오무의 원고를 후야오방에게 전해주며 "이 원고는 사용할 수 없다. 후차오무의 생각은 글렀다. 자네가 다른 사람을 물색해서 원고를 쓰도록 시켜라"라고 말했다. 그 당시 덩샤오핑의 생각은 후차오무가 대표하는 범시파·보수파를 거부하고 후야오방으로 대표되는 실천파·민주파 쪽으로 향하고 있었다. 덩샤오핑은 후차오무의 원고를 폐기하고 후야오방의 도움 아래 '임시기초팀'을 구성해 당시 덩샤오핑의 생각에 따라 훗날 '11기 3중전회 주제보고'로 일컬어지는 강화인 '사상을 해방시키고 실사구시와 단결일치를 통해 앞으로 나아가자'라는 주제의 원고를 완성했다. 이 강화에서는 "민주는 사상해방의 중요한 조건"이라는 사실이 강조되었다. 덩샤오핑은 "민주제도화와 법률화를 반드시 실현해 이러한 제도와 법률이 지도자가 바뀜에 따라 또는 지도자의 견해와 주의력이 변함에 따라 바뀌지 않도록 해야 한다"라고 강조했다.

또한 당시 덩샤오핑은 '대명, 대방, 대자보, 대변론'이 실현된 시단 민주주의의 벽을 지지했다. 그는 "군중이 대자보를 붙이는 것은 정상적인 현상이며, 이는 우리나라 정세가 안정되었다는 것을 보여주는 일종의 표현이다. 우리에게는 군중이 민주를 드높이고 대자보를 붙이는 것을 부정하거나 비판할 권리가 없다. 군중에게 맺힌 울분이 있다면 그들이 울분을 발산하도록 만들어야 한다"라고 말했다.

이때의 덩샤오핑은 후야오방과 함께 실천파 및 민주파의 입장에 서 있었으며, 반민주의 범시파 및 보수파를 거부했다. 덩샤오핑은 후야오방이 '이론공작 무허회(務虛會)'[1]에서 토론하는 상황을 청취하면서 민주 언론을 더욱 선명하게 논하기도 했다. 그는 다음과 같이 말했다.

> 10월 혁명 이후 60여 년 동안 민주는 잘 이뤄지지 못했다. 올해 상반기에 2만~3만 자의 대문장으로 구성된 이른바 5·4 발표를 했는데, 이 발표에서는 세계 역사의 발전과 인류 사회의 추세로부터 민주가 발생하고 발전한 바를 명확하게 논했다. 자산계급은 민주로 일어났으며 봉건 전제에 반대했다. 자산계급은 민주를 통해 역사상 존재했던 모든 착취제도를 초월했다. 무산계급의 민주는 당연히 민주 발전의 더 높은 단계이므로 자산계급의 민주를 뛰어넘어야 한다. 자산계급의 민주 가운데 좋은 점은 대대적으로 발양해야 한다. 과거의 무산계급은 잘하지 못했고, 스탈린은 오류를 범했으며, 우리도 오류를 범

---

1 각급(各級) 정당, 정부 기관, 군대, 기업 등이 정책을 결정할 때 전체 전략 또는 일부 구체적인 업무에 대해 정치, 사상, 정책, 이론 등의 여러 방면에 입각해 토론을 진행함으로써 의견 일치를 이루고 노선을 확정하며 원칙을 확립하는 회의를 지칭한다. _옮긴이 주

했다.

우리는 인민이 주인이 되게끔 해야 한다. 그렇다면 어떻게 해야 인민이 스스로 주인이라고 느끼게 할 수 있는가? 자산계급은 자신을 주인으로 만드는 일련의 것들을 보유하고 있는데, 이 중에서 선거와 입법을 통해 정부를 지배할 수 있다. 우리는 인민이 스스로 국가의 주인이라고 느끼게 만들 방법을 강구해야 한다.

이날은 1979년 1월 27일이었다. 그로부터 이틀 후에 덩샤오핑은 미국에 도착했다. 미국에서 귀국한 이후 그는 베트남에 대한 '징벌 전쟁'을 한 차례 발동했고, 웨이징성(魏京生)[2]은 시단 민주주의의 벽에 "새로운 독재자의 출현을 막아야 한다"라고 경고하는 대자보를 붙였다. 짧은 2개월 동안 덩샤오핑의 '견해와 주의력'은 민주파를 향하고 보수파를 거부하는 데서 민주파를 거부하고 보수파를 향하는 쪽으로 바뀌었다. 3월 30일에는 후차오무가 덩샤오핑을 위해 기초한 '4항 기본원칙의 견지'를 발표함으로써 덩샤오핑이 2개월 전에 구상한 '민주 대문장'을 저 멀리 구천의 구름 밖으로 내던져버렸다. 덩샤오핑은 다음과 같이 말했다.

우리는 사회주의 사회에 여전히 반혁명분자, 적대분자, 각종 사회주의 질서를 파괴하는 형사범죄분자와 기타 악질분자가 있다는 것을 반드시 알아야 한다. 특수한 형식의 계급투쟁 또는 역사상 계급투쟁은 여전히 사회주의 조건하에 특수한 형식으로 남아 있다. 이러한 모든 반사회주의분자에 대해 지속적으로 독재를 실행해야 한다. 이러한 독재에는 국내 투쟁도 있고 국제 투쟁도

---

2 중국의 인권운동가로, 1978년 시단 민주주의의 벽 운동 때 '제5대 현대화: 민주주의'라는 글을 발표하면서 유명해졌다. 1997년 국외로 추방된 후 미국에 거주하면서 해외에서 중국의 민주화 운동을 주도하고 있다. _옮긴이 주

있는데, 양자는 불가분의 관계다. 따라서 계급투쟁이 존재한다는 조건하에서는, 그리고 제국주의와 패권주의가 존재한다는 조건하에서는 국가의 독재 기능이 소멸된다는 것은 상상할 수도 없는 일이다. 무산계급 독재가 없으면 우리는 사회주의를 수호할 수도 건설할 수도 없다.

덩샤오핑의 두 가지 생각

이는 중국공산당 11기 3중전회 시기에 덩샤오핑이 폐기해버린, 후차오무가 집필했던 원고의 생각으로 되돌아온 것 아닌가? 3개월 전에 덩샤오핑은 "후차오무의 생각은 글렀다"라고 말했는데, 3개월 후에는 이것이 도리어 덩샤오핑 자신의 생각이 되어버리고 말았다.

덩샤오핑이라는 동일한 인물은 두 가지의 생각을 세 차례에 걸쳐 말했다. 과연 이 중에서 무엇이 진짜이고 무엇이 가짜일까?

내가 볼 때에는 모두 진짜다. 이것이 바로 덩샤오핑 자신이 말한 "지도자의 견해와 주의력이 변함에 따라 바뀌는 것"이다. 1978년 12월과 1979년 1월, 덩샤오핑의 주의력은 마오쩌둥 제국이 남긴 '사상 강화(僵化)와 미신 성행', '가장 두려운 것은 아작무성(鴉雀無聲)[3]과 같은 상황을 변화시키는 데 집중되었으며, 따라서 그의 견해는 후야오방으로 대표되는 민주파의 생각 쪽으로 경도되었다. 1979년 3월에 이르러 덩샤오핑의 주의력은 후차오무, 덩리췬 등이 자신에게 보고한 바에 따라 "사회주의에 의구심을 품고, 무산계급 독재에 의구심을 품고, 당의 지도에 의구심을 품고, 마르크스·레닌주의와 마오쩌둥주의에 의구심을 품는 사조가 있는데, 이러한 사조의 위험을 인정하지 않는 자들이 당내에도 있으며, 심지어 일정한 정도에서 이를 지지하는 경향이 있다"는 쪽으로 향했다. 따라서 덩샤오핑의 견해도

---

3 갈까마귀와 참새가 소리를 내지 않는다는 뜻으로, 쥐 죽은 듯 조용하다는 의미다. _옮긴이 주

곧 후차오무가 대표하는 보수파의 생각으로 돌아섰다.

그 이후 6~7년 동안 덩샤오핑의 견해와 주의력은 민주파와 보수파 사이에서 오락가락했다. 이로 인해 때로는 "당과 국가 영도제도의 개혁"을 논하고 "정치적으로 자본주의국가의 민주보다 더욱 높고 효과적인 민주를 창출하고 제도적으로 국가 정치 생활의 민주화, 경제 관리의 민주화, 전체 사회생활의 민주화를 보장한다"라고 주장했으나, 때로는 "자산계급 자유화를 반대하며", "자산계급 민주를 있는 그대로 가져올 수 없고 삼권분립이라는 틀을 행할 수 없으며", "독재 수단을 중시해야 할 뿐만 아니라 필요할 경우 이를 사용해야 한다"라고 주장했다.

1987년 1월 후야오방이 권좌에서 물러났는데, 이는 덩샤오핑과 당내 민주파의 최후 결렬을 의미하는 것이자 덩샤오핑 제국의 반자유화 대전략이 최종적으로 확립되었음을 의미하는 것이기도 했다. 중국공산당 12기 6중전회(1986년 9월 28일)의 대변론에서는 보수파가 덩샤오핑의 지지 아래 민주파를 격퇴했으며, 그 이후 덩샤오핑과 보수파는 1986년 말의 학생운동을 빌미로 후야오방에게 사퇴하도록 압박을 가했다. 이 사건은 1989년 일어난 천안문 사태의 리허설이었다고 할 수 있다. 비록 당시 후야오방의 조치 아래 학생운동이 평화적으로 막을 내리기는 했지만, 후야오방과 당내 민주파는 청산될 위기에 봉착했다. 당시 덩샤오핑의 강화는 "유혈 사태가 일어나는 것은 두렵지 않다", "천안문광장에서 하나씩 하나씩 잡아들여라!"라는 등 이미 살기가 등등했다.

덩샤오핑과 덩리췬의 대화

하지만 이후 권력을 쟁탈하려는 보수파의 목표는 실현되지 못했다. 왜냐하면 덩샤오핑이 확립한 반자유화 대전략은 '2개의 주먹'이었기 때문이다. 보수파는 독재라는 하나의 주먹만 있고 개방이라는 다른 하나의 주먹은 없었기 때문에 덩샤오핑은 보수파가 추천한 좌왕(左王, 좌파의 왕) 덩리췬에게 후야오방을 대신하도록 할 수 없었다. 일찍이 후야오방의 사임을 유발한 중국공산당 12기 6중전회의 대변론이 있기 열흘 전인 1986년 9월 18일 오전 10시, 덩샤오핑과 덩리췬 사이에는 다음과 같은 매우 흥미로운 대화가 오갔다.

> 덩샤오핑: 새로운 원고(후야오방이 기초를 주재한 '정신문명 결의' 초안을 지칭함)가 집필되어 보고를 받았는데, 이를 본 적이 있는가?
>
> 덩리췬: 세 차례 보았고, 네 가지 의견이 있습니다.
>
> 덩샤오핑: 자네는 문건을 '좌'의 방향으로 이끌고 싶어 하네. 자네가 이번 '결의 초안'에 대해 제기한 의견의 방식은 좋지 못하네(덩리췬이 자신과 후차오무의 의견을 천원 등에게 전한 것을 지칭함). 자네와 후차오무는 나와 천원 동지 사이의 대립과 모순을 확대하지 말게.
>
> 덩리췬: 두 분 사이에는 서로 다른 의견이 있습니다. 저는 이를 알 수 있습니다. 저는 천원의 주장을 선전한 적도 있고, 당신의 주장을 선전한 적도 있습니다. 하지만 당신의 주장을 천원의 주장보다 훨씬 많이 선전했습니다.
>
> 덩샤오핑: 내일 회의가 열리면 자네는 이 원고에 대해 완전히 찬성한다는 한 마디 말만 하게.
>
> 덩리췬: 저는 그렇게 말하지 않겠습니다.
>
> 덩샤오핑: 자네가 말하지 않으면 다른 사람이 말할 것일세.

덩리췬이 자신의 저서 『12개 춘추(十二個春秋)』에서 밝힌 바에 따르면, 덩샤오핑이 자신과 얘기할 때에는 얼굴을 맞대고 "자네는 문건을 좌의 방향으로 '이끌려고' 한다"라고 했으나 왕전 등과 얘기할 때에는 "우리를 좌의 방향으로 '이끌어야' 한다"라고 말했다고 한다.

이는 덩샤오핑이 중국공산당 12기 6중전회 이전에는 후야오방이 덩리췬의 '좌경' 노선을 반대하는 것을 계속적으로 지지했음을 명확하게 보여준다. 하지만 전체회의에서 예상하지 못했던 대변론이 발생해 루딩이(陸定一), 완리 외에 양상쿤, 위추리(余秋里), 왕전, 보이보, 천윈, 리셴녠(李先念), 쑹런충(宋任窮), 펑전(彭眞) 등 모든 원로가 보수파 쪽에 서는 것을 보고 덩샤오핑도 덩리췬의 '좌경'을 반대하는 입장에서 후야오방의 '우경'을 반대하는 입장으로 선회했다.

그러나 덩샤오핑 제국의 반자유화 전략은 보수파인 천윈, 리셴녠, 왕전, 덩리췬, 후차오무 등과는 달랐다. 덩샤오핑은 주로 정치·사상·문화 영역에서의 자유화만 반대했을 뿐, 경제 영역으로 확대시켜 그의 또 다른 손인 개방에까지 영향을 미치도록 하지는 않았다. 그런데 보수파는 줄곧 반자유화를 경제 영역으로까지 확대시키려 했다. 덩리췬은 "자유화 사조가 범람하는 1단계는 사상 영역에서 자유화가 범람하는 것이고, 2단계는 경제 영역에 침입하는 것이며, 3단계는 자산계급을 대표하는 정치세력이 형성되는 것이다"라고 주장했다.

덩샤오핑 제국의 총강령

1단계는 후야오방을 지칭하며, 2단계와 3단계는 자오쯔양을 지칭한다. 덩리췬은 자오쯔양을 "자산계급 정치세력의 대리인"이라고 부르면서 다음과 같은 일화를 들려주었다. "한번은 리셴녠이 천윈에게 '문화대혁명 기간 중 마오쩌둥이 당내 주자파(走資派)[4]가 있다고 말해 과오를 범했는데, 최근 몇 년을 볼 때 자오쯔양이 주자파와 비슷해 보이지 않는가?'라고 묻자 천윈

---

4 중국공산당 내에서 자본주의 노선을 주장하는 파로, 문화대혁명 때 문혁파가 공산당 내에서 자본주의 노선을 추구하는 실권파로 지목해 숙청을 당했으나 1967년부터 복권된 후에도 여전히 자본주의 노선을 지향한다고 비판받는 자들을 지칭한다. _옮긴이 주

은 '비슷한 게 다 뭔가? 그는 바로 주자파일세. 그의 생각, 생활, 정견(政見)은 그가 말 그대로 주자파임을 증명하고 있지'라고 대답했다."

이로부터 볼 때 보수파가 자오쯔양을 전복시킨 후 마오쩌둥의 전면 독재를 견지하는 덩리췬으로 대체하려 했다는 것은 이미 결정된 방침이었다. 후야오방이 사망한 이후 학생운동이 일어나지 않았더라도 이는 불가피한 일이었다.

1989년 6월 4일 학살이 일어난 이후에는 누구를 덩샤오핑 제국의 후계자로 선발할 것인지가 문제가 되었다. 덩샤오핑은 리루이환(李瑞環)을 불러들여 허심탄회하게 논의했으나 그는 보수파가 가장 지지하는 덩리췬을 후계자로 삼는 것을 거절했다. 결국 최후에 타협이 이루어져 덩샤오핑은 천윈과 리셴녠이 공동으로 추천한 장쩌민을 후계자로 선발하는 방안을 받아들였다.

장쩌민은 집권 초기 이데올로기 영역에서는 덩리췬과 후차오무의 지도를 받으며 '평화적 전복에 대한 반대'를 중심으로 삼는다고 제기했고, 경제 영역에서는 천윈과 야오이린의 지도를 받아 '새장 경제'로 회귀했다. 결국 2년 동안 경제는 크게 추락했다. 1992년 덩샤오핑은 남순해 "개혁을 하지 않으면 누구든 자리에서 내려와야 한다"라면서 직접 장쩌민에게 경고했다. 장쩌민은 급히 덩샤오핑의 패우(牌友, 카드놀이 친구)인 딩관건(丁關根)을 찾아가 인정에 호소하면서 완전히 덩샤오핑의 비판을 받아들였음을 알리고 덩리췬 및 천윈과 일정한 거리를 유지했다.

덩샤오핑은 남순 강화에서 "우(右)도 사회주의를 매장시킬 수 있지만 좌(左)도 사회주의를 매장시킬 수 있다. 중국은 우파를 경계해야 하지만 주로 좌파를 방지해야 한다"라고 말했는데, 이것이 덩샤오핑 제국의 총강령이다.

덩샤오핑은 "12기 6중전회에서 나는 자산계급 자유화를 앞으로 20년간 더 반대해야 한다고 제기했는데, 지금 보기에 20년 동안 반대하는 데 그치면 안 될 것 같다. 제국주의는 중국에 대한 평화적 전복을 추진하고 있으며 그 가능성을 우리 이후 몇 세대 사람들에게 걸고 있다. 우리 원로들이 존재하는 한 이에 대항할 나름대로의 실력이 있으므로 적대세력은 상황을 변화시킬 수 없다는 사실을 알고 있다. 그렇지만 우리 원로들의 상황은 슬프고 탄식할 만하니, 도대체 누가 이러한 위험한 상황으로부터 우리를 지켜낼 수 있겠는가? 이 때문에 나는 제3대 지도부를 찾아내는 일에 줄곧 주의를 기울였다. 그렇지만 앞서 두 사람은 모두 실패했는데, 이는 경제 영역에서 문제가 출현했기 때문이 아니라 자산계급 자유화에 반대하는 문제에서 곤두박질쳤기 때문이었다. 이는 우리가 더 이상 양보할 수 없는 문제다"라고 말했다.

당시는 후야오방은 이미 사망하고 자오쯔양은 연금을 당하고 있던 상태로, 당내 민주파가 이미 철저하게 제거된 상황이었다. 덩샤오핑은 그래도 마음을 놓지 못해서 정치상 유언을 남겨 덩샤오핑 제국의 계승자에게 경제적으로 문제가 일어날 경우에는 양보할 수 있지만 자산계급 자유화를 반대하는 문제에서는 정치적으로 양보할 수 없다고 경고했다.

이를 일컬어 '우파를 경계한다'라고 한다. 혹자는 후진타오가 후야오방과 자오쯔양의 명예를 회복시킬 것이라는 환상을 갖고 있는데, 이런 환상을 가진 자들은 덩샤오핑의 이 강화를 다시 한 번 읽어봐야 할 것이다.

그렇다면 '좌파를 방지'한다는 것은 무엇인가? 덩샤오핑은 "억지로 누명을 씌워 사람들을 겁주는 일부 이론가나 정치가를 보면 우파가 아니라 좌파다. 개혁·개방이란 자본주의를 끌어들여 발전시키는 것이라고 설명하고 평화적 전복의 주요 위험이 경제 영역에서 비롯된다고 간주하는 이들이 바로 좌파인 것이다"라고 말했다.

여기에서 지칭하는 사람은 덩리췬, 후차오무 등인데, 실제로는 천윈, 리펑, 야오이린, 그리고 장쩌민의 전기(前期)도 포함된다. 그렇지만 걱정할 필요는 없다. 경제적으로 문제가 있을 경우에는 좌파에 일부 양보할 수 있기 때문이다. 아직 좌파는 우파보다 상황이 좋은 것이다.

덩샤오핑은 일찍이 마오쩌둥을 비판하면서 "한 명의 지도자가 스스로 자신의 후계자를 선택하는 방식은 봉건주의 수법을 계속해서 따르는 것이다"라고 말했다. 그런데 덩샤오핑은 마오쩌둥보다 더 심했다. 마오쩌둥은 류사오치(劉少奇), 린뱌오(林彪)를 선택했다가 다시 폐했고, 최후에 화궈펑(華國鋒)을 선택했으나 화궈펑 역시 굳건하게 서지 못했다. 덩샤오핑 역시 후야오방, 자오쯔양을 선택했다가 다시 폐했다. 그러나 최후의 선택은 마오쩌둥보다 탁월해, 덩샤오핑은 자신의 계승자 장쩌민을 선택했을 뿐만 아니라 후계자의 후계자인 후진타오까지 선발했다. 이 두 사람은 모두 자산계급 자유화 반대 문제에서 검증 과정을 거쳤다. 장쩌민은 상하이에서 ≪세계경제도보(世界經濟導報)≫에 대한 조사 및 발간 금지 처분을 내렸고, 후진타오는 티베트에서 티베트인의 청원을 무력을 동원해서 진압했는데, 이를 통해 두 사람 모두 국제적으로 유명세를 탔다. 또한 덩샤오핑은 향후 장쩌민이 경제 영역에서 문제를 유발하는 것을 방지하기 위해 경제에 정통한 주룽지(朱鎔基)를 지명해 장쩌민을 직접 보좌하도록 했다.

따라서 1992년 중국공산당 제14차 당대회 이후 덩샤오핑은 더 이상 군이 전면에 나설 필요가 없어졌다. 그의 제국이 정치 강령에서부터 조직 구조에 이르기까지 모두 완벽하게 확립되어 국제 대기후, 즉 전 세계 민주화 물결에 맞서기에 충분해졌기 때문이다.

제3장

후야오방과 보수파의 대분열

1978년 12월 중국공산당 11기 3중전회부터 1986년 9월 중국공산당 12기 6 중전회까지는 민주파와 보수파 간의 승부가 결정되지 않은 덩샤오핑 제국 의 과도기 단계였다.

민주파의 주요 대표는 후야오방이었다. 사인방을 분쇄한 이후 후야오방 은 업무에 복귀해 1977년 3월 중앙당교(中央黨校) 부교장에 임명되었는데, 이는 덩샤오핑이 업무를 재개한 시기보다 4개월 빠른 것이었다.

먼저 화궈펑이 후야오방을 찾아가 업무를 맡아줄 것을 요청했다. 후야 오방은 자신이 '덩샤오핑 비판·우경 번안풍(翻案風, 기존의 결론을 뒤집으려 는 사회 분위기) 반격 사업'의 대상 중 하나이므로 이 사업을 중단하지 않으 면 업무를 수행하기 어렵다고 말했다. 화궈펑은 후야오방을 설득하면서 "당신이 우선 와서 업무를 수행하기를 바란다. 문제는 결국 해결될 것이니 조급해할 것 없다"라고 말했다. 그렇지만 후야오방은 이 말에 설득되지 않 았다.

화궈펑은 예젠잉(葉劍英)에게 후야오방을 찾아가 권고하도록 부탁했다. 예젠잉은 후야오방에게 "그래도 나와서 일을 하는 게 좋을 것일세. 이는 또한 나를 돕는 일이기도 하네. 자네를 중앙당교 상무부교장(화궈펑은 명의상 교장을 겸직함)에 임명한 것은 자네의 지혜와 재능 때문이었으므로 자네는 큰 업적을 이룰 수 있을 것일세!"라고 말했다. 그제야 후야오방은 승낙했다.

등장하자마자 핵심을 장악한 후야오방

후야오방은 중앙당교에 부임하자마자 중국의 역사와 운명을 뒤바꿀 다음과 같은 2개의 돌파구를 선택했다.

첫째, '사상의 멍에'를 타파했다. 후야오방은 두 가지 범시를 타파하지 않거나 전도된 사상 및 이론, 노선을 다시 뒤집어서 회복하지 않으면 전국 인민의 정신이 해방될 수 없으며, 중국의 운명도 더 이상 변화될 수 없다고 보았다.

둘째, '조직의 멍에'를 타파했다. 후야오방은 억울하게 낙마하거나 명예가 실추된 인사들을 복권해야 한다고 보았다. 친족이 모두 1억 명에 달하는 사람들이 여전히 억울하게 옥살이를 하고 있는 상황이므로 그들을 복권하지 않으면 중국의 운명을 변화시킬 수 없다고 여겼다.

후야오방은 1977년 5월 중앙당교에 소속된 3명의 교사에게 "전도된 간부 노선 시비를 바로잡자"(《인민일보》, 1977.10.7)라는 글을 집필하게 했다. 또한 1977년 7월에는 《이론동태(理論動態)》라는 잡지를 창간했는데, 이는 2개의 돌파구를 공략하기 위한 전략적 배치였다.

당시 업무에 아직 복귀하지 못하고 있던 덩샤오핑 또한 두 가지 범시를 비판했다. 1977년 4월, 화궈펑은 왕둥싱(汪東興)과 리신(李鑫)을 파견해 덩샤오핑을 찾아가 이야기를 나누도록 하면서 덩샤오핑에게 두 가지 범시를 인정하고 천안문 사건이 '반혁명 사건'임을 인정하도록 요구했다. 그렇지만 덩샤오핑은 이들 사건과 관련이 없다고 보증함으로써 자신에 대한 비판을 끝낼 수 있는 조건을 만든 뒤 업무에 복귀하려 도모했다.

덩샤오핑은 "두 가지 범시는 인정할 수 없다. 두 가지 범시를 인정하면서 나의 복권 문제를 논하는 것은 말이 되지 않으며, 1976년 일어난 천안문 사태가 도리에 맞는 일이었음을 인정하지 않는 꼴이 된다"라고 말했다. 덩샤오핑은, 마오쩌둥주의는 사상 체계이므로 중국 인민들이 기치를 높이 들고 이를 학습하고 운용해야 하며, 정확하고 완벽한 마오쩌둥주의로 전당, 전군 그리고 전국 인민을 지도해야 한다고 생각했다. 덩샤오핑은 두 가지 범시에 반대했을 뿐 아니라, 마오쩌둥의 한두 마디 짧은 말로 마오쩌둥주의를 분리하고 왜곡하며 훼손하는 것에도 반대했다.

3개의 사조

그런데 사상의 멍에를 타파하는 것을 둘러싸고 벌어진 이 전쟁에는 3개의 사조가 있었다.

첫째, 범시파로, 이들은 "마오쩌둥 주석이 결정한 정책이라면 어떤 것도 굳게 지켜야 하며, 마오쩌둥 주석의 지시라면 어떤 것도 시종일관 따라야 한다"라고 보았다. 대표적인 인물로는 화궈펑, 왕둥싱, 리신, 우렁시(吳冷西), 숭푸(熊復), 후성(胡繩), 장핑화(張平化), 정비젠(鄭必堅) 등이 있다.

둘째, 정확·완벽파로, 덩샤오핑에 의해 제기되었으며, 후차오무, 덩리췬, 왕전 등이 지지했다. 이후 범시파가 실천파에 패배하자 대부분의 범시파가 정확·완벽파로 전향했고 두 파가 연대해 다시 실천파를 공격했다.

셋째, 실천파로, "실천은 진리를 검증하는 유일한 기준"이라고 주장했다. 실천파는, 두 가지 범시는 마오쩌둥의 옛 권위를 옹호하는 것이며 과거의 잘못된 것을 고치지 못하도록 한다고 여겼다. 덩샤오핑이 주창한 '정확·완벽'은 새로운 권위를 세우는 것으로, 과거의 정확하지 못하거나 완벽하지 못한 것을 새로운 지도자 또는 이론적인 권위를 통해 바꿀 수 있는지 판단하고 결정내리는 것이었다. 따라서 이는 단지 기존의 멍에를 부수고 새로운 멍에를 채운 것에 불과했다. 반면 실천파는 기존의 개인적 권위와 새로운 개인적 권위에 전혀 의존하지 않고 진리를 사회에 넘겨 과학적 실천으로 검증했으며, 이를 통해 교조주의와 이론 전제주의(專制主義)를 철저하게 부정했다.

「실천은 진리를 검증하는 유일한 기준이다(實踐是檢驗眞理的唯一標準)」라는 문장이 발표된 이후 범시파와 정확·완벽파는 제압되었다. 범시파는 공개적으로 "문장이 방향상의 오류를 범했고, 이론상으로 황당무계하며, 사상적으로 반동적이고, 정치적으로 마오쩌둥주의라는 기치를 찢고 있다!"라고 공격했다. 정확·완벽파의 필두인 후차오무는 1978년 6월 20일 후야오방의 집을 방문해 "논쟁은 당신이 당교에서 일으킨 것이다. 논쟁을 계속하면 장차 당의 분열이 야기될 것이므로 즉각 중단해야 하며 ≪이론동태≫에 논쟁을 일으킬 수 있는 문장을 게재해서는 안 된다"라고 말했다.

그러나 진리의 소리는 전국에 넓게 퍼졌고 그 누구도 막을 수 없었다. 후차오무가 "논쟁을 계속하면 당내의 분열을 야기할 수 있다"라고 위협한 지 4일이 지난 후(6월 24일) ≪해방군보(解放軍報)≫에는 뤄루이칭(羅瑞卿) 대장의 지지 아래 특별논설위원의 문장이 발표되어 진리 표준에 대해 다시 논했는데, 이는 후차오무의 뒤통수를 막대로 한 대 내려치는 모양새가 되었다. 이어서 저우양은 7월 24일 중국사회과학원에서 열린 토론회의 강연에서 다음과 같이 지적했다.

나는 진리 표준에 대한 논쟁을 사상노선 문제이자, 정치 문제이자, 당과 국가의 미래와 명운에 관계된 문제라고 본다.

저우양의 강연은 전국적으로 중대한 영향을 미쳤고 이 논쟁의 정론으로 간주되었다.

시기와 지위를 막론하고 잘못된 것을 바로잡도록 제기하다

또 하나의 돌파구인 조직의 멍에를 타파하는 방면에서 후야오방은 1977년 12월 중국공산당 중앙조직부장을 겸임한 이후 즉시 전국의 억울한 사건 및 누명 사건의 명예를 회복시키기 위해 행동에 나섰다. 그는 다음과 같이 말했다.

> 모든 실제적이지 않은 말과 모든 부정확한 결론 및 처리는, 언제 어떤 상황에서 제기되었든, 어떤 급(級)에서 누가 정했든 간에 실사구시에 따라 바로잡아야 한다.

당시 어떤 사람이 "마오쩌둥 주석이 비준한 것은 어떻게 합니까?"라고 묻자, 후야오방은 "마찬가지로 명예를 회복시켜야 한다!"라고 대답했다.

후야오방은 마오쩌둥이 직접 비준했던 일부 안건과 중대 사안도 전문가가 모두 다시 조사하게 했다. 마오쩌둥이 잘못 행한 것뿐만 아니라 화궈펑, 덩샤오핑이 잘못 행한 것도 원래 상태로 복구시켰다. 수십만 명에 달하는 지식분자의 운명과 관련된 반우파 사건의 처리를 당시 직접 주재한 사람은 덩샤오핑과 펑전이었는데, 사면 조치에 대한 저항이 대단히 컸다. 덩샤오핑과 펑전의 지도 아래 우파를 대규모로 타도했던 장난샹(蔣南翔) 등은 자신의 명예를 지키기 위해 우파 세력에 대한 사면을 있는 힘을 다해 반대했다. 후야오방은 이와 관련된 다양한 의견 개진을 최대한 배제하려 했는데, 이는 절대다수의 우파가 모두 사면될 수 있도록 하기 위해서였다. 다만 덩샤오핑이 "반우파 투쟁은 필요했다. 다만 오류는 반우파 투쟁이 확대된 데 있다"라는 주장을 견지했기 때문에 마지막에는 몇 명의 거물을 상징적으로 남겨둬야 했다. 이렇게 남겨둔 거물들은 지금까지 후환이 되고 있다.

3중전회에서 실천파가 전승을 거두다

중국공산당 11기 3중전회에서는 실천파가 범시파와 정확·완벽파 연맹에 대해 승리를 거두었다고 할 수 있다.

3중전회의 의사일정은 본래 ① 농업 문제에 대한 토론, ② 1979년 및 1980년 국민경제계획 통과로 매우 간단했다. 덩샤오핑은 전체회의 이전에 공작회의를 개최해서 전당(全黨)의 업무 중점을 사회주의 현대화 건설로 옮기는 문제에 대해 2~3일 동안 토론하자고 건의했다. 이에 덩샤오핑은 후차오무에게 강화 원고를 기초하도록 했는데, 이 원고의 주제는 '현대화 건설로 중점을 옮기는 것'이었으며, '완벽하고 정확'한 마오쩌둥주의 체계를 그 안에 포함시켰다. 후차오무는 다음과 같이 썼다.

> 전당·전군은 최근 2년 동안 린뱌오 및 사인방에 대한 비판투쟁을 거쳐 조직상으로 각급 지도자를 정돈했으며, 사상적으로 마르크스·레닌주의, 마오쩌둥주의에 대한 왜곡과 날조를 깨끗하게 정리하고 본래의 면목을 회복했다. 전당·전군·전국 각 민족의 안정과 단결은 현재 이미 공고한 기초를 형성하고 있으며, 업무의 중심을 완전히 전할 수 있게 되었다. 이렇게 할 때라야 비로소 마오쩌둥 주석의 위대한 기치를 높이 들 수 있으며, 마오쩌둥주의 체계를 완벽하고 정확하게 파악할 수 있다.

그러나 공작회의의 진행 과정은 덩샤오핑, 후차오무 등의 예상을 뛰어넘었다. 후야오방은 2개의 돌파구를 선택해 억울한 사안과 누명을 뒤집어쓴 사안을 원상회복시켰으며, 진리 표준과 관련된 투쟁은 조별 토론에서 뜨거운 감자로 떠올랐다. 각 조는 또한 시단 민주주의의 벽을 통해 제기된, 역사상의 수많은 시비와 관련된 문제에 대해 논의했다. 예를 들면 과거의 천안문 사건, 펑더화이(彭德懷)와 루산(廬山) 회의, 타오주(陶鑄)와 중앙선전부 문제, 우파는 누명만 벗길 것인가 아니면 철저히 원상회복시켜야 하는가의 문제, 류사오치 문제 등이다.

범시파는 회의석상에서 저우양의 진리 표준과 관련된 토론 내용에 대해 공격을 발동했다. 후성은 "어떤 동지는 공개 강연 중에 당내의 이러한 분열은 사상 문제뿐 아니라 정치 문제, 노선 문제, 국가의 미래 및 운명과도 관계된 문제라고 선포했다. 비록 그 표현은 무미건조하고 케케묵긴 하지만 이는 국내적으로나 국제적으로 사람들이 중국의 안정단결 국면에 대해 의심하게 만들어 좋지 못한 영향을 미쳤다"라고 말했다.

후성의 도전은 회의석상에서 새롭게 투쟁의 불길을 점화시켰고, 그 결과 범시파의 실패로 끝났다. 공작회의는 11월 10일에 시작되었는데, 후차오무의 원고는 11월 19일에 완성되어 덩샤오핑에게 전달되었다. 회의는 11월 30일까지 개최되었는데, 덩샤오핑은 후차오무의 원고가 잘못되었다는 것을 깨닫고선 해당 원고를 폐기했고, 후야오방에게 다른 사람을 시켜 다시 쓰도록 했다.

중국공산당의 관방 문헌은 덩샤오핑의 당시 강화를 '3중전회의 주제보고'라고 규정하고 있는데, 이는 사실 당시 상황을 풍자한 것이라고 할 수 있다. 해당 강화는 당시 회의장 밖으로는 시단 민주주의의 벽에 나타난 '대기후'와 회의장 안으로는 각 소조 토론의 '소기후'의 핍박 아래 쓴 급취장(急就章)[1]이자, 후야오방이 2개의 돌파구를 선택한 이후 작성된 필연적인 산물

1 　중국 한나라의 사유(史游)가 편찬한 자서(字書)로, 임시변통으로 급히 완성한 글을 뜻한다. _옮긴이 주

이었다. 그 강화는 진리 표준에 대한 토론의 담론을 긍정했으며, 후차오무가 '당을 분열시키는 자'라고 지탄한 저우양이 중국사회과학원에서 행했던 강연 내용을 그대로 기록했다. 이는 범시파에 대한 부정일 뿐만 아니라 정확·완벽파에 대한 부정이기도 했다.

화궈펑은 자신이 주재한 회의가 끝날 때쯤 실천은 진리를 검증하는 유일한 기준임을 긍정하고 두 가지 범시의 과오에 대해 자아 비판하는 강화를 발표했다. 화궈펑은 "회의 시간에 제한이 있기 때문에 이 방면의 문제에 많은 시간을 활용할 수 없다. 중앙정치국이 제기한 의견은 예 사령관(예젠잉)의 제의에 따라 3중전회 이후에 이 사안을 중점적으로 다루는 이론공작무허회를 한 차례 열어 잘 해결하도록 하겠다"라고 말했다.

이론공작 무허회의 투쟁

이리하여 사상 멍에를 타파하는 전쟁은 이론공작 무허회로 옮겨졌다.

후야오방이 이론공작 무허회를 준비하고 있을 당시 후차오무는 새로운 반우파 투쟁을 치밀하게 계획하기 시작했다. 그는 도처에서 강화하고 연설하면서, 지금 '당의 영도를 부정하고', '사회주의를 부정하고', '마르크스·레닌주의와 마오쩌둥주의의 기본 관점을 부정하는' 이른바 '3개의 흐름'이 출현하고 있는데 "그 형세가 1957년에 우파가 진격하던 시기보다 더욱 엄중하다!"라고 고취했다.

1979년 1월 2일, 후차오무가 첫 번째로 유세하려 한 대상은 화궈펑이었는데, 장애에 부딪혔다. 화궈펑은 "어찌 되었든 반우파 투쟁은 안 된다!"라고 말했기 때문이다. 그다음 날(1월 3일)에는 중앙선전부에 가서 유세했다. 후차오무는 "3중전회는 마오쩌둥 주석에 대한 완전 부정을 유발할 수밖에 없으며, 이와 함께 당의 영도를 부정하고 사회주의 제도를 부정하는 경향마저 나타났다"라고 말했다. 후야오방은 후차오무의 견해가 가진 과오를 비판하면서 '3개의 흐름'이 있다고 할 수는 없다고 말했다. 한편 후차오무는 ≪인민일보≫ 특별논설위원의 글 "인민 만세!"를 공격하면서 "인민에 대해서만 찬양할 뿐 영도는 칭송하지 않으며, 민주당을 건립해 공산당을 개조하려 기도하고 있다"라고 비판했다.

후차오무는 조직상 왕둥싱과 수하의 '이론팀'을 개편해 범시파인 구교조주의의 역량과 완벽·정확파인 신교조주의의 역량을 규합함으로써 3중전회 이후 전국에서 막 일어나고 있던 자유민주 흐름을 봉쇄하려 했다.

후차오무는 결국 3개월 뒤에 덩샤오핑을 설득했고, 덩샤오핑을 위해 「4항 기본원칙의 견지」(1979년 3월 30일)라는 글을 써냈다. 이 글은 '3개의 흐름'에 '인민민주독재 부정'이라는 하나의 항을 더한 것으로, 인민민주독재의 견지를 통해 자유화에 반대하는 것이 주된 내용이었다. 후차오무는 이후 자신의 이 승리를 3중전회 이후의 분도양표(分道揚鑣), 즉 각기 제 갈 길을 간 것이라면서 득의양양한 모습을 보였다.

후차오무, 덩리췬, 우렁시 등의 보수파(범시파와 완벽·정확파를 포함)는 당시 이미 후야오방, 저우양, 후지웨이(胡績偉) 등의 대표적인 자유·민주 역량을 제거하려고 의도했다. 그렇지만 후야오방은 이에 대해 결코 개의치 않았다.

11기 3중전회에서 중앙정치국 위원으로 선발된 후야오방은 당 중앙비서장을 맡는 한편, 중앙당교, 중앙조직부, 중앙선전부, 중앙기율검사위원회의 직무를 겸임했다. 사상해방과 억울한 사안 및 누명 사안의 해결이라는 두 가지 돌파구는 여전히 그의 지도 아래 있었으나 더 깊이 진행할수록 더 큰 저항에 직면했다. 후야오방은 "우리 민족의 창조력을 가로막는 하나의 장애물은 정신적 멍에와 각색각양의 교조주의이며, 다른 하나의 장애물은 조직적 멍에와 각종 잘못된 조직 결론이다. 이러한 압력이 너무 거세서 머리를 들 수 없으며 각자의 총명함과 재능을 발휘할 수 없다. 이처럼 정신적·조직적으로 억압되고 압제받는, 자유롭지 못한 민족이 어떻게 세계의 선진국과 자유롭게 경쟁을 할 수 있겠는가?"라고 탄식했다.

경제로 주의력을 돌린 후야오방

3중전회 이후 후야오방의 관심은 경제 방면으로 옮겨갔다. 후야오방은 자신이 군대 업무, 조직 업무, 선전 업무를 수행한 바 있고 현재 온 마음을 다해 경제 문제를 연구하기를 원하므로 현급(縣級) 차원부터 연구를 시작하고 싶다고 말했다. 중국은 땅이 드넓어 경제 조건이 천차만별이다. 그래서 한 마리의 참새를 해부하는 것으로 하나의 전형을 확립해 다칭(大慶),[2] 다자이(大寨)[3] 등의 사업을 전국적으로 적용하거나 현대화 건설을 하기란 불가능하다. 따라서 그는 전국 성, 시, 자치구의 2000개 현급 단위를 돌아다니며 비교 연구를 진행하면서 국가의 발전 전략을 구상했다.

후야오방은 세 가지의 대토론을 진행하는 구상을 제기했다.

첫째는 진리 표준에 대한 토론으로, 이는 사상 노선이 해결되지 못했기 때문이었다. 두 가지 범시를 부정해야 새로운 범시를 세울 수 있고, 구식의 개인숭배를 혁파해야 새로운 개인숭배가 있을 수 있다는 것이 후야오방의 생각이었다.

둘째는 생산의 목적에 대한 토론으로, 국가의 발전 전략이 생산을 위한 생산인가, 국가계획 목표를 완성하기 위한 생산인가, 아니면 전국 인민의

---

2 '공업은 다칭을 배우자(工業學大慶)'는 1963년 마오쩌둥의 지시에 따라 공업 분야에 대해 전국적으로 제기한 호소이자 일종의 운동으로, 다칭이 유전(油田) 개발에서 보여준 자력갱생과 역경을 이겨내는 분투 정신을 배움으로써 전국 공업·광업 기업을 진작시키고 사회주의 건설을 전향적으로 발전시키는 데 목적이 있다. _옮긴이 주
3 '농업은 다자이를 배우자(農業學大寨)'는 산시성(山西省) 시양현(昔陽縣)의 가난한 농촌 마을이던 다자이가 1960년대에 집단 농업으로 수리시설을 정비하고 산지를 개간해 농업 생산을 높이고 사회 개조를 달성한 것을 높이 평가해 공업에서의 다칭과 함께 농업에서의 혁신 사례로 내건 구호다. _옮긴이 주

수요를 만족시키기 위한 것인가에 대한 토론이었다.

셋째는 인간의 해방에 대한 토론이었다. 후야오방은 자유, 민주, 인도적 가치를 중시하고 중국 인민이 전제의 멍에로부터 벗어나고 해방되어 자유로운 인간이 될 수 있기를 기대했다. 그는 마르크스의 「헤겔 법철학 비판: 서문」 중 다음과 같은 한 구절을 즐겨 인용했다. "사상의 번개가 이 소박한 인민의 지반 속으로 깊숙이 내리꽂히면 독일인들은 해방되어 인간이 될 것이다." 후야오방은 "이 문장은 마르크스가 초기에 쓴 저작으로, 당시 1840년대 독일은 아직 봉건 사회이자 농노제였기 때문에 당시 농민은 노예였다. 하지만 우리는 자신을 하나의 노예로 낮춰서는 안 된다"라고 말했다.

생산의 목적을 둘러싼 토론 투쟁

후야오방이 생산 목적에 관한 토론을 발동한 것은 1979년 9월이었다. 그는 『인민일보 정황회편(人民日報情況匯編)』에 수록된 글 「야로센코의 생산을 위한 생산에 대한 스탈린의 관점 비판」을 비판하면서, ≪이론동태≫에 경제 전선에 실제 사상이 결합된, 생산의 목적에 대한 문장 한 편을 써서 토론을 전개하도록 요구했다. 이리하여 「사회주의 생산의 목적을 진정으로 명확히 해야 한다」(1979년 9월 30일)라는 제목의 문장이 발표되었으며, 이후 전국 20개 성, 시, 자치구에서는 각 신문을 통해 문장이 발표되고 좌담회를 통해 토론이 벌어졌는데 반응이 뜨거웠다. 후야오방은 10월 9일 전국 성, 시, 자치구 당 위원회 제1서기 좌담회 석상에서 발전의 속도 및 생산의 목적과 관련된 문제를 재차 제기했다. 그는 다음과 같이 말했다.

속도와 직접적으로 관련된 것은 균형 문제다. 혹자는 과거 몇 차례 있었던 비율 부조화가 매우 인상 깊었는지 재정 수지, 생산 판매, 물자 공급 수요의 균형이 유지될 수 없을 것을 우려해 속도를 늦춰야 한다고 주장한다. 우리는 정지되고 응고된 기계론적인 관점에서 균형 문제를 파악해서는 안 되며, 경직되어 있는 신용대출 관리, 물자 관리 등의 방법을 진정으로 개진해야 한다. 현재 상황은 발전의 여지가 많으므로 대담하게 외자를 흡수해 건설 자금을 증가시켜야 한다. 경험 부족 때문에 약간의 손해를 보았다고 해서 인열폐식(因噎廢食)⁴해서는 안 된다.

후야오방은 생산의 목적에 대해 논하면서 스탈린이 야로센코를 비판했던 말을 인용했다. "야로센코 동지는 사람들이 생산을 위해 생산을 하지 않고 자신의 수요를 만족시키기 위해 생산한다는 것을 망각했다. 그는 사회적 수요에서 벗어난 생산은 쇠퇴하고 소멸된다는 것을 망각했다." 후야오방은 "우리 당내의 상당히 많은 사람들은 생산의 목적을 명확히 세우지 못하고 있으며 수단을 목적으로 간주하고 있다. 생산을 위한 생산은 현재의 경제 구조를 매우 불합리하고 기형적으로 만든다. 또한 사회의 수요와 인민 생활의 수요가 오랫동안 괴리되면 활력이 저하된다"라고 말했다.

후야오방은 국가의 더욱 빠른 발전을 위해 도모한 이 토론이 천원을 수반으로 하는 계획경제 관료 집단을 자극할 것이라고는 전혀 예상하지 못했다. 이에 후차오무는 후야오방의 자택으로 가서 생산의 목적에 대한 토론을 제지하려 했으나 후야오방은 이를 거절했다. 후야오방은 "저번에 후차오무가 와서 진리 표준에 대한 토론을 저지할 때에는 다소 물러날 의사가 있었다. 그렇지만 이번에는 절대 물러설 의사가 없다고 후차오무에게 알렸다!"라고 말한 바 있다.

그러나 후야오방은 천원이 가하는 압력이 지난 번 화궈펑이 가했던 압

---

4 목이 멜까 식사를 끊는다는 뜻으로, 조그만 장애를 걱정해 중대한 일을 그만두는 것을 일컫는 말이다. _옮긴이 주

력의 100배가 넘으리라고는 미처 예상하지 못했다. 하물며 예전의 중대한 시기에 후야오방을 지지했던 뤄루이칭 대장은 이미 사망했고, 실천파 주요 인물 중 한 명으로 ≪이론동태≫를 장악하고 있는 우장(吳江)이 이번에는 도리어 "후야오방이 경제를 이해하지 못하고 있다"라며 질책하는 상황이었다. 이후 우장은 후야오방에게 편지를 써서 『송사(宋史)』 중 "부요유(傅堯俞)[5]의 사람 됨됨이가 평온하고 신중하며, 말수가 적고 믿음직하며, 사람을 대함에 성실하기 이를 데 없으니, 일반적으로 양심이 있는 사람들은 모두 그를 기만하는 것을 참지 못했다"라는 「부요유전(傅堯俞傳)」의 내용을 한 구절을 인용하면서, "후야오방이 과거에는 자신이 경제적으로 각개 전투를 한다고 말했는데, 지금 지위가 변하자 각개 전투의 방법도 필시 변한 것 같다. 그런데 이 방면에서는 말수가 적은 것이 말수가 많은 것보다 더 적당한 듯하다"라고 비판했다.

우장은 후야오방이 경제 영역에서 일찍이 각개 전투를 하지 않았다는 사실을 근본적으로 이해하지 못했다. 후야오방은 강한 압박 때문에 생산의 목적에 대한 토론을 잠시 중단했지만(후차오무는 자신이 저지할 수 없자 위추리, 천윈을 끌어왔고, 마지막에는 덩샤오핑도 끌어들였다), 국가경제 발전의 중대 전략을 구상하는 그의 결심과 자신감은 시종일관 변하지 않았다. 그는 향후 20년간 중국 발전의 속도 문제, 생산과 소비의 상호 관계, 대외경제 관계 등 3대 영역을 중점적으로 연구했고, 각 영역에서 모두 자신의 독창적인 주장을 제기했다.

오늘날 사람들은 후야오방과 보수파가 정치 영역에서 대립했던 것을 주로 기억할 뿐이며, 경제 영역에서 대립했던 것에는 크게 주의를 기울이지

---

5   북송(北宋) 시기의 관료로, 인종(仁宗), 영종(英宗), 신종(神宗), 철종(哲宗) 4대에 걸쳐 중신(重臣)의 역할을 담당했으며 중서시랑(中書侍郎) 등을 역임한 인물이다. _옮긴이 주

않고 있다. 우장의 경우에서 보는 것처럼 후야오방은 경제를 이해하지 못하며 천원과 야오이린만 경제를 안다는 식의 잘못된 관념이 오랫동안 자리 잡고 있었다. 이러한 관념은, 후야오방은 현대 시장경제를 연구한 데 비해 천원과 야오이린 등은 교조적인 계획경제만 이해했을 뿐 현대 시장경제에 대해서는 정작 하나도 몰랐다는 사실을 판별하지 못한 데서 비롯되었다.

역사적으로 후야오방과 덩샤오핑은 주로 정치 영역에서 대립했고, 후야오방과 천원은 주로 경제 영역에서 대립했다. 덩샤오핑 제국 30년의 역사가 실천한 바를 살펴보면 역사적으로 정치적 전장(戰場)뿐 아니라 경제적 전장에서도 후야오방이 정확히 한쪽에 서 있었다는 사실이 증명된다.

다음에서는 발전 속도의 문제, 생산과 소비의 상호 관계, 대외경제 관계의 3대 영역에서 후야오방과 보수파 간의 주요 대립을 간단히 논하겠다.

1980년대 8월 26일, 후야오방과 자오쯔양, 야오이린, 팡웨이중(房維中)은 우한(武漢)에 도착해 덩샤오핑에게 경제 발전 계획을 보고했다. 당시 당 중앙재경소조(中央財經小組) 조장을 담당하던 자오쯔양은 제6차 5개년 계획의 경제성장 속도를 4.5%로 주장했다.

덩샤오핑: 이런 속도로 20년 안에 두 배로 발전할 수 있는가?

후야오방: 20년 안에 두 배가 되려면 매년 평균 7.2%씩 증가해야 합니다. (3명은 무응답)

덩샤오핑: 50년 만에 두 배가 되려면?

후야오방: 매년 평균 2.5%씩 증가해야 합니다.

덩샤오핑: 그것은 너무 낮다.

후야오방: 노력하면 7%를 확보하는 것은 불가능하지 않습니다.

야오이린: 내년에는 4.5%만 유지할 수 있습니다.

후야오방: 만약 지금 4.5%를 유지한다면 20년 만에 두 배로 발전한다는 것은

하나의 공허한 말에 불과하며 후대에 어려움을 물려줄 텐데, 후대 사람들이 어떻게 일을 하겠습니까?

논쟁의 제1차 폭발

'20년 만에 두 배로 발전'이라는 전략 목표는 후야오방이 1980년대 초에 덩샤오핑에게 건의했던 것이다. 후야오방은 "우리의 현대화 건설에는 전략 목표가 있어야 한다. 후베이성(湖北省) 당 위원회 서기 천피셴(陳丕顯)은 '후베이 농공업을 20년 동안 두 배 증가시킨다'라는 목표를 제기했는데, 1981년부터 2000년까지 20년 동안 중국의 농공업 총생산액을 두 배 증가시킨다면 1인당 국민소득이 800달러에 달해 소강(小康)사회[6] 수준에 도달할 수 있지 않겠는가?"라고 말했다.

덩샤오핑은 당시 긍정을 표했지만, 후야오방과 보수파의 의견이 대립되자 도리어 명확한 태도를 표명하지 않았다. 왜냐하면 그는 저속도, 발전 포기를 주장하는 진정한 배후가 천원이라는 사실을 알았기 때문이다. 이 논쟁이 1차로 폭발한 것은 1980년 12월 16일에서 25일까지 열린 중앙공작회의에서였다.

천원 집단은 이 중앙공작회의를 위해 치밀하게 계획을 세웠다.

첫째, 폴란드 자유노조 사건[7]이라는 국제 대기후를 이용해 정치와 경제 두 가지 전선에서 전면적인 공세를 실시했다. 폴란드 자유노조 사건은 1980년 7월에 발생했다. 당시 후야오방은 "폴란드 사건이 주는 교훈은 개혁의 방침을 철저하게 견지해야 된다는 것이다. 폴란드의 모든 개혁은 어

---

6 의식주 걱정을 하지 않는 물질적으로 안락한 사회로, 비교적 잘사는 중산층 사회를 의미한다. _옮긴이 주

7 1980년대에 레흐 바웬사(Lech Walesa)가 이끄는 폴란드 자유노조 연대에 대규모의 노동자가 참가해 폴란드의 민주화 발전에 원동력이 된 사건을 일컫는다. _옮긴이 주

려움과 저항에 부딪히자 낡은 방식으로 다시 되돌아갔고, 소련의 원한을 사거나 스탈린 모델의 근본 제도를 거스르려 하지 않는 바람에 위기를 맞이했다"라고 여겼다. 덩샤오핑도 후야오방의 의견에 동조해 8월 18일 정치국 확대회의에서 '당과 국가 영도제도의 개혁'이라는 주제의 강화를 개진했다. 그는 이 자리에서 역사상 중대한 오류를 범한 근원은 정치제도 문제라고 지적하면서 "개인에게 책임이 없다는 것이 아니라 제도가 더욱 근본적·전면적·안정적·장기적인 문제라는 의미다. 만일 제도 개혁을 견지하지 않으면 과거에 출현한 심각한 문제가 차후에도 다시 출현할 것이다"라고 경고했다.

그러나 전국적으로 위에서부터 아래까지 치열하게 제도 개혁을 토론하고 있을 때, 후차오무는 9월 24일 「폴란드 위기에 관해」라는 한 통의 서신을 써서 중국에서도 폴란드에서 발생한 상황이 '폭발'할 수 있다고 제기하면서 "마오쩌둥이 1956년에 헝가리 사건이 발생했을 때 했던 것과 마찬가지로 대책을 마련해야 한다"라고 말했다.

이 서신은 먼저 후야오방에게 발송되었다. 후야오방은 "중국에서는 폴란드 사건이 발생할 수 없다. 왜냐하면 첫째, 우리는 줄곧 자주적·독립적이어서 어떤 패권에도 굴복하지 않았기 때문이다. 둘째, 3중전회 이래 개혁 노선이 인민으로부터 호응을 얻고 있기 때문이다"라고 말했다.

후차오무는 후야오방에게서 퇴짜를 맞자 곧바로 천원을 찾아갔다. 10월 9일 당 중앙선전부는 "경제 업무를 잘못해도 배가 뒤집어지고 선전 업무를 잘못해도 배가 뒤집어진다. 선전과 경제, 이 두 가지 방면에 주의하지 않으면 중국에서도 폴란드와 같은 사건이 발생할 수 있다"라는 천원의 의견을 전달했다. 선전부장 왕런중(王任重)은 "폴란드 사건의 교훈을 토론하자는 후차오무 동지의 의견에 따르면, 중국에도 폴란드와 유사한 문제가 존재하고 있으며 이 문제가 발전해나가면 폴란드와 같은 결과가 발생할 것이다.

덩샤오핑 동지가 말한 '당과 국가 영도제도의 개혁'은 더 이상 선전하지 말라"라고 말했다.

둘째, 천윈에 대한 숭배를 만들어냈다. 1980년 11월, 덩리췬은 중앙당교에서 '천윈 동지의 경제사상을 배우자'라는 제목으로 네 차례에 걸쳐 강연을 했다. 덩리췬은, 역사상 처음으로 중국의 민주혁명 계급에 대한 객관적인 규율을 세운 사람은 마오쩌둥이며, 중국의 사회주의 혁명과 계급에 대한 객관적인 규율을 세운 사람은 천윈이라고 제기했다. 그는 "경제가 어려움에 직면하면 마오쩌둥 주석은 바로 그를 불렀고, 어려움이 지나가면 다시 그를 곁에 두었다"라고 말했다.

덩리췬은 또한 중앙당교 전교생에게 자신이 편집해서 인쇄한 『천윈 동지 문고선편(陳雲同志文稿選編) 1956~1962』를 공부하도록 했으며, 아울러 당 중앙서기처연구실이 향후 세 권으로 구성된 『천윈 문선(陳雲文選)』을 출판할 것이라고 선포하면서 천윈의 경제사상을 학습하도록 했다.

덩리췬은 중국의 역사를 두 단계로 구분해 객관적인 규율을 장악한 사람이 마오쩌둥과 천윈이라고 제기했지만, '천윈 사상'이라고는 감히 공개적으로 말하지 못하고 '천윈 경제사상'이라고만 제기했다. 중앙당교 학생들에게 거듭 전파한 결과 결국 덩샤오핑의 귀에 '천윈 사상'이라는 말이 들어갔다. 덩샤오핑은 야오이린을 불러 덩리췬에게 다음과 같이 말하라고 당부했다. "덩리췬이 당교 수업에서 천윈 사상을 가르친다고 하는데, 이것은 잘못된 것이 아닌가? 학생들에게 가르쳐야 할 것은 아직 당연히 마오쩌둥주의이므로 천윈에게 다시는 그런 말을 제기하지 못하게 하라."

셋째, 1980년 11월, 화궈펑을 비판하는 정치국 확대회의 석상에서 천윈 집단은 경제 업무에서의 '높은 목표', '높은 속도' 그리고 '양약진(洋躍進)'[8]으

---

8   정치적 개혁 없이 서양의 자금과 기술을 받아들여 생산성을 크게 도약시키려 한 정책을

로 초점을 이동시켰다. 양약진이란 전국 인민의 의복 문제 및 의복 수출 문제를 해결하기 위한 것으로, 외국으로부터 화학섬유를 제조하는 설비를 13종 도입했다. 이는 당시 중앙에서 토론을 거쳐 통과된 것으로, 예젠잉, 덩샤오핑, 후야오방이 모두 동의했다.

후야오방은 11월 19일 발언하면서 이와 관련해 화궈펑을 변호하기도 했다. 후야오방은 "높은 목표, 양약진에 대해 화궈펑은 일정한 책임이 있다. 그러나 목표를 확정하고 설비를 수입한 것은 당시 중앙의 토론을 거쳐 통과된 것이므로 중앙에도 책임이 있으며 화궈펑 한 사람에게 책임을 모두 물을 수는 없다"라고 말했다.

넷째, 중앙공작회의가 열리기 이전인 11월 28일, 중앙정치국 상무위원회와 서기처 회의에서는 덩샤오핑을 압박해 천윈이 낮춰버린 계획 목표에 동의하게 만들었다.

천윈은 회의석상에서 "내년 계획은 한 발 물러서야 한다. 혹자는 이렇게 하면 시간상 뒤처질 것이라 말한다. 하지만 아편전쟁 이래 얼마나 많이 뒤처졌는데, 3년을 더 늦춘다고 한들 뭐 그리 대수롭겠는가?"라고 말했다. 덩샤오핑은 "천윈의 의견에 동의하며, 한 번 물러서는 것으로 부족하면 다시 한 번 물러서면 된다. 성장 속도가 5%를 유지하지 못하면 4%라도 좋다"라고 표명했다.

중앙공작회의와 동시에 개최된 전국 계획공작회의에서는 천윈과 덩샤오핑의 강화에 근거해 1981년 기본 건설 투자를 처음에 계획했던 550억 달러에서 300억 달러로 전년 대비 40% 감축했으며, 공업 총생산액 성장 목표는 3.7%로 축소시켰다.

이로써 1980년 12월에 열린 중앙공작회의에서는 후야오방을 대표로 하

_____

지칭한다. _옮긴이 주

는 개혁 세력이 경제·정치 전선에서 전면 패배해 퇴각했다.

천윈은 회의석상에서 '경제 상황과 경험에 따른 교훈'이라는 제목으로 첫 번째 발언을 하면서 "긴축 조치를 채택하고 경제 과열을 억제해야 한다"라고 주장하면서 '충분한 후퇴'를 강조했다. 천윈은 "일부에서는 이렇게 하면 3여 년 뒤처질 것이라고 하는데, 이는 두렵지 않다"라고 말했다. 천윈은 웡융시(翁永曦)라는 청년이 자신에게 보낸 편지에서 제기한 "수요를 억제하고 물가를 안정시키며, 발전을 포기하고 안정을 추구하며, 개혁을 완화하고 조정을 중시하며, 집중을 크게 하고 분산을 적게 한다(抑需求, 穩物價; 捨發展, 求安定; 緩改革, 重調整; 大集中, 小分散)"라는 방안을 인용하고 크게 칭찬하면서 이를 경제 업무의 '24자 강령'으로 삼았다.

자오쯔양과 리셴녠은 천윈에 뒤이어 강화하면서 천윈의 의견에 완전히 동의한다고 말했다. 한편 자오쯔양은 "현재의 잠재적 위기는 경제위기를 폭발시킬 수 있다"라고 지적했다.

천윈의 반자유화에 동의한 덩샤오핑

덩샤오핑은 회의 마지막 날(12월 25일)에 '조정방침을 관철하고 안정단결을 보장한다'라는 주제로 강화했다. 덩샤오핑은 다음과 같이 말했다.

나는 천윈 동지의 강화에 완전히 동의한다. 이 강화는 31년간 진행된 중국 경제 업무의 경험과 교훈을 정확하게 포괄하고 있으며, 향후 장기간의 지도 방침이기도 하다. 나는 또한 천윈 동지와 자오쯔양 동지의 의견에 완전히 동의하는데, 가장 중요한 것은 조정을 장악하는 것이다. 개혁은 조정에 복종하고 유리하게끔 진행되어야 하며, 조정을 방해해서는 안 된다.

천윈 동지는 개혁의 성공 여부는 경제 업무 및 선전 업무가 양호한지 여부와 매우 크게 관련되어 있다고 말했다. 지금 중국의 선전 업무는 네 가지 기본원칙에 반대하는 그릇된 사상에 대해 별다른 투쟁을 진행하고 있지 않다. 우리는 자산계급 자유화를 비판하고 반대해야 하고, 인민민주독재를 강화해야 하며, 불법 조직활동과 불법 간행물의 간행을 금지해야 한다.

덩리췬은 자신의 책 『12개 춘추』에서 매우 득의양양하게 당시 자신이 덩샤오핑의 이 강화에 어떤 도움을 주었는지를 회고하고 있다. 덩리췬은 다음과 같이 말한다.

특히 중요한 강화 원고는 바로 1980년 12월 덩샤오핑 동지가 중앙공작회의에서 했던 강화다. 이 강화는 덩샤오핑 동지가 나에게 그를 도와 준비하도록 한 것으로, 최후에 후차오무를 통해 수정된 것이다. 후차오무가 가장 많이 그리고 가장 공을 들여 수정한 것은 바로 사상공작이다. 이 강화는 덩샤오핑과 천윈의 합작이 가장 뚜렷하게 확정된 하나의 목표다. 덩샤오핑은 천윈이 제기한 방침을 전력을 다해 지지했다.

이 강화는 경제 영역에서는 천윈의 '발전 포기, 개혁 완화' 강령을 받아들였고, 정치사상과 문화 영역에서는 '반자유화'와 '독재 강화'를 부각시켰다. 이는 덩리췬과 후차오무가 개혁파의 주장에 대항해 의도적으로 만든 장애물이었다. 그 이전에 후야오방, 저우양 등은 민간단체 및 민영 간행물에 대해 입법적인 수단을 채택해서 등록 관리하자고 주장했다. 이에 서기처 토론을 거쳐 '결사법', '신문출판법' 등을 제정하기로 결정했는데, 이는 '민주제도화 및 법률화'라는 11기 3중전회 방침에 완전히 부합하는 것이었다. 덩리췬, 후차오무는 천윈에게 이런 상황을 알렸고, 천윈은 "민간단체 및 민영 간행물이 입법을 통해 등록되는 것을 무슨 수를 써서라도 막아야 한다. 우리는 과거에 국민당이 제정한 '출판법'의 빈틈을 적극적으로 활용했는데, 오늘날 민간단체 및 민영 간행물이 이와 같은 빈틈을 활용할 수 없도록 해야 한다. 그리고 반드시 이들을 불법적인 지위에 처하도록 해야 하며, 금지해야 한다"라고 말했다. 덩리췬과 후차오무는 강화를 통해 먼저 장애물을 설치했고, 이어서 1981년 초에 곧바로 「불법 간행물 및 불법 조직 처리와 관련된 문제에 대한 지시」를 기초해 독재적인 수단으로 모든 민간단체 및 민영 간행물을 단속했다.

후야오방은 12월 중앙공작회의의 이러한 분위기로 인해 잠시 침묵할 수밖에 없었다.

후야오방과 천윈의 두 번째 대립

후야오방과 천윈 집단이 경제 영역에서 두 번째로 크게 대립한 이유는 소비와 축적에 대한 문제 때문이었다. 후야오방은 다음과 같이 간주했다.

지나치게 소비를 자극하거나 과도한 소비를 부추기는 것은 잘못되었으므로 우리는 소비하라는 구호를 강조하지는 않는다. 하지만 인민의 소비를 적당히 자극하는 데 주의를 기울여야 하고, 인민이 정확하게 소비하도록 인도해 생산된 소비품이 판로를 갖도록 해야 한다. 이는 모조리 먹어치우고 다 쓰라고 말하는 것이 아니며, 간고분투(艱苦奮鬪, 고난과 시련을 이겨내면서 있는 힘껏 싸움)의 정신이 필요 없다고 말하는 것도 아니다. 그러나 과도하게 의복을 아끼고 식사를 줄이는 방법을 채택해 저축을 한다고 해서 생산 발전이 촉진되고 인민의 생활수준이 과연 제대로 제고될 수 있겠는가? 여기에 대해서는 연구를 해야 할 것이다. 현재 1100억 위안에 해당하는 상품이 재고로 쌓여 있는데도 상업 부문에서는 이를 파는 것을 아까워하는 경향이 있지 않은가? 앞으로 우리는 매년 220억 위안의 소비품을 충분히 생산할 수 있을 것이다. 우리는 판매망을 더 늘려야 하며 직원이 지방 근무를 하도록 고취하고 격려해야 한다. 상품이 도시 안에서 판매되지 않으면 향촌에서는 이를 살 수 없기 때문이다.

후야오방은 당연히 경제에 대한 자신의 관점과 천원의 강령, 즉 '수요를 억제하고 발전을 포기하며 개혁을 완화'하는 강령이 서로 융화될 수 없다는 사실을 알고 있었으므로 마르크스에게 도움을 구해야만 했다. 그는 마르크스의 다음과 같은 말을 인용했다.

생산이 없으면 소비할 대상도 없다. 그런데 소비도 생산을 매개로 이루어지는데, 왜냐하면 소비가 생산을 대신해서 주체를 창조해내기 때문이다. 생산품은 결국 주체에 대한 결과물인 것이다. 생산품은 소비를 통해 궁극적으로 완성된다. 만약 철로에 기차가 지나다니지 않아 철로가 마모되지 않는다면 그것은 다만 가능성의 철로일 뿐이며, 현실의 철로가 아니다. 생산이 없으면 소비도 없다. 그러나 소비가 없으면 생산 또한 없다. 따라서 만약 이렇게 되면 생산의 목적이 없어지는 것이다.

마르크스는 또한 다음과 같이 말했다.

소비는 두 가지 방면에서 생산을 만들어낸다. ① 소비를 통해서만 생산품은 현실의 생산품이 될 수 있기 때문에 생산품을 소비할 때라야 비로소 소비가 완성된다. ② 소비는 새로운 생산의 수요를 창출하기 때문에 생산을 만들어내는 동력이다. 또한 소비는 관념적으로 생산의 대상을 제기하며 소비자의 기호로서, 수요로서, 동력과 목적으로서 기능한다. 수요가 없으면 생산이 없으며, 소비는 수요를 재생산해낸다.

후야오방은 국가계획위원회, 경제위원회, 상업부, 재정부 책임자와 경제학자가 참석한 좌담회에서 자신이 생각한 경제 업무의 새로운 방향을 제기했다. 그는 "마르크스의 이러한 말을 새겨 경제 업무에서 소비를 줄이는 방법만 강구할 것이 아니라, 생산을 발전시킴으로써 소비를 충족시키는 방법을 더욱 강구해야 한다. 이것이야말로 근본적인 방침이다"라고 말했다.

후야오방은 다음과 같이 말했다.

> 오늘날의 세계는 세 가지 모델 말고는 없다. 첫째 모델은 소련과 동유럽처럼 대거 축적해놓고 군중의 소비를 줄이는 방식으로, 생산은 인민의 수요를 만족시키기 위한 것이 아니다. 둘째 모델은 자본주의 고도 경쟁으로 높은 이윤을 추구하는 방식이다. 우리는 인민의 수요를 끊임없이 증가시킴으로써 생산의 발전을 추동해야 한다. 먼저 생산재 부문이 있은 후에 소비재 부문이 있는 것이 아니라 소비재 부문이 있은 후에 거꾸로 생산재 부문의 성장을 촉진하는 것으로, 인민 수요의 증가는 항상 선두에 위치해 있다. 이 문제는 중국이 수십 년 동안 실천해온 마르크스주의 이론을 분석하도록 요청하는 한편 중국의 경제 업무가 하나의 새로운 길로 나아가도록 요구하고 있다.

이는 후야오방이 당초 생산의 목적에 대한 토론을 제기한 이유가 생산을 위한 생산과 높은 이윤을 추구하기 위한 생산을 구분해 하나의 새로운 길로 나아가기 위한 것임을 충분히 설명해준다. 생산의 목적에 대한 토론이 제지당한 이후에도 후야오방은 발전 속도, 소비와 축적 관계, 대외경제 관계, 특구 건설, 농촌 건설 등의 영역에서 조사 연구를 계속했는데, 이는 모두 이러한 새로운 길을 모색하기 위해서였다.

오늘날 사람들은 종종 후야오방이 진리 표준과 관련된 토론이나, 억울한 사건 및 누명 사건에 대한 명예 회복 등의 사상정치와 조직 영역에서 세운 공헌만 볼 뿐, 경제 영역에서 세운 중대한 공헌은 경시하는 경향이 있다. 오랫동안 사람들에게는 '후야오방은 경제를 모르며, 경제를 아는 것은 천원이다'라는 편견이 형성되어 있었는데, 이는 역사가 전도된 것이다.

천원은 경제를 어느 정도 알았지만, 그가 이해했던 것은 수요를 억제하고 발전을 포기하는 구식 경제로서, 현대 경제와는 도무지 맞지 않았다. 천원은 절반은 스탈린주의자, 절반은 경험주의자였다. 그가 가진 경제사상의 절반인 스탈린주의는 '계획을 비례에 맞춘다'라는 내용이었으며, 나머지 절반은 중국의 봉건적인 전통 아래에서의 폐쇄주의로서, 비수불류외인전(肥水不流外人田), 즉 농사짓기에 좋은 물은 다른 사람의 밭에 흘러들어가지 못하도록 하는 것이었다. 천원도 조사 연구를 하고 경제 영역에 집중을 했지만 크게 집중하지 않았기 때문에 한 마리의 참새만 해부하고선 천하의 모든 새가 모두 참새와 마찬가지라고 여겼다. 덩리쥔이 호들갑스럽게 고취한 '천원 경제사상'은 천원 자신이 했던 말, 즉 '새장 경제사상'이라는 한마디로 개괄할 수 있다. 천원의 사상 체계는 절반의 스탈린주의와 절반의 경험주의로 구성되어 있는 새장인 것이다.

후야오방, 현대 경제 발전의 새로운 길을 탐색하다

후야오방은 천원의 언행에 반대하지 않고 그를 존중했다. 그렇지만 후야오방은 현대 중국의 경제 발전을 위한 새로운 길을 탐색했기 때문에 생산의 목적, 발전의 속도, 소비와 축적, 대외경제 관계, 특구 건설 등 모든 영역에서 천원의 새장 경제사상과 서로 충돌할 수밖에 없었다.

대외경제 관계 영역에서 후야오방이 내디딘 첫 걸음은 광둥(廣東), 푸젠(福建) 2개의 성을 앞장서서 대외 개방하고, 선전(深圳), 주하이(珠海), 아오먼(澳門)에 특구를 건립하는 것이었다.

1980년 9월 23~24일, 후야오방은 중앙서기처 제52차 회의를 주재하고 광둥, 푸젠 2개의 성에 특별정책과 유연한 조치를 실행하기로 결정했다. 후야오방은 "특별정책과 유연한 조치를 실행하는 목적은, 광둥과 푸젠 2개 성의 우위를 충분히 발휘하고, 한 걸음 먼저 부유해져 전국 4대 현대화 건설의 선구자와 첨병 역할을 하며, 다른 지역을 위해 길을 모색하고 경제를 축적하며 간부를 키우는 데 있다. 광둥, 푸젠 2개의 성은 장기적인 안목하에 대외적으로 더욱 개방해야 하며, 전국적으로 그리고 전 세계를 향해 신속하게 경제의 활력을 고양시키고 하나의 길을 만들어내 대외 연계의 중심축이 되어야 한다"라고 말했다.

덩샤오핑은 처음에는 특구 건설을 지지했지만 1980년 12월 중앙공작회의에서 다시 한 차례 뒤로 물러섰다. 덩샤오핑은 중앙공작회의의 강화에서 "광둥성과 푸젠성 2개 성에 몇 개의 특구를 설치한다는 결정은 지속되어야 한다. 그러나 절차와 방법을 조정해야 하며, 속도를 조금 늦출 수도 있다"라고 말했다.

당시 특구 건설은 해외의 자금과 기술을 끌어들여 국내 건설을 더욱 가속화하기 위한 것이었다. 즉, 국내의 재정 적자로 인해 거시경제 정책을 조정하고 늦출 필요가 있을 때 신속하게 특구를 건설해 외자를 더욱 많이 투입함으로써 국내의 부족한 자금을 보완하고 경제를 안정적으로 발전시키기 위한 조치였는데, 덩샤오핑은 이러한 사실을 명확히 이해하지 못했다. 후야오방은 이 점을 간파해 즉시 중앙당교 조사팀이 1980년 12월 말 작성한 광둥 선전 특구 조사보고서 「특구 건설 속도는 더욱 빨라야 한다」를 비준하고 이를 회람시켰다. 당시 특구 건설의 최전선에 있던 푸젠성 당 위원회의 제1서기 샹난은 다음과 같이 말했다.

샤먼(厦門) 특구의 시작은 비교적 늦었는데, 1980년 12월 중앙공작회의에서 푸젠성 당 위원회 내부의 보수 세력이 특구의 건설 속도를 늦추도록 요구했다는 것을 구실로 삼아 샤먼 특구 건설은 거의 멈추었다. 후야오방이 이 보고를 비준해 회람시킨 이후에야 우리는 일을 할 수 있게 되었다.

1981년 4월, 조사팀은 샤먼에 도착해 샹난과 의견을 교환하고 「푸젠 샤먼의 특구 건설 문제」라는 제목의 보고서를 작성해 샤먼 특구의 발전 전략과 특구 건설의 이론 문제를 제기했다. 당시 조사팀은 당시 2.1km²의 호수내 지구였던 샤먼 특구를 샤먼 섬 123만km² 전체 영역으로 확대해야 하고, 섬 전체에서 싱가포르나 홍콩과 유사하게 외자에 대한 개방 정책과 우대를 실시해야 하며, 샤먼 섬을 국제 자유항으로 건설해야 하고, 외자와 현대 선진 기술과 관리 방식을 끌어들여 경제, 문화, 사회가 서로 균형을 이루며 고도로 발전한 세계적인 도시를 만듦으로써 푸젠과 전국의 경제 발전을 선도해야 한다고 주장했다.

후야오방은 이 조사보고서 및 여기에 첨부된 특구 건설에 관한 이론을 신속하게 비준해 회람시켰다. 그는 당시 특구 건설 관련 업무를 주재하던 구무(谷牧)에게 "이 글은 자료가 풍부하며 관점도 바람직하다. 중앙의 동지들이 이론 및 방향을 고민하는 데 도움이 될 것이다. 이 방면의 업무를 관장하는 동지들에게 대담하게 업무를 추진할 수 있도록 촉구하기를 바란다"라고 서면으로 지시했다. 이에 샹난은 즉각 다음과 같이 회답했다. "자료는 단번에 완독했습니다. 논의된 각종 특구에 대해서는 특별히 이론과 실천 면에서 검토가 필요하며, 테스트도 해야 합니다. 조금의 과장도 없이 말씀드립니다만, 이 두 자료는 투자보다 더욱 중요합니다."

천윈, 특구 건설은 매국 행위라고 공격하다

한편 특구 업무회의를 주재하고 있던 구무는 아무런 반응도 하지 않았다. 그는 천윈이 특구 건설을 대대적으로 추진한 데 대해 죄를 물을 것임을, 그리고 후차오무와 덩리췬이 중국 역사상 조계(租界)⁹의 자료를 편찬한 뒤 특구가 바로 조계를 재현한 것이므로 특구 건설은 매국 행위라고 공격할 것임을 알고 있었다. 구무는 또한 "중앙 영도 동지(천윈을 지칭함)의 의견은 특구를 취소해야 한다는 것이다"라고 말했다. 덩샤오핑은 그때도 아무런 말을 하지 않은 채 천윈 집단의 특구 건설에 대한 공격을 지켜보았다.

1981년 12월 25일, 천윈은 성·시 당 위원회 서기 좌담회 석상에서 특구 건설에 대해 "선전, 주하이, 아오먼 일부 지역(2.1km²를 지칭함)에서 시험적으로 건설하는 것 외에 더 이상 확대해서는 안 된다. 국가 건설은 반드시 전국이 통일적으로 실시되어야 하며 계획에 따라 일을 진행해야 한다"라고 말했다. 그는 비록 특구를 취소하라고 말하지는 않았지만, "전국적으로 통일해서 계획에 따라 실시해야 한다"라며 압박을 가하고 광둥, 푸젠의 특수 정책과 특구 자주권을 모두 취소했기 때문에 '시험적 시행'을 계속하기란 불가능했다.

하지만 후야오방은 압도되지 않았다. 보름 남짓 지난 후 그는 특구 관련 논쟁에서 벗어나 심사숙고한 '대외경제 관계 발전 전략'을 발표했다. 1982년 1월 14일 중앙서기 회의에서 후야오방은 "두 종류의 자원, 즉 국내 자원과 해외 자원을 이용해 2개의 시장, 즉 국내 시장과 국외 시장을 열고, 두 가지 본령(本領), 즉 국내 건설을 조직하는 본령과 대외경제 관계를 조직하는 본령을 배우자"는 등 10가지 항목으로 구성된 강령 성격의 의견을 제기했으며, 대외경제 관계의 전략적인 지위를 명확히 규정했다.

후야오방은 강화에서 당나라 시기의 육지(陸贄)가 논했던 '인소실다, 익근미원(吝少失多, 溺近迷遠)'¹⁰이라는 말을 인용해 경제 업무에서 전략적 안

---

9   제국주의 국가가 불평등조약을 통해 식민지 국가를 강제로 개항시킨 도시에서 외국인의 거주지로 개방된 치외 법권 지역을 일컫는다. _옮긴이 주
10 작은 것을 아끼려다 큰 것을 잃고 가까운 것을 탐닉하다 혼미해져 멀리 있는 것을 제대로

목이 없는 근시안적인 경향을 비판했다.

후야오방의 통찰력은 그의 실용적인 태도와 창의적인 정신에서 비롯되었다. 그는 하부 조직을 부지런히 뛰어다녔고, 현지 조사를 중시했으며, 가슴 속에 전 세계의 구도와 조류를 담았고, 전략적인 사고에도 능했다. 따라서 그의 주장은 항상 통찰력을 지닌 제1선 지도자, 예를 들면 샹난, 런중이, 천피셴, 레이위(雷宇) 등의 공감을 얻었고 이들과 후야오방은 서로 지지했다. 하지만 그는 수요를 억제하고 발전을 포기한 반개혁 세력인 천윈 집단으로부터 줄곧 가격을 당하고 방해를 받아 국가의 개혁과 발전이 큰 손실을 입었다.

1982년 이후 천윈 집단은 특구 건설을 전국적으로 통일해서 계획에 따라 실시하도록 경제에 대한 통제를 강화했다. 샹난은 1982년 5월 17일 "최근 베이징 관련 부서의 지시와 규정이 연이어 하달되는데, 이에 따라 일을 하면 특구는 물론 특별정책도 실제로는 취소되는 것이나 다름없다. 이는 후야오방 동지의 10개 항과 너무 다를 뿐만 아니라 2년 전 중앙의 지시 내용과도 크게 동떨어진다. 이로 인해 3중전회 이래 이제 막 획득한 일말의 진전도 휩쓸려 사라져버렸다"라고 반응했다.

생산의 목적, 발전의 속도, 소비와 축적에서 특구 건설에 이르기까지 대내·대외 경제 발전 문제에서 발생한 천윈 집단과 후야오방 간의 근본적인 대립은, 개혁·개방을 지속해 중국 현대 경제 발전의 새로운 길을 열 것이냐, 아니면 '절반의 스탈린주의, 절반의 경험주의'라는 낡은 길로 되돌아갈 것이냐 하는 중대한 전략적 대립이었다. 이는 1983년 천윈 집단이 후야오방에 대해 제1차 권력 쟁탈을 시도했다가 미수에 그친 주요 원인이기도 했다.

보지 못한다는 의미다. _옮긴이 주

제4장

경제에서 후야오방을 내쫓고
정치에서 저우양을 타격하다

서기처의 악당 2명이 바람을 일으켜 불을 점화하다

천원 집단이 처음으로 후야오방을 전복시키려 계획한 시기는 1983년 3월로, 경제 관련 의제가 기폭제가 되었다. 1982년 GDP 성장률은 8.7%를 기록해 계획한 목표(4%)의 2배를 초과했다. 이에 덩샤오핑도 뭔가 문제가 있음을 알아차렸다. 1983년 1월 12일 덩샤오핑은 후야오방, 완리, 야오이린, 후치리(胡啓立), 장친푸(張勁夫), 쑹핑 등과 대화를 나누었다. 그 자리에서 덩샤오핑은 다음과 같이 말했다.

역사적인 경험을 통해 계획을 너무 높게 잡았을 때 일어나는 문제에 대해서는 우리가 이미 주의하고 있다. 하지만 지금은 다른 방면의 문제에 주의해야 하는데, 바로 계획은 너무 낮게 설정하고 실제 성장 속도는 매우 높은 경우어떤 영향이 발생할 것인가라는 점이다. 이 문제에 대해 세밀하게 조사 연구해야 하며 실제에 부합하도록 분석해야 한다. 요컨대 계획을 세울 때에는 당연히 적극적이어야 하고, 여지를 남겨두어야 하며, 노력하면 달성할 수 있도록 해야 한다.

1월 17일부터 1월 18일까지 열린 중앙서기처 회의에서는 덩샤오핑이 제기한 계획 문제를 토론했다. 후야오방은 "에너지, 교통 그리고 일부 취약한 부분의 건설을 조속히 시행해야 한다. 올해부터 수치를 제고하지 않으면 20년 동안 총생산액을 2배로 증가시킨다는 계획은 허사가 될 것이다. 목표를 높게 잡지는 않더라도 적극적으로 노력하고 경영성과를 강구해 올해 성장률을 7% 또는 이보다 더 높게 달성해야 한다. '4%를 유지하고 5%를 쟁취한다'는 목표를 내세워 앞길을 가로막지 말라. 상황이 변했고 역사는 전진하므로 우리의 업무도 이에 따라 전진해야 한다"라고 말했다.

또한 후야오방은 "시야를 넓혀 투자하고 사람, 재화, 물건의 잠재력을 발굴할 것"을 제기했다. 아울러 그는 "중국은 상당한 양의 황금을 갖고 있고 외화보유고가 높은데, 이를 은행에 넣어두기만 하면 이자를 얻지 못하고 보험비도 지불해야 한다. 은행에 돈을 쌓아두기만 하고 쓰지 않는 것도 좋은 방법은 아니다"라고 말했다.

중앙서기처 내에는 2명의 악당이 있는데, 한 명은 덩리췬이고 다른 한 명은 후차오무였다. 그들은 후야오방을 반대했는데, 회의석상에서는 말을 하지 않고 있다가 회의가 끝난 후에 천윈에게 가서는 "후야오방의 주된 생각은 바로 고속 성장을 하는 것입니다. 즉, 4%를 유지하고 5%를 쟁취하는 것에 불만을 품고 20년 동안 총생산액을 2배로 증가시킬 생각을 갖고 있으므로 천윈 당신의 생각과 충돌합니다. 이로 인해 덩샤오핑도 좌불안석하고 있습니다"라며 도발했다.

바로 이어서 후야오방은 1월 20일 전국 노동자 사상정치공작회의에서 '4대 현대화 건설과 개혁 문제'를 강의하고 28조를 논했는데, 논의의 중심은 전면 개혁이었다. 후야오방은 "전면적이고 체계적으로 바꾼다는 것은, 모든 전선, 모든 지구, 모든 부서, 모든 단위가 개혁의 임무를 갖고 있고, 진부한 것과 우리의 전진을 방해하는 낡은 틀, 낡은 수단, 낡은 작풍을 제거하고 새로운 상황을 연구해 새로운 문제를 해결하며, 새로운 경험을 총괄해 새로운 구도를 세움으로써 단호하고 질서 있게 바꾸는 것을 의미한다. 개혁은 바로 낡은 것을 파괴하고 새로운 것을 세우는 것으로서, 인민의 부와 행복에 유리한지 여부를 개혁의 옳고 그름을 판단하는 지표로 삼아야 한다"라고 말했다.

'생산의 목적', '소비와 축적의 상호촉진', '부를 인민에게 축적해야 하며 인민이 부유해져야 비로소 국가가 강해진다', '국내·국외 두 종류의 자원을 이용하고, 국내·국외 2개의 시장을 열어 대외경제 관계를 발전시킨다', '특구 건설을 신속히 실시하고 확대한다', '20년 동안 2배 성장하는 전략 목표' 등과 같은 후야오방의 경제사상은 서로 밀접하게 연관되어 있는, 하나의 완전한 전략 사상 체계다. 그가 전면적이고 체계적으로 개혁을 실시하고 낡은 것을 타파해 새로운 것을 세우도록 제기한 이유는 바로 이러한 전략 목표를 실현하기 위해서였다.

후야오방의 경제 발전 전략은 이론적으로나 실천적으로 천윈 집단의 '수요 억제, 발전 포기, 개혁 완화'라는 절반의 스탈린주의, 절반의 경험주의 경제사상과 충돌할 수밖에 없었다. 이로 인해 천윈 집단은 후야오방을 언젠가 제거해야만 안심할 수 있는 형국이 조성되기에 이르렀다.

먼저 반기를 든 것은 후차오무였다. 2월 16일 그는 ≪인민일보≫ 편집장과 부편집장을 자신의 집으로 불러 후야오방의 '전면 개혁' 강화가 제12차 당대회 정신과 부합되지 않는다고 비난하고 이 강화가 "사람들에게 압력을 가하고 있다"라면서, ≪인민일보≫에 이를 선전하지 말 것을 당부했다.

야오이린은 얼마 후 덩샤오핑에게 편지를 써서 "후야오방이 '4% 유지,

5% 쟁취'를 타파하자고 고취하는 것은 고속 성장을 제창하는 것"이라고 비난했다. 후차오무도 덩샤오핑에게 상황을 알리면서 "후야오방은 사회주의 신념에 대해 동요하고 있다"라고 말했다. 장차 비구름이 거세게 일고 폭풍이 불어 닥칠 기세였다.

후야오방에 대한 공식적인 반란

공식적인 반란은 3월 17일 중앙정치국 상무위원회와 서기처 회의석상에서 자오쯔양이 먼저 "우리는 과거에 몇 년간 순조롭게 발전하면 그냥 있지 못하고 계속해서 목표를 높이다가 더 이상 목표를 추가 달성할 수 없는 시점에 도달하면 다시 목표를 조정하는 상황을 경험했다. 현재 어떤 동지는 흥분해서 (조정이 끝나지 않았는데도) 또다시 계속 목표를 높이려 하고 있다"라고 말하면서 시작되었다.

자오쯔양은 누구를 향해 하는 말인지 구체적으로 이름을 밝히지 않았고 이어서 리셴녠이 몇 마디를 덧붙였다. 그런 이후 천원이 일장연설을 하면서 후야오방을 구체적으로 거론했다. 그는 '높은 속도', '높은 목표', '높은 소비', '경제 혼란 야기'에서부터 '조사 연구 방법'에 이르기까지 후야오방의 아홉 가지 죄명을 열거하면서, 후야오방의 경제 전략 사상과 서로 다른 지역의 실제 조건을 조사 연구하는 것에서부터 시작해 해당 지역에 적합하게 추진하는 업무 방식에 이르기까지 모든 것을 전반적으로 부정했다. 그러고 나서 절반의 스탈린주의와 절반의 경험주의를 취합한 균형론과 장기간 한 곳에 웅크리고 앉아 한 마리의 참새를 해부하는 자신의 낡은 수법과 방법을 자랑하며 뽐냈다.

회의가 끝난 후 그날 저녁 덩리췬은 사전에 준비해두었던 잡지 《홍기(紅旗)》의 연락원 회의에 '천원 9조'를 전달했다. 둘째 날(3월 18일)에는 신화사 전국 분사장 회의에 '천원 9조'를 전달하면서 "중앙에 최근 문제가 생겼으므로" 전국의 신화사 분사가 각기 속한 성, 시, 자치구의 당 위원회에 이 소식을 전하도록 장려했다.

덩리췬이 공개적으로 선동한 데 이어 후차오무는 후야오방, 예젠잉, 덩샤오핑 등의 정치국 상무위원회와 서기처를 등지고 천윈을 비밀리에 찾아가 3월 17일 회의 기록을 정리했으며 성, 시, 자치구 당 위원회 제1서기 회의를 열어 전달했다. 그리고 후야오방 문제를 토론하면서 '후야오방 타도'라는 음모를 실현하고자 계획했다.

가장 흥미로운 장면은, 3월 19일 저녁 늦게 후차오무와 천윈이 계획 수립을 끝낸 이후 흥분해 후야오방 집으로 가서 후야오방에게 공감하는 듯 연기를 펼친 것이다. 그들은 후야오방에게 "당신이 총서기에 당선되지 않았다면 다른 일을 할 수 있었을 것이고 우리의 우정은 지속되었을 것이다"라고 말했다. 너무 그럴 듯해 후야오방은 당시 어리둥절해했다.

많은 사람들은 덩리췬이 '후야오방 타도'를 기도한 것은 그가 후야오방의 자리를 차지하고 싶었기 때문이라고만 생각한다. 사실 1983년 당시에는 덩리췬에게 후야오방을 타도할 만한 자격이 없었다. 후야오방 타도의 실제 주인공은 천윈과 후차오무다. 후차오무는 1982년 중국공산당 12기 1중전회에서 이미 중앙정치국 위원으로 당선되었고, 그는 비록 정치국 상무위원회와 서기처 서기는 아니었지만 중앙상무위원회와 서기처 연석회의에 항상 참석했다. 야오이린과 덩리췬은 천윈, 후차오무와 함께 후야오방 타도를 발동하긴 했지만, 야오이린은 정치국 후보위원, 덩리췬은 서기처의 구성원에 불과했다.

덩샤오핑, 후야오방·자오쯔양 구도는 변할 수 없다고 말하다

후차오무는 자신의 결점을 정확히 파악하지 못했으며, 덩샤오핑과 천윈 둘 다 자신을 좋아한다고 생각했다. 또한 그는 3월 17일 회의에서 자오쯔양, 리셴녠, 덩샤오핑 모두 천윈 편에 서서 누구도 후야오방을 대신해서 말하지 않는 것과, 천윈이 주장한 대로 경제 업무의 정책 결정 주도권이 서기처에서 중앙재경소조로 옮겨지는 것을 목격했다. 승리에 대해 확신한 후차오무는 아무것도 꺼릴 것 없이 덩샤오핑을 등지고 일하기 시작했다. 사실 덩샤오핑은 반자유화와 보수적인 수단 사용 등에서는 후차오무의 주장을 지지했지만 후차오무의 전체적인 정치 역량에 대해서는 불합격점을 주었다. 일찍이 후차오무는 장칭(江靑)을 투항시키고 적극적으로 덩샤오핑을 비판한 바 있다. 하지만 덩샤오핑은 그 이후 그를 용서했으며, 후차오무에 대해 "적에게 빌붙은 앞잡이가 아니라 의지가 박약한 자다"라고 말했다.

후차오무는 자신이 너무 조급하게 일을 벌여 도리어 일이 잘못될 것이라는 사실을 예상하지 못했다. 덩리췬이 《홍기》의 연락원 회의 및 신화사 전국 분사장 회의에서 선동한 일은 전국적으로 강력한 반발을 유발했다. 3월 18일 밤 광둥, 상하이 등의 성과 시는 끊임없이 중앙에 전화를 걸어 "도대체 중앙에 무슨 문제가 발생했는가?", "화궈펑이 사라진 이후 어떻게 바로 또다시 후야오방을 타도하는가?", "도대체 한 마음 한 뜻으로 4대 현대화를 할 것인가 말 것인가?"라고 물었고, 광둥성 당 위원회는 덩리췬의 강화 기록을 그날 밤 중앙에 보고하며 보냈다.

중앙서기처 상무서기 시중쉰은 각지의 반응을 접수한 후 덩샤오핑과 중앙정치국 상무위원회에 보고했다. 덩샤오핑은 즉각 광둥의 예젠잉에게 전화를 걸어 상의했는데, 예젠잉은 후차오무, 천윈이 계획 중인 후야오방 타도 회의를 개최하는 데 대해 강경하게 반대했다. 이에 덩샤오핑은 후차오무와 덩리췬을 만나서 그들이 정리한 자료를 전부 봉인해 보존하도록 요구하면서 "후야오방·자오쯔양 구도는 바뀔 수 없다!"라고 경고했다. 이리하여 1983년 3월 시도한 '후야오방 타도' 쿠데타는 좌절되는 것으로 종결되었다.

덩리췬은 자신의 책 『12개 춘추』에서 이에 대해 적지 않은 유감을 표명하면서 "1983년 이전에는 덩샤오핑과 천윈이 줄곧 매우 잘 협력했는데, 1983년 이 사건에 이르러서는 덩샤오핑과 천윈의 대립이 두드러지기 시작했다"라고 썼다.

이데올로기에 대한 공격으로 보수파가 방향을 바꾸다

천윈 집단의 후야오방 타도가 실패로 돌아감으로써 덩샤오핑과 천윈이 경제 영역에서 대립한다는 사실이 확실히 드러났다. 천윈 집단은, 덩샤오핑과 후야오방은 "20년 만에 2배로 증가하려면 일정한 발전 속도를 유지해야 한다"라고 주장한다는 점에서 경제 발전 전략상 상통하지만 천윈의 '수요 억제, 발전 포기, 개혁 완화'와는 상통하지 않는다는 사실을 알아차렸다. 이에 계획을 바꿔 경제 영역에서는 잠시 휴전하고 이데올로기 영역에 대한 공격으로 방향을 바꾸었다. 그들은 새로운 돌파구를 찾았는데, 저우양이 마르크스 사망 100주년 기념 학술보고회에서 발표한 「마르크스주의의 몇 가지 이론 문제 검토」라는 주제의 학술 보고였다.

이 시점에서 후야오방이 중앙당교에 있을 당시 제기한 '세 가지 대토론'으로 인해 후야오방·저우양이 사상적으로 후차오무·덩리췬과 대립하기 시작했음을 상기할 필요가 있다. 후야오방은 다음과 같이 말했다.

진리 표준에 대한 토론은 사람들을 두 가지 범시 중 교조주의의 정신적 명에로부터 해방시켰으나, 이는 다만 사상해방의 첫 걸음이었다.

둘째 걸음은 생산의 목적에 대한 토론으로, 진리 표준에 대한 토론보다 더욱 중요하다. 생산 자체는 목적이 아니며 목적은 사람이다. 사람은 생산의 목적이지, 생산의 노예가 아니다. 사람은 물질의 노예가 될 수 없으므로 사람이 물질을 지배하는 것이지, 물질이 사람을 지배하는 것은 아니다.

셋째 걸음은 사람의 해방에 대한 토론으로, 여기에는 물질적 해방과 정신적 해방이 포함된다. 사람의 물질적 수요와 정신적 수요는 마땅히 통일되어야 하며 대립해서는 안 된다. 사람의 입이 동물의 주둥이와 구별되는 이유는, 사람의 입은 먹는 데만 쓰이는 것이 아니라 말하고 사상과 의견을 표현하는 데 쓰이기 때문이다. 모든 사람이 주인의식을 갖고 정신이 억압된 노예 상태에서 해방될 때 중국에 비로소 희망이 있다. 따라서 경제 해방과 정치 해방, 경제 개혁과 정치 개혁은 서로 조화를 이룰 때에야 비로소 전진할 수 있다.

후야오방은 왕뤄수이(王若水)를 찾아 ≪인민일보≫에 인간의 해방에 대한 토론을 발동하려 했다. 그렇지만 ≪인민일보≫는 1980년부터 이미 후차오무와 덩리췬이 주장한 반자유화의 중점 타격 대상이 되었기 때문에 이 세 번째 대토론은 실시되기도 전에 무산되고 말았다.

당시 저우양은 '인도주의와 소외' 문제를 독립적으로 다시 사고하고 있었는데, 이는 후야오방의 '인간의 해방'에 대한 생각과 마침 합치되었다. 이에 1980년 9월 후야오방은 저우양을 중앙당교에 초청해 강연토록 했다. 저우양이 강의한 중심 사상은 개혁을 통해 사회주의 사회의 경제, 정치, 사상, 문화 각 영역의 소외 현상을 극복하고 물질과 인간의 정신적인 측면에서 전면 해방을 실현하자는 것이었다.

후야오방은 저우양의 견해를 높이 평가했고 자신이 구상 중인 인간의 해방에 관한 토론의 방향과 일치한다고 여겨 중앙당교 이론연구실에 저우양의 강연 내용을 녹음한 것을 정리해 발표하라고 지시했다. 저우양은 처음에는 다소 망설이면서, 이번에 후야오방이 자신을 초청해 강연하도록 한 내용은 아직 연구와 탐색 단계여서 강연용 원고를 준비하지 못했고 단지 자신이 하고 싶은 바를 말한 것이므로 체계적이지 않다고 말했다. 후야오방은 그럼 먼저 작성된 원고를 정리한 이후 이를 저우양에게 보내 저우양이 스스로 결정하도록 하라고 말했다.

저우양은 정리된 원고를 보고 매우 만족해서 약간 수정한 후 바로 발표하는 데 동의했다. 그런데 당시 우장은 후차오무와 저우양 사이에 갈등이 있음을 알아차리고 ≪이론동태≫에 이 글을 싣는 것을 반대했다. 후야오방은 한 걸음 뒤로 물러서면서 "그렇다면 학술 이론 연구 토론으로 ≪중앙당교교간(中央黨校校刊)≫에 발표하라"라고 지시했다. 이 일이 있고 난 후인 1981년 1월 초, 후야오방은 "사인방을 분쇄한 후 ≪이론동태≫를 만들당시에는 과감하게 새로운 문제를 제기하고 새로운 견해를 발표하는 등 썩훌륭한 잡지였는데, 지금은 그저 그런 잡지로 전락했다"라고 탄식했다.

오늘날의 관점에서 보면, 저우양의 강연이 ≪중앙당교교간≫에는 발표되고 ≪이론동태≫에는 등재되지 않은 덕에 후차오무, 덩리췬 등이 저우양에 대해 반기를 드는 것이 2년 늦어졌다. 왜냐하면 그들 주변에 있는 이데올로기 영역의 공격자들은 ≪이론동태≫만 주시하고 ≪중앙당교교간≫까지 찾아보지는 못했기 때문이다. 따라서 저우양이 일찍이 1980년 9월 중앙당교 대강당에서 '인도주의와 소외' 문제를 강연한 사실을 알지 못했다. 하지만 우장의 신중함이 큰 도움이 되지는 못했다. 보수파는 결국 ≪이론동태≫에서 그다지 중요하지 않은 「겸손하고 신중한 처신과 실천 정신」이라는 짧은 글을 찾아내 천원 동지에 대해 반대했다는 죄명을 날조해 뒤집어씌움으로써 중앙당교를 징계했으며, 이후 당교와 저우양을 차례로 공격했다.

저우양은 일찍이 1960년대에 '인도주의와 소외'를 연구한 바 있다. 당시에도 그는 인도주의를 비판했지만 소외는 변증법에 합치되기 때문에 간단하게 부정할 수 없다고 인식했다. 저우양은 1963년 10월 중국과학원 철학사회과학부에서 행한 강화를 통해, 유고슬라비아와 소련에서 등장한 인도주의에 대한 수정주의를 비판하는 동시에 처음으로 소외를 논하면서 마르크스가 쓴 『1844년 경제학 – 철학 수고』에 나오는 소외에 관한 논점을 긍정했다. 이 강화는 마오쩌둥의 친필 수정을 거치면서 마오쩌둥 자신도 몇 차례에 걸쳐 몇 단락의 문구를 넣기도 했다. 마오쩌둥도 저우양의 소외에 대한 견해를 긍정했다.

문화대혁명 이후 저우양은 다시 수많은 책을 읽고 진정한 성찰을 거쳐 인도주의와 소외에 대한 새로운 견해를 갖게 되었다. 저우양은 1980년 9월 중앙당교에서 강연한 이후로도 계속해서 연구하고 사유하면서, 마르크스 사망 100주년을 기념하는 학술 보고를 준비했다. 그는 왕뤄수이, 왕위안화(王元化), 구샹(顧驤) 등 철학적·문학적 소양을 갖춘 3명의 학자를 초청해 함께 토론한 이후 비로소 「마르크스주의의 몇 가지 이론 문제 검토」라는 명문을 만들었다.

경제에서는 후야오방 타도, 정치에서는 저우양 타격

1983년 3월 7일, 중앙당교에서 거행된 '전국 마르크스 사망 100주년 기념 학술보고회'에서는 한 아나운서가 저우양의 학술 보고를 대신 읽었다. 보고가 끝나자 전체 회의장은 장시간 박수로 열렬한 환영을 표했다. 당시는 후차오무와 천원, 야오이린 등이 후야오방의 '고속 성장 고취, 4% 유지 및 5% 쟁취 반대'에 대한 자료를 수집하면서 경제적으로 후야오방 타도를 긴박하게 준비하던 시기로, 보수파에서 보고회에 출석한 사람은 왕전과 덩리췬 두 사람뿐이었다. 왕전은 이 관련 보고 내용을 듣고도 이해하지 못했는데 전체 회의장에서 열렬한 박수소리가 나는 것을 보고 저우양에게로 가서 "당신의 보고는 매우 훌륭하다. 나는 큰 가르침을 받았다. 그런데 '이화(yihua)'[1]가 무슨 글자인지 궁금하다"라고 말했다. 저우양이 종이에 '이화(異化)' 두 글자를 쓰자 왕전은 고개를 끄덕이며 나갔다.

---

1   여기에서 발음상 '이화(yihua)'로 표기되는 '이화(異化)'는 소외를 의미한다. _옮긴이 주

한편 덩리췬은 신통력이 있어 저우양이 말하는 인도주의는 니키타 흐루쇼프(Nikita Khrushchyov)와 별 차이가 없으며, 사회주의의 정치, 경제, 문화가 모두 소외되었다고 말하는 것은 과거 당의 일관된 견해와 일치하지 않는다는 사실을 찾아냈다. 그날 오후 덩리췬은 경제적으로 후야오방을 타도할 계획을 세우느라 오전에 회의장에 참석하지 못한 후차오무와 논의한 후 즉각 왕전에게 알렸다. 그리고 왕전에게 결정을 하달해 당교 보고회의 회의 기간을 연장하고 각지에서 베이징으로 출석한 인원을 남게 해 이틀 동안 휴회하기로 했으며, 2일 간 긴급히 한 무리의 사람을 배치해 저우양을 포위했다.

이것이 바로 그해 보수파가 세운 '경제적으로는 후야오방 타도, 정치적으로는 저우양 타격'이라는, 동시 병행의 전략 배치였다. 많은 사람들은 아직도 보수파가 1983년 실시한 '후야오방 타도'와 '저우양 타격' 사이의 관련성을 명확히 알지 못하고 있다. 11기 3중전회 이전에 전개된 사상해방 운동의 전선에서 저우양은 처음부터 후야오방과 동일한 진영에 서 있었으며, 이로 인해 보수파로부터 적대와 질시를 받았다. 후야오방이 발동한 진리 표준에 대한 토론과 관련된 권위 있는 평가는 바로 저우양이 최초로 제기한 것으로, 이는 역사적인 정론(定論)이 되었다. 저우양은 11기 3중전회와 이론공작 무허회 이후 「3차례의 위대한 사상해방 운동」(1979년 5월 4일)을 계속해서 발표함으로써 보수파가 「4항 기본원칙의 견지」(1979년 3월 30일)를 통해 자유·민주파를 청산하려 한 투쟁에 직접적으로 저항했다.

보수파 입장에서 볼 때, 후야오방은 정치·경제 영역에서 전면 독재를 실시하는 데 주요 장애였으며, 저우양은 사상·문화 영역에서 전면 독재를 실시하는 데 주요 장애였다. 1983년 3월 '후야오방 타도', '저우양 타격'이 동시에 터져 나온 것은 결코 우연이 아니라 보수파가 오랫동안 계획한 대전략이었다. 덩리췬은 ≪홍기≫ 연락원 회의와 신화사 분사장 회의에서 긴급하게 "중앙에 최근 문제가 하나 생겼다"라고 선동했는데, 여기에서 언급하는 문제는 후야오방과 저우양을 지칭했다. 이후 '후야오방 타도' 계획은 예젠잉이 강경하게 반대하고 덩샤오핑이 후차오무, 천원이 계획 중이던 제1서기 회의를 중단하도록 요구함으로써 중지되었다. 반면 '저우양 타격'은 도리어 덩샤오핑의 지지를 얻어 성공했는데, 덩리췬은 덩샤오핑에게 다음과 같이 위선적으로 말했다. "제가 중앙에 문제가 생겼다고 한 것은 저우양을 지칭한 것이었는데, 하부에서는 저의 말을 오해해서 이를 후야오방이라고 생각했습니다."

덩샤오핑 사상의 본질

덩샤오핑이 1983년 일어난 '후야오방 타도', '저우양 타격' 사건에서 보여준 태도는 그가 가진 절반의 마오쩌둥주의와 절반의 실용주의 사상의 본질을 충분히 보여주었다. 후야오방과 저우양이 주장한 사상해방은, 향후 중국의 운명에 주목하고 경제, 정치, 사회, 문화 영역의 전면 개혁을 통해 모든 중국인의 물질적·정신적 해방을 실현하는 것이었다. 그런데 덩샤오핑과 보수파가 주장한 사상해방은 단지 자신들의 권력을 쟁취하고 공고히 하기 위한 것이다. 따라서 11기 3중전회는 후야오방, 저우양, 중국 인민에게는 사상해방의 기점인 반면, 덩샤오핑과 보수파에는 사상해방의 종점이었다. 11기 3중전회 이후 3개월 동안 덩샤오핑과 보수파는 곧바로 '4항 기본원칙'을 내세워 사상해방 운동을 진압하고 시단 민주주의의 벽을 단속했으며, 웨이징성을 체포했다. 덩샤오핑이 요구한 '정확하고 완벽한 마오쩌둥주의 체계'는 '인민민주독재하의 계속혁명 이론'의 절반인 '4항 기본원칙'만 취하고 다른 절반인 '대명, 대방, 대자보, 대변론'은 포기했으므로 어떻게 정확하고 완벽하다고 할 수 있겠는가? 이는 단지 절반의 마오쩌둥주의라고밖에 할 수 없다. 한편 절반의 실용주의는, 정적을 타격하는 데 이로우면

"군중이 대자보를 붙이는 것은 우리나라의 정세가 안정되고 있다는 표현"이라고 했다가 대자보에 자신을 비판하는 내용이 나오면 바로 "자산계급", "동란 요인", "독재적 수단을 강구해야 할 뿐 아니라 이를 이용해야 한다"라고 말을 바꾼 것으로 설명할 수 있다.

보수파는 덩샤오핑의 갈팡질팡하는 '절반의 실용주의'를 이용해 군사 정세를 거짓으로 고하고 이간질을 부추기는 등 음모적인 수단을 이용해 개혁 세력을 각개 격파했다. 또한 경제적으로 후야오방을 타도할 당시 너무 조급해한 나머지 덩샤오핑의 지지를 받지 못해 덩샤오핑과 천원 간의 갈등이 불거졌던 것을 반면교사로 삼아 정치적으로 저우양을 타격할 때에는 엄밀하게 계획을 세웠다. 특히 덩샤오핑의 지지를 얻는 데 많은 노력을 기울여 저우양을 철저하게 고립시키고 그를 섬멸하기 위해 음흉하고 잔혹한 전술을 채택했다.

음흉하고 거짓된 후차오무는 온갖 나쁜 짓을 자행했다

많은 사람들이 지금까지도 후차오무의 거짓되고 음흉한 성격을 제대로 인식하지 못하고 있는데, 후차오무를 제대로 이해한 사람은 역사학자 리주(黎澍)였다. 리주는 "마오쩌둥의 지식분자 개조는 바로 '거짓군자(僞君子)'를 만들어내는 것이었다. 마오쩌둥은 후차오무를 본보기로 세워 그를 '개조가 가장 잘되었고 영혼이 가장 아름다운 사람'이라고 칭찬했다. 후차오무가 지닌 허위의 이중인격은 바로 마오쩌둥 옆에서 형성된 것이다"라고 평가했다.

후차오무가 저우양과 루딩이를 질투한 것은 그 유래가 오래되었다. 일찍이 문화대혁명 이전부터 후차오무는 중앙선전부에 있으면서 마오쩌둥 옆에서 항상 저우양과 루딩이의 나쁜 점을 들춰내며 선동했다. 후차오무의 이러한 심리는 첫째, 질투에서 비롯되었다. 중국공산당 내부에서 저우양과 루딩이는 책을 많이 읽고 학문이 깊으며 사고가 뚜렷하고 글을 쓰는 재능이 뛰어나 이론과 사상·문화 방면에서 일찍이 마오쩌둥으로부터 칭찬을 받았다. 후차오무도 책을 제법 읽긴 했지만 그는 천윈과 마찬가지로 교조주의 독서법에 매몰되었고 문장은 단조롭고 융통성이 없으며 독창성이 부족했다. 둘째, 후차오무는 마오쩌둥의 비결을 그대로 좇아 좌파를 따르고 우파를 따르지 않는 행동을 보였다. 또한 그는 암암리에 저우양과 루딩이의 우경 성향을 정탐해 마오쩌둥에게 이를 고했다. 하지만 마오쩌둥은 이를 듣고도 완전히 믿지 않았다.

당시 후차오무와 루딩이, 저우양이 중앙선전부에서 대립하게 된 데에는 크게 두 가지 계기가 있었는데, 하나는 '소련 학습'이고 다른 하나는 '쌍백 방침(雙百方針)'[2]이다. 소련 학습이란 1950년대 초에 후차오무가 소련 스탈린의 교조주의적인 선전망을 있는 그대로 중국에 들여와 중앙에서 기층까지 엄격하게 여론을 통제하려 했던 것이다. 그런데 이는 곧 루딩이와 저우양의 반대에 직면했다. 당시에는 마오쩌둥도 후차오무의 주장에 반대하면서 루딩이와 저우양을 지지해 후차오무는 가슴에 커다란 한을 품게 되었다.

한편 1956년 마오쩌둥이 쌍백 방침을 제기하자 루딩이와 저우양은 이를 지지했다. 루딩이는 학술 영역에서 '두 가지 만세', 즉 유물주의(唯物主義) 만세와 유심주의(唯心主義) 만세를 제기하면서 대학에 유심주의 과정을 개설할 것을 주장했다. 후차오무는 일단 소극적으로 관망하다가 암암리에 이를 제지해 ≪인민일보≫에 쌍백 방침을 지지하는 전국 선전공작회의(루딩이와 저우양이 주재)의 소식을 싣지 못하도록 하는 반면, 쌍백 방침을 반대하는 천치퉁(陳其通)의 문장을 싣도록 했다. 마오쩌둥이 이에 대해 비판을

---

2 '백화제방, 백가쟁명(百花齊放, 百家爭鳴)'의 약어로, 누구나 자신의 의견을 피력할 수 있다는 의미의 정치구호다. _옮긴이 주

제기하자 후차오무는 자신의 잘못을 당시 인민일보 사장 덩튀(鄧拓)에게 덮어씌웠다. 사실 덩튀는 쌍백 방침을 지지했지만 후차오무에 의해 제지당했던 것인데 후차오무를 대신해 문책을 당해야 했다. 그 이후 마오쩌둥이 반우(反右)로 돌아서자 후차오무는 즉각 그 뒤를 바짝 따랐고, 마오쩌둥을 도와 '6개 조항의 정치표준'을 만들었다. 마찬가지로 이후에는 덩샤오핑을 도와 '4항 기본원칙'을 만들어냈는데, 이 두 상황은 판에 박은 듯 똑같다고 할 수 있다.

문혁 시기에 후차오무가 건강이 좋지 않다는 구실을 내세우자 마오쩌둥은 후차오무를 난츠쯔(南池子)에 위치한 옛 폴란드 대사관 건물인 호화로운 주택에서 휴양하도록 했다. 거기서 후차오무는 빈번히 방문객을 받으면서 루딩이에 대해 험담을 했다. 또한 루딩이가 마오쩌둥과 산베이(陝北)에서 행군할 때 적기로부터 폭격을 받은 것은 루딩이가 적에게 정보를 제공했기 때문이라고 모함하는 등 악독함이 이루 말할 수 없었다.

당시 중앙선전부장을 맡고 있던 타오주는 이를 근거 없는 말이라고 여겨 전담반 측에 상대하지 말라고 부탁했다.

문화대혁명 이후 루딩이는 앞장서서 ≪인민일보≫에 1959년 '루산 회의'에서 제기된 반우파의 안건을 싣는 한편, 펑더화이의 의견서 「방식이 올발랐고 내용도 올발랐지만, 펑더화이에 대한 마오쩌둥의 타격은 완전히 잘못된 것이다」를 실었다. 후차오무는 즉각 덩샤오핑이 있는 곳으로 가서 "중앙에서 역사에 관련된 결론을 내리지 않아 루딩이가 자의적으로 마오쩌둥을 비판하고 있으며, 이미 해외 여론은 비(非)마오쩌둥화를 새로운 동향으로 간주하고 있다"라고 말했다.

덩샤오핑은 후차오무의 중상모략을 듣고 펑전, 뤄루이칭, 루딩이, 양상쿤 등 4명을 살펴보았는데, 그중에서 보수파인 펑전과 양상쿤은 중용되어 각각 전국인대 위원장과 국가주석까지 맡았다. 반면 개혁파인 뤄루이칭은 너무 일찍 세상을 떠났고, 루딩이는 평생 찬밥 신세의 푸대접을 받았으니, 이 얼마나 지독한 운명인가!

1983년, 후차오무는 저우양의 '인도주의와 소외'와 관련된 사건을 이용해 다시 덩샤오핑을 보수파 쪽으로 끌어들였고, 전국적으로 정신 오염[3] 제거 등 일련의 이데올로기 투쟁을 발동해 '저우양 타격'에서 '제2차 반자유화 후야오방 타도'로 목표를 바꾸었다. 결국 그는 종국까지 공산당 내부에서 자유·민주개혁 세력을 제거하는 데 성공했다.

보수파가 저우양을 점진적으로 공격하다

저우양의 '인도주의와 소외' 이론을 선택해 본보기로 손을 대고 전당·전국·전군에 '정신 오염 제거'를 발동한 것은 보수파가 주도한 반자유화 대전략의 중요한 작전 가운데 하나였다. 표면적으로 볼 때 '정신 오염 제거 운동'은 일종의 재난과도 같아 전국적으로 매우 혼란스러웠으며, 국제적인 이미지가 실추되고 개혁·개방이 중단되었다. 그러나 덩샤오핑과 보수파 입장에서 보면 자유화의 창시자인 저우양을 제거했을 뿐만 아니라, 후야오방에게 반자유화에 대해 느슨하고 무력하다는 정치적 꼬리표를 달게 만들었다. 이때부터 후야오방은 자신의 전면적인 개혁 대전략을 추진할 수 있는 힘을 잃었다.

보수파의 반자유화 대전략이 후야오방의 전면적인 개혁을 위한 대전략에 대항한 과정은 대체로 다음과 같다.

1983년 1월 20일, 전국 노동자 사상정치공작회의에서 후야오방이 '전면적인 개혁'을 제기했다.

---

3 1970년대 말 중국의 사상 전선에서 일부 인사가 바람직하지 못한 사상, 작품, 강연 등으로 사람들의 정신 건강을 오염시킨 것을 지칭하는 것으로, 자산계급 자유화의 구체적인 표현으로 압축된다. _옮긴이 주

1983년 3월 7일, 전국 마르크스 사망 100주년 기념 학술보고회에서 저우양이 보고 중에 '인도주의와 소외 문제'를 제기했는데, 주된 사상은 개혁을 통해 사회주의 소외를 극복하자는 것이었다.

1983년 3월 10일, 후차오무가 저우양의 집을 방문해 도발을 했으나 우회적으로 말을 했다. 저우양은 후차오무가 무슨 말을 하는지 알아듣지 못한 채 그에게 "내가 소외를 이야기하면서 소외를 극복하는 중요한 수단으로 개혁의 필요성을 설명했는데, 당신은 어떻게 생각하는가?"라고 물었다. 후차오무는 이 질문을 피하면서 대답하지 않았다. 원래 그는 덩리췬의 말을 듣고 방문한 것이어서 어떤 준비도 되어 있지 않았던 것이다. 후차오무는 돌아가서 마르크스 어록을 찾아본 후 비로소 중앙선전부의 위원(郁文)에게 전화를 걸어 "소외 문제에 대해 깜박하고 이야기 안 한 것이 있는데, 내가 생각하기에 마르크스가 초기에 언급한 소외와 말년에 말한 소외가 반드시 동일한 것이 아니라고 본다. 그것을 구별하지 않고 사회주의에 응용하는 것은 타당하지 않다"라고 말했다.

1983년 3월 12일, 덩리췬은 베이징대 교수 황난썬(黃楠森) 등 4명을 조직해 중앙당교 회의에서 저우양을 비판했다. 황난썬은 "소외는 곧 모순으로, 언제 어디에나 있는 것이다. 사회주의 사회는 말할 것도 없고 공산주의 사회에도 장차 모순이 넘칠 것이다"라고 말했다. 그러면서 저우양이 소외 개념을 남용했다고 말했는데, 이는 앞뒤가 맞지 않는 말이다.

1983년 3월 16일, ≪인민일보≫는 저우양의 「마르크스주의의 몇 가지 이론 문제 검토」를 게재했다.

1983년 3월 17일, 중앙정치국 상무위원회와 서기처 회의에서 보수파는 경제 영역에서의 '후야오방 타도'를 발동했다.

1983년 3월 19일, 예젠잉과 덩샤오핑은 '경제적으로 후야오방 타도'를 저지하고 후차오무와 덩리췬이 수집해 정리한 '후야오방 타도' 자료를 밀봉해 보관하도록 했다.

　1983년 3월 20일, 덩리췬은 중앙에 대한 보고 「중앙선전부의 인민일보가 호소를 듣지 않고 저우양의 강화를 발표한 상황과 처리 의견」을 기초해 중앙서기처에 보냈다. 덩리췬은 이 보고를 통해 ≪인민일보≫ 부편집장 왕뤄수이의 직무를 해제시킬 것을 건의하는 한편, 중앙고문위원회가 저우양을 불러들여 논의하고 저우양에게 자아비판을 시켜야 한다고 건의했다.

　1983년 3월 21일, 중앙서기처는 덩리췬의 보고 내용에 대해 토론했다. 후야오방은 해당 보고가 구체적인 사실을 다루고 있기 때문에 당사자를 불러 검증해야 한다고 말했고, 서기처는 결론을 내리지 않았다. 시중쉰은 덩리췬이 저우양에게 잘못을 인정하라고 요구하는 데 대해 분명하게 반대했다.

　1983년 3월 26일, 후차오무는 중앙선전부 회의 개최를 주재하고 덩리췬 보고의 사실 여부를 검증했다. 저우양은 후차오무와 대면한 자리에서 후차오무가 거짓말을 하고 있다면서 "당신이란 사람은 오늘은 이런 말을 하고 내일은 다른 말을 하니 어느 말을 믿어야 할지 도무지 모르겠다!"라며 비판했다. 또한 저우양은 "당신의 수법은 옳지 못하며, 나는 개인적으로 당신을 반대한다. 어떻게 당신이 중앙이 될 수 있겠는가?"라고 말했다. 저우양은 중앙선전부 회의 이후 후야오방에게 편지를 써서 덩리췬의 보고가 얼마나 사실을 왜곡하고 있는지를 설명했다.

　4월 20일, 덩리췬은 수정된 보고를 다시 중앙서기처에 보냈는데, 후야오방은 이를 거들떠보지도 않았다.

　그러나 보수파는 손을 놓고 잠자코 있을 수 없었다. 1983년 3월, 경제에서 후야오방을 타도하는 데 실패한 뒤 보수파는 다음과 같은 세 가지 교훈을 얻었다. 첫째, 후야오방 타도는 반드시 덩샤오핑과 천윈 양쪽의 지지를 모두 얻어야 하며, 천윈 한쪽에만 의지해서는 후야오방을 타도할 수 없다. 둘째, 경제 문제만 가지고는 덩샤오핑과 천윈 양쪽의 지지를 얻을 수도, 후야오방 타도를 실현할 수도 없으므로 반드시 초점을 정치 문제로 이동시켜야 하며, 저우양을 타격함으로써 덩샤오핑의 반자유화 대전략을 강화해야 한다. 셋째, 지방의 반발을 막기 위해 자유화를 중시하는 성향의 몇몇 지방 지도자에게 메스를 가함으로써 살계경후(殺鷄儆猴)⁴해야 한다.

1983년 4월 이후 덩리췬은 '일곱 가지 연구자료'⁵를 엮어서 만들어냈는데, 여전히 저우양의 '인도주의와 소외' 문제부터 착수했다. 이로써 정치 영역에서의 저우양에 대한 타격을 첫 걸음으로 삼아 정치에서 후야오방을 타도하는 데 나섰으며 덩샤오핑의 지지를 쟁취했다. 결국 이 시도는 성공했다.

덩리췬은 '일곱 가지 자료'를 덩샤오핑, 천원뿐 아니라 왕전, 리셴녠, 펑전, 보이보, 양상쿤, 쑹런츙, 왕허서우(王鶴壽) 등의 보수파 원로들에게도 발송해 그들이 덩샤오핑 주변에서 반자유화 분위기를 형성하도록 만들었다.

1983년 8월, 덩샤오핑은 이미 마음속으로 모든 준비를 하고 있었다. 그는 이미 덩리췬의 '일곱 가지 자료'를 살펴보았고 보수파 원로의 여론을 들었으며, 또한 저우양의 편지도 받았다. 저우양은 편지에서 마오쩌둥의 소외에 대한 견해를 논하는 한편, 마르크스가 소외에 대해 논한 18개 조의 어록을 첨부했다. 당시 덩샤오핑은 후차오무를 불러들여 현재 사상 영역의 상황을 청취하고 그 이후 후차오무에게 "최근 자료를 일부 보았는데, 내가 생각하기에 사상계의 문제가 적지 않은 것 같으며 어떤 문제는 매우 심각한 상황이다. 나는 2중전회에서 할 말을 준비하고 있는데, 그 주제는 '정신

---

4 닭을 죽임으로써 원숭이에게 겁을 준다는 뜻으로, 한 사람을 벌해 다른 사람들에게 경고하는 것을 의미한다. _옮긴이 주
5 여기에는 '마르크스·레닌·엥겔스의 소외에 대한 논의', '사회주의국가에서 다른 정치적 견해를 갖고 있는 자가 소외에 대해 논한 문장', '중국에서 이미 발표된 인도주의와 소외에 관한 문장' 등이 포함되어 있다.

문명 설계사의 책임'에 대한 것이다"라고 말했다.

후차오무는 주제를 더욱 크게 확대시켜 사상 전선의 형세와 임무를 강화해줄 것을 덩샤오핑에게 건의했다.

1983년 9월 7일, 덩샤오핑은 덩리췬을 찾아가 2중전회 강화 원고에 대해 논하면서 "사상 전선은 정신 오염이 되어서는 안 된다"라고 제기했다.

덩샤오핑, 소외 문제에 대해 드디어 입을 열다

1983년 9월 30일, 덩리췬이 기초하고 후차오무가 수정한 강화 원고가 덩샤오핑에게 전해졌다. 그날 덩샤오핑은 덩리췬을 찾아 이렇게 말했다.

저우양이 자신의 문장을 위해 변호한 편지와 마르크스가 소외에 대해 말한 18개 조의 논술을 첨부한 것을 이미 받았다. 저우양은 마오쩌둥이 1964년에 자신이 소외와 관련된 작성한 글을 칭찬했다고 하는데, 마오 주석이 이로부터 나쁜 영향을 받은 것은 아닌가? 그때는 소련의 변질 문제가 그의 머릿속 가득한 가장 큰 걱정거리였기 때문에 우리 자신도 변질되었다고 연계해서 말하면서, 주자파 및 자산계급이 바로 당내에 있으므로 자본주의 길을 걷는 주자파를 타도해야 한다고 말했다. 당시 마오 주석은 중앙에서뿐 아니라 각급 영도에서도 모두 주자파를 타도해야 한다고 했다. 그런데 소외 사상이 마오 주석을 이렇게 만든 것은 아닌가?

또한 미심쩍은 부분은 이러한 자료를 왜 가져왔는가 하는 점이다. 실제로는 마르크스주의에 대해, 사회주의에 대해, 그리고 공산주의에 대해 자신감이 없기 때문이다. 사회주의 자체가 소외되었고 하면 공산주의에 어떻게 도달할 수 있겠는가? 첫 번째 단계에서 스스로가 스스로를 부정해버린 것이다. 어디까지 부정해버렸는가? 사회주의 소외는 어디까지 파급될 것인가? 자본주의를 향해 소외될 것인가? 봉건주의를 향해 소외될 것인가? 어쨌든 사회주의가 공산주의를 향해 소외된다는 말은 모두 아니지 않은가! 물론 사회주의 자체에 소외를 극복할 수 있는 역량이 있다고 말하기도 했다.

이러한 관점에 대해 '마르크스주의의 기치를 내세우고 있다'고 보는 것은 지나친 일이며, 단지 '마르크스주의 형태로 출현했다'고 보는 편이 더 나을 것이다. 이것은 마르크스주의가 아니다. 이것은 사회주의에 대해, 그리고 마르크스주의에 대해 자신감이 없다는 것이다. 이곳에 마르크스주의자가 있으면 나와서 이해하기 쉽도록 설명해주기 바란다.

덩샤오핑의 이 말로 인해 보수파는 천군만마를 얻은 것이나 다름없었다. 덩리췬은 『12개 춘추』에서 다음과 같이 적고 있다.

덩샤오핑의 이 발언은 매우 잘한 말이자, 또한 대단히 중요한 말이다. 이 말은 나와 후차오무에게 일종의 깨달음을 주었다. 이 담화를 들은 이후 우리는 이 문제에 대한 인식이 크게 제고되었다. 이 담화가 있은 이후 비로소 나는 2중전회 서남조(西南組)에서 왕뤄수이의 오류를 비판하는 긴 발언을 할 수 있었다. 후차오무는 이 담화를 듣고 난 이후 「인도주의와 소외 문제에 관하여」라는 글을 그처럼 잘 집필할 수 있었다. 왕뤄수이 문제가 이렇게 심각하게 발전한 것은 전적으로 후차오무가 관련된 자료를 보냈기 때문이라고 말했다. 하지만 실제로는 저우양이 18개 조의 어록을 보냈기 때문에 덩샤오핑이 소외 문제에 대해 이처럼 고명한 의견을 발표하게 되었던 것이다.

이것은 확실히 덩샤오핑 사상의 중대한 전환을 의미한다. 불과 6개월 전 보수파가 경제적으로 후야오방을 타도하려던 시기에 후차오무가 "사회주의에 대한 후야오방의 신념이 다소 동요하고 있다"라고 말하자 덩샤오핑은 후차오무에게 화를 내면서 그렇게 말하는 것은 지나치다고 질책했다.

그런데 이번에 덩샤오핑이 "사회주의에 대해 자신감이 없다"라고 한 말을 살펴보면, 비록 어감상으로는 직접적으로 저우양을 지적하고 있지만 심중에는 후야오방이 포함되어 있고 마오쩌둥도 포함되어 있다. 왜냐하면 저우양은 마오쩌둥과 덩샤오핑이 소외 문제를 둘러싸고 대립이 불거졌다는 점을 지적했고, 아울러 문화·사상 영역에서 덩샤오핑이 마오쩌둥보다 더 좌파라는 '덩샤오핑의 급소'를 가격했기 때문이다.

덩샤오핑은 마오쩌둥보다 더 스탈린주의자다

덩샤오핑과 천윈, 후차오무, 덩리췬, 야오이린 등은 경제 영역에서는 대립했지만, 정치사상 영역에서는 모두 보수파였다. 그들은 모두 마오쩌둥보다 더 스탈린주의자였다.

1956년 마오쩌둥이 '10대 관계', '쌍백 방침'을 제기하며 스탈린의 좌경(교조주의)을 비판했을 당시 덩샤오핑과 후차오무는 이에 대해 소극적으로 관망했다. 1957년 마오쩌둥이 반우파 투쟁을 벌이면서 흐루쇼프의 우경(수정주의)에 반대하자 덩샤오핑과 후차오무는 이를 적극 지지했으며, 마오쩌둥보다 더 좌파인 행태를 보였다.

저우양이 덩샤오핑에게 보낸 편지의 내용은 마오쩌둥이 1964년 자신이 소외에 대해 논한 문장을 칭송했다는 것으로, 덩샤오핑에게 마오쩌둥이 문화대혁명을 발동한 것을 연상시켜 "마오쩌둥 주석이 저우양으로부터 나쁜 영향을 받은 것이 아닌가?"라는 말을 하도록 만들었다. 그 의미는 저우양의 소외론이 마오쩌둥의 문화대혁명을 유발했다는 것이다. 그런데 덩샤오핑이 말하는 문혁은 대부분의 사람들이 인식하는 문혁, 즉 '무산계급이 자산계급에 대해 실시하는 사상·문화 영역에서의 전면적인 독재정치'와는 완전히 다르다. 덩샤오핑이 지칭하는 문혁은 '대민주', '4대(대명, 대방, 대자보, 대변론)'로서, '서방 민주', '의회제', '삼권분립' 등을 함께 비판하는 것이다. 사실상 문혁을 부정한다는 구실을 내세우며 자유, 민주, 평등, 박애 등 인류의 보편적인 가치를 부정한 것이다. 그런데 '사상·문화 영역에서의 전면적인 독재정치'에 대해서는 부정하지 않았을 뿐만 아니라 오히려 견지하려 했다.

오염 제거는 명분일 뿐, 저우양 제거와 후야오방 타도가 실질적인 목표

1983년 10월 열린 중국공산당 12기 2중전회의 원래 회의 주제는 당의 정비에 대한 '중앙의 결정'과 관련된 것으로, 1983년 겨울부터 3년 동안 당의 사상, 작풍, 조직을 전면 정돈함으로써 현대화 건설 시기의 전면 개혁이라는 사명에 부응하려 했다.

그러나 덩샤오핑 강화(10월 12일)로 인해 회의의 중심이 정신 오염 제거와 저우양에 대한 비판으로 옮겨졌다. 덩샤오핑은 "정신 오염의 폐단은 매우 커서 국가와 인민에게 재앙을 가져오며, 사람들의 영혼과 의지를 타락시키기에 충분하다. 일부 동지는 사람의 가치, 인도주의와 소외를 논의하는 데 열중하고 있다. 그들은 또한 이른바 소외를 극복하는 관점에서 개혁을 해석함으로써 사람들에게 사회주의와 공산주의에 대한 자신감을 잃게 만들고 있는데, 이론계의 사상이 어느 정도로 혼란스러운지를 이를 통해 알 수 있지 않는가!"라고 비판했다. 이 말은 저우양을 겨냥한 것이었다. 또한 그는 "일부 동지는 정신 오염에는 전혀 관심을 두지 않은 채 자유주의 태도를 취하고 있으며, 심지어 쌍백 방침을 구현함에 따라 사회가 생동감 넘치고 활발해졌다고 인식하고 있다"라고 말하기도 했다. 이 언급은 후야오방을 겨냥한 것이었다. 덩리췬의 『12개 춘추』에 따르면, 후야오방에 대한 이 말은 덩리췬이 덩샤오핑을 대신해 강화를 기초할 당시 이 강화를 본 왕허서우가 추가하도록 건의한 것이라고 한다. 옌안 시기에는 속마음을 나누었던 후야오방의 오랜 친구가 1983년에는 우물에 빠진 사람에게 돌을 던지는 격이 되었음을 알 수 있다.

2중전회 이후 덩리췬은 지나치게 기고만장하는 우를 범했다. 그와 우렁시는 각 성, 시, 자치구의 지도자와 저명한 학자, 전문가에게 하루에 3~4개 성을 차례로 돌며 전국에 동시에 전파되는 프로그램에서 출연해 정신 오염, 인도주의, 소외 등과 같은 자산계급 자유화와 관련된 문제를 성토하도록 독촉했다. 이를 통해 정신 오염 제거 운동이 사상·정치 영역에서 전국 도시·농촌의 기관, 학교, 과학연구 단위, 공업·광업 기업, 농촌, 부대로 급속히 확대되었다. 이는 사회적으로 갖가지 긴장과 혼란을 야기하고 전국 경제와 인민 생활에 큰 충격을 주었으며 국제 여론의 주목을 받아 중국에 문화대혁명이 다시 도래한 것으로 여기게 만들었다.

마오쩌둥을 계승해 양면 수법을 활용한 덩샤오핑

덩리췬이 정신 오염 제거를 도모해 전국이 혼란해지자 시중쉰, 완리, 팡이(方毅) 등의 반대에 직면했다. 완리는 "농촌에서는 정신 오염 제거를 할 수 없다"라고 제기했고, 팡이는 "과학기술 부문에서는 정신 오염 제거를 하지 않겠다"라고 밝혔다. 후야오방도 지방에서의 반발을 전해 듣고 일본을 방문하기 전날인 1983년 11월 22일 밤에 28개 성, 시, 자치구에 전화를 걸어 각지에서 덩리췬과 우렁시가 추진하고 있는 "운동이라고 부르지 않는 운동"(덩리췬의 말)이 진행되는 수법을 정지시키도록 요구했다. 그 이후 덩리췬은 "후야오방이 정신 오염 제거를 저지해 28일 만에 제동을 걸었다"라고 공격했는데, 여기서 28일이란 10월 25일 덩리췬과 우렁시가 정신 오염 제거 운동을 추진한 때로부터 후야오방이 정지 명령을 내린 시기까지를 말한다.

그러자 덩샤오핑의 입장이 곤란해졌다. 덩샤오핑이 2중전회에서 붙인 불을 덩리췬이 더욱 크게 지르긴 했지만, 그는 자신의 국제적 명성에 부정적인 영향이 초래될까 우려했고 국가의 전체 경제에 나쁜 영향을 미칠까 걱정했다. 이에 덩샤오핑은 후야오방에게 "정신 오염 제거를 하면 나의 명성에 나쁜 영향을 미친다"라고 말했으며, 2중전회 시기에 행한 자신의 강화 내용을 『덩샤오핑 문선』에 수록하지 않는 방안과 더불어 덩리췬을 중앙선전부장 직책에서 파면하는 방안도 고려했다. 외빈을 접견하는 자리에서 덩샤오핑은 "하늘이 뒤집어졌는데 후야오방과 자오쯔양이 막고 있다!"라고 말하기도 했다. 다른 한편으로 덩샤오핑은 "후차오무가 저우양을 핍박해 자아비판을 하게 했다"라고도 말했다. 덩샤오핑은 "저우양이 1만~2만 자의 문장을 신문에 실었는데, 마땅히 서면을 통해 공개적으로 자아비판을 해야 한다"라고 말했다.

덩샤오핑은 이처럼 양면 수법을 써서 후야오방을 다루었는데, 이는 마오쩌둥이 1975년에 덩샤오핑을 다룬 것과 같은 방식이다. 마오쩌둥은 사인방에 의지해 '무산계급 독재하의 계속혁명'을 견지하고 다른 한편으로 덩샤오핑을 통해 경제를 정비하려 했다. 따라서 때로는 덩샤오핑이 사인방의 좌경을 비판하는 것을 지지했고, 때로는 사인방이 덩샤오핑의 우경을 비판하는 것을 지지했다. 덩샤오핑은 마오쩌둥에게 배운 바를 계승해 때로는 후차오무, 덩리췬 같은 마르크스주의자가 출현해 후야오방을 타도하고 저우양을 가격하며 정신 오염을 제거하는 것을 지지했다. 그리고 하늘이 무너져 내릴 정도로 소란스러워지자 다시 후야오방과 자오쯔양을 통해 이를 '막았던' 것이다.

보수파는 이 점을 명백하게 알고 있었기에 설령 후야오방을 전복시키지 못하더라도 후야오방과 덩샤오핑 사이의 대립을 유발하기 위해 정치적으로 끊임없이 도발했다. 덩샤오핑의 마음가짐도 매우 명확해서 그는 정치적으로 보수파가 개혁파를 공격하는 것을 지지하는 데 아무런 거리낌이 없었다. 왜냐하면 당과 국가의 원로들 가운데 절대다수가 모두 반자유화, 즉 반개혁 쪽에 섰기 때문이다. 하지만 덩샤오핑은 경제적으로는 개혁파를 지지했기 때문에 도리어 고려해야 할 사항이 많아 때로는 나아가고 때로는 물러섰다. 왜냐하면 천윈을 수반으로 하는 많은 수의 당과 국가 원로들은 개혁·개방 쪽에 결코 서지 않았기 때문이다.

천윈, 연해도시 개방을 적극 저지하다

1984년 1월, 후야오방이 덩리췬의 '정신 오염 제거' 풍파를 진정시킨 직후 덩샤오핑은 광둥성 선전, 주하이, 푸젠성 샤먼의 3개 특구로 가서 시찰을 하고 샹난이 샤먼 섬 전체를 특구로 지정하려는 데 대해 지지를 표명했다. 이는 3년 전에 후야오방이 덩샤오핑에게 보낸 조사 보고서에 이미 제기된 방안인데, 덩샤오핑은 당시에는 이에 대해 아무런 관심을 보이지 않았다.

3월, 중앙서기처와 국무원은 연해 항구 도시를 한층 더 개방하는 회의를 열고 다롄(大連), 친황다오(秦皇島), 톈진(天津), 옌타이(煙台), 칭다오(青島), 롄윈강(連雲港), 난퉁(南通), 상하이(上海), 닝보(寧波), 원저우(溫州), 푸저우(福州), 광저우(廣州), 잔장(湛江), 베이하이(北海) 등의 14개 연해 항구 도시를 개방하는 방안을 제안했다. 중앙정치국 상무위원회의 후야오방, 덩샤오핑, 자오쯔양, 리셴녠은 모두 이 회의에 참석했는데, 오직 천윈만 참석을 거부했다. 또한 천윈은 "절대로 특구에 가지 않겠다"라고 큰소리쳤다. 덩샤오핑은 회의에서 강화하면서 특별히 "야오린이 천윈에게 이 회의의 정책 결정 사항을 보고해주기를 바란다"라고 제안했다.

그 회의에서 후야오방은 또다시 상하이를 개방하는 데 관심을 가졌다. 일찍이 3년 전 샤먼 특구의 규모 확대에 대한 토론이 벌어졌을 때 후야오방은 상하이를 개방할 것을 주장했다. 왜냐하면 상하이는 기반이 탄탄하고 인재가 풍부하며 역사적으로 개방을 경험한 전통이 있기 때문이었다.

또한 상하이를 개방하면 전국의 개혁·개방을 힘 있게 추진할 수도 있었다. 이번에는 후야오방이 상하이를 대표해 회의에 참석한 롼충우(阮崇武) 부시장을 찾아가 한나절 동안 논의하면서 그에게 회의에서 상하이를 개방하는 구상을 논하도록 청했다. 롼충우는 점심 때 상하이시 당 위원회 서기 천궈둥(陳國棟)에게 전화를 걸어 이 사실을 보고했는데, 천궈둥은 "상하이는 천하보다 앞서지 않는다(上海不爲天下先)"라는 한마디를 했다. 그러자 롼충우는 침묵하며 말을 하지 못했다. 이로 인해 상하이의 개방은 다시 8년이나 늦춰져 덩샤오핑의 '1992년 남순'을 통해서야 비로소 해결되었다.

14개 도시의 개방에 대한 회의가 끝난 후 후야오방은 12기 3중전회에서 발표할 '경제체제 개혁에 대한 결정'의 기초를 주재하며 "대내 경제의 활성화를 집행하고 대외 개방의 실행을 진일보 관철하는 전략 방침을 수립하고, 도시를 중점으로 전체 경제체제의 개혁을 더욱 신속히 추진할 것"을 명확하게 제기했다. 비록 천윈 집단이 자신들이 통제하고 있는 계획위원회와 기율위원회를 통해 백방으로 여기에 저항했지만, 1984년 공농업 총생산의 성장률은 14.2%였고, 그중 농업 총생산의 성장률은 19.5%여서 천윈과 야오이린이 주장한 '4% 유지, 5% 쟁취'를 훨씬 능가했다. 또한 이는 천윈 집단이 비판했던, "후야오방이 높은 목표, 높은 속도를 제기하고 있다"던 7%도 초과한 수치였다. 이는 천윈 집단 측에 지방이 발호해서 개혁·개방에 막대한 영향력을 행사하는 것을 반드시 막아야 한다는 경각심을 갖도록 만들었는데, 특히 연해지구가 그 대상이었다. 천윈은 후야오방의 개혁·개방을 가장 강력하게 지지하며 '전국 개혁·개방의 첨병'이라는 명예를 안고 있는 광둥성과 푸젠성 2개의 성을 손보기로 결정했다.

1985년 상반기에 천윈은 직접 중앙기율위원회, 중앙계획위원회, 중앙조직부를 계획하고 배치했으며, 푸젠성과 광둥성 2개의 성에 조사팀을 파견해 '기율 위반', '계획 위반', '조직원리 위반' 등의 주요 사건을 조사하고 처리하게 했다.

대규모 조사 결과, 푸젠성 진장현(晉江縣) 한커우촌(涵口村)의 일부 개인 전업 농가에서 제조한 흰목이버섯약으로 만든 '푸젠성 가짜 약 사건'과 '광둥성 자동차 밀수 사건'이 밝혀졌다.

푸젠성 가짜 약 사건이란 1984년 푸젠 진장 지구에서 흰목이버섯을 크게 수확해 한커우촌의 일부 전업 농가의 작은 공장이 흰목이버섯을 가공해 약을 만든 사건으로, 이는 일종의 영양식품이었다. 현지 진료소 의사는 환자에게 약을 처방할 때 경우에 따라 이 흰목이버섯약을 첨가하기도 했는데, 이러한 사소한 사건이 천원에 의해 대형 사건이자 중요 사건으로 열거되었다. 푸젠성의 가짜 약 사건 때문에 푸젠성의 개혁·개방을 위해 큰 공을 세웠던 푸젠성 당 위원회 서기 샹난은 직책을 잃었을 뿐만 아니라 당내 경고 처분까지 받았다.

광둥성 자동차 밀수 사건은 광둥성 당 위원회 서기 런중이가 자신의 비서 레이위를 하이난다오(海南島)에 보내 경제를 개발시킨 사건이다. 그는 자금이 부족한 관계로 국무원 총리인 자오쯔양의 비준을 받아 하이난다오에서 일련의 자동차를 수입해 자금을 마련하려 했다. 당시 중앙 각 부처는 모두 하이난다오로부터 자동차를 얻기 위해 손을 뻗었다. 레이위는 자금을 모두 하이난다오의 건설을 위해 써서 정치적 업적이 두드러지자 하이난 인민들로부터 널리 인정을 받게 되었다. 천원의 조사팀은 아주 철저하게 조사했으나 레이위에게서 어떤 낭비나 부정부패도 발견하지 못했다. 이에 천원은 결국 자동차 밀수를 멋대로 대형 사건이자 중요 사건으로 규정하고 런중이의 광둥성 당 위원회 서기 직책과 레이위의 하이난다오의 행정 책임자 직무를 박탈했다. 천원 및 그 아래 보수파 졸개가 행한 횡포와 안하무인은 이 두 사건을 조장한 것만 보더라도 가히 미루어 짐작할 수 있다.

이 일이 있기 전 덩샤오핑은 광둥성과 푸젠성에 가서 이 2개의 성이 개방을 위한 안간힘을 쓰고 있음을 직접 보았지만 천윈이 런중이와 샹난을 제거하려는 계획을 세우고 있음을 알게 되자 도리어 한마디도 하지 않았다. 후야오방은 이미 샹난, 런중이, 레이위 등과 같은 개혁·개방파의 배후로 간주되었기에 "하루하루가 고통스럽다"라고 탄식했으며, 그다음 차례로 자신이 청산될 것임을 직감했다.

후야오방에 대한 덩샤오핑의 의심이 갈수록 깊어져 권력을 축소시키다

저우양의 인도주의와 소외 사건을 발단으로 해서 덩샤오핑은 정치적으로 후차오무와 덩리췬이 정신 오염 제거를 하는 데 의지하게 되었다. 후차오무와 덩리췬은 이 기회를 틈타 후야오방과 덩샤오핑 사이의 정치적 대립을 유발시키기 위해 적지 않은 상소를 올려 후야오방이 덩샤오핑과 서로 반대되는 의견을 발표했다고 지적하면서, "이는 후야오방이 국내외에 자신의 진보적인 이미지를 구축하려는 기도"라고 비난했다. 이로써 후야오방은 정치적으로 덩샤오핑의 신임을 잃고 말았다.

1984년 6월 28일, 덩샤오핑은 홀로 후치리를 찾아가 후야오방에 대해 이야기를 나누면서 "후야오방은 4항 기본원칙을 견지하고 자산계급 자유화를 반대하는 문제에서 미온적인 자세를 표명하고 있다. 총서기로서 이 방면의 미온함은 근본적인 결점이다"라고 말했다.

1985년 7월 14일, 덩샤오핑은 다시 후치리와 차오스(喬石) 두 사람을 찾아 담화하면서 거듭해서 후야오방이 반자유화에 대해 미온하다고 질책했다. 또한 그는 "후야오방이 홍콩 기자 루겅(陸鏗)과 나눈 대화가 적절하지 않으며 완전히 영합하고 있다"라고 비판했다. 덩샤오핑은 "루겅의 수법은 후야오방에게 아첨하면서 후야오방의 기치를 내세워 중국의 내외 정책을 반대하는 것이다"라고 말했다.

덩샤오핑은 담화 중에 후치리에게 "자네는 후야오방을 비교적 잘 알고 있으니 언제라도 자네의 의견과 건의를 제기하도록 하시오"라고 말했다. 하지만 이는 사실 후야오방 주위 사람들에 대한 인사치레로, 후야오방이 이미 덩샤오핑으로부터 정치적인 신임을 상실했음을 암시하는 것이었다.

1986년 5월, 덩샤오핑은 후야오방과 얼굴을 맞대고 그의 의중을 탐색하려 시도하면서 "나, 천윈, 리셴녠이 모두 물러나면 자네는 물러나도 절반만 내려가는 셈이어서 다시 총서기가 되지는 못해도 1기 군사위원회 주석이나 국가주석이 될 것이다"라고 말했다. 후야오방은 이를 진심으로 받아들이고 가슴속으로부터 찬성한다고 표명했다. 이 일이 있은 후 덩샤오핑은 오히려 완리에게 "후야오방이 왜 나에게 물러나라고 하는가? 그가 나를 대신하려고 하는 것이다!"라고 말했다.

1983년부터 1986년까지 후야오방에 대한 덩샤오핑의 의심은 갈수록 깊어졌다. 덩샤오핑은 항상 "후야오방이 자신의 진보적인 이미지를 구축하려 한다"라고 여겼으며 후야오방의 명망이 국내외에서 자신을 넘어설까 두려워했다. 덩샤오핑은 일찍이 1983년에 천윈 집단이 후야오방을 타도하는 것을 저지한 적이 있긴 하지만(가장 큰 이유는 예젠잉이 천윈의 수법을 강경하게 반대했기 때문이다), 사실상 이미 점진적으로 후야오방의 권력을 축소시키고 있었다. 먼저 경제 업무의 주도권을 중앙서기처에서 중앙재경영도소조로 옮김으로써 후야오방을 배제시켰다. 또한 그 이후에는 자오쯔양에게 정치 개혁을 담당할 부서를 조직하도록 함으로써 정치체제 개혁에서 후야오방을 배제시켰다.

덩샤오핑 후기의 정치체제 개혁은 이미 민주제도화·법률화라는 정신을 상실하고 단지 당의 영도 방식, 중앙과 지방의 관계, 기구 간소화, 효율성 제고 등을 과제로 삼는 일당독재하의 정치체제만 남았기 때문에 당연히 '반자유화에 미온한' 후야오방이 끼어들 여지가 없었다. 천윈 집단이 후야오방을 지지하는 지방과 중앙 부문의 지도자들을 소탕하는 데 대해 덩샤오핑은 직접적으로 지지하지는 않았지만, 간접적으로 묵인하고 여기에 대해 이의를 제기하지 않았다. 따라서 예젠잉이 사망한 이후 후야오방은 중앙 영도 핵심에서 나날이 고립되었다. 예젠잉은 후야오방의 사람 됨됨이가 공명정대하고 품격이 매우 특출하다고 여겼으며, 생전에 덩샤오핑과 천윈의 옳지 못한 행실과 수법을 매우 못마땅하게 생각했다.

제5장

덩샤오핑과 후야오방의 최후 결렬

덩샤오핑과 후야오방이 최후 결렬하게 된 것은 후야오방이 기초를 주재한 '정신문명 결의'의 전체 과정을 관통한다. 이는 예측하기 어려운 사태가 연달아 일어난 것으로, 가치관의 대립과 권력의 충돌이 교착된 복잡한 투쟁이었다.

앞에서 논한 바와 같이, 1984년 6월 28일부터 덩샤오핑은 후치리와 개별적으로 이야기를 나누기 시작했는데, 이는 후야오방에 대한 덩샤오핑의 정치적 신뢰에 동요가 발생했음을 명백하게 보여주는 것이었다. 후치리의 말에 따르면, 그는 덩샤오핑의 담화 내용을 "있는 그대로 후야오방에게 보고했는데, 후야오방은 이를 들은 이후 서기처의 다른 동지에게 말로 전하지 않았고, 동지들의 비평과 도움을 구하지 않았다". 이는 후야오방이 양심에 거리낌이 없기 때문에 이를 개의치 않고 계속 자신이 해야 할 일을 했음을 보여준다.

후야오방이 각지마다 서로 다른 발전 전략을 제기하다

비록 덩샤오핑의 마음 한쪽에서 후야오방을 의심하는 마음이 생기긴 했지만 실제 업무에서는 그가 없으면 안 되었다. 농촌에서 도시까지, 경제에서 문화까지, 내정에서 외교까지 후야오방이 이룬 성실한 노력과 창조 정신은 모든 사람이 다 아는 바였다. 덩샤오핑과 천윈이 후야오방을 중앙재정경제 영도의 핵심에서 제거하려는 와중에도 후야오방은 여전히 전국을 돌면서 연해에서 변경 지역의 산간벽촌까지 가서 심도 있는 조사 연구를 실시함으로써 각지의 서로 다른 조건에 부합하는 전략을 제기했다. 후야오방은 "과거 정책 결정상의 가장 큰 실패와 오류는 바로 각지의 조건을 보지 않고 전국의 양식을 강령으로 삼고 철강을 강령으로 삼아 농업은 다자이(大寨)에서 배우고 공업은 다칭(大慶)에서 배우도록 하며, 전국적으로 해방군을 배우도록 한 것이었다. 그런데 이것은 사람들이 원하지 않는 바를 억지로 강제하는 것이었을 뿐만 아니라, 실제로 할 수 없는 바를 억지로 강요하는 것이기도 했다. 내륙 깊숙한 곳에 있는 산악 지역, 고랭 지역, 삼림 지역, 황무지 지역은 조상 대대로 농사를 지어서 먹고사는 문제를 해결한 곳이 아니었다. 그들의 주요 노동 대상은 무엇이었던가? 그들에게 농사를 짓도록 강요하면서 광산 개발이나 임업을 하지 못하도록 하는 것은 그들의 경제 자주권을 박탈하는 것일 뿐만 아니라 그들의 주요 노동 대상을 빼앗는 것이기도 하다. 생산의 3요소 중 하나는 노동 대상이다. 노동 대상을 모두 빼앗고 정치경제학의 상식을 위배한다면 어떻게 먹고사는 문제를 해결할 수 있겠는가?"라고 말했다.

후야오방은 윈난(雲南), 구이저우(貴州), 광시(廣西)를 예로 들며 다음과 같이 말했다. "첫째, 이 3개 성 및 관련 지역은 풍부한 철금속과 비철금속, 비금속 광산자원을 보유하고 있는데, 이러한 자원을 개발하는 것은 전국의 경제 발전에 중대한 의미를 갖는다. 둘째, 이 3개 성 및 관련 지역의 남쪽에 위치해 있는 저열대 하곡(河谷) 지대는 아열대 경제 작물 지대로, 당료(糖料) 작물, 아열대 과일, 진귀한 약재 및 향료 작물 등을 발전시킬 수 있다. 셋째, 넓은 면적의 고랭지 산악 지대와 목초지가 있어 매년 임목과 목초가 성장하기 때문에 산림업과 목축업을 발전시킬 수 있고, 소, 말, 양을 방목할 수 있다. 이 3개 성 및 지역은 해당 지역이 보유하고 있는 자원에 입각해 적절한 조치와 신속한 정책을 채택하고 신기술을 도입함으로써 새로운 산업을 개척하고 자신의 우위를 발휘해야 한다."

후야오방은 농업 발전과 농민 생활에 관심을 가져 농촌 업무가 덩리췬, 후차오무 등이 추진한 반자유화와 '정신 오염 제거' 등의 간섭을 받지 않도록 굳건히 지켰다. 그 방법은 매년 1월 1일 '중앙 1호 문건'을 발표하고 그해의 농촌 업무 및 관련 정책과 조치를 배치하는 것이었다. 이 점은 농촌 업무를 주관하는 완리, 두룬성(杜潤生) 등과 모두 의견이 일치했기 때문에 후야오방이 권좌에서 물러날 때까지 지속되었다. 중앙 1호 문건은 1987년 「덩샤오핑 동지의 현재 학생 소란 사건 문제에 대한 강화 요점」이 발표되면서 그 성격이 변했는데, 이는 바로 다름 아닌 '후야오방 타도 1호 문건'이다. '농촌 1호 문건'이 '후야오방 타도 1호 문건'으로 바뀌는 과정은 중국 농촌 및 농민의 운명과 관련된 하나의 전환점을 보여준다.

「경제체제 개혁에 대한 결정」을 제정하다

후야오방이 마지막으로 덩샤오핑의 칭찬을 받은 중요한 문건은 바로 1984년 10월 중국공산당 12기 3중전회에서 발표한 「경제체제 개혁에 대한 결정」이다. 이 문건은 천윈 집단이 개혁·개방을 심각하게 제지하는 어려운 상황 아래에서 후야오방이 혼자 힘으로 완성한 것이다.

덩리췬은 『12개 춘추』에서 후야오방이 직접 기초 작업에 관여한 이 문건을 제기했을 때 "후야오방은 처음부터 끝까지 후차오무가 참가할 수 없도록 했으며, 나는 단지 일반 토론에만 참가해서 의견을 제기했을 뿐이다"라고 말했다. 덩리췬이 「경제체제 개혁에 대한 결정」에서 '방권양리(放權讓利)[1]의 10개 조 조치'에 대해 제기한 반대의견도 후야오방은 채택하지 않았다. 그렇지만 덩샤오핑은 도리어 이 결정을 높이 평가했다. 덩샤오핑은 "이 결정은 마르크스주의의 기본 원리와 중국 사회주의의 실천이 서로 결합된 정치경제학이며 하나의 큰 발명이자 하나의 큰 창조다"라고 말했다. 덩샤오핑이 비록 정치적으로 후야오방을 의심했고 경제적으로 후야오방이 정책 결정의 핵심에서 배제되어 있긴 했지만 일단 천원 집단이 개혁·개방에 저항하자 후야오방을 통해 이를 타개해야 했다. 이는 바로 덩샤오핑의 자기모순이다.

1984년은 덩샤오핑이 가장 두드러지게 활약했던 해로서 연초에 광둥성과 푸젠성을 순시했으며, 샤먼 특구를 확대하고 도시를 개방하는 강화를 발표했다. 3월에는 중공중앙과 국무원이 전국 14개 연해 항구 도시를 진일보 개방하는 데 대한 회의를 열었고, 10월에는 「경제체제 개혁에 대한 결정」을 통과시켰다. 중국의 변화는 덩샤오핑의 이름을 전 세계에 날리게 만들었다. 그해 10월 1일 베이징에서는 건국 35주년 경축 행사가 거행되었는데, 민중은 대오를 이뤄 천안문을 행진하면서 자발적으로 '샤오핑, 안녕하십니까(小平您好)'라고 가로로 적힌 표어를 손에 들었다. 이로써 덩샤오핑이 대중으로부터 열렬한 지지를 받고 있다는 사실이 전 세계에 입증되었다.

덩샤오핑이 다시 좌측으로 전향하다

과거에 사람들은 마오쩌둥이 경제 상황이 다소 호전되면 바로 반우파로 돌아섰다고 비판했다. 그런데 덩샤오핑도 마찬가지였다. 1984년 전국의

---

1 권력을 넘겨주어 이익을 양도한다는 의미다. _옮긴이 주

경제 상황이 조금 좋아지자 1985년 덩샤오핑은 다시 좌로 전향했다. 1985년 덩샤오핑은 국내외 강화를 통해 한결같이 '반자유화'와 '4항 기본원칙'을 강조했다. 1985년 5월 20일 타이완의 천구잉(陳鼓應) 교수를 회견했을 때 덩샤오핑은 다음과 같이 말했다.

중국에는 사인방을 분쇄한 이후 자산계급 자유화라 불리는 하나의 사조가 출현하고 있다. 이 사조는 서방 자본주의국가의 민주와 자유를 숭배하고 사회주의를 부정하는 것이다. 이래서는 안 된다. 중국은 반드시 현대화를 해야 하지만, 결코 자유화를 하거나 서방 자본주의 노선을 따를 수는 없다. 자산계급 자유화를 하면서 형법을 범하는 사람은 엄격하게 처리하지 않으면 안 된다. 그들은 상습적으로 시끄럽게 떠들거나, 쓸데없는 말을 늘어놓거나, 대자보에 글을 싣거나, 아니면 불법 간행물을 출간하는 행동을 하는데, 이는 실제로 일종의 반란이자 문화대혁명이 남긴 수법이다. 이러한 바람이 불도록 해서는 안 된다. 서방 민주주의를 숭배하는 사람들은 항상 이러한 '4대(대명, 대방, 대자보, 대변론)'를 하려 한다. 자유화 사상은 몇 년 전에도 있었고 지금도 있으며, 사회뿐 아니라 중국공산당 내부에도 있다.

1985년 8월 28일 짐바브웨 총리 로버트 무가베(Robert Mugabe)와 회견했을 때에도 덩샤오핑은 다음과 같이 말했다.

사회주의 노선의 견지, 인민민주독재의 견지, 공산당 영도의 견지, 마르크스·레닌주의와 마오쩌둥주의의 견지, 이것이 4항의 기본원칙이다. 만약 이 4항 기본원칙을 견지하지 않으면 극좌를 바로잡는 것이 곧 마르크스·레닌주의와 사회주의를 바로잡는 것으로 변할 것이다.

1985년 9월 중국공산당 당대표 대회가 열리기 전에 덩샤오핑은 '좌왕' 덩리췬을 찾아가 자신을 도와 강화 원고를 기초해줄 것으로 요청하면서 다음과 같이 말했다.

4항 기본원칙에 관해 나는 새로운 생각을 갖고 있다. 그 새로운 생각이란 바로 당중앙이 내외 정책을 결정하는 기초가 4항 기본원칙이어야 하며, 각종 정책은 4항 기본원칙에서 연원되어야 하고 또한 4항 기본원칙에 이로워야 한다는 것이다. 만약 4항 기본원칙을 중시하지 않으면 좌를 바로잡으려다 사회주의를 바로잡거나 마르크스주의를 바로잡게 되어버린다.

덩샤오핑이 좌측으로 전향하자 보수파는 활개를 치게 되었다. 1985년 9월 중국공산당 당대회에서는 1984년 10월 발표된 「경제체제 개혁에 대한 결정」의 기초가 급속히 후퇴했고 천윈은 직접 집필한 강화 내용 중에서 자신의 일관된 교조주의적 논조를 다음과 같이 다시 한 차례 천명했다. "우리는 공산당이며, 공산당이 하는 것은 사회주의다. 사회주의 경제란 계획이 있고 비례에 따르는 것이다."

회의 이후 보수파가 통제하는 계획위원회와 기율위원회는 천윈의 '계획이 있고 비례에 따른' 새장 표준에 따라 조사팀을 전국 각지에 파견해 계획이나 기율을 위반해 새장을 벗어난 지방과 기업 영도 간부를 조사해 처벌했다. 이로써 1985년 말과 1986년 초에는 전국적으로 상당수의 개혁파 인물들이 샹난, 런중이 등의 개혁파 지도자를 따라 잇달아 화살을 맞고 낙마했다.

후야오방은 정신문명 건설을 활용해 완충하려 했다

후야오방은 이때 무슨 생각을 하고 있었을까? 그는 다음과 같이 말했다. "현재 정치체제 개혁은 완전하게 연구되지 않아 착수할 수 없다. 경제체제 개혁에 대한 결의가 통과되었지만 온갖 저항을 받아 아직 앞으로 나아가지 못하고 있으며 경제 발전에도 영향을 미치고 있다. 저항하는 힘이 이렇게 막강하므로 나는 약간 완충해 관념적인 형태부터 착수해 정신문명을 결의 하려 한다." 그러나 그는 또한 "어르신(덩샤오핑을 지칭함)도 만족하지는 못할 테지만 나에 대한 그의 신임에 의거한다면 통과시킬 수 있을 것이다"라고 말했다.

후야오방은 1985년 11월 기초 소조를 조직하고 '정신문명 결의'를 기초하는 데 착수했다. 그때까지만 해도 그는 어르신(덩샤오핑)이 아직 자신을 신임하고 있다고 여겼다. 사실 1985년 6월 3일 홍콩 기자 루경이 「후야오방 방문기」를 발표한 이후 후야오방에 대한 덩샤오핑의 신임은 더욱 동요되었고 후야오방이 자신의 이미지를 구축하려 하고 있다고 보았다. 9월 중국공산당 당대회 이후 천윈 집단은 경제 전선에서 전국의 개혁파에 대해 대대적인 공격을 가했다. 전국 각지에서 계획위원회가 권한을 부여받았고 기율위원회가 사람을 잡아들였는데, 이러한 상황은 1985년 말부터 1986년 초까지 최고조에 이르렀다. 계획위원회는 지령을 하달해 특구를 포함한 일체의 경제활동에 간여했으며, 기율위원회는 임의로 당내 각급 간부를 처치했을 뿐만 아니라 비당(非黨) 인사를 체포하고 총살하기도 했다. 시대의 흐름에 역행하는 이러한 행태는 개혁·개방을 크게 좌절시켰고, 1986년 상반기의 전국 경제 발전을 잠시 멈추도록 만들었다.

덩샤오핑은 또다시 가만있지 못하고 좌에서 우로 마음을 돌리기 시작했다. 1986년 6월 28일, 덩샤오핑은 중앙정치국 상무위원회에서 기율위원회와 계획위원회를 비판했다. 덩샤오핑은 "기율위원회는 당내의 기율 문제를 관리하는 조직이다. 법률 범위는 반드시 국가 정부가 관리해야 하는 사항이므로 당의 기율위원회가 관리하는 것은 적합하지 않다. 당과 정부 간의 관계는 하나의 정치체제와 관련된 문제다"라고 말했다. 또한 그는 "당신이 방권(放權)[2]을 제창했고 이에 따라 그곳(계획위원회를 지칭함)으로 권한이 넘어가버렸는데, 이와 관련해서 어떤 묘책이 있는가? 내가 보기에 정치체제를 개혁하지 않으면 경제체제도 개혁할 수 없을 것으로 생각된다. 왜냐하면 우선 인위적인 장애물에 직면하게 될 것이기 때문이다"라고 했다. 하지만 어떻게 바꿀 것인지에 대한 덩샤오핑의 생각은 그다지 확고하지 못했다. 일본의 공명당(公明黨) 위원장인 다케이리 요시가쓰(竹入義勝)를 회견하는 자리에서 덩샤오핑은 "정치체제 개혁은 수많은 사람들의 이익과 닿아 있어 매우 어렵고 복잡하다. 어디에서부터 착수해야 할지 아직 생각을 정하지 못하고 있다"라고 말했다.

이와 같이 어렵고 복잡한 전국 정세와 상대적으로 고립된 개인의 처지 속에서 후야오방은 '정신문명 건설'이라는 각도에서 다소 완충하는 방안을 선택해 이데올로기 영역에서 개혁·개방의 불리한 형세를 다시 만회하려 했다. 그는 이를 어려움에서 벗어날 수 있는 일종의 유용한 실마리가 될 것으로 보았다.

후야오방의 관점에 따르면 경제 개혁과 정치 개혁 방면에서 지속된 그와 보수파 간의 근본적인 대립은 당시 해결할 수 없는 것이었다. 경제체제 개혁은 중앙 결의를 통과했지만 쓸모가 없었고, 보수파는 기존과 같이 결의에 저항하며 개혁파를 제거하고 있었다. 덩샤오핑은 또한 정치체제 개혁에 대한 생각을 결정하지 못한 채 자오쯔양에게 정치 개혁 부서를 조직해 연구하도록 했다. 하지만 정신문명 건설의 이론과 실제를 결합하는 데에서 일정한 진전을 이루는 것은 후야오방이 충분히 할 수 있는 일이었다. 왜냐하면 그는 물질문명과 정신문명을 건설하는 목적이 모두 인간의 해방에 있다고 보고 줄곧 인간의 해방 문제를 고민해왔기 때문이다.

---

2 중국공산당 12기 3중전회에서 방권양리를 결의한 10개 조 조치를 일컫는다.

사람들은 후차오무라는 수재와 덩리췬이라는 글쟁이가 마르크스주의를 연구했다고 착각하는 경향이 있다. 사실 그들은 단지 4항 기본원칙 같은 교조를 방망이 삼아 한 무리 끄나풀에게 사람을 때리도록 일조한 것에 불과하다. 진정으로 독서에 집중하고 마르크스주의를 열심히 연구한 이들은 오히려 후야오방, 저우양, 루딩이와 일부 자유주의 성향의 지식분자였다.

후야오방과 저우양은 문화대혁명의 교훈을 통해 독재제도가 사람을 박해하고 멸시하며 사람을 사람으로 여기지 않는 해악이 있다는 것을 심각하게 깨달았다. 그리고 이로 인해 마르크스의 인간해방 사상 연구를 중시하게 되었다.

생산의 목적에 대한 토론이 전개될 당시 후야오방은 마르크스가 1857년 7월부터 1858년 5월까지 집필한 『정치경제학 비판 요강』 가운데 다음 구절에 주목했다.

고대의 관점과 현대의 관점을 비교해보면 고대의 숭고한 부분이 더욱 두드러진다. 고대의 관점에서는 민족적·종교적·정치적 규정이 아무리 협소하더라도 사람이 결국 생산의 목적으로 표현되었다. 하지만 현대에는 사람의 목적은 생산에 있고 생산의 목적은 물질적인 자산에 있는 것으로 표현된다.

후야오방과 보수파가 생산의 목적에 대해 토론하면서 대립한 이유가 바로 여기에 있다. 후야오방은 인간을 생산의 목적으로 본 반면, 보수파는 인간을 생산을 실현하는 도구이자 수단으로 보았던 것이다. 천윈의 표현에 따르면 "국가는 큰 몫을 갖고, 집단은 가운데 몫을 갖고, 개인은 작은 몫을 갖는" 것이다. 그들은 생산의 목적이 물질적인 자산에 있고, 자산을 창조하는 생산자 개인은 다만 약간의 몫을 가짐으로써 재생산의 생명을 유지할 뿐이며, 자산의 대부분은 국가와 집단이라는 괴물이 삼킨다고 보았다.

이 역시 저우양이 자신의 논문에서 지적한 것처럼 "인간의 가치와 인간의 행복을 우습게 여기는" 소외 현상이다. 저우양은 개혁을 통해 바로 이러한 종류의 소외 현상을 극복해야 한다고 보았다. 저우양의 마르크스주의 이론 연구는 보수파의 급소를 정확히 찔렀고 이로 인해 보수파는 치명적인 타격을 입었다. 후야오방은 "후차오무과 덩리췬은 줄곧 저우양, 샤옌(夏衍), 바진(巴金)을 반대했다. 그리고 이 세 사람이 자유화를 주장하는 우두머리여서 영향력이 매우 크다고 여겼다. 나는 줄곧 이에 맞서면서 이 세 사람을 제거하지 못하도록 했다"라고 말했다. 하지만 결과적으로 후야오방은 이를 막지 못했다. 왜냐하면 후차오무와 덩리췬 뒤에는 또 다른 2명, 즉 덩샤오핑과 천윈이 있었기 때문이다.

덩샤오핑과 천윈은 경제 개방 정책에서는 크게 대립했지만 일당독재 이론에서는 완전히 일치했다. 또한 덩샤오핑은 일관되게 "경제 문제에서는 지도부가 불일치하더라도 양보할 수 있지만 정치 문제에서 지도부가 불일치하는 것은 양보할 수 없다"라고 주장했다.

마르크스주의 이론에 대한 두 가지 태도

진리 표준, 생산의 목적에 대한 토론에서부터 인도주의와 소외 문제에 관한 논쟁에 이르기까지 중국공산당 내부에는 마르크스주의 이론에 대한 두 가지 태도가 있었다.

하나는 후차오무, 덩리췬 등 자신을 '권위 있는 마르크스주의 이론가'로 자칭하는 '좌파의 왕'들로, 그들은 자신이 한 말을 "마르크스주의자가 한 말"이라고 칭했다. 그들의 유일한 장점은 4항 기본원칙을 인권, 인성, 인간의 가치, 인도주의, 인문정신, 인간의 해방과 자유, 민주, 평등, 박애 등의 보편적인 가치와 대립시킨 것이며, 또한 자신들의 마르크스주의를 무산계급 독재의 견지, 사회주의 공유제의 견지, 당의 영도 견지, 자산계급 자유화 반대 등 전문적으로 다른 사람을 공격하고 자신들의 교조주의를 드높이는 방망이로 귀결시킨 것이다.

문화대혁명 시기에 장칭은 장춘차오(張春橋)과 야오원위안(姚文元)을 각각 마르크스주의의 금방망이와 은방망이라고 추켜세운 바 있다. 그런데 덩샤오핑 시대에는 후차오무와 덩리췬이 마르크스주의의 금방망이와 은방망이가 되었다. 덩샤오핑과 천윈이 후차오무와 덩리췬에게 맡긴 역할은 바로 예전에 마오쩌둥이 장춘차오과 야오원위안에게 맡겼던 역할이라고도 할 수 있다.

후차오무, 덩리췬과 달리 후야오방과 저우양은 마르크스주의 이론의 권위자로 자처하지 않았다. 그들은 단지 마르크스주의 이론의 연구자이자 탐색자였다. 그들은 마르크스의 이론과 당대 실천을 결합해 새로운 상황을 연구하고 새로운 문제를 해결하자고 주장했다. 마르크스에서 마오쩌둥에 이르기까지 그들은 전반적으로 긍정하지도 부정하지도 않는 태도를 보였다. 후야오방과 저우양은 일찍이 마오쩌둥과 자신들이 여러 차례에 걸쳐 가진 단독 회담 내용을 회고록 형식으로 쓰고 싶다고 표명했다. 왜냐하면 회담에서 제시된 일부 중요한 견해가 발행된 마오쩌둥 저작에는 수록되어 있지 않기 때문이었다. 저우양은 예를 들어 말하기를, 옌안에서 베이징으로 가는 길에 마오쩌둥과 함께 인성(人性)과 소외 문제에 대해 대화를 나누었는데, 마오쩌둥의 견해는 후차오무나 덩리췬의 일반적인 견해와는 달랐다고 했다. 저우양은 후차오무와 덩리췬이 스스로 마르크스주의의 심판자라고 자칭하는 것을 인정하지 않았을 뿐만 아니라 그들이 마르크스와 마오쩌둥에 대해 선택적인 교조주의 태도를 취하는 것도 인정하지 않았다. 저우양은 엥겔스가 폴 라파르그(Paul Lafargue)에게 보낸 편지 중에서 다음과 같은 내용을 인용한 바 있다.

모든 사람들이 마르크스주의를 말하지만 그들이 말하는 마르크스주의는 10년 전 당신이 프랑스에서 잘 알고 있던 마르크스주의에 속한다. 이러한 종류의 마르크스주의자에 대해 마르크스는 일찍이 "나는 단지 내가 마르크스주의자가 아니라는 것을 알 뿐이다"라고 말했다.

마르크스는 하인리히 하이네(Heinrich Heine)가 자신을 모방하는 사람들에게 한 다음과 같은 말을 이런 사람들에게 전한 것이다. "내가 심은 것은 용의 씨앗이었는데, 수확한 것은 도리어 벼룩이다."

사실상 마르크스에게 무산계급 독재라는 것은 단지 인간의 해방을 위해, 그리고 '개인의 자유와 발전이 모든 사람의 자유와 발전의 조건'이 되는 미래 사회를 실현하기 위해 특정한 역사적 조건 아래에서(예를 들면 반동 세력이 군사 폭력을 사용해 인민을 학살하는) 선택을 제공하는 도구이자 수단이었을 뿐, 그것이 목적이나 기초는 아니었다. 마르크스의 목적은 오직 인간의 해방이었다.

이러한 갈등은 마르크스 시대에도 존재했다. 마르크스는 자신의 저작에서 '토머스 홉스(Thomas Hobbes)와 같은 사람을 적대시하는 유물주의'와 '인도주의와 합치되는 유물주의'를 명확하게 구별했다. 마르크스는 자신을 '인도주의와 합치되는 유물주의', 즉 인간의 해방을 목적으로 하는 역사 유물주의자라고 보았다. 마르크스는 『자본론』 1권에서 "우선 사람의 일반적인 본성을 연구해야 하며, 그 후에 역사적으로 변화가 발생한 인간의 본성을 연구해야 한다"라고 지적했다. 후야오방의 관점에서 볼 때 인간의 운명과 인간의 해방을 벗어난 사고는 마르크스가 아니었다.

후야오방은 문건을 기초할 때 '제신(提神)'이라는 두 글자를 애용했다
후야오방이 '정신문명 결의'의 기초를 주재하자 '마르크스주의 벼룩들'

은 당연히 이를 좌시하지 않았다. 하지만 후야오방은 처음부터 매우 자신 감을 가졌다.

그 이유는 첫째, 덩샤오핑이 후야오방의 1984년 경제체제 개혁 결정을 긍정했기 때문이다. 후야오방은 다음과 같이 말했다. "덩샤오핑 동지는, '경제체제 개혁 결정'은 마르크스주의의 기본 원리와 중국 사회주의 실천 이 상호 결합된 정치경제학이며, '정신문명 결의'는 마르크스주의의 기본 원리와 중국 사회주의의 실천이 상호 결합된 윤리학이라고 말했다. 우선 정신문명의 전략적인 위치를 명확하게 규정해야 한다. 사회주의 사회는 하나의 새로운 사회로, 고도의 물질문명과 정신문명이 없으면 성숙하거나 공고해지지 않는다. 정신문명이란 무엇인가? 바로 인간의 자질, 인간의 지 식수준, 인문적 소양, 인간 사이의 관계를 말하는 것으로, 서로 다른 직업 을 가진 인간과 민족은 사회에서부터 가정에 이르기까지 전례 없이 서로 돕고 화목하며 화해하는 새로운 형태의 관계를 형성해야 한다. 이 부분은 매우 중요하므로 반드시 제신(提神)해야 한다." 후야오방은 '제신'이라는 두 글자를 애용했는데, 이는 문장에 새로운 뜻이 있어야 하며 새로운 사상 을 써내야 한다는 의미로, 사람들의 정신을 진작시켜 상투적이고 낡은 글 대신 새로운 것을 만들게끔 했고 진부하거나 판에 박힌 언사를 하지 못하 도록 했다. 이에 대해 덩리췬은 일찍이 덩샤오핑을 도발하며 "후야오방의 가장 큰 특징은 자신이 하는 말과 의견이 무언가를 염두에 두고 있어 사람 들의 정서를 조종하고 격동시킨다는 것이다"라고 말했다. 사실 이것이 바 로 후야오방이 말한 '제신'으로, "새로운 상황을 조사하고 새로운 문제를 연 구하며 새로운 사상을 제기해" 사람들의 정신을 진작시키고 새로운 사회 의 새로운 문명을 건설하는 것이다. 하지만 덩리췬은 이를 "후야오방 자신 이 박수를 받고 자신의 이미지를 구축하기 위해서다"라고 왜곡했으며, 덩 샤오핑도 "이는 후야오방의 오래된 단점이며, 그는 줄곧 이렇게 해왔다"라고 첨언했다.

둘째, 덩샤오핑이 후야오방에게 했던 두 가지 말 때문이다. 하나는 정신 오염 제거를 추진하면 개인적으로 명예가 좋지 않다는 것이었고, 다른 하나는 사상정치 공작에 대한 결의는 3년간 하지 않는다는 것이었다. 후야오방은 덩샤오핑이 보수파의 정신 오염과 사상정치 공작의 조악한 수법이 전국의 개혁·개방과 경제 성장에 막대한 악영향을 미치고 있다는 사실을 알고 있을 것이라고 생각했다. 따라서 정신문명 건설을 정면에서 제기하면 개방과 발전에 반드시 도움이 될 것이라고 여겼던 것이다.

후야오방과 자오쯔양이 연대해 보수파에 대응하다

이후의 사태는 후야오방이 예견했던 것보다 복잡하고 기이하게 변화되었다. 첫째, 후야오방이 정신문명 결의를 기초하는 전 과정을 주재한 것에 대해 '마르크스주의 벼룩들'은 시종일관 공격할 기회를 엿보았다. 후차오무와 덩리췬은 1983년 '경제적으로 후야오방 타도'를 도모했던 시도가 실패한 이유에 대해, 너무 조급하게 서둘렀고 중앙에서 보수파의 역량이 충분히 구축되지 못했으며 너무 일찍 여론을 조성하는 바람에 지방의 반발을 유발해 덩샤오핑과 예젠잉이 연대하도록 만들었기 때문이라고 보았다. 따라서 이번에는 이를 교훈으로 삼아 신중을 기해 보수파 원로들의 역량을 충분히 동원함으로써 덩샤오핑이 보수파 쪽으로 서도록 만들었다. 후차오무와 덩리췬은 1969년 중국공산당 제9차 당대회 문건을 기초할 때 캉성(康生)과 장춘차오가 천보다(陳伯達)를 물러나게 했던 수법을 모방했다. 당시 마오쩌둥이 천보다에게 제9차 당대회 보고를 기초하도록 하자, 캉성과 장춘차오는 천보다와 대립되는 보고 원고를 별도로 기초함으로써 마오쩌둥이 천보다의 원고 대신 자신들의 원고를 채택하도록 만드는 데 성공했다. 후차오무와 덩리췬도 똑같은 수법을 써서 후야오방의 '정신문명 결의' 원고와 별도로 '정신문명 결의'에 대한 수정 원고를 기초함으로써 보수파 원로들로부터 폭넓은 지지를 얻었다. 또한 보수파 졸개인 왕런즈(王忍之), 허둥창(何東昌) 등 한 무리 사람들에게도 수정 원고를 보내 자신들의 원고와 후야오방의 원고를 바꾸려 했다. 덩리췬은 매우 신속하게 정치국 상무위원인 천윈과 리셴녠의 결재를 받았다. 그들은 후차오무와 덩리췬의 원고에 동의했던 것이다.

둘째, 정신문명 결의를 기초하던 후야오방은 반대 세력의 역량이 이미 결집했고 상황이 엄중하므로 반드시 자오쯔양과 연대해 덩샤오핑의 지지를 얻어내야 한다는 사실을 알아차렸다(당시 예젠잉은 이미 정치국 상무위원회 직무를 사직했기 때문에 상무위원회 5명은 후야오방, 덩샤오핑, 자오쯔양, 리셴녠, 천윈이었음). 당시 후차오무는 사회과학원 친류팡(秦柳方)에게 '경제이론상의 자유화'에 대한 자료를 수집하라고 지시해 자오쯔양의 경계를 유발했다. 자오쯔양은 "경제이론상의 자유화를 비판하는 것은 신중해야 하며, 지금은 대담한 탐색이 더욱 필요하다"라고 지시를 내렸다. 후야오방도 즉각 "자오쯔양 동지의 의견에 동의한다. 허우쩌(厚澤) 동지가 자오쯔양 동지의 지시를 후차오무 동지에게 전해주기 바란다"라고 지시했다. 이 일로 후야오방과 자오쯔양은 결의를 기초하는 과정에 함께 서게 되었다.

셋째, 후야오방과 자오쯔양은 중앙상무위원회에 후차오무와 덩리췬의 수정 원고에 대해 중점적으로 언급한 편지를 연대 서명으로 보냈다. 해당 편지에서 두 사람은 후차오무와 덩리췬의 결의 원고가 제12차 당대회의 '공산주의 사상을 핵심으로 하는 정신문명 건설'의 논법을 원용하지 않았다고 지적한 것과 관련해 상세하게 설명했다. 덩샤오핑은 이 편지를 열람한 후 즉각 후야오방과 자오쯔양의 의견은 매우 좋으며, 나는 완전히 동의한다"라고 말했고, 리셴녠도 이를 따라 "덩샤오핑의 의견에 동의한다"라고 승인했다. 덩샤오핑은 덩리췬이 자신의 수정 원고를 벌써 20~30명에게 발송해 논쟁을 일으키려 했음을 알고 있었다. 덩샤오핑은 후야오방에게 "걱정할 것 없다. 실제로 폭로하고자 한다면 폭로하면 된다. 결국 소수는 다수에 복종하기 마련이므로 표결 방식으로 문제를 해결할 수 있다. 덩리췬의 수정 원고는 내 이름을 내세워 우리를 좌측으로 끌려고 하는데, 이는 따를 수 없다. 우리의 정책은 아직 풀어주는 것이지, 거두어들이는 것이 아니다"라고 말했다. 이 회동으로 후야오방과 자오쯔양은 짧게나마 후차오무와 덩리췬 및 그들 배후의 천윈을 패배시켰다. 그러나 상황은 변화하고 있었다.

마오쩌둥이 덩샤오핑에게 복권하기를 청하면서 보낸 여덟 자

덩샤오핑이 1986년에 직면한 상황은 마오쩌둥이 1975년에 처했던 상황과 매우 비슷했다. 1975년 당시 덩샤오핑과 예젠잉은 한편에 서서 경제와 군대를 정비하면서 전국의 정세를 점진적으로 안정시키고 있었다. 그런데 다른 쪽에 섰던 장칭, 왕훙원(王洪文), 장춘차오, 야오원위안 등은 덩샤오핑과 예젠잉 등이 자본주의 노선을 걷는다고 보았으며, 마오쩌둥이 덩샤오핑을 업무에 복귀시킨 것은 자신들이 획득한 최고 권력에 걸림돌이 된다고 여겼다.

여기서 역사적 사실을 바로잡고자 한다. 어떤 책에서는 마오쩌둥이 덩샤오핑을 업무로 복귀시키면서 했던 말인 '유중우강, 면이장침(柔中寓剛, 綿裡藏針, 솜뭉치 속에 바늘을 감춘 듯하다)'이 덩샤오핑에 대한 긍정적인 평가라고 잘못 해석하면서, 이 여덟 자로 덩샤오핑의 성격을 개괄한다. 그런데 사실은 이와 정반대다.

마오쩌둥은 덩샤오핑을 업무로 복귀시켰을 때 다음과 같이 말했다.

지금 군사위원회 지도자 한 명을 모셨는데 이름은 덩샤오핑입니다. 통지를 내서 그를 정치국 위원 및 군사위원회 위원에 임명하도록 했습니다. 나는 정치국에 비서장 한 명을 더 두려 하는데 당신(덩샤오핑을 지칭)은 이 명의가 필요 없으므로 바로 참모장을 맡으시오.

어떤 사람들이 그를 두려워하는데, 그는 일하는 게 과단성이 있습니다. 그는 지금까지 과오를 범한 것과 공로를 세운 것의 비율이 대략 3 대 7입니다. 그는 당신들의 옛 상사로, 나와 정치국이 복귀를 청한 것이지, 나 한 개인이 부른 것은 아닙니다.

당신(덩샤오핑을 지칭)은 사람들이 당신을 다소 두려워하므로 '유중우강, 면이장침(柔中寓剛, 綿裡藏針)'이라는 말을 해주고 싶소. 겉으로는 온화하되 속으로는 강철회사와 같으시오. 과거의 결점은 천천히 고치면 되오.

마오쩌둥이 덩샤오핑에게 한 말의 숨은 뜻은 사람들을 두렵게 하는 그의 딱딱한 성격을 고치라는 것이었다. 덩샤오핑에게 전한 여덟 자는 바로 덩샤오핑 성격 중 약점에 대한 것으로, 그에게 이후 사람에 대해 온화해지고 '외유내강'하도록 권하고 있는 것이다. 하지만 덩샤오핑은 이후로도 그렇게 하지 않았다.

덩샤오핑과 사인방의 투쟁

1975년, 덩샤오핑이 장칭 등과 투쟁하자 마오쩌둥은 덩샤오핑 쪽에 서서 장칭을 비판하기 시작했다. 당시 마오쩌둥의 주안점은 '안정단결'과 '국민경제 발전'이었다. 그는 "무산계급 문화대혁명을 실시한 지 이미 8년이 지났다. 이제는 안정을 통해 좋아지도록 전당과 전군은 단결해야 한다"라고 말했다.

당시 마오쩌둥과 저우언라이(周恩來)는 병세가 위중했다. 마오쩌둥이 덩샤오핑을 불러 11년 동안이나 중지되었던 전국인민대표대회를 개최하고 4대 현대화 목표를 제기한 것은 바로 문화대혁명을 종결하고 전당·전군이 단결해 경제를 발전시키기 위함이었다.

따라서 마오쩌둥은 장칭과 왕훙원, 장춘차오, 야오원위안이 연대해 저우언라이와 덩샤오핑을 반대하는 것은 분열을 계획하는 것이자 당과 국가의 최고 권력을 빼앗는 데 그 목적이 있다고 보았다. 마오쩌둥은 "장칭은 야심이 있다. 그녀는 왕훙원을 위원장으로 삼고 그녀 자신은 당의 주석이 되려 한다"라고 지적했다. 또한 그들에게 "종파를 일삼지 말라. 종파를 일삼으면 발을 헛디뎌 쓰러지게 될 것이다. 단결하고 분열하지 말며, 떳떳하고 정당하게 행동하고 음모를 꾸미지 말라. 또한 사인방 같은 짓을 하지 말라. 왜 당신들은 200여 명의 중앙위원과 단결하지 않는가?"라고 경고했다.

마오쩌둥이 볼 때 장칭과 그녀를 따르는 무리는 비록 문화대혁명에 공로가 있긴 했지만 국가를 다스릴 수는 없었다. 린뱌오가 중앙무대에서 무너진 이후 마오쩌둥은 덩샤오핑을 불렀는데, 이는 덩샤오핑에게 자신의 후계를 맡기고, 아울러 덩샤오핑이 장칭 일당과 협력해 마오쩌둥의 '무산계급 독재하의 계속혁명' 노선을 계승하는 기초 위에 국가를 잘 다스리기를 바랐기 때문이다. 그렇지만 이것은 하나의 조화될 수 없는 모순이었다.

제1라운드에서 덩샤오핑은 마오쩌둥의 지지 아래 사인방을 타도했다. 1975년 상반기에 정치국 회의는 장칭 등을 비판했고, 마오쩌둥은 이에 대해 만족을 표시했다. 마오쩌둥은 덩샤오핑에게 "그들 중 몇 명은 이제 글러서 총리를 반대하고, 당신도 반대하고, 예젠잉 원수도 반대한다. 지금 정치국의 흐름이 바뀌려 한다. 당신은 이제 업무를 담당해야만 한다"라고 말했다. 덩샤오핑은 "나는 다짐한 바가 있지만 이 다짐에 반대하는 사람이 반드시 있을 것이다"라고 회답했다. 그러자 마오쩌둥은 웃으며 "나무가 숲보다 빼어나면 반드시 바람이 그 나무를 밀어내려 한다. 욕을 먹지 않을 수는 없다. 나는 줄곧 욕을 먹어왔다"라고 말했다.

1975년 6월 하순, 중앙의 일상적인 업무를 주재하던 왕훙원이 저장성(浙江省)·상하이로 파견되어 '업무를 돕게' 되었다. 한편 장칭은 서면 검토서 한 부만 작성해놓고 몇 개월 동안 공개적인 석상에 얼굴을 드러내지 않았다. 덩샤오핑은 1975년 7월부터 중앙정치국 회의와 중앙의 일상 업무를 주재했다. 3개월이 지난 1975년 10월, 마오쩌둥의 조카 마오위안신(毛遠新)이 중앙정치국과 마오쩌둥 간의 연락원 역할을 담당했다. 투쟁은 제2라운드로 진입했다.

문혁을 긍정하지 않는 것이 덩샤오핑의 본심이었다

마오위안신과 장칭 일파는 정치적으로 뜻을 함께했다. 장칭 무리는 마오쩌둥을 보지 못했지만 마오위안신은 마오쩌둥을 수시로 볼 수 있었다. 마음속에 거대한 계략을 갖고 있던 마오위안신은 마오쩌둥이 덩샤오핑에 대해 가장 마음 놓지 못하는 부분이 문화대혁명에 대한 태도라는 사실을 파악하고 이 핵심적인 문제에 대해 진언했다. 마오위안신은 마오쩌둥에게 "덩샤오핑 동지의 강화를 매우 주의 깊게 들어봤는데, 문화대혁명의 업적을 매우 적게 말했으며 류사오치의 수정주의 노선도 매우 적게 제기했습니다. 사회에 바람이 불고 있는데, 바로 문화대혁명을 어떻게 볼 것인가, 문화대혁명을 긍정할 것인가 부정할 것인가라는 바람입니다. 문화대혁명의 성과가 7개 손가락[3]인가, 아니면 과오가 7개 손가락인가에 대해 의견이 엇갈리고 있습니다. 이러한 풍조는 1972년 극좌를 비판하던 시기보다 더 심각합니다"라고 말했다.

마침 그 즈음 칭화대(清華大) 당 위원회 부서기 류빙(劉冰)이 마오쩌둥에게 츠췬(遲群)과 셰징이(謝靜宜)를 고발하는 내용의 편지를 보냈다. 마오쩌

---

3   10개 손가락 중에서 7개를 지칭하는 것으로, 전체의 70%라는 뜻이다. _옮긴이 주

둥은 류빙이 쓴 편지가 문화대혁명을 끝장내려는 것으로, 그 창끝이 자신을 겨누고 있다고 여겼다. 왜냐하면 세징이는 마오쩌둥이 칭화대로 파견한 사람이었기 때문이다. 11월 2일, 마오쩌둥은 마오위안신에게 다음과 같이 말했다.

> 문화대혁명에 대해 두 가지 태도가 있는데, 하나는 문화대혁명에 대해 불만이 있는 것이고, 다른 하나는 문화대혁명을 끝장내려는 것이다. 그들이 쓴 편지의 창끝은 나를 향해 있었다. 너는 덩샤오핑에게 주의하고 속지 말라고 말해라. 덩샤오핑은 류빙을 편중되게 지지하고 있다. 칭화에서 언급한 문제는 단독적인 문제가 아니라 현재 두 가지 노선 투쟁을 반영한 것이다. 너는 덩샤오핑, 왕둥싱, 천시롄(陳錫聯)을 찾아가 이야기를 전하고 너의 의견을 모두 말하라. 머뭇거리며 우물쭈물하지 말고 단도직입적으로 말하라. 너는 그(덩샤오핑을 지칭)를 끌어올리도록 도와야 한다.

그러나 마오위안신이 덩샤오핑, 왕둥싱, 천시롄과 함께 이야기하는 자리에서 덩샤오핑은 마오쩌둥이 자신에게 가르쳐준 '유중우강, 면이장침'을 완전히 망각하고 바로 저항하기 시작했다. 덩샤오핑은 "당신은 중앙이 수정주의 노선을 집행한다고 묘사하는데, 그렇게 말하기는 어렵다. 내가 3개월 동안 어떤 노선 아래 중앙공작을 주재했는지, 그동안 전국의 형세가 호전되었는지 아니면 악화되었는지는 실천으로 증명할 수 있다"라고 말했다.

이 국면에 대해 마오쩌둥은 덩샤오핑이 직접 해결하기를 바랐다. 그는 "문화대혁명 문제에 국한해 토론하고 덩샤오핑이 주재해 문화대혁명에 대해 결의를 내리도록 하라. 기본적으로 정확하지만 다소 부족한 면도 있다는 것이 전체적인 견해다. 현재 연구해야 할 것은 부족한 방면이다. 전체적으로 업적이 70%, 과오가 30%다"라고 말했다.

그러나 덩샤오핑은 이를 거절했다. 덩샤오핑은 "내가 이러한 결의를 쓰도록 주재하는 것은 적절하지 않다. 나는 도화원(桃花源)에 사는 사람이어서 한(漢)나라가 있는 것도 모르는데 어찌 위(魏)나라와 진(晉)나라를 논하겠는가? 나는 이해할 수 없는 일이다"라고 말했다.

덩룽(鄧榕)은 『나의 아버지 덩샤오핑: 문혁 세월(我的父親鄧小平: 文革歲月)』에서 이때를 기술하면서 "가장 근본적인 이유는 그가 속마음과 다르게 문화대혁명을 긍정하는 결의를 쓰는 일을 주재하고 싶지 않았기 때문이다"라고 했다. 그러나 덩샤오핑이 부활할 당시 쓴 검토를 보면 문혁을 긍정했을 뿐만 아니라 또한 문혁이 자신에게 했던 비판도 긍정했으며, "이 사안을 영원히 뒤집지 않는다"라고도 표시했다. 이후 마오쩌둥이 "사안을 영원히 뒤집지 않는다는 것은 믿을 수 없는 일이다"라고 말한 것은 이 때문이다. 이는 마오쩌둥과 덩샤오핑이 마지막에 갈라선 결정적인 계기였다.

결국 마오쩌둥은 덩샤오핑을 포기하고 화궈펑을 선택하다

마오쩌둥이 최후에 덩샤오핑을 포기했을 때 이미 그는 꺼져가는 촛불과도 같아 사망하기까지 불과 몇 개월 남았을 뿐이었다. 그는 주위 사람이나 중국의 미래에 대해 이미 자신감을 상실한 상태였다. 정권을 누구에게 건네야 할 것인가? 그가 덩샤오핑을 불러들인 것은 원래 이 '강철회사'와 장칭의 '강철회사'가 서로 균형을 이루도록 하기 위함이었다. 하지만 덩샤오핑은 문혁을 긍정하는 결의를 거부했기 때문에 그에게 정권을 건넬 수는 없었다. 그러나 만약 덩샤오핑을 포기하고 장칭 일당에게 정권을 건네면 천하가 혼란스러워지리라는 것을 마오쩌둥은 명확히 알고 있었다. 이 때문에 저우언라이가 사망한 이후에는 화궈펑을 총리로 대신 임명하고 아울러 중앙공작을 주재시켰는데, 이로써 화궈펑이 마오쩌둥의 최후의 후계자가 되었다. 이는 이미 선택의 여지가 없는 선택이었다. 마오쩌둥은 "화궈평은 사람 됨됨이가 착실하고 충직하며, 일을 공정하고 현명하게 처리한다. 사람들은 그가 수준이 낮다고 하는데, 나는 바로 그 낮은 수준을 선택한 것이다"라고 했다.

당시 장칭 일당은 장춘차오를 총리로 세우고 왕훙원을 전국인대 위원장, 장칭을 당 주석으로 세우려 계획했다. 하지만 마오쩌둥은 그들이 어떤 직책에도 오르지 못하도록 했다. 그러나 화궈펑이 끝까지 설 수 있을지에 대해서는 확신할 수 없었다. 그래서 마오쩌둥은 정치 유언과도 같은 이런 말을 남겼다.

나는 일생 동안 두 가지 일을 했다. 하나는 장제스와 수십 년 동안 투쟁해서 그를 섬으로 내쫓아버리고 8년간 항일전쟁을 해서 일본인들을 그들의 고향집으로 되돌려 보낸 것이다. 이 일에 대해 이의가 있는 사람은 많지 않다. 다만 몇 사람이 조속히 그 섬을 되찾도록 나의 귀에 대고 시끄럽게 요구할 뿐이다. 또 하나는 당신들도 모두 아는 일로, 바로 문화대혁명을 발동한 것이다. 이 일에 대해서는 옹호하는 사람이 많지 않으며 반대하는 사람이 적지 않다. 이 두 가지 일은 아직 끝나지 않았으므로 이 유산을 후대에 물려주어야 한다. 어떻게 물려주어야 할까? 평화적으로 권력을 물려주지 못하면 불안정한 상태에서 물려주게 되어 잘못하면 피비린내 나는 비바람이 닥칠 수도 있다. 당신들은 어떻게 할 것인가? 오직 하늘만이 알 뿐이다.

이는 마오쩌둥이 화궈펑과 얼굴을 맞댄 자리에서 건넨 말이다. 마오쩌둥이 임종할 당시에는 다음과 같은 일도 있었다. 예젠잉이 고별인사를 하고 문 쪽으로 나가려 하자 마오쩌둥이 다시 그를 불러선 예젠잉의 손을 잡고 눈으로 예젠잉을 주시하며 입술을 움찔거렸지만 말을 하지는 못했다. 예젠잉이 느끼기에 마치 자신에게 화궈펑을 도와 정권을 안정시키라고 부탁하는 것 같았다.

　예젠잉은 화궈펑을 도와 장칭 집단을 분쇄했지만 정권은 결국 덩샤오핑의 수중에 들어갔다. 예젠잉은 사망하기 전 최후의 기간에 덩샤오핑의 독단적인 처리에 깊은 불만을 표했으며, 분개해서 정치국 상무위원 직책을 버리고 박차고 나갔다.

'정신문명 결의'에 관한 논쟁

　1986년 후야오방이 후차오무, 덩리췬 등과 투쟁할 당시에는 덩샤오핑도 후야오방 편에 서서 후차오무와 덩리췬을 비판했다. 그때 덩샤오핑은 천원 집단의 간섭을 배제하고 개혁·개방을 지속하는 데 주안점을 두고 있었다. 후야오방의 '정신문명 결의' 원고는 정신문명 건설과 개혁·개방을 밀접하게 연계시켜 덩샤오핑으로부터 긍정적인 평가를 얻어냈다.

　1986년 8월 2일, 후야오방은 베이다이허(北戴河)에 있는 덩샤오핑의 거주지로 가서 덩샤오핑의 '정신문명 결의'(제2차 원고)에 대한 의견을 물었다. 대문을 들어서자 마침 산책을 하고 있던 덩샤오핑이 멀리서 후야오방을 보고는 바로 "문건이 좋다. 인쇄해서 여러 사람들과 토론해도 된다"라고 말했다.

　8월 8일, 후야오방은 중앙서기처 회의를 주재하고 '정신문명 결의' 원고에 대해 토론했다. 덩리췬은 1시간 정도 길게 발언하면서 결의 원고에는 '1개의 후퇴'와 '3개의 불충분'이 있다고 비판했다. '1개의 후퇴'란 결의 원고가 "공산주의 사상을 핵심으로 하는 사회주의 정신문명"에서 후퇴한 것을 말한다. '3개의 불충분'이란 주로 "중앙 영도 동지의 강화 정신을 체현하는 것"이 불충분하다는 것이었다. 즉, 결의 원고에 천원과 덩샤오핑의 반자유화 및 정신 오염에 대한 의견을 인용하지 않았다는 것이었다. 덩리췬은 "천원 동지는 짧은 문장에서도 사회주의를 16차례 논하면서 우리가 하는 것은 사회주의 사업이며 최종 목적은 공산주의를 실현하는 것이라고 했다. 그는 공산주의의 순결성을 확고하게 유지하고 공산주의 이상에 위반되는 모든 잘못된 언행에 대해 강경하게 투쟁을 진행해야 한다고 반복해서 강조했다"라고 말했다.

후야오방은 덩리췬의 지적과 질책에 아랑곳하지 않았다. 그는 "공산주의 사상을 핵심으로 삼는다는 이 문제는 논쟁할 필요도 없이 자명하다. 좌파는 바로 공산주의 사상으로부터 비롯되기 때문이다. 전국 인민이 어떻게 공산주의 사상을 핵심으로 삼을 수 있는가? 4항 기본원칙을 매일 염불 외우듯 논할 수는 없다. 그런다고 해서 사상이 해방되는 것은 아닌 것이다"라고 말했다.

8월 16일, 중앙정치국 회의는 원칙적으로 정신문명 결의 원고를 통과시키고 이를 인쇄해서 당내 2000여 명과 당외 200여 명에게 전달해 토론하도록 함으로써 수정 의견을 광범위하게 구했다.

의견 수정은 두 가지 사항에 집중되었다. 하나는 자산계급 자유화 개념이 과학적이지 못하다는 것으로, 19개 성과 부처, 위원회 및 루딩이 등의 지도자가 이러한 논법을 취소하도록 요구했다. 다른 하나는 '공산주의 사상을 핵심으로 하는 사회주의 정신문명 건설'을 써넣도록 고집했다.

9월 7일, 덩리췬은 자신과 후차오무의 '결의 수정 원고'를 인쇄해 정치국 상무위원회와 왕전, 보이보, 양상쿤, 펑전, 허둥창, 왕런즈 등에게 전했다.

9월 10일, 천윈과 리셴녠은 후차오무와 덩리췬의 원고에 동의한다고 결재했다.

9월 14일, 덩리췬과 후차오무의 '결의 수정 원고'에 대해 후야오방과 자오쯔양은 결의 원고에서 제12차 당대회의 '공산주의 사상을 핵심으로 하는 정신문명 건설'의 논법을 사용하지 않은 이유를 설명하는 편지를 중앙상무위원회에 연대 서명으로 보냈다. 그날 덩샤오핑은 후야오방과 자오쯔양의 의견에 찬성한다고 결재했고, 리셴녠도 전향해 덩샤오핑의 의견에 동의한다는 뜻을 나타냈다.

9월 16일, 덩샤오핑 판공실은 후야오방, 자오쯔양이 다시 상무위원회에 보낸 편지를 덩샤오핑 동지가 본 후 "그들 2명의 의견에 따라 일을 처리하라"라고 말했다고 후야오방에게 전했다.

덩샤오핑과 덩리췬이 만난 이후 덩리췬의 태도가 더욱 강경해지다

9월 18일, 덩샤오핑이 덩리췬을 찾아 담화했다. 그때 후차오무는 상황을 관찰하면서 입을 닫고 말을 하지 않았다. 덩리췬은 "보아하니 후차오무가 할 말이 매우 많아 보이는데, 공개적인 장소에서는 말을 하지 않고 있다. 그는 나에게 사적으로 '이 문건은 제12차 당대회 보고보다 오히려 더 많이 후퇴했다'라고 말했다. 이제 장애물은 바로 나만 남았는데 다른 사람들은 이를 제거할 수 없으니 덩샤오핑에게 이 장애물을 뽑아내라고 해야 할 것이다"라고 말했다.

이 담화에서 덩샤오핑과 덩리췬은 다음과 같이 각자의 의견을 말했다.

> 덩샤오핑: 문건 11쪽에 자네의 수정의견('자본주의 약탈제도는 중국에서도 약 100년의 역사를 지니고 있으므로 어떤 조건하에서 다시 제기될 가능성이 절대 없는 것은 결코 아니다. 이는 중앙 영도 동지가 재삼 경고했던 바다'라는 문장을 지칭함) 몇 가지는 누가 제기한 것인가?
>
> 덩리췬: 후차오무 동지가 제기한 것입니다.
>
> 덩샤오핑: 나는 빼버렸네.
>
> 덩리췬: 저는 후차오무 동지의 의견에 동의하며, 그런 가능성이 있다고 생각합니다.
>
> 덩샤오핑: 자네들의 서면 의견은 한 줄 한 줄 나눠서 보면 모든 조문이 좋네.

그렇지만 모두 총괄하면 당의 사회주의 정신문명 건설의 방침과 정책이 바뀌었다는 인상을 주네. 자네는 문건을 '좌'의 방면으로 이끌고 있어.

덩리췬: 저는 그 견해에 동의하지 않습니다. 우리가 제출한 서면 의견의 모든 조문은 모두 제가 개인적으로 고안해낸 것이 아니라 모두 과거 중앙의 결정에서 비롯된 것입니다. 거기에는 당신의 강화 내용도 포함되어 있습니다.

덩샤오핑: 자네와 후차오무는 나와 천윈 동지 사이의 대립과 모순을 확대하지 말게.

덩리췬: 덩샤오핑 동지, 일부 문제에 대해 두 분 사이에 서로 의견이 다르다는 사실을 알고 있습니다. 제가 줄곧 채택한 태도와 방법은 갈등을 확대하기 위한 것이 아니라 갈등을 축소하거나 회피하기 위한 것이었습니다. 저는 천윈 동지의 주장을 선전했던 적이 있습니다. 이것은 사실로서, 한 차례만이 아닙니다. 저는 당신의 주장 또한 선전했던 적이 있습니다. 당신의 주장을 선전한 일이 천윈 동지의 주장을 선전한 일보다 몇 배에 이를 정도로 훨씬 많습니다. 나 자신의 강화와 문장, 제가 읽고 지시한 문건은 모두 존재하므로 만약 심사가 필요하다면 전부 가져오겠습니다. 당신의 주장을 많이 선전했는지 아니면 천윈 동지의 주장을 많이 선전했는지 살펴보시기 바랍니다.

덩샤오핑: 내일 회의가 열리는데 자네는 바로 이 원고에 대해 완전히 찬성한다는 한 마디 말만 하게.

덩리췬: 말을 하지 않아도 됩니까?

덩샤오핑: 물론이네.

덩리췬: 그렇다면 저는 말을 하지 않겠습니다.

덩샤오핑: 자네가 말을 하지 않으면 다른 사람이 말을 하게 될 것일세.

리펑, 후야오방, 자오쯔양 등에 대한 덩리췬의 평가

다음 대화는 덩샤오핑이 덩리췬에게 일부 사람들에 대해 관찰한 바를 물은 것인데, 쌍방의 의견이 상당히 일치한다.

덩샤오핑: 몇몇 사람에 대해 자네가 관찰한 바를 한번 물어보겠네. 후치리는
     어떠하오?

덩리췬: 정치적으로 확실치 않고 믿음직스럽지 못합니다. 후야오방 동지 앞에
     서는 반대의견을 감히 말하지 못합니다. 왕자오궈(王兆國)는…….

덩샤오핑: 왕자오궈는 말할 필요 없네. 리펑은 어떤가?

덩리췬: 최근 몇 년 동안 서기처 회의에 참가해왔는데, 리펑은 여기에서 알게
     됐습니다. 그는 소련에 머물렀던 적이 있어 소련의 교육 제도 아래에서 마르
     크스주의를 체계적으로 교육받았으며, 전공도 매우 잘 배웠습니다. 귀국한
     이후 말단부터 일을 하기 시작해 한 걸음 한 걸음 위로 올라왔습니다. 제가
     알기로 그는 공업 분야를 관리해본 경험이 있습니다. 서기처의 정치 생활에
     서 제가 받은 인상은 그는 서로 다른 의견도 제시할 수 있다는 것입니다.

덩샤오핑: 후차오무는 어떤가?

덩리췬: 그가 정법(政法) 업무를 맡기 전 서기처 회의에서 입장을 밝히는 것을
     보고 제가 받은 인상은 부화뇌동한다는 것이었습니다. 정법소조에서 업무
     를 맡은 이후에는 약간의 변화가 있습니다. 아마도 정법 업무가 비교적 복
     잡해서 신중하지 않으면 안 되기 때문일 것으로 생각됩니다.

덩샤오핑: 그것이 바로 진보일세.

덩리췬: 그렇습니다.

덩샤오핑: 후야오방 동지와 자오쯔양 동지에 대한 견해는 어떤가?

덩리췬: 후야오방 동지와 일을 함께 한 지 수년이 되었는데, 그는 자오쯔양 동
     지에 비해 학습에 매우 힘써서 마르크스·레닌의 책을 열심히 읽었으며 중
     국의 고대 문학도 매우 많이 읽습니다. 자오쯔양 동지는 이 방면에서는 그
     보다 못합니다. 저의 관찰에 따르면, 그리고 다른 동지들이 하는 말을 들어

보면 자오쯔양이 읽은 마르크스·레닌 책은 매우 적습니다. 서기처 회의를 할 때 후야오방 동지는 다른 사람이 다른 의견을 충분히 말할 수 있게 합니다. 말하는 사람이 말을 다 하면 회의를 완료하고 후야오방 동지는 계속해서 자신의 일을 합니다. 후야오방 동지의 가장 큰 특징은 어떻게 하면 자신의 강화와 의견을 통해 사람들 마음속의 감정을 진작시키고 격동시킬 수 있는지 줄곧 관심을 기울인다는 점입니다. 박수를 많이 받을수록 그는 더 좋아합니다. 그는 주로 이 방면에 힘을 쏟고, 자신의 의견이 실제에 부합하는지에 대해서는 거의 힘을 쏟지 않습니다.

덩샤오핑: 그것이 그의 오래된 단점이라네. 줄곧 그래왔지.

덩리췬: 자오쯔양 동지는 하부 조직에서부터 경제 업무를 맡기 시작해 현(縣), 지(地), 성(省)에서 중앙까지 경험을 쌓았고, 경제 업무 중에 출현하는 문제에 비교적 민감하며 또한 해결책도 갖고 있습니다. 제가 가장 걱정하는 것은 두 가지입니다. 하나는, 1985년 정부 업무 보고를 기초했던 동지들의 말에 따르면 자오쯔양이 이런 말을 했다고 합니다. "마르크스는 자본주의 경제를 연구했으므로 우리가 사회주의 건설을 하는 데에는 마르크스의 자본주의 경제가 쓸모없다." 다른 하나는 그가 경제 업무와 서방 자본주의 일체를 도입하는 데 열중하고 있다는 것입니다. 이 두 가지는 고위급 간부에게 매우 큰 결점입니다. 자오쯔양과 같은 당과 국가의 지도자가 이러한 단점이 있다는 것은 매우 걱정스러운 일입니다.

이것은 덩샤오핑 마음속의 의중을 반영하는 중요한 담화다. 덩리췬은 이 담화를 회고하면서 "한 시간 남짓 대화했는데, 지금껏 살아오면서 이처럼 날카로운 언사는 없었다. 내가 나갈 때 덩샤오핑은 문 앞까지 마중했다. 이런 것이 바로 정치가의 함양일 것이다! 하지만 매우 명확한 사실은 이 담화가 덩샤오핑에게 매우 깊은 인상을 남겼다는 것이다. 왕전은 이후 내게

몇몇 사람이 참석한 회의에서 덩샤오핑이 "덩리췬은 우리를 좌측 방면으로 유도하려고 한다"라고 말했다고 전했다. 따라서 이번 '정신문명 건설 지도방침에 대한 결의'를 기초하는 과정에서 후야오방과 자오쯔양의 일치가 덩샤오핑의 지지를 얻었다는 것은 매우 명확한 사실이다"라고 말했다.

덩샤오핑은 후야오방과 자오쯔양을 지지하는 한편 비밀리에 덩리췬을 허락하다

덩리췬의 판단은 틀리지 않았다. 첫째, 덩리췬은 덩샤오핑의 요구를 거절하고 덩샤오핑이 인가한 결의 원고를 찬성한다는 '한 마디 말을 하는 것'을 거절함으로써 자신이 당의 방침과 정책을 '좌측의 방면으로 유도'하려 한다는 사실을 표명했고, 덩샤오핑이 자신과 거리를 둘 수밖에 없도록 만들었다. 그러나 덩샤오핑은 덩리췬이 반자유화를 고집하는 입장에 대해서는 마음에 들어 했다(이는 마치 마오쩌둥이 장칭의 좌파 입장을 좋아하면서도 그녀와 거리를 두어야 했던 것과도 같다). 그리고 덩리췬의 서면 의견에 대해 "한 줄 한 줄 나눠서 보면 모든 조문이 좋다"고 인정했다. 다만 후차오무가 인용한 "중앙 영도 동지(천윈)는 자본주의 약탈제도가 언젠가 다시 제기될 가능성이 있다고 경고했다"는 단락을 삭제했다.

둘째, 당시 전국의 개혁·개방은 보수파의 방해를 받아 계획위원회에 권한이 위임되었으며 기율위원회는 인원을 정비했다. 여기에는 런중이가 직책에서 물러나고 샹난이 경고처분을 받는 것도 포함되었다. 덩샤오핑은 이 배후에 천윈이 있다는 사실을 알았지만 천윈과의 갈등이 확대되는 것을 피하기 위해 이를 밝히려 하지 않았다. 그러나 경제를 구제하기 위한 차원에서 덩샤오핑은 이러한 상황하에서도 후야오방과 자오쯔양이 계속 개혁·개방을 추진하도록 지지할 수밖에 없었다.

셋째, 덩샤오핑은 후야오방의 '정신문명 결의'를 통과시키는 데 찬성하긴 했지만, 이것이 그가 후야오방에 대한 정치적 신뢰를 회복했음을 나타내는 것은 결코 아니었다. 덩샤오핑과 덩리췬이 나눈 대화의 후반부 절반은 덩샤오핑이 덩리췬에게 "몇몇 사람에 대한 관찰"을 묻고 있으며, 후치리, 리펑, 차오스, 자오쯔양은 모두 덩샤오핑이 후야오방을 대신해 인선하려고 염두에 둔 이들이었다. 덩샤오핑과 덩리췬은 이러한 사람들에 대한 견해가 상당히 일치했다. 그렇지만 당시 덩샤오핑은 후야오방을 즉각 교체할 생각은 없었으며, 1년 후 제13차 당대회 때 교체할 생각이었다.

9월 20일, 정치국 확대회의에서는 '정신문명 결의' 초안을 원칙적으로 통과시키고 이를 12기 6중전회 토론에 넘겼다. 덩샤오핑이 분명하게 후야오방과 자오쯔양의 연대 서명 편지를 지지하고 후차오무와 덩리췬의 수정 원고를 거절했기 때문에, 원래 후차오무와 덩리췬의 수정 원고를 지지했던 보수파(여기에는 후차오무 자신도 포함된다) 역시 발언을 통해 결의 원고를 긍정하는 태도를 표명했다. 유일하게 덩리췬만 한마디 말도 하지 않았다 (덩리췬은 정치국 확대회의에 참석했지만 표결권은 없었다).

자산계급 자유화에 대해 옥신각신하다

9월 28일, 12기 6중전회에서는 덩샤오핑의 예상을 뛰어넘는 논쟁이 벌어졌다. 당시 회의를 주재했던 후야오방은 사람들이 결의 초안을 모두 읽고 난 이후 "동지들, 의견이 있으신가요?"라고 물었다.

그러자 루딩이가 일어서서 다음과 같이 말했다. "나는 이 결의에 대해 매우 찬성한다. 이 결의는 아주 잘 작성되었다. 다만 한 가지 견해를 말하려 한다. 이 결의를 기초하는 과정에서 오늘 제4차로 이 의견을 제기한다. 14쪽 12번째 줄에 보면 '자산계급 자유화란 즉 사회주의 제도를 부정하는 것이다' 같은 문장이 나오는데, 나는 '자산계급 자유화란 즉'이라는 문구를 삭제할 것을 주장한다. 이 '자산계급 자유화'라는 말은 1956년 우리 당이

'백화제방, 백가쟁명' 방침을 제기했을 때 소련이 우리의 방침더러 자산계급 자유화라고 말한 데서 기원한다. 이후 문화대혁명이 일어나자 1966년 5월 중앙에 제목이 두 글자인 문건이 하나 제출되었는데 바로 「통지(通知)」다. 이 「통지」에 따르면, 「2월 제강(二月提綱)」은 캉성 및 다른 사람들을 등지고 펑전 혼자 작성한 것으로, 자산계급 자유화에 대한 내용을 담고 있다. 자산계급 자유화란 곧 풀어주는 것인데, 자산계급에 대해서만 풀어주고 무산계급에 대해서는 풀어주지 않는 것이 특징이다. 1967년 ≪인민일보≫에는 나를 반대하고 나의 자산계급 자유화를 비판하는 한 편의 문장이 게재되었다. 그 글에서는 내가 중난하이(中南海)의 화이런탕(懷仁堂)에서 과학자와 문예계에 대해 '백화제방, 백가쟁명'을 논하고 몇 가지 자유, 즉 비평할 자유, 비평에 반대할 자유, 의견을 보유할 자유, 종교·신앙의 자유, 신앙을 갖지 않을 자유 등을 논했다는 것을 증거로 들면서, 이것이 바로 자산계급 자유화라고 했다. 경위는 이렇다. 내가 볼 때 문건에서 '자산계급 자유화란 즉'이라는 몇 자를 삭제하는 것은 이 결의에 추호의 손해도 주지 않는다. 또한 좋은 점도 있는데, 바로 이처럼 잘못된 주장과 섞일 일이 없다는 것이다."

후야오방은 '결의 원고' 중 '자산계급 자유화란 즉'이라는 글자를 넣은 이유를 설명하면서 덩샤오핑의 정의에 따라 '자산계급 자유화'는 '4항 기본원칙을 부정하고 자본주의 노선을 걷는 것'이라는 범위에 있다고 설명했다. 이어서 완리는 루딩이의 의견에 찬성한다고 발언하면서 이 몇 자를 삭제해야 한다고 주장했다. 루딩이와 완리의 발언은 회의장 일부 사람들로부터 박수와 지지를 얻었다. 그런 이후 양상쿤과 보이보가 발언하며 이 몇 자를 삭제하는 데 반대하자 이 또한 일부 사람들의 박수와 지지를 얻었다.

이때 덩샤오핑이 말했다. "자산계급 자유화 반대는 내가 가장 많이 말했고 또한 내가 가장 견지하고 있는 주장이다. 왜인가? 현재 군중 사이에서 자유화라는 사조가 불고 있다. 사인방을 분쇄한 이후 우리가 했던 첫 번째 일은 무엇인가? 바로 전국인대에서 헌법의 한 조항, 즉 대명, 대방, 대자보, 대변론을 삭제하는 결정을 통과시킨 것이다. 왜 이 일을 먼저 했는가? 이것이야말로 현재의 사조를 설명해준다. 자유화를 하면 안정되고 단결된 정치 국면을 유지할 수 없을 뿐 아니라 이를 파괴할 것이기 때문이다. 내가 볼 때 반자유화는 이번뿐 아니라 앞으로 10년, 20년간 더 논해야 할 문제다. 어찌되었든 반자유화를 여기에 이용했는지 저기에 이용했는지는 중요하지 않다. 현실정치는 자유화에 반대할 것을 요구하고 있다는 점이 중요하다."

덩샤오핑이 말을 마치자 정치국 상무위원인 자오쯔양, 천윈, 리셴녠이 모두 '자산계급 자유화란 즉'이라는 몇 자를 삭제하는 것을 보류해야 한다고 주장했다.

후야오방은 "보류하는 것이 현재 정세에 유리하다. 이후 자산계급 자유화라는 명사가 합당하지 않다는 것이 실천적으로 증명되면 새롭게 고려하기로 한다"라고 말했다. 마지막에 후야오방은 전체회의 표결을 제청했고, 이는 만장일치로 통과되었다.

덩샤오핑의 반자유화 강화는 후야오방과의 결렬을 상징

덩샤오핑의 이와 같은 반자유화에 대한 강화 내용은 중국의 정치 기류에 대변동을 유발했다. 덩샤오핑은 원래 덩리췬이 대표하는 사조가 중국 정치의 기류를 좌측으로 이끌어 개혁·개방과 경제 발전을 가로막고 지체시키지 않도록 하는 데 주의를 기울이고 있었다. 그런데 루딩이의 발언으로 인해 덩샤오핑의 주의력은 자유화 사조가 안정단결의 정치 국면을 파괴한다는 것으로 전향되었다. 덩샤오핑의 관점에서 볼 때 후야오방의 자유화 사조가 가진 '나약함'은 덩리췬의 좌경보다 더 위험했다.

이 강화 역시 덩샤오핑과 후야오방의 최후 결렬을 상징한다. 덩샤오핑은 자신의 강화를 통해 중대한 정치원칙을 제기했는데, 사인방을 분쇄한 이후 가장 먼저 착수한 중요한 일이 무엇인가라는 것이다.

후야오방에게 가장 먼저 착수한 중요한 일은 바로 진리 표준에 대한 토론을 통해 두 가지 범시를 종결한 것이다. 또한 억울한 사건 및 누명 사건을 다시 원래 상태로 회복시키고 역사적 오류를 바로잡은 것이다.

그런데 덩샤오핑의 입장에서 볼 때 가장 먼저 착수한 중요한 일은 '헌법의 한 조, 즉 대명, 대방, 대자보, 대변론을 삭제한 것'으로 이미 변했다.

덩샤오핑이 말한 바와 같이 만약 화궈펑과 예젠잉이 사인방을 분쇄한 이후 첫 번째로 했던 일이 바로 4대를 삭제하기로 결정한 것이라면 이후의 진리 표준에 대한 대변론은 없었을 것이고, 시단 민주주의의 벽도 없었을 것이며, 역사 오류를 바로잡는 일도 없었을 것이고, 11기 3중전회의 역사적 전환과 덩샤오핑이 재기해 정권을 장악하는 일도 없었을 것이다.

1986년 말 덩샤오핑은 이미 자신이 자신을 부정했다. 덩샤오핑의 '4항 기본원칙'은 화궈펑의 '두 가지 범시'와도 같다. 다만 양자 간의 차이점은 화궈펑이 만든 마오쩌둥의 범시는 바로잡을 수 있었지만, 덩샤오핑은 스스로 범시를 주창했기 때문에 마오쩌둥과 마찬가지로 바로잡을 수 없었다는 것이다. 이것이 바로 '덩샤오핑의 비극'이다.

후야오방이 권좌에서 물러난 이후 루딩이는 일찍이 자신의 발언이 만들어낸 결과에 대해 후야오방에게 사죄의 뜻을 표명한 바 있다. 후야오방은 루딩이에게 "나는 당신의 주장에 대해 마음속으로부터 찬성했다. 다만 그 회의장에서는 많은 말을 하기가 곤란했다"라고 말했다.

중국 인민의 운명적인 비극

1986년 9월 28일, 중국공산당 12기 6중전회의 예상을 뛰어넘는 대변론은 덩샤오핑이 반자유화에 대해 즉석 강화를 발언하도록 유도해 전당과 전국의 정치 기류를 변화시켰다. '정신문명 결의'가 탄생하자마자 바로 종결된 것이다. '정신 오염 제거'보다 더욱 규모가 크고 영향이 막강한 반자유화라는 전투는 이미 세력이 누적되어 폭발하기만 기다리고 있었다.

'정신문명 결의'의 기초를 주재한 후야오방은 원래 '4항 기본원칙의 견지'와 '자산계급 자유화 반대'의 논법을 피할 준비를 하고 있었다. 후야오방은 '하나의 중심, 세 가지의 확고부동'이라는 새로운 논법, 즉 경제 건설을 중심으로, 확고부동하게 경제체제 개혁을 진행하고, 확고부동하게 정치체제 개혁을 진행하며, 확고부동하게 정신문명 건설을 강화한다는 논법을 제기하려 했다.

'정신문명 건설 지도방침에 대한 결의'(이하 '결의')에서는 정신문명 건설의 개방성을 강조하면서, "외국의 선진 과학 문화를 받아들이기를 거부하면서 국가나 민족이 발전하고 진보하려는 것은 불가능한 일이다. 반드시 큰 결심을 내리고 큰 역량으로 당대 세계 각국, 자본주의 선진국의 앞선 과학기술과, 보편적으로 적용할 수 있는 경제·행정관리 경험, 유익한 문화를 실질적으로 배워야 하며, 아울러 실천을 통해 검증함으로써 발전시켜야 한다. 이렇게 하지 않으면 우매해져 현대화를 실현할 수 없다. 대외 개방은 흔들려서는 안 되는 기본 국책으로, 물질문명에만 적용되는 것이 아니라 정신문명의 건설에도 적용된다"라고 지적했다. 이는 사실상 '정신 오염 제거'를 부정한 것이다.

'결의'는 또한 정치 민주화의 주제를 강조해 "고도의 민주는 국가와 사회 생활에서 중요하게 구현되는 사회주의 정신문명"이라고 지적했으며, "인류 역사상 신흥 자산계급과 노동 인민이 봉건 전제를 반대하는 투쟁 가운데 형성된 민주와 자유, 평등, 박애 등의 관념은 인류 정신이 대해방된 것이다"라고 긍정했다. 또한 후야오방은 학술과 예술을 대우하도록 강조하면서 "헌법 규정의 원칙을 준수해야 하며, 학술의 자유, 창작의 자유, 토론의 자유, 비판과 반비판의 자유를 실행해야 한다"라고 언급했다.

베이다이허에서 토론할 당시 '결의' 초고가 왕전, 보이보, 덩리췬, 후차오무 등 보수파에 의해 포위 공격을 당했기 때문에 후야오방은 자오쯔양과 연합해 덩샤오핑의 지지를 얻기 위해 어쩔 수 없이 다음과 같은 문장, 즉 "자산계급 자유화를 하는 것, 즉 사회주의 제도를 부정하고 자본주의 제도를 주장하는 것은 근본적으로 인민의 이익과 역사 조류를 위배하는 것이며 수많은 인민이 강경하게 반대하는 것이다"라는 문장을 넣었고, 이는 루딩이의 강경한 반대를 유발했다.

이 말을 추가한 이유는 덩샤오핑의 지지를 쟁취하기 위한 일종의 타협을 위해서였다. 왜냐하면 오직 덩샤오핑만 덩리췬, 후차오무와 기타 보수파의 입을 막을 수 있었고 '결의'가 전체회의에서 통과되도록 할 수 있었기

때문이다. 후야오방은 이상주의자로, 그는 '결의'가 통과되기만 하면 바로
전체 '결의'의 개혁과 개방 정신에 근거해 중국에서 민주, 자유, 평등, 박애
등 인류의 보편적인 가치가 실현될 수 있을 것으로 보았으며, 전제제도하
에 있는 인간의 자유롭지 못한 상태(저우양이 말한 '소외'를 뜻함)를 극복할
수 있고 중국인이 해방되어 '사람'(자유로운 사람, 사회의 주인, 국가의 주인,
자신의 주인)이 될 수 있을 것으로 보았다. 이는 물질문명과 정신문명 건설
의 근본 목적이자, 마르크스가 말한 미래 사회의 목표인 '자유인의 연합체'
를 실현하는 것이었다.

서로 다른 결과를 초래한 두 가지 선택

후야오방의 이상주의가 전혀 근거 없는 것은 아니었다. 당시는 전 세계
적으로 제3차 민주화의 물결이 매서운 기세로 몰아치고 있었고, 그 기세가
남유럽에서 라틴아메리카, 아프리카를 거쳐 아시아로 향하고 있던 때였다.

바로 이 해에 타이완의 장징궈는 국민당 12기 3중전회(1986년 3월 29일)
에서 정치 혁신안을 제기했다. 또한 같은 해인 1986년 9월 28일에는 민주
진보당(民主進步黨)이 타이베이의 위안산 호텔에서 창립되었는데, 국민당
보수파는 이를 금지하려 했다. 그렇지만 장징궈는 리덩후이에게 "온건한
태도를 취하고 인민과 국가의 안전을 염려해 국책과 헌법 규정을 위반하지
않는 범위 내에서 당이 결성될 수 있는 가능성을 연구하라"라고 지시를 내
렸다. 바로 이어서 10월 5일, 장징궈는 국민당 중앙상무위원회 석상에서
"지금은 시대가 변하고 있고 환경이 변하고 있으며 조류가 변하고 있다. 이
러한 변화에 대응하기 위해 집권당은 반드시 새로운 관념과 새로운 방법으
로 민주헌정의 기초 위에서 혁신적인 조치를 추진해 나아가야 한다"라고
말했다. 10월 7일, 장징궈는 《워싱턴포스트》의 발행인 캐서린 그레이엄
(Katharine Graham)을 접견한 자리에서 "타이완은 계엄을 해제하기로 결정

했다"라고 말했다.

당시 총통부 비서장 선창환(沈昌煥)은 장징궈에게 "당금(黨禁)을 해제할 경우 하루만 지나도 국민당은 정권을 잃게 될 것입니다"라고 경고했다. 그러자 장징궈는 "천하에 영원한 집권당은 없다"라고 답변했다.

역사적인 파도 앞에서 파도의 전진에 순응할 것인지 아니면 조류의 방향을 거슬러 도태할 것인지를 놓고 아시아 타이완 해협의 양쪽 당국은 각자 서로 다른 선택을 했다. 장징궈의 중국국민당 당국은 역사의 조류에 순응해 전진하는 길을 선택했고, 덩샤오핑의 중국공산당 당국은 역사의 조류에 역행해 도태하는 길을 선택했다. 이로 인해 장징궈와 그의 계승자 리덩후이는 1980년대에서 1990년대까지 타이완의 민주제도를 전환하는 데 성공한 반면, 덩샤오핑은 자신이 선택했던 개혁파 계승자 후야오방과 자오쯔양을 포기하고 전 세계 제3차 민주화의 물결을 억압함으로써 중국이 최후의 공산 독재의 보루가 되도록 만들었다. 이는 단지 후야오방과 자오쯔양의 운명적인 비극일 뿐만 아니라 중국 인민의 비극이기도 하다.

덩샤오핑, 반자유화를 50년은 더 지속해야 한다고 격노하며 말하다

중국공산당 12기 6중전회 이후 보수파는 덩샤오핑을 포위했고 덩샤오핑의 지지 아래 다시 '후야오방 타도'를 기도했다. 1986년 10월, 덩샤오핑은 보이보, 양상쿤, 왕전, 야오이린, 쑹런츙, 우수취안(伍修權), 가오양(高揚)을 지명해 '7인 소조'를 조직하도록 했다. 그리고 제13차 당대회 인사를 안배하는 데 대한 자문을 구한다는 구실로 후야오방이 "4항 기본원칙에 대해 어떤 때 말하고 어떤 때 말하지 않는지", "자산계급 자유화 반대에 힘을 쓰지 않는지" 등의 자료를 각지에서 수집했다. 7인 소조는 후야오방 몰래 일을 했기 때문에 후야오방은 이런 상황을 전혀 알지 못했다. 베이징에서 거행된 사회과학계획회의에서 후야오방은 또한 "이 몇 년간 몽둥이가 나의 머리 위에서 휘둘려지고 있었지만 결국 때리지는 않았다"라고 말했다.

리훙린(李洪林)이 끼어들며 "어떻게 때리지 못했습니까? 어떤 사람(필자를 지칭)은 당적이 제거되었습니다"라고 말했다. 우밍위(吳明瑜)는 이어서 "게다가 직무에서 쫓겨난 사람(왕뤄수이를 지칭)도 있습니다!"라고 언급했다. 쑤사오즈(蘇紹智)는 "또한 베이징에서 쫓겨난 사람[궈뤄지(郭羅基)를 지칭]도 있습니다!"라고 첨언했다. 후야오방은 "좋습니다. 당신들이 보고해 주면 제가 가부를 알려드리겠습니다!"라고 말했다. 그런데 후야오방은 방망이가 이미 자신의 머리 위에 들려 있으며 자신을 때릴 것이라는 사실을 몰랐다.

보수파의 정치적인 후각은 이상주의자인 후야오방보다 훨씬 예민했다. 그들은 9월 28일 제12기 6중전회에서 벌어진 논쟁으로 인해 덩샤오핑이 1980년 12월 중앙공작회의 때와 마찬가지로 또다시 자신들의 쪽으로 요동치며 올 것이라는 냄새를 맡았다. 그들은 이미 '정신문명 결의'를 한쪽으로 밀어놓고 다시 자산계급 자유화 반대를 선동하기로 결심했다. 그들은 덩샤오핑이 11기 5중전회에서 '하나의 포(砲)'라고 일컬었던 왕전을 천거함으로써 반기를 들었으며, 9월 28일 덩샤오핑이 했던 반자유화 발언을 인쇄해 중앙당교의 모든 사람에게 하나씩 나눠주었다. 그런 후에 중앙당교 전교대회에서 강화했다.

왕전은 "12기 6중전회의 정신은 바로 자산계급 자유화에 반대하는 것으로, 이것이 바로 덩샤오핑 동지의 중요한 강화다. 어떤 사람은 고의로 이를 전달하지 않고 은폐하고 기만하려 한다. 덩리췬 동지와 후차오무 동지가 덩샤오핑 동지에게 종합 보고했더니 덩샤오핑 동지는 '내가 6중전회에서 반자유화를 20년간 반대한다고 했을 당시 어떤 사람은 이를 들으려고 하지 않았다. 지금은 다시 50년을 더해 모두 70년간, 즉 다음 세기 중반까지 반대할 것이다'라고 말했다"라고 전했다.

왕전은 각지에서 온 당교 학원(學員)을 통해 후야오방 타도의 신호탄을 전국을 향해 크게 터트렸다. 왕전이 말한 '어떤 사람'은 바로 후야오방을 지칭한다. 후야오방은 각 성, 시, 자치구 당 위원회 서기에게 12기 6중전회를 전달하면서 전체회의에서 통과된 '정신문명 결의' 정신을 주로 전하도록 강조했고 회의에서의 논쟁은 하달할 필요가 없다고 말했다. 이는 루딩이의 의견을 전달할 필요가 없을 뿐만 아니라 루딩이의 의견에 반대하는 의견도 전달할 필요가 없음을 의미했다. 후야오방은 이를 통해 대립이 계속 확대되는 것을 피하고 결의 자체에 집중해서 토론하도록 힘을 모으려 했다.

덩리췬과 후차오무는 바로 이 점을 이용해 덩샤오핑에게 후야오방이 덩샤오핑이 말한 반자유화의 중요한 강화를 고의로 전달하지 않았다고 보고했다. 그러자 덩샤오핑은 후야오방을 문책하면서 "자네는 나의 반자유화 주장이 듣기 싫은 모양이지? 나는 다시 50년을 추가해 2056년까지 반자유화를 할 것이다!"라고 말했다.

이어서 상하이, 난징(南京), 허페이(合肥), 우한, 항저우(杭州), 베이징 등의 지역에서도 학생운동이 잇달아 발생했다. 학생운동이 시작된 원인은 학교의 지도와 학습 및 생활 방면에 대한 불만이었는데, 점차 정치 개혁과 민주화, 반부패 등을 제기하는 형태로 발전했다. 보수파는 시기가 도래했다고 여기고 학생운동을 후야오방 및 자유화 지식분자와 함께 공격하려 했다.

덩샤오핑이 후야오방 타도를 앞당기기로 결심하다

1986년 12월 27일, 덩샤오핑은 보이보, 양상쿤, 왕전, 덩리췬, 후차오무, 펑전, 위추리 등 7명을 자신의 집으로 소집해 회의를 열고 학생운동을 분석했는데, 모두 다 후야오방이 자유화 사조를 고취시키는 바람에 지도력이 분산되고 나약해지는 결과가 초래되었다고 간주했다.

덩샤오핑은 원래 제13차 당대회 때 후야오방을 교체할 작정이었는데, 이로써 즉각 후야오방을 타도하기로 결심했다. 12월 30일, 덩샤오핑은 후야오방, 자오쯔양, 완리, 후치리, 리펑, 허둥창을 집으로 불러들여 학생들의 길거리 시위를 구실로 내세우며 준엄한 내용을 담고 있는 강화를 발표했다. 덩샤오핑은 다음과 같이 말했다.

학생들이 소란을 일으키고 있는데, 문제의 성격상 이는 매우 중대한 사건이다. 무릇 천안문으로 돌진하려는 것은 강경한 조치를 취해야 한다. 이는 한두 지방의 문제가 아니며, 또한 일이 년의 문제가 아니다. 수년간 자산계급 자유화 사조를 반대하는 기치가 선명하지 않고 태도가 강경하지 않았던 데 따른 결과다. 팡리즈(方勵之)[1] 같은 사람이 당내에 남아서 무엇을 하는가? 제명해야 한다! 상하이의 왕뤄왕(王若望)[2]은 벌써 당적을 제거해야 했는데 왜 줄곧 하지 않았는가? 상하이 군중들은 중앙에 보호층이 있다고 말하고 있다. 중앙에서 지방까지 사상이론 전선이 나약해지고 있으며 진지를 상실해 자산계급 자유화에 대해 방임적인 태도를 취하고 있다. 4항 기본원칙은 반드시 중시되어야 하며, 인민민주독재 또한 반드시 중시되어야 한다. 자산계급의 민주를 있는 그대로 가져와서 활용할 수 없으며 삼권을 모두 분립할 수는 없다. 나는 미국 당국자들을 자주 비판했으며 그들이 실제로는 3개의 정부를 갖고 있다고 말했다. 우리가 이러한 방법을 채택할 수는 없다. 독재 수단이 없으며 안

---

1 우주물리학자이자 국민문화운동의 정신적 지주로, 문화혁명 기간에는 대학에서 쫓겨나 하방운동을 하면서 연구 활동을 계속했으며, 문화혁명 후에는 연구자로 복귀해 세계적으로 주목받는 논문을 내기도 했다. 하지만 학생시위를 선동했다는 이유로 1987년 당적을 박탈당했으며, 1990년 결국 미국으로 건너갔다. _옮긴이 주
2 ≪문예월보(文藝月報)≫ 부편집장, ≪상하이문학(上海文學)≫ 부주편, 중국작가협회 이사 등을 역임했으나 1989년 덩샤오핑의 지명을 받고 출당(出黨)했다. 1989년 민주화운동에 참가했다가 체포되어 1년 2개월 동안 감옥에 수감된 이후 1992년 미국으로 건너갔다. _옮긴이 주

된다. 독재 수단을 중시해야 할 뿐만 아니라 또한 필요할 때 사용해야 한다. 이 수단을 사용할 때에는 신중해야 하며, 잡아들여야 할 사람은 가능하면 최소화해야 한다. 그러나 만약 어떤 사람이 유혈 사태를 만들려고 하면 어떤 방법을 써야 할 것인가? 우선 그들의 음모를 드러내고 최선을 다해 유혈을 피하는 것이 우리의 방침인데, 결심을 내리지 않으면 이러한 사건을 제지할 수 없다. 6중전회에서 나는 원래 강화를 준비하지 않았다. 이후 나는 반드시 자산계급 자유화에 반대해야 한다는 일단의 말을 어쩔 수 없이 써넣어야 한다고 말했는데, 내가 보기에 그 말은 어떤 영향도 미치지 못했고, 듣기로는 전달도 되지 않았다고 한다.

덩샤오핑의 이 말은 첫째, 후야오방이 권좌에서 물러나도록 압박하고, 둘째, 학생운동에 대해 진압 수단을 채택하도록 주장하는 것으로, 후야오방의 소통 방침을 부정하고 있었다.

왕전은 소문을 듣자마자 바로 행동으로 옮겼다. 둘째 날(12월 31일) 중앙당교 전교 대회에서 그는 이렇게 말했다. "당신에게는 300만 명의 대학생이 있고, 나에게는 300만 명의 해방군이 있다. 나는 저 염병할 한 무리의 머리를 도끼로 쳐낼 것이다! 당신들은 내가 누구인지 아는가? 내가 바로 관우의 묘에서 큰 칼을 들고 있는 주창(周倉)이다. 못 믿겠으면 와서 한 번 봐라!" 왕전은 강화를 통해 또한 지식분자를 통렬하게 모독하면서 바진(巴金)을 가리켜 "민족의 변절자이자 사회의 찌꺼기"라고 비난했다.

당시 학생운동은 유혈 사태를 피했는데, 이는 후야오방이 최후 조치를 취했기 때문이다. 당시 덩샤오핑은 "누구든 감히 천안문광장에 오면 모두 한 명씩 잡아들여라!"라고 말했다. 1987년 1월 1일, 공안 관계 당국은 천안문광장에 도착한 학생들을 체포했는데, 그날 밤 많은 학생들은 눈이 내리는 궂은 날씨에도 천안문광장에 다시 진입해 붙잡힌 학생들을 석방할 것을 요구했다. 공안 관계 당국은 체포한 학생들을 신속하게 석방했고 시위를 하던 학생들도 트럭을 이용해 학교로 환송되었다. 이에 따라 사태는 평화적으로 마무리되었다.

후야오방은 마지막으로 이 일을 완수하고 이튿날(1월 2일) 덩샤오핑에게 편지를 보내서 사직을 제출했다.

1987년 1월 4일, 덩샤오핑은 그날이 일요일이라는 사실을 잊었다. 아침 일찍 일어나 자녀들에게 학교를 가라고 재촉하자 자녀들은 일요일이라서 등교하지 않는다고 말했다. 원래 덩샤오핑은 자오쯔양, 보이보, 양상쿤, 왕전, 펑전을 불러들여 비밀회의를 소집해 후야오방의 퇴위를 요구하는 결정을 내리려 했다.

이것이 이른바 '중앙정치국 상무위원회 결정'인데, 실제로는 덩샤오핑과 자오쯔양, 단 두 사람만 상무위원회에 출석했다. 후야오방은 개회에 대한 통지를 받지 못했고, 천윈과 리셴녠은 출석하지 않았다. 사전에 덩샤오핑은 양상쿤을 태운 군용기를 보냈는데, 군용기는 심한 안개를 뚫고 상하이에 도착했다. 덩샤오핑의 의도는 리셴녠을 데리고 와서 개회하려는 것이었으나 리셴녠은 이를 거절하면서 양상쿤에게 "무얼 그리 급하게 하려 하는가? 후야오방은 정말 양인(陽人)이지 않은가?"라고 말했다(이는 '후야오방은 음모를 꾸미지 않을 사람인데 그렇다면 과연 누가 음모를 꾸미고 있단 말인가'라는 의미다).

후야오방의 직무는 중앙위원회를 통해 선출된 것이었다. 그런데도 덩샤오핑은 중앙 전체회의를 개최하지 않았고, 또한 화궈펑의 선례에 따라 정치국 전체회의 토론을 열지도 않았다. 화궈펑이 사직할 때 중앙정치국은 1980년 11월 10일부터 12월 5일까지 연속해서 아홉 차례 회의를 개최해 토론을 벌여 다음과 같은 3개 항을 결의했다.

① 6중전회에 화궈펑 동지가 중앙 주석, 군사위원회 주석의 직무를 사임

하는 데 동의할 것을 건의한다.

②6중전회에 후야오방 동지를 중앙위원회 주석에, 덩샤오핑 동지를 군사위원회 주석에 선임할 것을 건의한다.

③6중전회 이전에 후야오방 동지는 중앙정치국과 중앙상무위원회의 업무를 일시 주재하고 덩샤오핑 동지는 중앙군사위원회 업무를 주재하는데, 둘 다 공식적인 명의를 사용하지는 않는다.

이 세 가지 항의 결의가 통과되었을 당시 화궈펑도 손을 들어 동의했다. 정치국 회의는 또한 필요할 경우 여전히 화궈펑이 공식적인 명의로 외빈을 접견할 수 있도록 결정했다.

불법적으로 후야오방을 타도한 생활회

이처럼 덩샤오핑은 정당한 절차를 완전히 무시하고 몇몇 절친한 원로를 자신의 집으로 불러들여 후야오방의 권좌 축출을 결정했다. 그리고 자오쯔양, 보이보, 양상쿤, 완리, 후치리를 지명해 '5인 소조'를 조직하게 하고 '생활회(生活會)'를 열도록 함으로써 후야오방 문제를 해결했다.

생활회란 후야오방에 대한 비판투쟁 회의를 말한다. 우선 보이보와 양상쿤은 덩리췬, 후차오무, 야오이린, 위추리, 왕허서우 등 한 무리의 졸개를 시켜 회의석상에서 비판투쟁 발언을 하도록 했다.

덩리췬에 따르면, 회의 전에 보이보와 양상쿤이 자신을 찾아와 학생이 소동을 일으키는 것은 후야오방의 과오가 유발한 결말이며, 중앙은 생활회를 개최해야 하고 덩리췬은 후야오방을 폭로하는 발언을 준비해야 한다고 말했다고 한다. 덩리췬이 "후차오무가 더 많은 사정을 알고 있다"라고 말하자 보이보와 양상쿤은 "그는 그이고, 당신은 당신이다. 우리가 당신을 찾아온 것은 당신이 준비를 잘해주기를 바라기 때문이며, 또한 당신이 알고 있는 것을 말해주기를 원하기 때문이다"라고 말했다.

생활회는 이렇게 해서 준비된 것이었다. 정치국 위원이 아닌 사람이 준비했고, 회의는 졸개들로 충당되었다. 정치국 위원, 예를 들면 시중쉰은 회의에 참석하라는 통지만 받았을 뿐, 어떤 회의가 열리는지 사전에 전혀 알지 못했다. 시중쉰은 회의장에 들어서자 이러한 낌새를 알아차리고 "이러한 회의를 왜 사전에 알리지 않았는가?"라고 물었다. 사실 시중쉰 같은 정치국 위원에게만 알리지 않았을 뿐이었다. 시중쉰은 정치국 위원일 뿐만 아니라 서기처 상무서기이며 또한 베이징에 주재하고 있었다. 이런 회의를 열면서 시중쉰을 속이는 것은 너무 터무니없는 일이었기에 그에게 오라고 통지할 수밖에 없었다. 시중쉰은 또한 정직한 사람이었으므로 한 무리의 졸개들을 사전에 배치한 더러운 결탁을 알지 못하도록 하려다 보니 이러한 장면이 연출되었던 것이다.

졸개들은 만반의 준비를 하고 왔다. 위추리가 첫 번째 포를 쏘아서 30분 동안 후야오방을 매도했으나 아무런 내용은 없었다. 이어서 덩리췬이 한참 동안 장황한 말을 쏟아내며 후야오방의 여섯 가지 대죄를 논했는데 모두 상투적인 당팔고(黨八股)[3]였다. 그런 후에는 야오이린이 경제 문제에 대해 길게 발언하면서, 후야오방이 경제를 이해하지 못하며 또한 천원 경제 사상을 잘 배우지 못했다고 비판했다. 또한 후야오방은 높은 목표, 높은 성장, 높은 소비의 오류를 범해 하급 기관에 압력을 가하고 경제 혼란을 조성했다고 나열했다. 왕허서우는 특별 임무를 맡았는데, 회의가 끝난 이후 후야오방 집에 가서 그의 태도를 면밀하게 정탐하는 것이었다.

왕허서우는 옌안에 머물고 있던 시기에 후야오방, 타오주와 매우 잘 지내 사람들은 그들을 일컬어 '도원(桃園) 삼결의'라고 불렀다. 그렇지만 왕허

---

3 문장을 발표하거나 선전 업무를 할 때 실제 사물이나 상황에 대해 분석하지 않고 중국공산당 이념을 교조적으로 선전하는 공식화된 문구만 반복하면서 공허한 내용을 언급하는 것을 지칭한다. _옮긴이 주

서우는 후야오방이나 타오주같이 정직한 성격의 소유자가 아니라 소인배였기에 일찍이 1983년 '후야오방 타도, 저우양 타격'을 도모하던 때에 덩리췬 등에게 포섭되었다. 하지만 후야오방은 이를 전혀 알아차리지 못하고 왕허서우가 오자 그에게 마음을 조금 털어놓았다. 이에 왕허서우는 회의 석상에서 그를 대놓고 비판했다. 왕허서우는 "후야오방의 눈에는 중앙이 없다. 덩샤오핑과 천윈이 팡리즈와 왕뤄왕을 제명해야 한다고 말했을 때나 천윈이 푸젠성 가짜 약 사건을 처리해야 한다고 말했을 때 후야오방은 이 모든 것에 맞선 채 아무것도 하지 않았다. 내가 그를 만났을 때에는 곧 고꾸라져 매장될 것이라고는 생각하지 못하고 매우 상심해 있었다. 이는 후야오방의 태도가 단정하지 못함을 설명해준다"라고 말했다.

자오쯔양의 예리한 발언에 통곡한 후야오방

자오쯔양의 발인은 비록 길지 않았지만 가장 예리했다. 그는 다음과 같이 말했다.

후야오방은 남들과 다르게 생각하는 것을 좋아하고, 뜻밖에 사람을 놀라게 하는 것을 좋아하며, 조직의 구속을 받지 않는다. 현재 원로들이 생존해 있는데도 이러하니, 장차 정세가 변하면 후야오방의 권위도 더욱 높아져 아마도 큰 문제가 될 것이다. 이전에도 이런 생각을 해본 적이 있는데, 비록 우리가 지금은 매우 잘 협력하고 있지만 장래에 이런 상황이 도래하면 잘 협력할 수 있을지 생각해보면 대답하기가 곤란하다. 류빈옌(劉賓雁), 왕뤄왕 같은 사람들이 그렇게 안하무인인데도 후야오방 당신이 이들에 대해 이렇게 관용적인 이유 중 하나는 바로 다음과 같은 또 다른 가능성 때문이다. 즉, 국내와 국외에 당신의 진보적인 이미지를 구축하기 위해서다. 어차피 당의 구조는 이미 정해졌고 덩샤오핑 동지는 올해로 83세가 되었다. 당신이 지금은 자유롭게 행동하지 못하더라도 장래에는 자유롭게 행동할 수 있게 될 것이다. 그들은 장차 당신이라는 의지할 산을 갖게 될 것이므로 문제될 게 없다. 설령 당신이 지금은 그들을 완전히 보호하지 못한다고 하더라도 그들은 당신에게 희망을 두고 있다.

또한 자오쯔양은 1984년 자신이 덩샤오핑에게 쓴 편지 한 통을 언급했다. 그 편지는 덩샤오핑과 천윈이 건재할 당시 당중앙 1급의 민주집중제 문제를 진지하게 해결하는 방안에 대해 논한 것인데, 자오쯔양은 다음과 같이 말했다. "당시 후야오방 동지는 규율을 준수하지 않고 판이 뒤집히기를 기다리고 있는 것처럼 느껴졌다. 덩샤오핑과 천윈이 더 이상 존재하지 않거나 당내 원로들이 존재하지 않게 되면 우리 두 사람이 함께 일을 하지 못하게 될 것이므로 그때 사직하려 했다. 후야오방 동지는 매우 큰 문제를 갖고 있는데, 오늘날 당내에 수많은 원로 동지들이 있는 상황에서도 이렇게 규율을 지키지 않는다는 것이다. 이후 원로 동지들이 없어지면 누구에게도 방법이 없다. 아직은 완전히 자유롭게 행동할 수 없으며, 덩샤오핑과 천윈에 대해, 특히 덩샤오핑 동지에 대해서는 어떤 고려를 하지 않을 수 없다. 하지만 일단 상황이 변하면 자유롭게 행동을 할 수 있게 되고 어떤 구속도 받지 않게 될 것이다."

자오쯔양이 행한 발언의 막강함은 어디에 있는가? 일반인의 눈에는 후야오방의 사람 됨됨이가 솔직하고 권모술수를 쓰지 않는 것으로 보이며, 리셴녠의 말에 따르면 "후야오방은 양인(陽人)이다". 그렇지만 자오쯔양의 말에 따르면, 후야오방이 사람에게 관용을 베풀고 국내 및 국외에 진보적인 이미지를 구축하는 것은 실력을 축적해 장차 원로들이 존재하지 않게 될 때 자신이 아무런 속박도 받지 않고 자유롭게 행동하기 위한 것이다. 그렇게 되면 이는 독재자가 아닌가? 그때가 되면 자오쯔양은 사직해야만 했다. 이 말은 원로들의 의심을 부추기기에 충분했으며, 후야오방을 가장 상심하게 만든 말이기도 했다. 이튿날(1월 15일) 회의가 모두 끝난 이후 후야오방은 회의장을 나와 무대 계단에 풀썩 주저앉아 목이 메도록 통곡했다.

그다음 날인 1987년 1월 16일, 덩샤오핑은 중앙정치국 확대회의를 주재했다. 덩샤오핑은 "오늘 회의는 후야오방이 주재하기에 불편하기 때문에 내가 주재한다. 회의에서는 바로 성명을 통과시킬 것이며 다른 일은 모두 논하지 않겠다. 회의에 참석한 고문위원회는 거수할 수 있다"라고 말했다. 이는 다시 말해 생활회가 이미 비판투쟁을 종결했으므로 정치국은 다시 여기에 대해 토론할 필요가 없으며, 정치국 위원들은 원로들(예를 들면 생활회를 주재한 보이보는 정치국 위원도 아니고 중앙위원도 아니었다)을 따라 손을 들어 후야오방 사직 및 축출의 내용을 담고 있는 성명을 통과시키면 그만이라는 것이었다. 이른바 성명의 내용은 '회의에서 만장일치로 후야오방이 중앙 총서기 직무에서 사직하는 데 동의했다'라는 것이었다. 중앙TV는 그날 이 소식을 전국에 보도했다.

후야오방 타도의 내용을 담은 성명이 거센 항의와 질문을 받다

1987년 후야오방을 권좌에서 축출한 사건은 1976년 덩샤오핑이 퇴위했을 때보다 국내외에 더 큰 충격을 안겨주었다. 왜냐하면 덩샤오핑이 퇴위했을 때는 중국이 폐쇄적이었으나 후야오방이 퇴위했을 때는 중국이 이미 개방되었기 때문이다. 성명이 통과된 셋째 날(1월 19일) 미국에 유학 중이던 1000여 명의 학생과 학자들은 공동 서명으로 '중공중앙, 국무원에 보내는 공개서한'을 해외 각 유력 언론에 발표했다. 공개서한은 다음과 같이 지적했다.

후야오방은 사상해방 운동, 억울한 사건 및 누명 사건에 대한 명예 회복, 개

혁 국면의 개척, 사상·문화에서의 온건한 분위기 창조 등 모든 영역에서 뛰어
난 업적을 세웠다. 그런데 그가 사직했다는 소식은 장차 전국 인민이 진행하
는 개혁과 현대화 건설의 적극성을 크게 손상시킬 것이므로 전율과 불안을 느
끼게 만든다. 우리는 최근 사태의 발전이 3중전회 이래의 기본 국책과 완전히
배치되고, 아울러 헌법이 보장하는 언론 자유 등의 권리를 심각하게 침해한
것이라고 본다. 이것이 발전해나가면 중국의 경제·정치 개혁을 망칠 것이다.
우리는 당과 정부가 개혁을 견지하고 도태에 반대하며 민주 법치를 견지하고
말로 죄를 다스리는 데 반대하기를 강력하게 희망한다. 조국에 대한 책임감에
입각해 우리는 중앙과 국무원을 향해 우리의 마음과 목소리를 전하지 않을 수
없다.

당내 반응 역시 마찬가지로 강렬해 "제13차 당대회가 곧 열릴 예정인데,
중앙에 도대체 어떤 문제가 출현했기에 이런 방식으로 후야오방을 타도하
게 되었는가?"라는 질문이 끊이지 않았다. 중앙은 이에 대해 대응할 방도
가 없었다. 이에 보이보는 바로 후차오무과 덩리췬에게 빨리 자료를 꾸며
내도록 했다. 이들은 생활회에서 나온 비판투쟁 발언을 후야오방의 '10개
문제'로 긁어모아 중앙 문건으로 하달했다. 3월에서 5월까지 계속해서 5건
의 보충 자료를 하달했지만 내용이 없어 설득력이 낮았기 때문에 사태의
해결에 아무런 도움이 되지 못했다. 당내 각 계통이 전달하는 내용과 설명
도 일치하지 않았다. 또한 양상쿤은 이를 군대에 전달하면서 도를 지나쳐
후야오방이 덩샤오핑으로부터 정당하지 않은 수법으로 권력을 탈취했다
고 하면서 그를 린뱌오와 같은 인물로 비유했다. 양상쿤의 강연 원고는 일
찍이 인쇄되어 군대의 고급 간부에게 발송되었는데, 근거가 전혀 없었기
때문에 매우 나쁜 영향을 미쳐 즉각 회수 처리되었다.

마오쩌둥과 덩샤오핑은 후계자를 교체한 결과가 각기 다르다

그런데 덩샤오핑은 어떻게 했을까? 덩샤오핑은 마오쩌둥을 스승으로 삼아 마오쩌둥이 규정했던 바를 따랐다. 1976년 덩샤오핑을 파면시켰을 때 마오쩌둥은 호시탐탐 때를 노리며 정권 장악을 기다리고 있던 장칭, 장춘차오, 왕홍원 등에게 권력을 넘기지 않고 도리어 화궈펑에게 권력을 넘겼다. 왜냐하면 마오쩌둥은 장칭 등은 단지 다른 사람과 싸우기만 하고 국가를 제대로 다스리지 못할 것이라는 사실을 알고 있었기 때문이다.

1987년 덩샤오핑 역시 후야오방을 파면시켰고 또한 호시탐탐 때를 노리며 정권 장악을 기다리고 있던 후차오무, 덩리췬, 왕전 등에게 권력을 넘기지 않았다. 당시 왕전은 드러내놓고 덩리췬에게 "나는 권력을 장악하고자 하며, 권력을 원한다! 권력이 없으면 아무 일도 할 수 없다!"라고 말했다.

그러나 덩샤오핑은, 마오쩌둥이 장칭 등을 대할 때와 마찬가지로, 그들을 의지해 다른 사람과 비판투쟁을 하는 것은 괜찮았지만 그들을 의지해 정권을 장악하고 국가를 다스리기에는 불안했다. 과거에 후야오방이 장평화의 후임으로 후차오무를 선전부장에 추천했을 때 덩샤오핑은 바로 동의하지 않았다. 덩샤오핑은 후차오무가 줏대가 없을 뿐 아니라 행정 능력도 없어서 그저 하나의 붓에 불과하다고 말했다. 덩리췬에 대해서는 그에게는 4항 기본원칙만 있고 개혁·개방이 없으며 국가의 정책 방향을 좌측으로 유도하고 있기 때문에 그에게 국가를 다스리게 할 수는 없다고 보았다. 왕전에 대해서는 그는 단지 하나의 포(砲)라서 '후야오방 타도'와 '저우양 타격' 시에 포를 쏠 뿐이라고 판단했다. 자신을 도와 후야오방 타도와 저우양 타격을 하면서 권력을 갈망했던 공신들에 대해 덩샤오핑은 결코 논공행상을 하지 않았고, 도리어 자오쯔양에게 권력을 넘겨주었다. 이는 덩샤오핑의 견지에서 볼 때 선택의 여지가 없는 선택이자 일종의 임시변통이었다. 또한 이는 과거에 마오쩌둥이 화궈펑에게 권력을 넘겼을 때와 거의 비슷한 상황이었다. 당시 덩샤오핑이 보기에 후치리, 차오스, 리펑은 핵심적인 조건을 충분히 갖추지 못했기에 자오쯔양에게 권력을 넘겨 과도기로 삼으려 했던 것이었다.

그러나 마오쩌둥과 덩샤오핑, 이 두 사람의 후계자 교체는 결국 서로 다른 결과를 야기했다.

1976년, 83세의 마오쩌둥은 72세의 덩샤오핑을 파면했다. 이로부터 11년이 지난 1987년, 83세의 덩샤오핑도 72세의 후야오방을 파면했다(덩샤오핑은 마오쩌둥보다 11살이 적고, 후야오방도 덩샤오핑보다 11살이 적다).

마오쩌둥은 화궈펑에게 권력을 넘긴 뒤 다음과 같이 말했다. "평화적으로 권력을 물려주지 못하면 불안정한 상태에서 물려주게 되어 잘못하면 피비린내 나는 비바람이 닥칠 수도 있다. 당신들은 어떻게 할 것인가? 오직 하늘만이 알 뿐이다."

마오쩌둥은 자신이 죽은 지 채 한 달도 되지 않아 주석이 된 화궈펑이 일거에 사인방을 분쇄하고 2년 후에 다시 자신이 두 차례나 파면한 덩샤오핑에게 권력이 넘어가며, 이 모든 것이 피비린내 나는 비바람이 없는 상태에서 이뤄지리라는 사실을 예상하지 못했을 것이다.

그런데 덩샤오핑은 어떠했는가? 자신이 파면한 중국의 이상주의 지도자 후야오방은 2년 후에 자신보다 먼저 사망했다. 후야오방이 사망한 이후 덩샤오핑은 세계를 경악시킨 피비린내 나는 비바람을 일으켜서 중국에 다가온 '국제 대기후', 즉 제3차 전 세계 민주화의 물결을 막았으며, 아울러 천안문광장의 '중국 소기후', 즉 학생 민주운동을 소멸시켰다.

이 피비린내 나는 비바람 속에 덩샤오핑은 자신의 두 번째 후계자인 자오쯔양을 파면했다. 이로써 중국의 개혁·개방은 국제 및 국내의 자유·민주의 물결과 철저하게 갈라섰고, 마오쩌둥의 폐쇄적인 공산 노예제도의 기초 위에 자신의 개방적인 형태의 공산 노예제도인 '덩샤오핑 제국'을 구축했다. 이것이 바로 중국 인민의 운명적인 비극이다.

제7장

피비린내 나는 비바람 속에
후계자를 다시 바꾸다

후야오방이 권좌에서 쫓겨나고 자오쯔양이 대리 총서기에 임명된 이후 자오쯔양은 1987년 1월 28일과 29일 두 차례에 걸쳐 강화를 발표했다.

  1월 28일은 음력 섣달 그믐날이었다. 그날 자오쯔양은 중난하이에서 중앙 각 부처 위원회와 전국 각 성, 시, 자치구로부터 모두 200여 명의 고급 지도 간부를 소집해 한 차례 내부 강화를 실시했다. 그리고 그는 다음과 같이 말했다.

  중앙은 1984년에 이미 후야오방이 틀렸다는 것을 알아차리고 제거하려 했다. 하지만 제12차 당대회가 개최된 지 얼마 안 되었기 때문에 너무 일찍 이 문제를 해결하는 것은 대세를 안정시키는 데 영향이 있다고 보았으며, 제13차 당대회에서 해결하도록 준비해 더욱 자연스럽게 처리하려 했다. 후야오방은 이번의 학생들에 의한 시위가 자신이 만들어낸 결과라고 여겨 통곡하며 사직을 제기했다. 베이징의 정치국 상무위원회는 현재 이러한 상황에서 다시 후야오방이 나와서 학생 문제를 해결하는 것은 적당하지 않다고 본다. 따라서 반드시 앞당겨 그를 끌어내려야 한다. 물론 이것은 후야오방이 한 일이 모두 틀렸다는 의미는 아니다. 그가 조직부장으로 일하는 동안 억울한 사건 및 누명 사건에 대한 명예를 회복시킨 것은 정확했으며, 원로 간부는 지금까지 이 점을 인정한다. 그러나 반자유화에 대한 그의 태도는 애매했다. 후야오방은 스스로 자신이 불량분자의 바람막이였다는 사실을 인정했고, 매우 가슴 아파했다. 그는 1월 2일에 사직하겠다고 말했고 자신이 심각한 정치적 과오를 범했다고 말했다. 중앙정치국 '확대회의 성명'은 단지 중대한 정치원칙 문제에서 과오를 범했다고 말했으므로 실제로는 매우 넓은 아량을 베푼 것이다. 후야오방에 대한 이번 처리는 역사상 당내 투쟁에서 가장 흠잡을 데 없는 사례다.

이튿날인 1월 29일, 즉 음력 1월 1일에 자오쯔양은 단배식(團拜式) 석상에서 강화하면서 다음과 같이 말했다.

개혁, 개방, 그리고 활기를 가장 일찍, 또한 가장 많이, 게다가 가장 심각하게 말한 사람은 바로 덩샤오핑 동지다. 4항 기본원칙의 견지와 자산계급 자유화 반대를 가장 일찍, 또한 가장 많이, 게다가 가장 심각하게 말한 사람도 바로 덩샤오핑 동지다. 그는 중국의 실제를 깊이 연구하는 과정 가운데 이러한 2개의 기본점을 제기했던 것이다. 우리 모두는 마땅히 이 두 가지 방면에 대한 덩샤오핑 동지의 논술을 잘 학습해야 한다. 이는 '중국 특색의 사회주의'의 진수이자 3중전회 이래 노선의 기본 내용이다.

이 두 편의 강화로 인해 덩샤오핑과 자오쯔양은 1년여 동안 짧은 밀월을 즐겼다. 덩샤오핑이 가장 높이 평가한 부분은 자오쯔양이 3중전회 이래의 노선에 대해 새로운 해석을 가해 '2개의 기본점'이라는 새로운 개념을 제기한 것이었다. 또한 자오쯔양은 다음과 같이 말했다.

현재 '3중전회 이래의 노선'은 이미 전국 인민에게 가장 친근한 정치개념이 되었지만, 이것이 모든 사람이 그 함의를 전면적이고도 심각하게 이해했음을 의미하지는 않는다. 그렇다면 3중전회 이래의 노선은 도대체 무엇인가? 중공 중앙은 '3중전회 이래의 노선'을 중국의 실제에서 출발해 중국 특색을 지닌 사회주의를 건설하는 것이라고 간주한다. 이 노선의 기본점은 2개인데, 하나는 4항 기본원칙을 견지하는 것이고, 다른 하나는 개혁·개방·활기의 방침을 견지하는 것이다. 양자는 서로 연계되어 있으므로 그중 하나라도 결여되어서는 안 된다. 4항 기본원칙을 중시하지 않으면 개혁·개방·활기는 방향을 잃게 되고 보장할 수도 없게 된다. 개혁·개방·활기를 중시하지 않으면 사회 생산력을 신속하게 발전시킬 수 없으며 중국 특색의 사회주의 건설을 논할 수도 없어진다. 하나만 중시하고 다른 하나를 중시하지 않으면 3중전회 이래의 노선에 부합되지 않는 것이다.

후야오방이 물러나기 전에는 덩샤오핑 자신을 포함해 모두 '3중전회 노선'의 논법을 습관적으로 사용하면서 중국공산당 11기 3중전회를 '중국 역사상 위대한 전환점'으로 삼았다. 하지만 덩샤오핑의 3중전회의 주제 강화는 당시 정세에 적응하기 위해 후차오무가 심혈을 기울여 기초한 원고를 폐기하고 후야오방이 팀을 조직해 작성한 급취장으로 대체한 것이었다. 따라서 주로 사상해방과 민주에 대해 논했으며, 거기에는 '4항 기본원칙'도 없고 '자산계급 자유화 반대'도 없었다. 덩샤오핑이 '4항 기본원칙, 자산계급 자유화 반대' 대전략을 제기한 것은 이로부터 3개월 반이 지난 후인 1979년 3월 30일 '이론공작 무허회'에서였다. 후차오무는 이를 "마르크스주의자와 자유화분자가 각자의 길로 갈라선 기점"이라고 칭했다. 따라서 자오쯔양이 덩샤오핑의 2개 기본점 노선에 3중전회 '이래'라는 두 글자를 붙임으로써 비교적 완벽하고 정확해졌다.

보수파가 민주개혁 세력을 소멸시키려 하다

그러나 덩샤오핑과 자오쯔양의 밀월 관계는 단기간일 수밖에 없도록 이미 정해져 있었다. 왜냐하면 '덩샤오핑·후야오방·자오쯔양 체제'가 파괴된 이후 중국의 정치 구조와 역량 대비에 근본적인 변화가 발생했기 때문이다.

첫째, 보수파가 후야오방의 자산계급 자유화 종용을 청산하는 투쟁 과정에서 중국공산당 내의 인민의 자유, 평등, 행복을 개혁 목표로 하는 민주개혁파가 대량 정돈되고 주변화되었다. 중앙의 시중쉰, 리창(李昌), 리루이(李銳), 주허우쩌(朱厚澤)에서부터 지방의 샹난, 런중이에 이르기까지 모두 개혁 부서에서 떠나도록 강제되었다. 아울러 보수파가 지명해 파견한 특권 부패 관료로 교체됨으로써 개혁은 특권 관료가 국가 자산을 침탈해 삼키고 인민의 피와 땀을 착취하는 악정으로 변질되었다.

둘째, 보수파는 후야오방이 권좌에서 물러난 이후의 권력 재분배에 만족하지 못하고 계속해서 세력을 확장하기 위해 전면적인 청산을 발동했는데, 이 창끝은 필연적으로 자오쯔양을 향할 수밖에 없었다. 일찍이 범시파의 주요 구성원 가운데 한 명이던 숭푸는 "이론공작 무허회에서부터 시작해 최근 8년간은 나에게 악몽과도 같았다. 후야오방의 종용하에 자유화분자는 다음 세 가지 혼란을 조성했다. ① 실천 표준에 대한 토론에서 사상해방의 기치를 내걸고 4항 기본원칙을 반대했고, ② 저우양이 인도주의와 소외 문제를 제기해 사회주의 제도에 대한 회의와 동요를 유발했으며, ③ 루딩이가 반자유화에 반대했던 것이다. 8년간 마르크스·레닌주의가 압박을 받았는데 이러한 나쁜 기운은 오늘날 축출되기 시작했다." 저우양의 인도주의와 소외 관점에 반대하는 선봉에 섰던 또 다른 인물인 린모한(林默涵)은 "자유화는 하나의 사조에 불과한 것이 아니라 하나의 세력이다. 오늘날 이 세력을 소멸하지 않으면 언젠가 그들에 의해 전선줄에 거꾸로 매달릴 날이 올 것이며, 이는 헝가리 사건 때의 모습과도 같을 것이다"라고 말했다.

천원은 중국공산당 내부에서 가장 완강한 스탈린주의 보수파였다. 마오쩌둥은 그를 우파라고 비판했는데, 이는 천원이 스탈린이 고도로 집권했던 '계획을 세우고 비례에 따른' 경제 통제만 견지하고 마오쩌둥의 '계획과 비례에 따르지 않는' 높은 목표에는 동의하지 않았기 때문이다. 천원이 화궈펑, 후야오방, 자오쯔양에 반대한 것은, 보수파가 정권을 탈취하는 데 장애가 되는 요인을 제거하기 위함이었다. 이를 위해 덩리췬을 당 총서기, 야오이린을 총리로 삼고 왕전을 국가주석으로 임명해 중국의 민주개혁 역량을 철저하게 소멸시키려 했다.

셋째, 후야오방이 권좌에서 물러난 것은 덩샤오핑의 정치적 입장이 보수파를 향해 대폭 기울었음을 나타냈다. 1978년에서 1986년까지 8년간 덩샤오핑은 2개 기본점 사이에서의 평형술을 반복했다. 보수파와 개혁파 모두와 부딪히면 개혁·개방을 강조했고, 오직 개혁파와 부딪히면 반자유화를 강조했다. 이로써 덩리췬은 '보수파와 개혁파 모두와 부딪히면 자유화 범람이 되고, 오직 개혁파와 부딪히면 마르크스주의자로 활개를 치는' 공식을 얻게 되었다. 12기 6중전회 이전까지 덩샤오핑이 덩리췬과 담화해 덩리췬에게 후야오방의 '정신문명 결의'를 지지하도록 요청한 것은 여전히 평형술을 운용한 것이었다. 그러나 12기 6중전회에서 갑자기 마음을 바꿔 반자유화를 대대적으로 강구했으며, 회의 후에는 보수파의 후야오방 타도를 전력으로 지지했다. 덩샤오핑은 양상쿤에게 "최근 몇 년간 나에게 잘못이 있다면 눈병이 나서 후야오방을 제대로 보지 못한 것이다"라고 말함으로써 평형을 깨뜨릴 것임을 표명했다. 이는 덩리췬이 당의 노선을 좌측으로 끌고 가서 개혁·개방을 저지하는 것을 덩샤오핑이 용인할 것임을 의미했다. 한편 후야오방은 개혁·개방을 견지했지만 반자유화에 대해서는 느슨하고 무력했는데, 덩샤오핑은 이를 결코 용인하지 않았기에 그를 제거하지 않으면 안 되었다. 덩샤오핑은, 개혁·개방은 경제 영역 발전의 늦고 빠름의 문제로, 반자유화는 중국공산당 일당독재제도의 존망과 관련된 문제로 간주했기 때문이다.

중국공산당 제13차 당대회 이후 자오쯔양이 고립되다

이러한 정세하에 자오쯔양의 처지는 상당히 곤란했다. 당시 정치국 상무위원회는 이미 활동이 정지되었다. 서기처 회의에서는 야오이린, 후차오무, 덩리췬의 보수파 연맹이 우위를 점하고 있어 기세가 등등했다. 자오쯔양은 먼저 덩샤오핑에게 보고하고 덩샤오핑의 지지를 확보한 이후 다시 서기처에게 넘기는 업무 방식을 취할 수밖에 없었다.

1987년 4월 28일, 자오쯔양은 덩샤오핑 자택에서 3개월간의 자산계급 자유화 반대 투쟁 중 나타난 좌경 경향을 구두로 보고했다. 여기에는 덩리췬의 '반자유화를 경제 영역으로 확대하고 반자유화를 구실로 11기 3중전회 이래의 개혁·개방 노선을 부정하는 것', 왕런즈의 '제2차 발란반정(撥亂反正, 어지러운 세상을 바로잡아 정상으로 되돌리다)론', 슝푸의 '악몽론' 등이 포함되었다. 자오쯔양은 "이렇게 하다 보면 저는 경제를 할 수 없고 개혁도 계속할 수 없습니다"라고 털어놓았다.

덩샤오핑은 자오쯔양을 지지한다고 표시하고 그에게 강화를 한 편 준비해 좌경의 사조를 바로잡으라고 지시했다. 1987년 5월 13일, 자오쯔양은 선전·이론·신문·당교 간부 회의에서 강화함으로써 보수파에 대해 전면적인 반격을 개시했다.

또한 자오쯔양은 중국공산당 제13차 당대회 보고에서 먼저 임의로 '제

13차 당대회 보고 대강의 구상'을 작성한 뒤 덩샤오핑에게 건네서 심사·검열을 받고 덩샤오핑으로부터 결재를 얻은 뒤 자신의 구상과 덩샤오핑의 결재를 동시에 서기처에 보고·발송함으로써 보수파가 손을 써서 막지 못하도록 했다.

중국공산당 제13차 당대회는 덩샤오핑과 자오쯔양이 나눈 짧은 밀월의 고조기였다. 자오쯔양이 제13차 당대회 보고에서 제기한 '사회주의 초급단계'와 '2개 기본점'의 설계는 덩샤오핑으로부터 매우 칭송을 받았으며, 덩샤오핑과 자오쯔양의 관계가 결렬된 이후에도 덩샤오핑은 "제13차 당대회 보고는 한 글자도 바꿀 수 없다"라고 여러 차례 천명했다.

제13차 당대회에서는 사람들을 고무시킨 일이 있었는데, 바로 덩리췬의 낙선이었다. 덩샤오핑과 천윈은 본래 덩리췬이 제13차 당대회에서 정치국에 진입할 수 있도록 안배했으나 제13차 당대회에서 중앙위원을 선거하기 전에 진행한 경쟁선거[差額選擧]에서 후보자가 중앙위원의 수보다 5% 많게, 즉 10명의 후보자가 더 출마했고, 그 결과 덩리췬은 득표수 차이로 떨어진 10명 가운데 포함되었다. 이후 비경쟁선거가 실시된 고문위원회에서 상무위원에 당선되도록 안배했으나 이 또한 득표수가 절반이 부족해서 낙선하고 말았다.

보수파는 이 일에 대해 자오쯔양에게 화풀이를 했다. 제13차 당대회 이후 왕전은 주하이에 있는 고급 객실에 요양을 한다는 명목으로 머물렀는데, 실은 원로들을 그곳으로 불러 정치를 논의할 심산이었다. 왕전은 "덩리췬 동지가 당내에서 이론 수준이 가장 높고 반자유화에 대해 가장 강경하다. 또한 보이보 동지는 마오쩌둥과 저우언라이 시기의 당중앙의 주요 지도자로, 마르크스주의 수준이 높다. 그들 두 사람 중 한 명은 낙선하고 다른 한 명은 표가 3분의 1 부족했던 주요 원인은 그들이 후야오방을 비판하고 자오쯔양 총리를 지지했기 때문이다. 그들의 표는 자오쯔양 총리 때문에 사라져버린 것이다"라고 말했다.

제13차 당대회 이후의 정세는 자오쯔양에게 실로 걷잡을 수 없을 만큼 급작스럽게 전개되었다. 원래 덩샤오핑과 자오쯔양이 논의해 결정한 정치 국 상무위원은 7명으로, 자오쯔양, 완리, 리펑, 차오스, 후치리, 야오이린, 톈지윈(田紀雲)이었다. 하지만 보수파는 마지막에 개혁·개방의 확고한 지 지자인 완리와 톈지윈을 반대해 떨어뜨렸다. 나머지 5명 중 리펑, 야오이 린은 보수파에 속했다. 차오스, 후치리는 원래 후야오방의 부하였는데 보 수파가 후야오방 타도 투쟁을 벌이는 중에 입장이 동요되었다. 특히 덩리 췬은 자유화를 주장하는 주허우쩌를 후치리와 비교하면서 후치리의 태도 가 변한 것을 칭찬하기도 했다. 보수파의 압력 아래 있는 이런 조직으로는 개혁·개방을 견지하기 어려울 게 명확했다. 자오쯔양이 최후에 고립되는 것은 피할 수 없는 일이었다.

자오쯔양에 대한 보수파의 투쟁 전략은 제13차 당대회 이후 다소 변화 되었다. 덩리췬은 자오쯔양의 경제 영역에서의 자유화 주장과 덩샤오핑이 서로 통하며 또한 덩샤오핑이 자오쯔양의 '2개 기본점'을 칭송하고 있음을 알아차렸다. 따라서 경제 영역의 자유화를 비판해서는 자오쯔양을 거꾸러 뜨릴 수 없을 것이라고 보았다. 덩리췬은 자오쯔양과 덩샤오핑의 관계라 는 핵심을 도발하는 것으로 중심을 옮겨야 한다고 여겼다.

싱가포르 총리 리콴유(李光耀)가 중국을 방문했을 때 자오쯔양은 그에게 다큐멘터리 프로그램 〈하상(河殤)〉[1] 복사본을 주면서 "한번 볼 만한 가치

---

1 중앙TV가 제작해 1988년 6월 16일에 첫 방송한 다큐멘터리 프로그램이다. 중국의 황하 (黃河)에서 기원하는 황토(黃土) 문명에 대한 성찰과 반성에서 시작해 서방의 민주 문명 에 대해 긍정적인 평가를 내리는 내용을 담고 있다. 〈하상〉은 방영 이후 중국 사회에 매 우 큰 반향을 일으켰으며, 1989년 6월 4일 발발한 천안문 사건의 사상적 복선이 된 것으 로 간주되고 있다. _옮긴이 주

가 있습니다"라고 말했는데, 덩리췬은 바로 이 일을 돌파구로 삼았다. 덩리 췬은 "자오쯔양이 지지하는 〈하상〉은 새로운 관점을 제기했는데, 바로 자 오쯔양이 권좌에 오른 1년을 '신기원(新紀元)'이라고 부른 것이다. 자오쯔 양은 '신기원'이라는 이 논조를 매우 높이 평가한다. 먼저 비평을 제기한 것 은 왕전이며, 린모한이 원로인 왕전을 도와 문장으로 정리했다. 리셴녠은 나에게 왕전의 문장에 대해 어떻게 생각하는지 물은 적이 있다. 그때 나는 내 의견을 제기했으며 핵심은 신기원이라는 논조라고 말한 바 있다. 〈하 상〉에서 말하는 신기원은 두 가지다. 하나는 1649년 발발한 영국 자산계 급 혁명이고, 다른 하나는 1987년 자오쯔양이 총서기가 된 것이다. 즉, 하 나는 자본주의로 사회주의를 대신하려는 것이며, 다른 하나는 덩샤오핑 동 지가 대표하는 당을 반대하고 자오쯔양의 새로운 권위라는 신기원을 대대 적으로 수립하려는 것이다"라고 말했다.

당시 일부 지식인들은 각자 자신이 생각하는 바대로 국내외에서 신권위 주의를 널리 알렸다. 어떤 사람은 백일유신(百日維新)[2] 실패 90주년 기념 좌담회에서 광서(光緖)[3]와 자희(慈禧)[4]를 자오쯔양과 덩샤오핑에 은유하면 서, 중국의 현대화를 위해서는 독단적인 정치 실력자가 필요하다고 주장했 다. 또한 혹자는 미국 언론과 인터뷰하면서 "현대 중국의 가장 절박한 문제 는 당·정·군의 전체 권력이 한 명의 지도자에게 집중되는 것인데, 그가 바 로 자오쯔양이다"라고 말하기도 했다. 홍콩에서도 「만약 자오쯔양이 독재

---

2 일명 무술변법(戊戌變法)이라고도 불린다. 청조 말기 광서제(光緒帝)가 1898년 6월 11일 부터 9월 21일까지 약 100일 동안 입헌군주제를 수립하기 위해 추진한 일련의 정치 개혁 운동을 지칭한다. 그러나 서태후(西太后)와 보수파의 반발로 인해 무산되었고 광서제는 중난하이의 잉타이(瀛台)에 유폐되었다. _옮긴이 주

3 청조 제11대 황제. _옮긴이 주

4 일명 서태후(西太后)라고 불리기도 하며, 동치제(同治帝)의 생모로서 청조 말기의 실제 통치자였다. _옮긴이 주

자라면」이라는 문장이 출현했다. 보수파는 이러한 보도와 움직임을 수집해 덩샤오핑과 천윈 및 기타 원로들에게 알렸다.

전 세계에 자유민주 물결이 들끓다

국제적으로 볼 때, 1988년은 전 세계적으로 팽배해진 민주주의의 기세가 공산주의국가를 향해 용솟음친 한 해였다. 1987년 12월, 미국 대통령 레이건과 소련 공산당 총서기 고르바초프는 워싱턴에서 중거리 핵미사일을 폐기한다는 '중거리 핵전력 조약(INF)'에 조인했는데, 이 조약은 1988년 6월 1일부터 효력이 발생했다. 아울러 인권 존중, 군비 전면 통제 등의 의제에 대해 담판을 지어 동서 냉전 종식의 서막을 열었다. 6월 28일, 고르바초프는 소련공산당 당대회에서 "정치체제를 근본적으로 개혁하려면 중앙집권의 정부 강화 체제 및 체제를 압박하도록 명령하는 관료주의적 거석(巨石)을 분쇄해야 한다"라고 선포하면서 "소련의 변혁은 반드시 민주적인 방향으로 철저하고 지속적으로 전진해야 한다"라고 강조했다. 또한 그는 "전체 정치범을 석방한다"라고 선포했으며, 스탈린의 대숙청에 의해 피해를 입은 자들을 위해 기념탑을 세웠다. 1989년 1월 6일, 1930년대부터 1950년대까지 20년간 스탈린의 숙청으로 인해 피해를 입은 수십 만 명이 명예를 회복했다. 3월 26일, 소련은 1918년 이래 처음으로 비공산당 정당을 포함한 전국적인 선거를 거행했는데, 이 선거에서 수많은 소련공산당 소속 당원들이 완패했다. 러시아공산당에 의해 제명을 당했던 옐친은 모스크바 선거구에서 출마해 89%라는 압도적인 지지를 받았다. 일부 소련 공화국에서는 독립을 요구했고 스탈린의 고향 트빌리시에서는 조지아의 소련 탈퇴를 요구하는 시위가 벌어졌다.

동유럽의 정세는 소련보다 더욱 격렬하고 불안정했다. 1988년, 고르바초프는 헝가리에 배치되어 있던 핵무기 전체를 반출했다. 1989년 1월, 헝가리 의회는 야당 설립을 허가하는 법률을 통과시켰는데, 이로써 헝가리공산당이 40년간 유지해온 독점적인 지위는 깨졌다. 3월 28일, 헝가리공산당이 아닌 정당의 후보자가 의원 선거에 참여하는 것이 처음으로 허락되었고, 헝가리 민주연맹의 후보자가 공산당 후보자를 격파하고 승리를 거두었다. 헝가리 민주연맹의 정강은 "민주, 유럽으로의 유입, 공산주의 반대, 헝가리 가치의 유지"였고, 헝가리 정부는 헝가리인이 오스트리아로 도주하는 것을 막기 위해 설치한 218마일의 벽을 제거했다. 폴란드에서 자유노조는 합법적인 지위를 확보했고, 공산당 정부와 자유노조 지도자 레흐 바웬사(Lech Walesa)는 1989년 4월 5일 정치·경제 개혁을 진행하는 데 대한 협의를 진행했다.

이로부터 알 수 있는 사실은, 후야오방의 사망과 천안문 학생 민주운동이 폭발하기 이전에 전 세계에는 제3차 민주화의 물결이 요동쳐 이미 유럽 공산국가를 석권했으며, 이는 장차 중국 천안문광장에 도달할 예정이라는 것이었다. 이는 후야오방을 권좌에서 물러나게 만든 1986년 학생운동보다 더욱 심각한 도전을 유발할 것임을 덩샤오핑은 이미 예감하고 있었다.

1989년 2월 26일, 덩샤오핑은 미국 대통령 조지 부시(George Bush)를 회견한 자리에서 "중국이 가진 문제 가운데 모든 것을 압도하는 가장 중요한 문제는 안정이다. 안정이 없는 환경에서는 무엇도 이뤄낼 수 없고 이미 획득한 성과도 잃어버릴 것이다. 만약 중국의 10억 명이 다당제에 의한 경쟁 선거를 실시한다면 문화대혁명 당시 겪었던 전면적인 내전과도 같은 혼란이 출현할 것이다"라고 말했다.

1989년 3월 4일, 덩샤오핑은 자신의 거처에서 자오쯔양과 이야기를 나누면서 "무릇 안정을 방해하는 것에는 바로 대응해야 하며, 여기에 양보하거나 영합해서는 안 된다. 다른 나라 사람들이 여기에 대해 왈가왈부하면 그러도록 내버려두어라. 중국에는 혼란이 존재해서는 안 된다. 이 이치는 반복적으로 말해야 하며 공개적으로 논의해야 한다. 이것을 논하지 않으면 마치 우리가 이치에서 진 것처럼 보인다. 중국은 혼란을 허락하지 않으며 자의적으로 시위하는 것을 허락할 수 없다는 명확한 신호를 보내야 한다. 만약 365일 매일같이 시위를 하면 어떤 일도 하지 않게 될 것이며, 외국 자본도 들어오지 않게 될 것이다. 이러한 방면을 더 엄격하게 통제해야 외국의 기업인이 투자하는 데 영향을 미치지 않고 도리어 외국 기업인을 더욱 안심시킬 것이다"라고 말했다.

따라서 "1989년 일어난 민주운동이 공화국 역사에서 결정적인 의미를 지닌 10년의 개혁 과정을 중단시켜 중국 사회의 전환을 파괴하고 중국의 발전 궤도를 변화시켰다"라거나, 또는 "덩샤오핑이 리펑, 리시밍, 천시퉁으로부터 실제와 다른 보고를 듣고 잘못된 정책 결정을 내렸다"라는 등의 분석은 모두 덩샤오핑이 가졌던 '안정' 철학을 이해하지 못하는 것이다. 덩샤오핑의 안정 철학은 마오쩌둥의 투쟁 철학과 마찬가지로 모두 독재, 즉 진압 수단에 의존했으며, 중국공산당 일당 천하의 발전 궤적을 절대로 변화시키지 않는 것을 목적으로 했다. 그런데도 하나는 '무산계급 독재하의 계속혁명'이라 불리고, 다른 하나는 '4항 기본원칙의 견지, 자산계급 자유화 반대'라고 불렸을 뿐이다. 누구든 이 궤도에서 이탈하면 자유화를 가지고 지식분자를 종용한 후야오방이든 학생 진압에 반대한 자오쯔양이든 할 것 없이 모두 권좌에서 물러날 수밖에 없었다. 덩샤오핑은 이에 대해 마오쩌둥과 마찬가지로 확고부동했다. 대학살을 자행한 이후 처음으로 얼굴을 드러내고 수도 계엄부대의 간부를 만났을 때 그는 매우 분명하게 다음과 같이 말했다.

이 풍파는 조만간 도래할 것이었다. '국제 대기후'와 중국의 '국내 소기후'에 따라 결정된 이 풍파는 반드시 도래할 것이었으며, 사람들의 의지로 움직이는 것이 아니라 단지 늦고 빠름의 문제이자 크고 작음의 문제였다. 그런데 지금 도래한다면 우리에게 비교적 유리할 것이다. 가장 유리한 점은 적지 않은 원로 동지들이 아직 건재하다는 것이다. 이들은 수많은 풍파를 거쳤기에 사안의 이해관계를 잘 파악하고 있으며, 폭력적 난동에 대해 강경한 행동을 취하는 것을 지지한다.

결국 덩샤오핑도 마오쩌둥, 천윈, 왕전, 덩리췬 등과 마찬가지로 보수파였다. 차이점이 있다면 덩샤오핑은 단지 대외 개방을 주장한 보수파였다는 것이다. 덩샤오핑은 대내적으로는 독재를 하면서 조금 더 엄격하게 통제하면 외국 기업인이 더욱 안심할 것이라고 간주했다. 이 생각은 조금도 틀리지 않았다. 이는 덩샤오핑의 일당독재 제국이 그가 사망한 이후에도 오늘날까지 유지되는 원인인 한편 미국 월스트리트에서 중국이 '책임 있는 이익상관자'가 될 수 있었던 비밀이기도 하다. 피비린내 나는 비바람 속에 "20만 명의 죽음을 20년의 안정과 맞바꾼다"라고 말했던 야오이린의 사위 왕치산(王岐山)은 이로부터 20년이 지난 오늘날 미국의 재무장관 행크 폴슨(Hank Paulson)과 반열을 함께 하는 대관료가 되지 않았는가?

안정을 유지하려 한 덩샤오핑 제국

1980년 8월, 덩샤오핑은 이탈리아 기자 오리아나 팔라치(Oriana Fallaci)의 질문에 대답할 당시 일찍이 마오쩌둥을 비판하면서 말하길, 한 사람의 지도자가 자신의 후계자를 선택하는 것은 봉건주의적 수법이므로 개혁제도에는 이러한 점도 개선되어야 한다고 했다. 그러나 덩샤오핑 자신도 마오쩌둥의 봉건주의적 수법을 답습해 화궈펑을 교체한 지 8년, 후야오방을 교체한 지 2년밖에 되지 않아 또다시 후계자를 바꾸려 했다.

이번에도 덩샤오핑은 천윈과 왕전이 마음에 두고 있던 덩리췬을 선택하지 않았다. 또한 이미 정치국 상무위원회에 진입한 확고한 보수파 리펑과 야오이린도 선택하지 않았는데, 왜냐하면 그들은 대외 봉쇄를 주장하는 보수파였기 때문이다. 덩샤오핑은 자신과 마찬가지로 대외 개방의 보수파로서 덩샤오핑 제국의 '대내 독재, 대외 개방'의 대전략을 잘 계승할 사람을 선택하려 했다.

여기에 해당하는 사람이 바로 장쩌민이었다. 덩샤오핑이 장쩌민을 선택한 것은 우선 정치 표준에 근거했다. 덩샤오핑은 "과거 두 사람의 총서기는 모두 굳건히 서지 못했고, 모두 자산계급 자유화 문제에서 곤두박질쳤다"라고 말했다. 그런데 장쩌민은 풍파가 불어 닥쳤을 당시 ≪세계경제도보≫가 자유화 문제를 다룰 때 자오쯔양과 대적했다. 이는 그가 보수파로서의 자격이 충분하다는 것을 표명했다. 그는 또한 천원의 새장 경제에 한사코 매달렸던 리펑이나 야오이린과는 달리 덩샤오핑의 대외 개방을 내치는 데까지 이르지는 않았다. 따라서 피비린내 나는 비바람 속에서 덩샤오핑은 장쩌민을 중국공산당 역사상 '제3대 핵심지도자'로 책봉했으며, 아울러 리펑과 야오이린에게 이 핵심지도자를 주의해서 세우고 수호할 것과 불복종하지 말 것을 각별히 당부했다.

덩샤오핑과 마오쩌둥이 다른 점은, 마오쩌둥은 화궈펑을 선택하고 나서 5개월 후에 사망했으며, 화궈펑은 마오쩌둥이 사망한 이후 한 달도 채 되지 않아 사인방을 분쇄했고 그런 이후 자신이 덩샤오핑과 천원에 의해 파면될 것을 예상하지 못했다는 것이다. 그런데 덩샤오핑은 장쩌민을 관찰하고 보살핀 지 8년이나 지나도록 장쩌민이 대외 봉쇄를 주장하는 보수파 덩리췬 등과 거리를 두도록 돕는 한편, 장쩌민이 군권을 장악하는 데 위협이 된 양상쿤·양바이빙 형제를 제거하도록 도와주었다. 이로 인해 장쩌민은 제3대 핵심지도자라는 지위가 공고해졌으며, 대내 독재와 대외 개방을 핵심으로 하는 덩샤오핑 제국의 안정은 유지되었다.

전체적으로 보면 장쩌민 집권 시기 초반 3년 동안의 '경제 하락'을 제외하고 '1992년 남순' 이후로는 덩샤오핑은 장쩌민에게 자신의 대내 독재, 대외 개방이라는 대전략을 계승하도록 한 데 대해 만족했다. 또한 덩샤오핑은 장쩌민 이후로도 덩샤오핑 제국의 안정을 지속하기 위해 차세대 후계자로 후진타오를 미리 지정하기도 했다.

제8장

덩샤오핑과 장징궈가 벌인 세기의 대결

덩샤오핑이 일생 최대의 유감으로 여기는 것은 타이완에 대한 전략에 실패한 일이다. 그는 1989년 5월 16일 고르바초프를 회견했을 때 다음과 같이 솔직하게 인정했다.

> 나는 이미 일본 및 미국과의 관계뿐 아니라 소련과의 관계도 조정했으며, 홍콩 반환을 확정해 영국과 이미 협의를 달성했다. 이는 대외관계에서의 개입이다. 국내 업무에서는 당의 기본노선을 확정했고, '4대 현대화'를 중심으로 삼도록 확정했으며, 개혁·개방 정책을 확정했고, '4항 기본원칙 견지'를 확정했다. 오직 남은 한 가지는 타이완 문제다. 이는 아마도 생전에 해결을 보지 못할 것 같다.

이 말은 덩샤오핑 자신이 일생 동안 이룬 성패를 간결하고 명료하게 요약한 것이다. 확실히 덩샤오핑은 대내외적으로 매우 뛰어난 정치 고수였다. 소련의 흐루쇼프, 고르바초프, 미국의 카터, 레이건, 부시, 영국의 대처, 일본의 나카소네 야스히로(中曾根康弘), 중국의 화궈펑, 후야오방, 자오쯔양, 덩리췬 그 누구도 그의 의지를 뛰어넘지 못했다. 덩샤오핑이 이리저리 궁리하고 온갖 수를 다 짜내도 이길 수 없었던 상대는 오직 한 명뿐이었는데, 바로 모스크바 중산대학의 후배 장징궈다.

덩샤오핑이 이 말을 할 당시는 장징궈(1910~1988)가 사망한 지 얼마 되지 않았을 때였고 덩샤오핑(1904~1997)은 이로부터 9년을 더 살았다. 그러나 덩샤오핑은 장징궈가 생전에 펼쳐놓은 형세를 자신이 해결할 수 없다는 사실을 인정하지 않을 수 없었다.

전설적인 인물이라 할 수 있는 장징궈의 일생은 다음 3개의 시대를 관통한다.

① 소련 시대(15~27세): 1925~1937년의 12년
② 중국 시대(27~39세): 1937~1949년의 12년
③ 타이완 시대(39~78세): 1949~1988년의 39년

장징궈의 일생을 구분하자면, 전반생(1910~1949) 39년은 중국과 소련에 있었고, 후반생 39년은 타이완에 있었다. 어린 시절과 15살까지의 성장기를 제외하면 그의 인격 형성과 사업 성패 구성에 큰 영향을 미친 시기는 소련과 중국에서 보낸 각 12년과 타이완에서 보낸 39년이다.

이는 다시 말해 장징궈의 역사적 역할과 그의 실패 및 성공은 주로 타이완에서 결정되었음을 의미한다. 특히 장제스가 사망한 이후의 13년 동안(1975~1988) 장징궈는 타이완 역사에서 막중한 역할을 수행했을 뿐만 아니라 덩샤오핑과 벌인 세기의 대결을 통해 중국과 세계에 얕잡아볼 수 없는 영향력을 남겼다. 역사학자들은 오늘날까지도 이 점을 충분히 인식하지 못

하고 있다.

　장징궈의 최후 13년은 세계와 중국의 역사적 변화에 직면해 국내외로부터 다음과 같은 무거운 압력을 받았다. 첫째, 제3차 민주화 물결이 남유럽에서 일어나 전 세계를 석권할 기세로 급속하게 확산되어 아시아와 타이완에 충격을 가했다. 둘째, 마오쩌둥이 사망하고 덩샤오핑이 권력을 장악한 이후 중국의 글로벌 전략은 미국과 연합해 소련에 저항하는 것에서 미국과 연합해 타이완에 압력을 가하는 것으로 전환되었다.

　중국의 타이완 전략에 대해 타이완에서는 "마오쩌둥의 혈세대만(血洗台灣, 타이완을 피로 씻는다), 덩샤오핑의 일국양제(一國兩制, 하나의 국가, 두 종류의 제도), 장쩌민의 삼통사류[三通四流, 양안(兩岸) 간 세 가지 소통, 즉 통상(通商), 통신(通郵), 통항(通航)과 네 가지 교류, 즉 경제·과학기술·문화·체육 부문의 교류], 후진타오의 평화발전(和平發展)"이라는 말이 유행한 바 있다. 이를 살펴보면 외견상 뒤로 갈수록 느슨해지는 것 같지만, 이는 사실 역사의 본말이 전도된 것이다.

　마오쩌둥은 타이완을 피로 씻을 역량도 의사도 없었다. 그의 대전략은 연미제소(聯美制蘇), 즉 미국과 연합해 소련을 제압하는 것이었다. 마오쩌둥은 사망하기 얼마 전(1975년 10월 21일) 키신저에게 "지금 당신이 타이완을 나에게 준다고 해도 나는 원하지 않는다. 왜냐하면 지금 원한다고 해도 얻을 수 없으며 그곳에는 반혁명분자가 너무 많기 때문이다. 내가 천국에 올라가 상제를 만난다면 나는 그에게 '지금의 타이완은 미국이 대신 관리하도록 하는 것이 좋겠습니다'라고 말할 것이다. 하지만 100년이 지나 우리가 원하게 되면 그땐 전쟁을 해서라도 가질 것이다"라고 말했다.

　당시 미국의 입장은 '이중 승인'이었다. 1972년 공표 '상하이공보(上海公報)'[1] 이후 미국은 한편으로는 중국과 워싱턴과 베이징에 대사관급 연락처를 상호 설치했으며, 다른 한편으로는 계속해서 타이완과의 외교관계를 유지하고 타이완에 군대를 주둔시키면서 '공동방어조약'을 유지했다. 이것이 바로 마오쩌둥이 말한 "미국이 타이완을 대신 관리"하는 것으로, 중국은 일본과 소련이 타이완에 개입하지 못하도록 하면서 타이완의 독립을 지지하지도 않았는데, 미국 정부는 이를 모두 승낙했다.

이와 같은 이중 승인의 삼각 구조는 마오쩌둥과 저우언라이의 선택이었다. 1973년 2월, 키신저는 다섯 번째로 베이징을 방문해 미국·중국 쌍방이 상대방에 어떻게 상설기구를 건립할 것인가를 놓고 협상했다. 키신저는 선택 가능한 네 가지 방안을 다음과 같이 제시했다.

①무역사절단으로, 중·일 국교 수립 전에 각각 도쿄와 베이징에 설립한 '랴오청즈(廖承志) 사무실' 및 '다카사키 다쓰노스케(高崎達之助) 사무실'과 유사한 형태다.
②이익단체(interest group)로, 미국이 쿠바에 세운 것과 유사하다.
③영사관
④연락처

키신저는 무역사절단을 상호 파견하는 것을 우선 선택지로 저우언라이에게 추천했는데, 이는 중국 측에 정치적인 어려움이 야기되지 않도록 고려한 것이었다. 그러나 뜻밖에도 저우언라이는 조금도 망설이지 않고 최고위급 연락처를 선택했을 뿐 아니라 상호 대등한 대사관급과 인원이 외교적 특권을 누리도록 했다.

---

1   1972년 2월 28일 닉슨 미국 대통령이 중국을 방문했을 때 상하이에서 저우언라이 중국 총리와 함께 서명한 성명이다. 상하이공보의 최대 의의는 중국이 견지해온 '하나의 중국' 원칙에 미국이 도전할 의사가 없음을 표명함으로써 향후 중미 양국 간의 수교로 귀결되는 중요한 계기가 되었다는 것이다. _옮긴이 주

저우언라이의 선택에 키신저는 반색했다. 이는 미국과 타이완이 외교관계를 유지하는 상황하에서도 중국이 미국과 외교사절단을 상호 파견하는 것을 조금도 문제 삼지 않겠다는 뜻으로, 저우언라이의 이러한 선택은 키신저가 상상도 하지 못했던 일이었기 때문이다. 그 원인은 마오쩌둥이 미국과 연합해 소련을 압제하려는 대전략에 있었다. 당시 키신저와 마오쩌둥은 110분 동안(2월 17일 저녁 11시 30분부터 2월 18일 새벽 1시 20분까지) 담화를 했는데, 마오쩌둥은 담화 중 미국 및 그 동맹국과 연합해 '일조선(一條線, 한 줄의 선)'[2]을 형성해 공동으로 소련의 확장을 저지하자고 제기했다. 키신저는 이 베이징 방문 후 닉슨에게 작성한 보고서에 다음과 같이 썼다. "1971년 7월 이래 미중 양국 간 관계는 모든 이가 예상했던 것보다 훨씬 빠르고 깊게 진전되고 있다. 양국은 이미 서로 마음으로 이해하는 동맹국이 되었다."

마오쩌둥은 미국과 연합해 소련을 압제하기 위해 타이완 문제를 주동적으로 다루지 않았다. 키신저는 "어떤 회견에서도 마오쩌둥은 타이완 문제에 대해 못마땅한 기색을 표시한 적이 없다. 또한 어떤 위협도 시도하지 않았으며 타이완 문제를 미중 양국 관계의 시금석으로 삼지도 않았다. '타이완의 일은 작고 세계의 일은 크다(台灣事小, 世界事大)', '우리는 잠시 그들을 원하지 않을 수 있으므로 100년이 지난 후 다시 이야기하자', '무엇 때문에 이리 급하게 구는가' 등과 같은 말이 바로 마오쩌둥이 여러 차례 우리를 향해 설명한 타이완 문제에 대한 그 자신의 생각이다"라고 말했다.

미국은 얻었으나 타이완은 얻지 못한 덩샤오핑

1978년 중국 정세에 일어난 중대한 변화는 덩샤오핑이 우뚝 일어선 것이

---

2   소련의 확장주의에 대항하기 위해 미국, 일본, 중국, 파키스탄, 이란, 터키, 유럽이 가로선의 협력라인을 형성하자는 전략을 일컫는다. _옮긴이 주

다. 12월 열리는 중국공산당 11기 3중전회 이전에 덩샤오핑은 이미 국무원 부총리 신분으로 외교 업무에 부분적으로 관여했다. 덩샤오핑은 미국과 타이완에 대한 마오쩌둥의 전략을 변화시키는 것을 중요한 목표로 삼았다.

덩샤오핑의 행운은 미국 역사상 가장 연약한 상대인 카터와 브레진스키를 만났다는 것이며, 덩샤오핑의 불행은 타이완 역사상 가장 강력한 상대인 장징궈를 만났다는 것이다. 이로 인해 덩샤오핑은 타이완 – 미국 – 중국 3자 게임에서 미국으로부터는 일정한 수확을 얻었지만 타이완으로부터는 아무런 수확을 얻지 못했다. 덩샤오핑은 미국과 연합해 타이완에 압력을 가해 카터와 브레진스키가 타이완에 대해 '단교, 철군, 조약 폐기'를 하도록 꾀는 데 성공함으로써 마오쩌둥 시대의 타이완 – 미국 – 중국의 삼각 관계 균형을 깨뜨렸다. 하지만 장징궈의 '불접촉, 불담판, 불타협'이라는 확고한 저항으로 인해 타이완과 공산 중국이 바다를 사이에 두고 대치하는 현황을 바꾸지 못했고 타이완을 중국으로 귀환시키려는 통일의 꿈도 실현할 수 없었다.

덩샤오핑이 타이완과 미국 쌍방을 대하면서 잘못 판단한 부분은 미국을 중시하고 타이완을 경시한 것이다. 그는 타이완에 대한 미국의 지배 역량을 과도하게 중시한 반면 타이완의 역량과 독립 의지는 과소평가했다. 덩샤오핑은 미국이 타이완에 대해 '단교, 철군, 조약 폐기'를 단행하도록 압박을 가하면 타이완은 곧바로 미국의 말을 들을 것이며 자신과 평화 통일을 담판짓는 것 외에는 타이완에 다른 선택의 여지가 없을 것이라고 여겼다.

브레진스키는 1978년 5월 20일 베이징에 도착해 중국 외교부장 황화(黃華)와 회담을 가졌다. 그는 처음부터 "미국은 미중 쌍방 관계를 정상화하기로 이미 결심을 내렸다"라고 표명하고, 카터 대통령을 대신해 진행 과정에서 자신이 할 수 있는 모든 것을 최선을 다해 신속하게 처리하겠다고 말했다.

이튿날(5월 21일), 덩샤오핑은 브레진스키를 접견하는 자리에서 모른 체하며 그에게 이렇게 말했다. "현재의 문제는 결심을 내리셨습니까? 1975년에 제럴드 포드(Gerald Ford) 대통령은 만약 자신이 연임된다면 이 세 가지 조건(타이완과의 단교, 철군, 조약 폐기를 지칭)에 따라 조금도 보류하지 않고 쌍방 관계를 정상화하겠다고 말했습니다. 이후 포드 대통령은 연임되지 못했습니다. 당연히 새로운 정부는 새롭게 고려할 권리가 있으므로 우리는 언젠가 카터 대통령이 결심을 내릴 것으로 크게 기대하고 있습니다. 지금은 주제를 바꿔서 다른 이야기를 하도록 합시다."

브레진스키는 급히 다음과 같이 표명했다. "저는 카터 대통령이 결심을 내렸다고 이미 말한 바 있습니다."

이에 덩샤오핑은 "카터 대통령이 결심을 내렸다면 일을 바로 추진하기가 매우 수월해집니다. 우리 쌍방은 관계 정상화와 관련된 문건에 수시로 조인할 수 있습니다. '단교, 철군, 조약 폐기'라는 세 가지 조건은 모두 타이완과 관련되어 있습니다. 이는 주권과 관계되어 있기 때문에 우리는 다른 고려를 할 수 없습니다. 당신들이 당신들의 바람을 표명해야 한다면 그래도 됩니다. 그러나 우리도 우리의 입장을 표명해야 합니다. 즉, 중국 인민이 언제든 어떤 방식을 사용해서든 타이완을 해방시키는 것은 중국 자신의 일입니다"(무력사용을 배제하지 않음을 의미함)라고 말했다.

리처드 솔로몬(Richard Solomon)이 중국의 협상 전략을 연구한 책 『중국인의 정치적 협상 행태: 짧은 분석(Chinese Political Negotiating Behavior: A Briefing Analysis)』에서는, 덩샤오핑은 고의로 대화 상대방에게 질의를 해서 상대방이 급하게 중국 측의 조건을 받아들이게 만드는 수법을 사용했다고 지적했다. 카터 대통령은 1978년 5월 26일 쓴 일기에서 "브레진스키는 이미 중국에서 워싱턴으로 돌아왔는데, 그는 중국인에게 압도되어버렸다. 나는 그에게 그가 꾐에 넘어갔다고 말했다"라고 적고 있다.

그러나 카터는 브레진스키를 바꾸지 않았고 브레진스키와 함께 중국인의 꾐에 넘어갔으며 중국인에게 압도당했다. 1978년 12월 15일, 워싱턴과 베이징에서 동시에 발표된 '미·중 국교수립 성명'은 덩샤오핑이 제기한 조건을 완전히 따랐으며 미국은 완전히 중국에 압도되었다.

미국이 타이완에 '단교, 철군, 조약 폐기'를 선포하기 7시간 전 타이베이 주재 미국대사관의 레너드 엉거(Leonard Unger) 대사는 장징궈 총통에게 회견을 요청해 '미·중 국교수립 성명'의 내용과 카터 대통령의 메시지를 장징궈에게 전했다. 메시지는 미국과 중국이 국교를 수립하는 그날로부터 타이완과의 외교 관계를 중단할 것이며, 공동방어조약은 1년 후에 중단할 것이라는 내용이었다. 엉거는 또한 "이는 매우 중요한 극비 정보이므로 부디 비밀을 유지해주기 바랍니다"라고 말했다.

장징궈는 "이처럼 중대한 결정을 미국은 7시간 전에서야 갑작스럽게 우리나라에 통지하는군요. 이는 타이완에 중대한 타격일 뿐 아니라 개인적으로도 모욕적인 사안이며, 또한 생각지도 못했던 일입니다. 이 일의 결과는 매우 참혹할 것입니다. 미국은 이렇게 하면 계속해서 타이완의 내부가 안전해지고 지속적으로 발전할 수 있을 것으로 볼지 모르지만, 이는 사실상 절대로 불가능한 일입니다. 미국이 이렇게 짧은 시간 내에 이처럼 중대한 문제를 결정한 것은 방식 및 방침 자체로 인해 타이완 정부 및 인민으로부터 신망을 잃을 것이며, 뿐만 아니라 전 세계 인민으로부터도 신뢰를 잃을 것입니다. 향후 일어날 모든 엄중한 결과에 대해서는 마땅히 미국 정부가 모든 책임을 져야 할 것입니다"라고 답변했다.

덩샤오핑은 미국과 공산 중국이 국교를 수립한 날인 1979년 1월 1일, 기쁨에 겨워 모든 것을 잊고 정치협상회의 전국위원회 좌담회에서 "타이완이 조국에 돌아오는 것은 이제 시간문제다"라고 선포했다. 그는 "오늘 1979년 1월 1일은 평범하지 않은 날이다. 이날이 평범하지 않다고 말한 것은 과거의 1월 1일과 다르기 때문인데, 이날은 다음 세 가지 특징을 갖고 있다. 첫째, 오늘 전 중국 공작의 중심이 4대 현대화 건설로 옮겨졌다. 둘째, 오늘 중미 양국 관계가 정상화를 실현했다. 셋째, 오늘 타이완을 조국으로 귀환시키고 조국 통일 대사업을 완성하기 위한 구체적인 일정이 제시되었다!"라고 했다.

같은 날, 중국 국방부장 쉬샹첸(徐向前)의 명의로 발표된 '다진먼(大金門), 샤오진먼(小金門), 다단(大擔), 얼단(二擔) 등의 도서 지역에 대한 포격 중지에 관한 성명'에서는 특히 "중미 국교 수립은 하나의 역사적 사건으로, 타이완이 조국으로 돌아오고 조국 통일을 완성하는 데 유리한 조건을 창조했다"라고 강조했다.

바로 이어 1월 2일부터 5일까지 덩샤오핑은 미국 국회의원과 미국 기자를 거듭 회견하면서 "우리는 장차 다양한 방법으로 타이완 당국, 특히 장징궈 선생과 함께 조국 통일의 문제를 논의할 것이다. 개인적인 견해로 말하자면 나는 올해 바로 이 소원이 실현되기를 희망한다. 나의 건강 상태로 볼 때 최소한 10년은 더 살 수 있겠지만 그러면 너무 늦다"라고 말했다.

1980년 1월 16일, 덩샤오핑은 「현재의 형세와 임무에 관해」라는 제목의 보고에서도 '타이완의 조국 귀환, 조국 통일의 실현'을 1980년대 3대 임무 중의 하나로 정했다.

그러나 소망은 실현되지 않았고 임무는 완성되지 못했다. 1989년에 이르러 덩샤오핑은 결국 포기했다. 덩샤오핑은 타이완의 조국 귀환을 보지 못할 것임을 인정했는데, 이는 곧 이 게임에서 그가 이미 장징궈에게 완패했음을 인정한 것이었다. 안타깝게도 이 세기의 대결은 오늘날까지 아직 정확하게 해석되지 못하고 있으며, 타이완의 집권자인 마잉주는 역사적 진실에 위배되는 황당한 해석을 하고 있다.

장징궈와 덩샤오핑 대결의 실상

2009년 2월 18일, 장빙쿤(江丙坤)은 타이완에서 열린 신중국 투자 고위급 포럼에서 다음과 같이 말했다.

> 1980년대에 양안의 핵심 인물들은 결정적인 시기에 정확한 결정을 내렸다. 덩샤오핑의 개혁·개방은 과거 15년 동안 연평균 10.5% 이상의 경제성장을 달성하게 만들어 중국이 세계 제1위가 되도록 했고 아울러 세계에서 세 번째로 큰 경제권이자 제3위 무역대국이 되도록 했다. 한편 장징궈의 정책은 타이완 기업인이 타이완 화폐가 절상되고 자유화되는 과정에서 대거 대륙에 투자하도록 만들었으며 타이완 제품을 미국으로 수출하는 유용한 발판으로 중국 대륙을 이용하도록 함으로써 타이완 경제에 막대한 공헌을 했다.
>
> 2008년에는 핵심적인 인물이 재차 출현했는데 바로 마잉주다. 마잉주는 양안의 평화와 안정적인 발전을 주장했으며, 8개월 동안 그가 이룬 발전은 전 세계로부터 긍정적인 평가를 받았다. 지금과 같은 결정적인 시기에 중국 대륙의 경제성장과 내수시장은 타이완에 매우 좋은 기회를 가져다주고 있다. 이로 인해 마잉주가 경선에서 내세운 정견의 양대 축은 양안 경제무역 관계의 정상화와 양안 경제무역 협력에 대한 협의다.

장빙쿤은 오늘날 마잉주와 후진타오가 협력한 윈윈 전략을 명확하게 설명하기 위해 장징궈와 덩샤오핑이 협력한 윈윈 전략의 역사를 아낌없이 날조한다. 장징궈와 덩샤오핑이 대결한 역사의 진상은 다음과 같다.

첫째, 1979년에서 1985년까지 덩샤오핑은 모든 방책을 확실히 강구해 장징궈가 자신과 함께 '제3차 국공합작'을 실현하고 '일국양제, 평화통일'을 협상하도록 유혹했다. 그는 시종일관 자신의 소망을 후배 장징궈에게 의탁했다. 마지막으로 1985년 9월, 덩샤오핑은 장징궈의 건강이 좋지 못하다는 소식을 접하고 리콴유에게 부탁해 장징궈를 찾아가 설득하도록 했다. 왜냐하면 리콴유는 쌍방이 모두 믿을 수 있는 친구였기 때문이다. 덩샤오핑은 리콴유에게 다음과 같이 말했다.

장징궈가 사라지고 타이완이 독립하면 어떻게 할 것인가? 타이완 독립의 가능성은 확실히 존재한다. 만약 장징궈 선생이 중화민족의 이익이라는 관점에 착안해 우리와 함께 이 문제를 결정한다면 장차 매우 많은 이점이 있을 것이다. 그만이 이 일을 결정할 수 있다. 당신은 다음번에 그를 만날 때 나를 대신해 인사를 전하고 동창 간에 협력하자고 전해주기 바란다.

덩샤오핑은 또한 그전에 미국을 통해 장징궈에게 다방면으로 압력을 가했다. 카터와 브레진스키는 덩샤오핑의 말에 좌지우지되었다. 브레진스키는 자신의 저서 『대실패(The Grand Failure)』에서 타이완은 덩샤오핑이 주도하는 상업공산주의의 통치 아래에서도 "여전히 타이완의 자유 경영적이고 성공적인 사회경제 제도를 유지할 수 있을 것"이라고 공개적으로 주장했다.

카터가 대통령 선거에서 연임에 실패한 이후 덩샤오핑은 레이건 대통령에게 희망을 걸었다. 덩샤오핑은 1984년 4월 28일 레이건 대통령과 회견하면서 다음과 같이 말했다.

중국은 주권 원칙을 포기하지 않는다는 전제조건 아래에서 일국양제를 허락한다. 중국이 통일된 이후로도 타이완은 계속해서 자본주의를 실행할 수 있고, 또한 계속해서 대외관계를 유지할 수 있는데, 주로 미국 및 일본과의 관계가 변하지 않을 것이다. 그러나 이것은 미국 정부의 정책에 따라 결정될 것이다. 미국은 무엇보다도 장징궈가 꼬리를 흔들지 못하도록 해주기를 바란다.

이렇게 하면 해협 양안은 점진적으로 접촉이 증가해 협상을 통해 통일이 이루어지게 될 것이다.

레이건이 이 말에 움직이지 않자 덩샤오핑은 한층 분발해 1984년 12월 19일 영국 대처 총리를 회견한 자리에서도 레이건에게 말을 전해주기를 부탁했다. 즉, 영국이 일국양제를 이용해 홍콩 문제를 해결하는 데 미국어 동의한 것처럼 타이완 문제를 해결하는 데에도 일국양제를 이용하도록 미국이 동의해주기를 바란다는 것이었다. 덩샤오핑은 다음과 같이 말했다.

일국양제 구상은 홍콩 문제에서가 아니라 타이완 문제에서 시작되었다. 대처 부인이 며칠 더 지나 미국 레이건 대통령을 만나도록 청했을 때 나는 중국·영국 양국의 협력으로 홍콩 문제가 해결된 상황을 소개하고 아울러 레이건 선생이 대통령에 연임된 것도 축하했다. 레이건 대통령은 '한 국가 두 제도' 방식을 취할 수 있다면 미국은 타이완 문제에서 매우 많은 일을 할 수 있을 것이며 특히 레이건 대통령 본인이 그럴 것이라고 여겼다.

덩샤오핑은 레이건과 대처를 이용해 장징궈의 양쪽 말을 포위하려 했으나 모두 효과를 보지 못했다. 대처는 워싱턴에서 레이건을 회견하면서 덩샤오핑이 그녀에게 전달하도록 부탁했던 중대한 건의를 한 글자도 전하지 않았다. 대처가 워싱턴을 떠나기를 기다린 후 워싱턴 주재 중국대사관 관원은 바로 미국의 관원을 탐문해 레이건이 덩샤오핑의 건의에 대해 어떤 반응을 보였는지 알아내려 했다. 미국 관원은 질문을 받고 어리둥절해했고, 나중에서야 영국인의 협조하에 사건의 경위를 알게 되었다.

리콴유는 오히려 매우 성실해서 직접 타이완으로 가서 장징궈와 르웨(日月) 호수에서 회견을 하면서 덩샤오핑의 안부인사와 국공 평화회담에 대한 건의를 전했지만 장징궈는 이를 거절했다. 장징궈는 리콴유에게 미국을 방문할 때 서신을 갖고 가서 레이건에게 전해줄 것을 부탁했다. 서신에는 이런 내용이 담겨 있었다. 공산 중국은 각종 수법으로 타이완을 국제적으로 고립시키려 하고 있으며, 미국에 타이완이 미·중 관계의 걸림돌이라고 비방하면서 미국이 타이완에 '법률 폐기'('타이완 관계법' 폐기), '군수 정지'(타이완에 대한 무기수출 중지), '평화협상 압박'(타이완이 평화통일 협상을 받아들이도록 핍박)을 가하도록 기도한다는 것이었다. 장징궈는 이 편지에서 공산 중국과 협상하지 않겠다는 자신의 결연한 입장을 표명했다.

둘째, 미국이 타이완에 대해 '단교, 철군, 조약 폐기'를 결정하고 덩샤오핑이 미국을 통해 '법률 폐기, 군수 정지, 평화협상 압박'이라는 맹렬한 공세를 퍼붓자 장징궈는 대중국 전략을 '독재하의 반공'에서 '민주를 통한 통일 거부'로 변화시켰다.

1979년 12월 10일, 장징궈는 중국국민당 11기 4중전회에서 "본당(本黨) 역사상 가장 험난한 1년이었다"라고 말했다. 다시 말해 1937년이나 1949년보다 더욱 험난했다는 것이었다. 1937년 일본이 침공했을 때에는 후방 기지로 후퇴해 항전을 견지할 수 있었다. 1949년에는 중국공산당에 패배했지만 역시 타이완으로 망명할 수 있었다. 하지만 1979년 미국의 배반과 덩샤오핑의 통일 촉구라는 이중 압력에 직면한 타이완은 물러설 퇴로가 없었다.

장징궈가 독재하의 반공에서 민주주의로 전환함으로써 통일을 거부하다

12월 10일은 마침 '세계 인권의 날'이었다. 그날 밤 가오슝(高雄)에서 발생한 미려도(美麗島) 사건[3]은 타이완 자유민주운동이 고조되고 있음을 보

3　간행물 ≪미려도≫가 타이완의 가오슝에서 '세계 인권의 날'을 기념해 시위를 개최하자

여주었다. 1980년 2월 진행된 미려도 재판에서는 장징궈가 타이완 자유민
주운동을 대규모로 진압했다. 이 재판에서 저명한 반대 인사는 거의 일망
타진되었으나 타이완 인민들은 장징궈의 반대 측, 즉 피심판자 측에 섰다.
그해 말 타이완에서는 선거가 있었는데, 이 선거에서는 미려도 재판의 피
해자인 가족과 변호사가 공전의 승리를 거두었다. 이로 인해 장징궈는 계
엄 공포 정치의 위력이 자유·민주의 역사적인 조류를 더 이상 저지할 수
없다는 사실과 국민당 당국의 독재제도에 도전하는 정치 반대파를 민중이
지지한다는 사실을 알게 되었다.

   역사적으로 중요한 이 시기에 장징궈 앞에는 다음과 같은 세 가지 선택
이 놓여 있었다.

   첫째, 미국의 '단교, 철군, 조약 폐기'와 덩샤오핑의 '통일 시간표'의 압
력에 굴복해 "동창 간에 협력하자"라던 학교 선배 덩샤오핑의 바람대로 국
공 평화회담을 실시하거나, 또는 장빙쿤이 말한 바와 같이 덩샤오핑의 개
혁·개방에 영합해 중국 대륙으로 가서 대대적으로 중국에 투자하고 타이
완 제품을 미국으로 수출하는 발판으로 중국 대륙을 이용하며 경제협력을
통해 점차 중국과의 접촉을 증가시킴으로써 통일을 협상하는 것이다.

   둘째, 장제스의 철학을 계승해 '변하지 않음으로써 모든 변화에 대응하
는 것'이다. 전도유망했던 국민당 정권은 타이완에서 이미 30여 년 지속되
었고 장징궈는 노년에 여러 병을 앓고 있었다. 그는 나쁜 형세를 계속 질질
끌면서 타이완에 불확실한 미래를 남길 수도 있었다.

   셋째, 역사가 전진하는 방향에 순응해 타이완 인민을 따라 과거와 작별
을 고하고 당국 독재정권과 결별해 자유민주의 새로운 길을 걷는 것이다.

   장징궈가 한 걸음만 잘못 내디뎠어도 오늘날의 '민주 타이완'은 존재할

   국민당 당국이 무력으로 진압한 사건을 지칭한다. _옮긴이 주

수 없었을 것이다. 이런 한판 승부에서 덩샤오핑의 승리는 결국 패배가 되었고 장징궈의 패배는 결국 승리가 되었는데, 이는 1980년대에 그들이 각자 걸어간 최후의 길에 의해 최종적으로 결정되었다.

장징궈가 만년에 내디딘 결정적인 한 걸음은 바로 독재하의 반공에서 민주주의로의 전환을 통해 통일을 거부한 것이다.

장징궈는 45세였던 1955년 미국의 저명한 중국연구자인 앨런 화이팅 (Allen Whiting)을 방문했을 당시 "아시아에서 일당독재는 유일한 통치 방법이다. 정치공작요원, 특수요원, 청년구국단이 가장 심각하게 공격을 받고 있으며, 미국의 오해도 가장 심하다. 그러나 이렇게 해야만 반공을 할 수 있다. 중공이 존재하는 한 우리는 민주를 할 수 없다"라고 말했다.

하지만 30여 년간 독재하에 반공을 추진한 결과 중공은 타이완을 낭떠러지로 몰아붙이게 되었다. 장징궈는 결국 "시대가 변하고 있고 환경이 변하고 있으며 조류가 변하고 있다"라는 사실을 인식하고 타이완의 국민당 당국 계엄체제를 예전처럼 유지할 수 없으며 이에 따라 변화하지 않을 수 없음을 인정했다. 그는 '혁신으로 타이완을 보호한다(革新保台)'라는 구호를 제기하면서 계엄을 해제하고 정당 금지 및 보도 금지를 해제했으며 직접선거를 통해 전국 민의대표를 선출하도록 준비했다. 이는 중국 대륙에 대한 반공 기지로 삼아온 중국국민당 외래 정권 체제를 종결시키고, 타이완을 주체로 하고 타이완 인민을 의지하는 방향으로 뛰어넘음으로써 타이완을 자유·민주의 현대화 국가로 건설하는 길로 나아간 첫걸음이었다. 이는 타이완이 중국의 통일 촉구와 국제 고립의 환경하에 살아남기 위한 유일한 발전 전략이었으며, 또한 민주를 통해 통일을 거부한다는 전략이기도 했다.

덩샤오핑의 통일의 꿈이 산산조각 나다

역사적인 기회가 도래했을 때에는 역사적인 인물이 아주 짧은 시간에 순식간에 결정한 선택이 국가의 운명을 결정할 수도 있다. 1980년대에는 덩샤오핑에게 주어진 역사적인 기회가 그의 후배 장징궈보다 매우 많았다. 중국이 1970년대 말에 진행한 개방은 후야오방, 자오쯔양 등 개혁파 지도자의 주재 아래 광범위한 국내외의 지지를 얻었다. 그러나 덩샤오핑 본인은 시종일관 개혁 세력과 반개혁 세력의 사이에서 우유부단했다. 하지만 만년에 접어들수록 반개혁 세력 쪽으로 편향되었다. 타이완이 계엄을 해제함과 더불어 정당 금지 및 보도 금지를 해제하고 야당의 성립을 허락했을 당시, 덩샤오핑은 중국에서 개혁파 총서기 후야오방, 자오쯔양을 차례로 파면하고 당국의 권력을 반개혁 세력의 수중에 건넸다.

반면 그의 후배 장징궈는 마지막에 국민당 일당독재정치를 종식시키고 타이완의 운명을 국민당 수중에서 타이완 인민에게로 돌려주었는데, 이로 인해 덩샤오핑의 통일의 꿈은 산산조각이 나버렸다. 장징궈가 사망하고 나서 1년이 지난 후 덩샤오핑은 마침내 장싱궈와의 게임이 자신의 패배로 끝났음을 인정하면서 "내 일생에서 오직 남은 한 가지는 바로 타이완 문제다. 이는 아마도 생전에 해결을 보지 못할 것 같다"라고 말했다.

제9장

덩샤오핑 제국의 이론적 기초

마오쩌둥의 정치 유언

마오쩌둥은 임종을 맞이하기 얼마 전 화귀펑, 마오위안신, 왕둥싱 등을 불러 다음과 같은 말을 남겼다.

> 70세까지 살기는 어렵다는 말이 있는데, 나는 80세가 넘었다. 사람은 늙으면 항상 후사를 생각하게 된다. 중국 옛말에 '관을 덮고 평가한다(蓋棺定論)'라는 말이 있는데 나는 아직 관의 뚜껑이 닫히지는 않았지만 곧 닫힐 것이므로 평가를 할 수 있을 것이다. 나는 일생 동안 두 가지 일을 했다. 하나는 장제스와 수십 년 동안 투쟁해서 그를 섬으로 내쫓아버리고 8년간 항일전쟁을 해서 일본인들을 그들의 고향집으로 되돌려 보낸 것이다. 이 일에 대해서는 이의가 있는 사람은 많지 않다. 다만 몇 사람이 조속히 그 섬을 되찾도록 나의 귀에 대고 시끄럽게 요구할 뿐이다. 또 하나는 당신들도 모두 아는 일로, 바로 문화대혁명을 발동한 것이다. 이 일에 대해서는 옹호하는 사람이 많지 않으며 반대

하는 사람이 적지 않다. 이 두 가지 일은 아직 끝나지 않았으므로 이 유산을 후대에 물려주어야 한다. 어떻게 물려주어야 할까? 평화적으로 권력을 물려주지 못하면 불안정한 상태에서 물려주게 되어 잘못하면 피비린내 나는 비바람이 닥칠 수도 있다. 당신들은 어떻게 할 것인가? 오직 하늘만이 알 뿐이다.

이 말은 마오쩌둥의 정치 유언으로 볼 수 있다. 마오쩌둥은 2명의 후계자, 즉 류사오치와 린뱌오를 선택한 데 실패한 이후 자신의 삶이 얼마 남지 않았는데도 새로운 후계자를 명확하게 지정하지 않고 좌파와 우파 사이에서 줄다리기를 하면서 때로는 덩샤오핑이 사인방을 비판하는 것을 지지하고, 때로는 사인방이 덩샤오핑을 비판하는 것을 지지했다. 마오쩌둥은 사인방을 이용하면서도 그들을 신뢰하지는 않았다. 마오쩌둥은 그들에 대해 천하를 어지럽히는 일은 할 수 있지만 천하를 다스리는 일은 할 수 없다고 여겼다. 반면 덩샤오핑에 대해서는 천하를 다스리는 일은 할 수 있다고 여겼지만 덩샤오핑의 노선을 확신할 수 없었다. 특히 자신이 이룬 두 가지 일 중 하나인 문화대혁명에 대한 덩샤오핑의 태도를 가장 안심하지 못했다.

당초 마오쩌둥이 덩샤오핑을 복귀시킨 것은 덩샤오핑이 문화대혁명 중에 범한 잘못을 인정하고 문화대혁명에 대한 평가를 영원히 뒤집지 않겠다고 표시했기 때문이다. 이후 마오쩌둥이 다시 덩샤오핑에 대한 비판을 발동한 것 또한 영원히 뒤집지 않는다는 덩샤오핑의 말을 믿을 수 없다고 보았기 때문이다.

마오쩌둥의 최후 결정은 공정하면서도 어리석지 않고 "사람들은 그가 수준이 낮다고 하는데, 나는 바로 그 낮은 수준을 선택한 것이다"라고 말했던 화궈펑을 당중앙 제1부주석과 국무원 총리로 선발하는 것이었다. 이는 선택의 여지가 없는 선택이었다. 문화대혁명이라는 이 유산을 넘길 수 있을 것인가, 아니면 넘기지 못할 것인가? 장차 평화를 가져올 것인가, 아니면 피비린내 나는 비바람을 가져올 것인가? 마오쩌둥은 확신이 서지 않았고 다만 하늘의 명령에 따를 뿐이었다.

화궈펑과 사인방이 각자 마오쩌둥의 정통이라며 쟁탈을 벌이다

화궈펑의 생각은 비교적 단순했다. 예젠잉, 왕둥싱에게 의지해 사인방을 체포하고 권력을 공고히 하면 자신이 마오쩌둥의 정통 후계자 지위를 획득해 핵심을 장악하고 나라를 다스릴 수 있을 것으로 보았다. 그러나 덩샤오핑은 "화궈펑은 단지 하나의 과도기적인 인물이며 제1세대라고 말할 수 없다. 화궈펑은 그 자체로는 독립적인 것이 없다. 그저 두 가지 범시만 주장했을 뿐이다"라고 생각했다.

이 말은 틀리지 않다. 화궈펑과 사인방은 모두 독립적인 것이 없었고, 쌍방이 내세운 것은 그저 마오쩌둥의 정통을 쟁탈하기 위한 '궁정(宮廷)의 내전'이었다. 쟁탈전의 주제 또한 매우 가소로워서 화궈펑은 마오쩌둥이 친필로 쓴 '조과거적방침판(照過去的方針辦, 과거의 방침에 따른다)'라는 일곱 자로 사인방이 제멋대로 수정한 '안기정방침판(按旣定方針辦, 기존 방침에 따른다)'라는 여섯 자를 처부쉈다.

1976년 9월 9일 마오쩌둥이 사망하고 나서 25일이 지난 10월 4일, ≪광명일보(光明日報)≫에는 "영원히 마오쩌둥 주석의 기존 방침에 따른다"라는 장문의 한 편 글이 게재되었는데, '기존 방침에 따른다'라는 말의 성격을 '마오쩌둥 주석의 임종 분부'로 규정했다. 외교부장 차오관화(喬冠華)가 유엔(UN) 총회에서 발언한 원고에 이 여섯 자도 포함되자 화궈펑은 차오관화의 원고를 비판하며 "마오쩌둥 주석의 원문 '조과거적방침판' 일곱 자에서 네 자가 틀렸다!"라고 말했다. 화궈펑과 왕둥싱은 이에 대해 사인방이 장차 어떤 행동을 취할 징후라고 판단하고 먼저 손을 써서 자신들의 위력을 보이기로 결정했다. 이에 따라 10월 6일 장칭, 장춘차오, 왕훙원, 야오원위안과 마오위안신 등을 체포했다. 왕둥싱 수하의 이론팀 중 한 명인 정비젠은 기세가 드높다고 평가받은 문장 「박멸되기 전에 한 차례 미쳐 날뛰다」를 집필했는데, 그는 이 글에서 10월 4일 게재된 ≪광명일보≫의 문장은 마오쩌둥의 '과거의 방침에 따른다'를 '기존 방침에 따른다'로 멋대로 수정했으며, 이는 사인방이 반혁명 쿠데타를 발동한다는 신호라고 성토했다. 그러나 사람들은 '과거의 방침에 따른다'와 '기존 방침에 따른다'는 것의 차이점이 무엇인지 이해하기 어려웠다. 모두 마오쩌둥 주석의 방침을 따르는 것 아닌가?

후아오방이 당내 민주개혁파를 늘려 회의에 참가할 수 있도록 건의하다

그 이후 화궈펑이 두 가지 범시를 제기하자 덩샤오핑이 그에게 "독립적인 것이 없다"라고 말했는데, 이는 곧 덩샤오핑 자신에게는 '독립적인 것'이 있다는 뜻으로 받아들일 수 있다. 그렇다면 덩샤오핑의 독립적인 것은 과연 무엇인가? 이를 확실히 이해할 수 있었던 사람은 매우 오랫동안 없었다. 어떤 외국인은 그가 이데올로기를 중시하는 실용주의자라고 말했고, 덩샤오핑도 자신을 일컬어 논쟁을 하지 않는 것이 자신의 가장 큰 특기라고 했다. 어떤 사람은 『덩샤오핑 철학사상(鄧小平哲學思想)』이라는 책에서 묘론(貓論, 고양이론)과 모론(摸論, 만지기론)을 개괄하면서 덩샤오핑의 다음 두 가지 말, 즉 "황색 고양이든지 검은색 고양이든지 쥐만 잘 잡으면 좋은 고양이다"와 "돌을 만지면서 다리를 건넌다"라는 말을 근거로 삼았다. 이는 실용주의적이고 경험주의적인 견해라고 할 수는 있지만 '독립적인 것'이라고 할 수는 없다.

사실 중국공산당 11기 3중전회에서 중국공산당 제13차 당대회에 이르는 기간 동안 덩샤오핑의 생각은 안정적이지 않았다. 특히 1978년 겨울과 1980년 봄 사이에 그는 보수파의 사고에서 벗어나 민주파의 사고로 전향하려 시도했지만 그 기간은 매우 짧았다.

중국공산당의 역사를 연구하는 학자이자 마르크스주의 이론가인 궁위즈(龔育之)는 덩샤오핑이 11기 3중전회 이전에 중앙공작회의에서 했던 '사상을 해방시키고 실사구시와 단결일치를 통해 앞으로 나아가자'라는 강화와 『덩샤오핑 문선』 가운데 한 편인 「우창(武昌), 선전, 주하이, 상하이 등지에서의 담화 요점」을 덩샤오핑 이론의 정수이자 사상해방의 선언서라고 칭했는데, 이는 아마도 '완벽하고 정확한' 덩샤오핑 사상 체계와 역사적 실상에 결코 부합하지 않을 것이다.

나는 앞에서 덩샤오핑의 '사상을 해방시키고 실사구시와 단결일치를 통해 앞으로 나아가자'라는 글이 이후에 '3중전회 주제보고'의 강화로 결정되었으며 "회의장 밖으로는 시단 민주주의의 벽에 나타난 '대기후'와 회의장 안으로는 각 소조 토론의 '소기후'의 핍박 아래 쓴 급취장"이라고 말한 바 있다. 다시 말해 그 글은 덩샤오핑이 당시 대기후와 소기후에 따라 임기응변한 산물이지, 심사숙고한 이론적 산물이 아니다. 덩샤오핑은 그 글에서 제기했던 바를 확고하게 견지하지 않았을 뿐만 아니라 자신이 고수하는 바에 따라 이를 매우 신속하게 부정해버렸다. 어떤 이들은 이 시기의 역사에 대해 갖가지 왜곡과 위조를 하고 있기 때문에 다시 설명을 해둘 필요가 있다. 중국 역사의 중대한 전환으로 일컬어지는 11기 3중전회에서 결정적인 작용을 한 것은 후야오방이지, 덩샤오핑이 아니었다. 후야오방은 이 역사적인 전환을 위해 사상과 조직상의 준비(진리 표준에 대한 토론, 역사적 공과에 대한 시비 판별, 억울한 사건 및 누명 사건에 대한 명예 회복)를 했을 뿐만 아니라 사회 자유민주 세력(베이징 시단 민주주의의 벽으로 상징되는 세력으로, 전국에 퍼짐) 및 당내 민주개혁 세력(중앙공작회의에 참가한 당내 민주개혁파)과도 일시적으로 연맹을 맺었다. 후야오방이 창조해낸 이 두 가지 조건이 없었더라면 당시 지배적인 위치에 있던 범시파가 이와 같이 쉽게 패배를 인정하지는 않았을 것이다.

당내 민주개혁파를 늘려서 회의에 참가시키는 방법은 후야오방이 화궈평에게 건의한 것으로, 주로 이론·언론·문학 분야의 지식인 그룹의 지도자인 저우양, 후지웨이, 친촨(秦川), 양시광(楊西光) 등을 흡수해 참가시켰는데, 그들은 회의에서 중요한 역할을 했다. 후야오방은 또한 중앙당교 이론연구실에 시단 민주주의의 벽에 제기된 중대한 문제를 수집하도록 지시했으며, 펑원빈(馮文彬)에게 이 내용을 회의에 가져오도록 해서 '사상 계발'을 도모했다.

덩샤오핑은 그때 무엇을 하고 있었는가

중국공산당 중앙은 1978년 11월 중앙공작회의를 개최해 농업 문제와 1979년과 1980년의 국민경제 계획에 대해 토론하기로 결정했는데, 그때 덩샤오핑은 일본을 방문하고 있었다. 10월 29일, 일본 방문을 마치고 귀국한 덩샤오핑은 공작회의가 개최될 때 전당의 업무 중점을 이동시키는 문제를 추가로 토론할 것을 건의했으며, 아울러 후차오무에게 회의 강화 원고를 기초하도록 시켰다.

당시 덩샤오핑의 주된 관심사는 외교 방면이었다. 미국과의 외교 협상이 결정적인 시기에 도달해 덩샤오핑은 '발걸음을 더욱 신속히 할 것'을 요구했다. 이 외에 그는 일본을 방문한 이후 바로 이어서 11월 초순에 정식으로 태국, 말레이시아, 싱가포르 3개국을 방문했고, 11월 14일에야 미얀마를 거쳐 귀국했다. 당시 중앙공작회의는 이미 5일째 열리고 있었는데, 당시의 형세는 중앙공작회의와 시단 민주주의의 벽이 상호 호응해 1976년 4월 발생한 천안문 사건, 억울한 사건 및 누명 사건에 대한 명예 회복, 당 주요 지도자의 공과에 대한 시비 문제와 관련해 열렬한 토론을 전개하고 있었다. 펑원빈이 시단 민주주의의 벽의 요구 사항, 즉 모든 억울한 사건 및 누명 사건에 대한 명예 회복, 왕둥싱의 중앙 전담반 철수 등의 대자보 내용을 회의석상에서 보고하자 회의에 참가한 대다수 사람들이 호응했다. 이밖에 범시파의 대표적인 인물인 후성은 회의에서 저우양을 공격했는데, 이는 범시파에 대한 실천파의 반격을 유발했다.

후야오방은 이 회의의 진행 과정을 충분히 파악했기에 사전 계획을 미리 마련해두고 있었다. 그는 중앙조직부장에 취임한 이후 회의에서 제기된 안건에 대해 실제 조사를 진행한 적이 있었다. 따라서 회의 기간 동안 중앙에 즉각 관련 자료를 제공함으로써 중앙이 신속하게 인민이 요구하는 목소리에 회답하고 결정을 내릴 수 있도록 했다. 이러한 결정에는 △전국에 있는 우파분자의 오명을 벗겨주는 것에 대한 결정, △1976년 천안문 사건을 원래 상태로 회복시키는 것에 대한 결정, △61인 반역자 집단 사건,[1] 2월 역류 사건,[2] △펑더화이, 타오주 등과 관련된 억울한 사건을 원래 상태로 회복시키는 것 등이 포함되었다. 후야오방의 견해에 따르면 이는 "역사의 전도를 다시 전도시킨 것"으로, 다시 말해 역사의 위대한 전환이었다.

덩샤오핑은 이러한 정세를 보고 11월 16일에 다시 후차오무를 만나 강화 원고를 수정하는 데 대해 이야기를 나누었다. 후차오무는 11월 19일 수정 원고를 완성했고 이를 덩샤오핑에게 건넸다. 덩샤오핑은 후차오무의 수정 원고를 12일간 수중에 갖고 있으면서 계속해서 형세를 관찰했다.

11월 25일, 덩샤오핑과 화궈펑, 예젠잉 등은 베이징시 당 위원회와 단중앙(중국공산주의청년단 중앙위원회의 약칭)으로부터 천안문 사건에 대한 평반(平反, 잘못된 판결이나 정치적 결론을 시정하는 것) 이후의 군중의 반응과 서단 민주주의 벽의 대자보 상황에 대한 보고를 들었다. 당시 대자보에서

---

1 문화대혁명 당시 캉성 등이 주도해서 당시 국가주석 류사오치를 중심으로 한 일파에게 정치적인 타격을 가하기 위해 중국공산당의 고위간부 61명을 '61인 반역자 집단'으로 몰아붙인 사건이다. _옮긴이 주
2 1967년 2월 군 원로 등 중앙지도부가 문화대혁명의 폭력적인 방법에 반대한 사건이다. _옮긴이 주

는 마오쩌둥의 역사적인 오류를 비판하고 있었으며, 구이양시(貴陽市)의 계몽사(啓蒙社)는 "마오쩌둥은 업적과 과오가 3 대 7이다"라고 제기했다. 덩샤오핑은 보고를 듣고 다음과 같이 말했다.

어떤 역사 문제는 반드시 해결해야 하지만, 어떤 역사 문제는 일정한 역사 기간 내에 억지로 해결할 수 없다. 어떤 사건은 우리 세대 사람들이 해결할 수 없으며 다음 세대에서 해결하도록 해야 한다. 한 외국 사람은 마오쩌둥 주석에 대한 평가를 스탈린에 대한 평가처럼 업적과 과오를 3 대 7로 나눌 수 있는가라고 나에게 물었다. 나는 그렇게 말할 수 없다고 대답했다. 당중앙과 중국 인민은 영원히 흐루쇼프와 같은 일을 하지 않을 것이다.

하지만 당시까지만 해도 덩샤오핑은 시단 민주주의의 벽과 대자보를 부정하지 않았다. 그는 이튿날(11월 26일) 일본 민사당 위원장 사사키 료(佐佐木良)와 회견하면서 "군중이 대자보를 붙이는 것은 정상적인 현상이며, 이는 우리나라 정세가 안정되었다는 것을 보여주는 일종의 표현이다. 우리에게는 군중이 민주를 드높이고 대자보를 붙이는 것을 부정하거나 비판할 권리가 없다"라고 말했다.

진리 표준에 대한 논쟁

11월 30일 저녁이 되자 덩샤오핑은 비로소 후차오무가 기초하고 수정한 원고를 후야오방에게 건네며 "이 원고는 사용할 수 없다. 후차오무의 생각은 옳지 않다. 자네가 다른 사람에게 원고를 쓰도록 해서 나에게 달라"라고 말했다. 이틀 후(12월 2일), 덩샤오핑은 또다시 몇 가지 견해를 제기했는데, 중점은 사상해방과 민주였다. 새로 기초한 급취장이 완성된 이후 덩샤오핑은 다시 후차오무에게 수정에 참여하도록 해 자신이 제기한 사상해방과 민주라는 두 가지 중점을 파괴하도록 했다. 예를 들면, 사상해방의 주제 아래에 한 단락의 문구가 있는데, 원래는 다음과 같았다.

현재 진행되고 있는, 실천이 진리를 검증하는 유일한 표준이라는 문제에 관한 토론은 실제로는 사상해방을 할 것인가 여부에 대한 논쟁이기도 하다. 여러분은 이러한 논쟁을 진행하는 것은 필요하며 의의가 매우 크다고 볼 것이다. 논쟁 상황으로 볼 때 이 논쟁은 보면 볼수록 중요하다. 하나의 당, 하나의 국가, 하나의 민족이 만약 모두 교조주의에서 출발해 생각이 경직된다면 미신이 성행할 것이며, 그렇게 되면 전진하지 못하고 생기를 잃어 곧 당과 국가를 망하게 할 것이다. 이러한 의미에서 말하자면 진리 표준에 대한 논쟁은 확실히 사상노선 문제이자 정치 문제이며 당과 국가의 미래 및 운명과 관계되는 문제다.

진리 표준에 대한 논쟁의 의의를 평가하는 이 말은 본래 저우양이 고안해낸 것이었다. 당시 후차오무는 반대편에서 섰었는데, 이 공작회의에서는 후성이 다시 이를 갖고 저우양을 공격했다. 그런데 덩샤오핑은 12월 2일 사상해방을 논할 때 저우양의 이 말을 긍정했고, 급취장을 써서 다시 한 차례 말하기까지 했다. 후차오무는 감히 이를 삭제할 수는 없어 이 말 중간, 즉 "곧 당과 국가를 망하게 할 것이다" 뒤에 다음과 같은 자신의 말을 집어넣는 방식을 취했다.

이것은 마오쩌둥 동지가 정풍운동(整風運動)[3] 중에 반복적으로 했던 말이

---

3 1940년대 중국공산당이 근거지였던 옌안에서 벌였던 정치문화 운동으로, 중국공산당의 당내 투쟁을 효과적으로 전개하기 위해 마오쩌둥이 주창한 당원 활동쇄신 운동을 일컫는다. _옮긴이 주

다. 사상해방을 하고 실사구시를 견지해야만 모든 것이 실제에서 출발할 수 있고, 이론을 실제와 연계해 사회주의 현대화 건설이 순조롭게 진행될 수 있으며, 우리 당의 마르크스·레닌주의, 마오쩌둥주의의 이론도 순조롭게 발전할 수 있다.

그런 다음 덩샤오핑이 긍정한 저우양의 원래 말을 다시 접합시켰다. 이렇게 해서 진리 표준 논쟁에 대한 평가는 마오쩌둥이 일찍이 옌안에서 정풍운동을 진행하는 가운데 반복해서 논했던 진부한 어조로 변해버리고 말았다.

후차오무는 급취장에 '민주'라는 주제를 다음과 같이 집어넣었다. "무산계급의 민주집중제를 실행하려면 집중적이고 통일된 지도가 필요하다. 하지만 반드시 민주가 충분할 때라야 정확하게 집중을 할 수 있다." 이렇게 해서 민주의 가치는 '집중제'와 '독재'의 수단으로 격이 낮춰졌다.

그러나 후차오무가 어떤 간교한 속임수를 쓰든 간에 이 급취장에는 '4항 기본원칙의 견지'가 없었을 뿐만 아니라 중국 특색의 사회주의 노선도 없었고 개혁·개방의 명확한 개념도 보이지 않았다. 그러나 3개월 후 덩샤오핑은 후차오무가 기초한 「4항 기본원칙의 견지」를 발표함으로써 11기 3중전회의 양대 주제였던 사상해방과 민주의 반대편으로 걸어갔다. 이것이야말로 덩샤오핑 제국의 정치 강령이었다.

덩샤오핑 제국의 이론적 기초

궁위즈는 덩샤오핑이 1978년 12월 중앙공작회의에서 쓴 급취장을 1992년의 남순 강화와 함께 덩샤오핑 이론의 정수이자 사상해방의 선언서로 예시했는데, 이는 아마도 그의 개인적인 감정상의 호의에서 비롯된 것일 뿐, 역사적 진실은 아닐 것이다. 그렇다면 덩샤오핑 자신은 어떻게 말했을까?

— 사인방 분쇄 이후 우리가 가장 중요한 사안으로서 첫 번째로 행했던 일은 헌법에서 '대명, 대방, 대자보, 대변론'이라는 조문을 삭제한 것이다.

— 3중전회 이래 우리의 방침 제1조는 4항 기본원칙의 견지이고, 제2조는 사회주의 4대 현대화 건설이다.

— 어떤 동지는 '중공중앙의 사회주의 정신문명 건설 지도방침에 대한 결의'에 자산계급 자유화에 대한 반대를 쓰지 말자고 하는데 후야오방 동지는 실제로 이러한 관점을 지니고 있다. 나는 그 회의에서 강화를 했다. 당시 나는 자산계급 자유화에 반대하는 것은 지금뿐 아니라 10년에서 20년 뒤까지도 중요하다고 말했다. 오늘 나는 여기에 50년을 더한다.

— 2명의 총서기 모두 제대로 서지 못했는데, 그들은 근본적인 문제인 4항 기본원칙의 견지 문제에서 오류를 범하고 곤두박질쳤다. 4항 기본원칙의 견지와 대립되는 것은 자산계급 자유화인데, 최근 들어 매년 여러 차례 말했지만 그들은 이를 집행하지 않았다.

— 무산계급 독재에 의거해 사회주의 제도를 보호하는 것은 마르크스주의의 기본 관점 가운데 하나다. 마르크스는, 계급투쟁 학설은 자신의 발명이 아니며 진정한 발명은 무산계급 독재의 이론이라고 말했다. 이제 막 정권을 장악한 신흥계급이 일반적으로 적대계급의 역량보다 약하다는 사실은 역사로 증명되었다. 이로 인해 독재의 수단을 사용해 정권을 공고히 한다.

— 개혁·개방을 시작하자마자 바로 다른 의견이 제기되고 있는데, 이는 정상적이다. 논쟁을 하지 않는 것은 내가 생각해낸 방법 가운데 하나다. 우경이 사회주의를 파멸시킬 수도 있지만 좌경이 사회주의를 파멸시킬 수도 있다. 중국은 우경을 경계해야 하지만 주로 좌경을 방지해야 한다. 어지럽고 소란한 것이 우경이라면, 좌경은 개혁·개방이 자본주의를 도입하고 발전시키는 것이라거나 평화적 전복의 주요 위험은 경제 영역에서 비롯된다고 말하는 것이다.

이 중 앞의 네 문장은 덩샤오핑의 원래 말로, 비록 정확하지 않고 완벽하지 않지만 그의 마음속 말이다. 헌법에서 4대를 취소한 것은 1980년으로, 당연히 사인방을 분쇄한 이후 가장 중요한 사안으로서 첫 번째로 행했던 일이라고 할 수 없다. 하물며 3중전회 때에는 덩샤오핑 자신이 공개적으로 대자보를 긍정하는 말을 하기도 했다. 그 당시 대자보는 덩샤오핑을 지지했고 덩샤오핑은 이러한 특정한 기후 아래 대자보를 긍정했는데, 이는 마치 그가 후차오무의 '생각'을 폐기했던 것과도 같다. 이후 대자보에 '새로운 독재자를 경계하라'라는 내용이 붙으면서 창끝이 자신을 조준하자 4대를 취소한 것이 덩샤오핑 마음속의 '첫 번째 일'이 되었다.

뒤의 두 문장은 궁위즈와 정비젠의 정리를 거쳐 덩샤오핑이 심사해 정한 문장으로, 비교적 이론적인 색채를 갖고 있으며 덩샤오핑 이론의 정수이자 덩샤오핑 제국의 이론적 기초라고 할 수 있다.

무산계급 독재에 관한 문장은 마오쩌둥 제국을 계승한 것이다. 이는 본래 또한 3중전회 시기에 덩샤오핑에 의해 잠시 중단된 후차오무의 '생각'이다(사실 이는 덩샤오핑 자신의 '생각'이기도 하다). 폐기된 원고에는 "전당 공작 중점을 사회주의 현대화 건설로 옮기는 목적은 무산계급 독재하의 계속혁명을 실현하기 위한 것"이며, "사회주의 사회에도 계급투쟁이 있으며 당내에도 자본주의 노선을 걸으려는 당권파가 있다. 왕훙원, 장춘차오, 장칭, 야오이린뿐 아니라 허난성(河南省) 당 위원회의 왕웨이췬(王維群), 주마뎬(駐馬店) 지역 당 위원회의 쑤화(蘇華)도 모두 영락없는 주자파다. 우리는 반드시 항상 정신을 차리고 수시로 필요한 조치를 취해야 하며 계급의 적이 활동하기 시작할 때 즉시 이를 소멸시켜야 한다. 문제가 쌓이기를 기다렸다가 처리해서는 안 된다"라고 되어 있었다.

덩샤오핑은 이후 '자본주의 노선을 걷는 당권파'라는 마오쩌둥의 방망이를 다시는 사용하지 않았는데, 왜냐하면 그 방망이는 덩샤오핑 자신을 때려눕혔기 때문이다. 덩샤오핑은 이를 '자산계급 자유화를 자행하는 것'으로 바꿔서 다른 사람을 가격했는데, 이는 이론상으로 완전히 일치하는 말이다.

덩샤오핑과 후야오방의 근본적인 갈등

우경을 반대하고 좌경을 방지한다는 문장은 '마오쩌둥 이론'을 수정 또는 발전시킨 '덩샤오핑 이론'이다. 정치사상 영역에서의 우경 반대, 평화적 전복에 대한 반대에서는 덩샤오핑과 마오쩌둥이 일치하는 것이다. 둘의 차이는 바로 경제 영역이었는데, 마오쩌둥은 모든 영역에서 자산계급에 대한 전면 독재를 실행했다. 한편 덩샤오핑은 평화적 전복에 반대하고 경제 영역에 반대하는 것이 바로 좌경이라고 보았다. 따라서 덩샤오핑의 개혁·개방은 단지 경제 영역에서 자본주의를 도입하고 발전하는 것이며, 계획경제에서 시장경제로 평화적으로 전복하는 것이다.

이것은 바로 덩샤오핑의 절반의 마오쩌둥주의(인민민주독재 이론을 견지하는 것), 절반의 실용주의(자본주의 시장경제를 도입하고 발전시키는 것)이며, 덩샤오핑과 후야오방의 근본적인 갈등이 존재하는 지점이다.

'진리 표준', '생산의 목적', '인간의 해방' 3대 토론에서부터 '정신문명 건설'에 이르기까지 후야오방이 추구한 것은 자유평등이라는 인류 보편적인 가치였다. 물론 그도 마르크스의 저작에서 마르크스는 인류의 보편적 가치를 결코 부정하지 않았다는 이론적 근거를 찾았다. 후야오방은 전면 개혁을 주장하면서, 경제 영역에서의 개혁 자체는 목적이 아니며 인간의 자유와 행복이 목적이라고 했다. 그런데 덩샤오핑은 도리어 이를 '자산계급 자유화'라고 간주했다.

덩샤오핑은 후야오방을 파면한 이후 자오쯔양을 선택했는데, 이는 또한 덩샤오핑 제국의 이론적 기초에서 출발한 것이었다. 자오쯔양은 '하나의 중심, 2개의 기본점'(이후 제13차 당대회 보고에 써넣음)을 제기했는데, 이는 덩샤오핑이 주장했던, 우경을 경계(후야오방이 제기한 '전면 개혁', '보편적 가치론')하고, 좌경을 방지(덩리췬이 제기한 '평화적 전복의 주요 위험은 경제 영역에서 비롯된다'는 논의)하는 것에 부합되었다.

자오쯔양은 자신과 후야오방은 다른데 만약 후야오방이 계엄을 반대하지 않고 군대를 파견해 학생을 진압하는 것을 반대하지 않았다면 후야오방의 총서기 직책은 계속 유지될 수 있었을 것이라고 말한 적이 있다. 덩샤오핑과 자오쯔양이 대립한 원인은 주로 자오쯔양이 학생운동 진압을 반대한 데 있다. 따라서 덩샤오핑은 한편으로는 자오쯔양을 미워하고 반대하면서도 다른 한편으로는 어쩔 수 없이 자오쯔양의 제13차 당대회 보고에 대해 "한 글자도 바꿔서는 안 된다"라고 말했다.

궁위즈가 만약 개인적인 감정에서 출발하지 않고 역사의 진행 과정에 입각해 덩샤오핑 이론을 연구한다면 덩샤오핑이 1979년 3월 30일 이론공작 무허회에서 했던 강화 「4항 기본원칙의 견지」를 가장 정확하고 완벽하다고 평가해야 할 것이다. 왜냐하면 덩샤오핑 이론이 처음부터 끝까지 일관된 정수는 오직 그 강화로, 덩샤오핑이 담화를 마친 이후 바로 삭제한 3중전회의 급취장과는 다르기 때문이다.

덩샤오핑 제국의 이론적 기초가 만들어진 진행 과정을 완벽하고 정확하게 설명하기 위해서는 1980년과 1984년 두 차례의 일화를 다시 다룰 필요가 있다.

홍무멸자에 대한 일화

1980년 4월, 후차오무와 웨이궈칭(韋國淸)은 당내와 군내에서 '자산계급 자유화 반대'를 발동했다. 후차오무는 4월 1일 중앙선전부 회의에서 "현재의 과제는 자유주의의 사상과 방침을 공격해야 하는 것이므로 선전부는 경찰의 역할을 수행해야 한다'라고 제기했다. 4월 18일, 웨이궈칭은 전군 정치공작 회의에서 '홍무멸자'(興無滅資, 무산계급 사상을 부흥시키고 자산계급 사상을 소멸시킨다)를 거듭 제기했다.

홍무멸자는 덩샤오핑이 1956년에 청년단 간부와 담화하는 가운데 제기한 것으로, 1957년 일어난 반우파 운동 이후 사상·문화 영역의 자산계급에 대한 전면 독재의 주요 구호 가운데 하나가 되었다. 이는 덩샤오핑에 대한 '범시'로서, 화궈펑이 전군 정치공작회의에서 했던 강화를 웨이궈칭이 써넣은 것이었는데, 덩샤오핑의 동의를 거쳐 공개적으로 발표했다.

이 사건은 리웨이한(李維漢)의 주의를 유발했다. 5월 24일, 리웨이한은 덩샤오핑의 집을 방문해 홍무멸자를 다시 제기하는 데 찬성하지 않는다고 말했다. 그는 사상 전선의 가장 중요한 임무는 자산계급 사상을 비판하는 것이 아니라 봉건주의 영향을 일소하는 것이라고 생각했다.

이와 같은 견해는 과거에도 예젠잉, 후야오방 그리고 학술계의 리수(黎樹) 등이 제기한 바 있었다. 후야오방은 일찍이 1977년 사인방 사상의 근원을 분석하면서, 그들의 근원은 바로 '봉건 파시즘'이자 '룸펜 프롤레타리아'라고 지적했다. 리웨이한의 이 같은 행동은 덩샤오핑을 설복해 덩샤오핑이 '홍무멸자'의 구호를 접도록 했으며, 아울러 5월 31일에 봉건주의 영향을 일소하는 강화를 발표하도록 만들었다. 덩샤오핑은 다음과 같이 말했다.

리웨이한 동지의 의견은 매우 좋고 중시할 만한 가치가 있다. 당내 생활과 사회생활은 모두 봉건주의 영향을 숙청해야 한다. 각종 제도는 모두 봉건주의의 영향을 일소하는 각도에서 고려해야 하며 점진적으로 개혁을 가해야 한다. 리웨이한 동지는 나에게 제12차 당대회의 강화에서 특별히 봉건주의 영향의 문제를 논하도록 건의했다. 내가 보기에 이런 견해는 우선 어느 정도 역사 문제를 결의하는 중에 드러나야 한다.

이는 1980년 봄과 여름 사이에 덩샤오핑이 보수파의 사고에서 벗어나서 민주파의 사고로 전향하기 위해 시도한 마지막 도약이었다. 8월 18일, 덩샤오핑은 중앙정치국 확대회의에서 '당과 국가 영도제도의 개혁'이라는 주제의 강화를 발표했는데, 주요 논지는 바로 봉건주의 영향을 일소하는 각도에서 제도 개혁을 진행하는 것이었다. 덩샤오핑은 다음과 같이 말했다.

> 당과 국가가 현재 진행하는 제도의 폐단은 역사상 봉건 전제주의의 영향과 관련이 있으며, '공산주의 인터내셔널'(코민테른) 시기에 각국에서 지도자 개인이 고도 집권했던 전통과도 관련이 있다. 봉건주의 영향을 일소하려면, 개혁을 현실적으로 진행하고 당과 국가의 제도를 완전히 갖춰야 하며, 제도적으로 당과 국가 정치 생활의 민주화, 경제 관리의 민주화, 전체 사회생활의 민주화를 보장하는 데 중점을 두어야 한다. 중앙은 장차 전국인대 제5기 3차 회의에서 헌법을 수정하도록 건의함으로써, 헌법을 통해 인민이 국가의 각급 조직과 각항 기업의 권력에 대한 관리를 실제로 향유하고 인민이 권리를 충분히 향유할 수 있게끔 보장해야 하며, 각 민족이 민족구역 자치 등을 진정으로 실행할 수 있도록 해야 한다.

이 담화는 정치국 토론을 거쳐 8월 31일 통과되었다. 이어서 거행된 전국인대 제5기 3차 회의에서는 '헌법개혁위원회'를 선출하고 헌법 수정을 준비함으로써 국가 정치 생활의 민주화라는 요구에 부합하도록 만들었다.

천윈 집단의 공격으로 덩샤오핑이 뒤로 물러서다

덩샤오핑은 5월, 8월 두 차례 담화로 자유주의 사상과 방침에 대해 공격을 발동하는 보수파를 교란시켰다. 보수파는 7월 발생한 폴란드 자유노조 사건을 사례로 들어 자유화를 저지하려 했다. 후차오무는 9월 24일 후야오방에게 편지 한 통을 써서 "중국도 폴란드와 같은 국면이 폭발할 수 있으므로 1956년 폴란드, 헝가리 사건이 발생했을 때 마오쩌둥이 했던 것처럼 반드시 대책을 마련해둬야 한다"라고 제기했다. 후야오방은 이에 대해 회답하지 않았다. 후차오무는 바로 중앙서기처에 통지해 자신의 편지를 인쇄했고 이를 당·정 각 부문과 군중 단체에 발급했다.

중앙선전부에서 후차오무의 편지를 토론할 때에는 다음과 같은 천윈의 의견을 전했다. "선전 방면과 경제 방면, 이 두 방면에서 주의하지 않으면 중국에서도 폴란드와 같은 사건이 발생할 수 있다." 회의 이후 중앙선전부는 "덩샤오핑 동지가 논한 '당과 국가 영도제도의 개혁'은 더 이상 선전할 필요가 없다"라는 내용의 통지를 공표했다.

그러나 12월 중앙공작회의에서 덩샤오핑은 천윈 집단의 진격하에 전면 퇴각했다. 그는 정치 영역에서 '봉건주의 영향을 일소하는 각도에서' 당과 국가제도 개혁을 진행하는 것을 포기했을 뿐만 아니라 경제 영역에서도 '수요 억제, 발전 포기, 개혁 완화'라는 천윈 노선을 받아들였다. 덩샤오핑은 또한 강화에서 처음으로 명확하게 '자산계급 자유화 반대'를 제기했다. 다시 말해 자신이 한 차례 스스로 부정했던 홍무멸자 강령을 다시 원점으로 되돌렸던 것이다.

두 번째 일화는, 경제적으로 후야오방을 타도하고 정치적으로 저우양을 가격한 이후인 1984년에 일어났다. 덩샤오핑은 1980년 중앙공작회의에서 천윈에게 너무 많은 것을 양보한 사실을 후회했다. 이에 따라 후야오방에게 12기 3중전회에서 발표한「경제체제 개혁에 대한 결정」을 기초하도록 지시했다.

덩샤오핑은 좌우 균형을 맞추는 수단을 다루는 실력이 마오쩌둥보다 더 대단했다. 덩샤오핑은 천윈에게 양보하기로 결정했을 당시 덩리췬에게 자신을 대신해 중앙공작회의에서 행할 말을 기초하도록 시켰다. 한편 경제를 구하고 천원에 대한 양보를 거둬들이려 할 때에는 후야오방에게 「경제체제 개혁에 대한 결정」을 기초하도록 시켰는데, 그전까지만 해도 후야오방은 경제 업무의 중앙 정책을 결정하는 핵심에서 배제되어 있었다.

후야오방은 천원 집단으로부터 매우 커다란 압력을 받으면서도 독자적인 힘으로 「경제체제 개혁에 대한 결정」을 완성했다. 덩샤오핑은 이전에 후야오방더러 경제를 이해하지 못한다고 말하지 않았던가? 하지만 이번에는 덩샤오핑이 도리어 후야오방이 기초한 이 결정을 "정치경제학의 일대 발명이자 일대 창조"라고 칭찬했다. 이는 또한 덩샤오핑이 후야오방의 지혜를 이용해 경제를 구제하고 마지막에 그를 실각시킴으로써 천원에게 양보하는 모습을 구체적으로 보여주었던 것이다. 이 두 가지 일화는 다음을 표명한다.

첫째, 정치사상 영역에서 덩샤오핑은 리웨이한에게 동의하고 자신이 제기한 '훙무멸자'를 포기했는데, 이는 마치 11기 3중전회의 급취장과 마찬가지로 일시적인 것이었다. '4항 기본원칙의 견지', '훙무멸자', '반자유화'는 덩샤오핑 제국의 동요될 수 없는 이론적 기초다.

둘째, 경제 영역에서 덩샤오핑은 '수요 억제, 발전 포기, 개혁 완화'의 천원 노선에 동의했는데 이 또한 일시적인 것이었다. 대외 개방을 견지하고, 해외 자본, 자원, 정보, 과학기술, 인재를 도입해 평화발전의 새로운 국제 연대를 구축하는 것은 덩샤오핑의 글로벌 전략으로서, 이 또한 덩샤오핑 제국의 동요될 수 없는 이론적 기초다.

이 '2개의 주먹'을 합친 것이 자본주의를 이용하고 공산당 일당독재를 공고히 해서 발전시키는 중국 특색의 새로운 노예제도다. 이것이 바로 덩샤오핑 이론의 정수인 것이다.

제10장

덩샤오핑 없는 덩샤오핑 제국

마오쩌둥이 사망한 지 2년이 지난 후 마오쩌둥 일생의 두 가지 큰 일 중 하나인 문화대혁명은 철저하게 부정되었고, 마오쩌둥 시대에 일어난 억울한 사건 및 누명 사건에 대한 진상 조사와 명예가 회복되었으며, 마오쩌둥의 두 가지 범시는 비판을 받았다. 그의 시체가 천안문 앞 마오쩌둥 주석 기념당 안에 조용히 누워 있는 것을 빼면 그가 건립한 마오쩌둥 제국은 소리 없이 사라져버렸다.

1979년 3월 30일, 덩샤오핑은 전국 이론공작 무허회에서 주제 연설로 「4항 기본원칙의 견지」를 발표했는데, 이는 자신의 '범시'를 이용해 마오쩌둥의 '범시'를 대체하려 한 것이었다. 이로써 그는 덩샤오핑 제국 건설을 위한 첫 걸음을 내디뎠다.

그렇지 아니한가? 후야오방, 자오쯔양 2명의 총서기가 모두 파면되었는데, 그들의 죄명이 덩샤오핑의 말을 듣지 않았고 덩샤오핑이 가르치고 이끈 '4항 기본원칙의 견지, 자산계급 자유화 반대'를 위배한 것이라는 사실만 봐도 잘 알 수 있다.

덩샤오핑은 마오쩌둥의 역사적인 교훈을 새겨 덩샤오핑 제국의 미래를 공고히 하고 발전시키기 위해 생전에 세밀하게 배치를 해두었다.

덩샤오핑의 3대 핵심론

무엇보다 첫째, 2대에 걸쳐 후계자를 지정해두었다. 1980년, 덩샤오핑은 리웨이한의 건의에 동의해 봉건주의 영향을 일소하기 위해 정치국 회의에서 정치제도 개혁을 진행했으며, 이와 동시에 이탈리아의 저널리스트 팔라치와 인터뷰하는 자리에서 마오쩌둥을 비판하면서 "한 명의 지도자가 스스로 자신의 후계자를 선택하는 방식은 봉건주의 수법을 계속해서 따르는 것"이라고 말했다. 이는 그의 심중을 표현한 말이었다. 그런데 이후 그가 이를 망각하거나 원래의 취지에서 벗어나버린 사실을 감안하면 이 말은 원래 그의 진심이 아니었던 것으로 생각된다. 그러나 여기에서 구차하게 이 점을 지적할 필요는 없을 것이다. 다만 덩샤오핑의 수법을 보면 그가 마오쩌둥보다 더 봉건독재주의라는 사실을 알 수 있다.

마오쩌둥은 류사오치, 린뱌오 2명의 후계자를 포기한 이후 누구에게 권력을 넘길 것인지 결코 명확히 하지 않았다. 덩샤오핑을 한 차례 선택했었지만 덩샤오핑이 문화대혁명이라는 '유산'을 계승하지 않으려 하자 '덩샤오핑 비판'을 발동했다. 그는 마지막까지 화궈펑에게 권력을 승계한다고 명확히 밝히지 않았으며, "평화적으로 권력을 물려주지 못하면 불안정한 상태에서 물려주게 되어 잘못하면 피비린내 나는 비바람이 닥칠 수도 있다. 당신들은 어떻게 할 것인가? 오직 하늘만이 알 뿐이다"라고 확신 없는 말을 하기도 했다.

덩샤오핑은 마오쩌둥보다 주도면밀해 피비린내 나는 비바람 가운데 자신의 후계자 장쩌민을 확립했을 때 매우 분명하게 다음과 같이 말했다.

당의 11기 3중전회는 하나의 새로운 집단지도체제를 세웠고, 이 체제가 건립되자마자 나는 바로 줄곧 후계자 승계 문제를 안배했다. 비록 2명의 후계자들이 모두 굳건하게 버티지 못했지만, 당시의 투쟁 경험에 따라, 업무의 성취에 따라, 정치사상의 수준에 따라 말하자면 그러한 선택을 할 수밖에 없었다.

어떤 집단지도체제라도 모두 하나의 핵심이 있으며, 핵심이 없는 지도체제는 의지할 수 없다. 제1대 집단지도체제의 핵심은 마오쩌둥 주석이었다. 제2대는 실제로 내가 핵심이다. 이러한 핵심이 있기 때문에 설령 2명의 지도자가 변동되었어도 우리 당의 영도에 영향을 미치지 못했고, 당의 영도가 항상 안정적일 수 있었다. 제3대에 진입하는 집단지도체제도 반드시 하나의 핵심이 있어야 하며, 이 점은 여기에 앉아 있는 모든 동지들이 깊이 자각하며 이해하고 처리해야 한다. 계획적으로 수호할 하나의 핵심은 바로 지금 여러분들이 동의한 장쩌민 동지다. 단도직입적으로 말해 새로운 상무위원회는 업무를 개시하는 첫 날부터 이 집단체제와 이 집단체제의 핵심을 수립하고 수호하는 데 주의를 기울여야 한다. 이것은 가장 중요한 문제이자 정치를 교체하는 문제다.

이것이 바로 덩샤오핑의 독창적인 핵심 이론이다. 왜 후야오방과 자오쯔양이 모두 굳건하게 버티지 못했는가? 왜냐하면 "제2대는 실제로 내(덩샤오핑)가 핵심"이었기 때문이다. 설령 후야오방과 자오쯔양이 투쟁 경험이 있고, 업무 성과가 있으며, 정치사상 수준이 높고, 전국적인 당대회를 통해 선출된 총서기이며, 당 규약상 최고책임자이고, 인민이 지지했다 하더라도, '실제상의 핵심'이 내키지 않으면 언제라도 생활회와 팔로회(八老會)를 개최해 말 한 마디로 파면시킬 수 있었다.

후에 차오스는 전국인대 위원장에 임명되었을 때 법치를 주장해 '법치(法治)'와 '핵치(核治)'(핵심이 통치한다) 사이의 논쟁을 폭발시켰다. 장쩌민의 '핵치'는 바로 덩샤오핑의 핵심 이론이었으므로 차오스의 법치를 물리쳤고 중국공산당 제15차 당대회에서 차오스를 압박해 물러나게 했다.

장쩌민이 제3대 핵심으로 등극했을 때 민간에서는 '마오쩌둥의 호두 한 알'에 관한 이야기가 넓게 퍼졌다. 그 이야기의 내용은 다음과 같다.

마오쩌둥은 임종하기 전 정치국 위원을 불러들여 한 명씩 일일이 악수를 하며 작별을 고했다. 예젠잉이 작별 인사한 후에 문 쪽으로 가자 마오쩌둥은 예젠잉에게 다시 오라고 했고, 그의 손을 잡고 장시간 놓지 않으면서 입술을 움직여 무슨 말을 하는 듯 보였다. 예젠잉이 머리를 끄덕이며 알았다고 하자 마오쩌둥은 그때서야 손을 살며시 놓아주어 예젠잉이 돌아갈 수 있도록 했다.

원래 마오쩌둥은 몰래 한 알의 호두를 예젠잉의 손에 넣어주었다. 예젠잉은 이후 마오쩌둥이 일찍이 자신과 함께 한(漢) 왕조의 이야기를 논하면서, 유방(劉邦)이 임종 전에 "주발(周勃)이 소박하고 듬직하므로 유씨(劉氏)를 안정시킬 수 있는 자는 발(勃)"이라고 했다는 고사를 말했다고 했다. 그 뜻은 지식분자는 믿을 수 없으며 장래에 천하를 안정시키기 위해서는 예젠잉이라는 중신의 도움을 받아야 한다는 것이었다. 임종 때 호두를 예젠잉의 손에 각별히 전한 것은 후사를 부탁한 것이다.

마오쩌둥이 사망한 이후 예젠잉은 화궈펑을 도와 사인방을 제거했고, 호두를 화궈펑에게 건네주려고 준비했는데 덩샤오핑이 "잠깐만, 다시 살펴보자"라고 말했다. 이어서 덩샤오핑과 천윈이 손을 잡고 화궈펑을 파면시켜버렸다. 11기 6중전회에서 후야오방을 선출해 당 주석 겸 총서기에 임명하자 예젠잉은 다시 호두를 후야오방에게 전해주려고 준비했다. 덩샤오핑은 재차 "잠깐만, 다시 살펴보자"라고 말했다.

예젠잉은 사망할 때까지 호두를 건네주지 못했다.

천안문 학살이 발생하기 이전 덩샤오핑은 상하이에서 막 올라온 장쩌민을 베이징 시산(西山)으로 불러 회견했다. 덩샤오핑은 장쩌민에게 자오쯔양은 말을 듣지 않고 계엄에 반대하므로 총서기 직무를 철회해 장쩌민에게 인계하겠다고 말했다. 장쩌민은 크게 놀라 "저는 적임자가 아니며, 당 내부에서 저는 단지 초등학생 수준에 불과합니다"라고 말했다. 덩샤오핑이 "잠시 안정을 취하고 조급해 하지 말기 바라네. (호두를 꺼내면서) 내가 우선 이 물건을 보여주겠네. 이 호두는 제1대 핵심인 마오쩌둥이 전해준 것으로, 그가 임종 시에 예젠잉 원수에게 전하면서 제2대 핵심에게 전해달라고 했네. 예젠잉 원수는 화궈펑과 후야오방에게 전해주려 했지만 내가 모두 이를 저지했다네. 예젠잉 원수가 사망한 이후 이 호두는 내 수중에 들어왔으므로 나는 제2대 핵심으로 볼 수 있다네. 오늘 내가 자네에게 이 호두를 건네주면 자네는 바로 제3대 핵심이 된다네. 자네가 하려고 하든 하지 않으려 하든 어쨌든 해야만 할 것일세"라고 말했다.

장쩌민은 호두를 전해 받고 걱정이 기쁨으로 바뀌었다.

이것은 1989년의 일이다. 이로부터 3년이 지난 후 덩샤오핑은 미래에 대해 그래도 안심할 수 없었다. 덩샤오핑은 장쩌민이 때가 되더라도 권력을 넘겨주지 않거나 적당하지 않은 사람에게 건넬 것을 우려해 다시 당시 49세의 후진타오를 '제4대'로 지정하고 장래에 장쩌민을 승계하도록 했다.

하나의 중심, 2개의 기본점

그리고 둘째, 영원히 변하지 않는 덩샤오핑 제국의 기본노선과 전략 구도를 확립했다. 덩샤오핑이 후야오방을 파면하기까지 마음속으로 가장 걱정했던 것은 후야오방이 진보적인 이미지를 구축해 장차 덩샤오핑의 노선과 전략을 변화시킬 수도 있다는 점이었다.

이로 인해 후야오방을 대신해 자오쯔양을 선택한 이후 덩샤오핑이 가장 역점을 둔 일은 바로 중국공산당의 제13차 당대회에서 미래의 기본노선과 장기 전략을 제정하는 것이었다.

1987년 2월 6일, 덩샤오핑은 자오쯔양, 양상쿤, 완리, 보이보를 집으로 불러 제13차 당대회 보고에 대해 논의했다. 덩샤오핑은 "제13차 당대회 보고는 반드시 한 편의 훌륭한 저작이어야 하며, 이론적으로 우리의 개혁이 사회주의인지 아닌지를 명확하게 논의해야 한다. 또한 4항 기본원칙 견지의 필요성과 자산계급 자유화 반대의 필요성, 그리고 개혁·개방의 필요성을 명백히 밝혀야 하며, 이론적인 방면에서 더욱 명확하게 설명해야 한다"라고 말했다.

3월 3일, 덩샤오핑은 미국 국무장관 조지 슐츠(George Shultz)를 회견했을 때 "우리는 앞으로 50년에서 70년 동안 4대 현대화를 할 것이다. 4대 현대화 과정은 전체적으로 자산계급 자유화 반대라는 문제를 안고 있다. 우리의 확고부동한 원칙은 안정된 정치 국면을 통해 질서 있게 4대 현대화를 진행하는 것이다. 과거 해외 일부 인사들은 나는 개혁파로 간주하고 다른 사람은 보수파로 간주했다. 내가 개혁파인 것은 맞다. 하지만 만약 4항 기본원칙을 견지하는 것이 보수파라면 나는 보수파이기도 하다"라고 말했다.

덩샤오핑이 생각한 바에 따라 자오쯔양은 '제13차 당대회 보고 대강의 기초 작성에 관한 구상'을 제기해 3월 21일에 덩샤오핑에게 보고했다.

자오쯔양의 구상은 '사회주의 초급 단계'를 입론 근거로 해서 당의 기본 노선을 '하나의 중심, 2개의 기본점'으로 개괄했다. '하나의 중심'은 '경제 건설을 중심으로 한다'는 것이고 '2개의 기본점'은 ① 4항 기본원칙의 견지, 자산계급 자유화 반대, ② 개혁·개방의 견지다.

덩샤오핑은 3월 25일 "매우 잘 설계되었다"라면서 이를 결재했다.

자오쯔양의 제13차 당대회 보고는 바로 이 설계에 따라 완성된 것이었다. 1989년 자오쯔양을 파면시킨 이후에도 덩샤오핑은 여전히 "제13차 당대회 보고는 한 글자도 바꿀 수 없다"(1989년 5월 13일)는 원칙을 견지했다.

이에 대해 덩샤오핑은 일찍이 여러 차례 다음과 같이 강조했다.

— 제13차 당대회에서 개괄한 '하나의 중심, 2개의 기본점'이 맞는가, 틀린가? 2개의 기본점, 즉 4항 기본원칙과 개혁·개방이 맞는가, 틀린가? 틀리지 않다. 만일 오류가 있다고 한다면 4항 기본원칙의 견지가 충분히 관철되지 못하고 있다는 것이다(1989년 6월 9일).

— 제13차 당대회에서는 '하나의 중심, 2개의 기본점'이라는 전략 구도를 확정했다. 우리는 10년 전에 바로 이렇게 제안했었고, 제13차 당대회는 이 용어로 그 제안을 개괄해냈다. 우리는 이 전략 구도를 반드시 계속 견지해야 하며 영원히 바꿔서는 안 된다(1989년 11월 23일).

정치 교체를 위한 『덩샤오핑 문선』

마지막으로 셋째, 『덩샤오핑 문선』 제3권을 심사해 결정함으로써 미래에 있을 정치상의 교체를 위한 기준으로 삼았다.

마오쩌둥이 후세에 전한 것은 단 4권으로 구성된 『마오쩌둥 선집(毛澤東選集)』으로, 이는 1949년 건국 이전의 그의 저작을 모은 것이다. 마오쩌둥이 세상을 떠난 이후 화궈펑이 한 차례 『마오쩌둥 전집(毛澤東全集)』의 출간을 선포했으나 『마오쩌둥 선집』 제5권만 나온 후 조속히 발행이 중단되었고 더 이상 진전되지 못했다. 『마오쩌둥 선집』을 출판할 당시 논쟁이 벌어졌는데, 캉성, 리신은 원저 그대로 출판할 것을 주장했고, 후차오무, 덩리췬은 현실적인 요구에 따라 원본에 수정을 가할 것을 주장했다. 덩샤오핑이 "마오쩌둥주의 체계를 완벽하고 정확하게 이해하라"라고 지시하자 후차오무는 하나의 방법을 만들어냈는데, 마오쩌둥 원저 중 완벽하고 정확한 표준에 부합되지 않는 것은 마오쩌둥주의 체계에서 삭제하고, 중앙 집단지도체제(예를 들면 류사오치, 저우언라이, 덩샤오핑) 사상 중 완벽하고 정확한 표준에 부합하는 것은 마오쩌둥주의 체계에 넣는 것이었다. 마오쩌둥주의 체계란 후차오무가 '집단 지혜의 결정'이라고 일컫는 것이었기 때문이다. 마오쩌둥주의 체계에서 제거된 마오쩌둥의 저작은 '마오쩌둥 만년의 오류'라 칭하면서 완벽하고 정확한 마오쩌둥주의 체계와 구별했다. 그렇다면 누가 완벽하고 정확한 표준을 결정했을까? 당연히 후차오무, 덩리췬 또는 덩샤오핑 자신이었다.

후차오무의 이 위대한 발명은 덩샤오핑의 동의를 거쳐 '건국 이래 당의 일부 역사 문제에 관한 결의'에서 '마오쩌둥주의 체계'와 '마오쩌둥 만년의 오류'를 판단하는 기준이 되었다. 그러나 이 결의가 잘 쓰였고 이 표준을 통해 마오쩌둥의 유저(遺著, 죽은 이의 생전 저작)를 편집했지만, 후차오무가 세상을 떠나자 다시 편집이 완료되지 못했다. 중앙문헌출판사(中央文獻出版社)가 내부에서 발행한 『건국 이래 마오쩌둥 문고(建國以來毛澤東文稿)』제13권에 이 내용이 수록되긴 했으나 이것은 일부 온전하지 못한 글로, 유독 마오쩌둥의 핵심적인 시기의 관건적인 의견을 담고 있지 않다.

마오쩌둥의 교훈에 비추어 덩샤오핑은 만년에 자신의 이론적 유산에 매우 큰 관심을 기울였다. 1992년 중국공산당 제14차 당대회 이후 덩샤오핑은 일상적인 정무에는 거의 간섭하지 않은 채 자신의 논저, 특히 『덩샤오핑 문선』 제3권을 편집해 출판하는 데 집중했다.

1992년 12월 8일, 덩샤오핑 판공실은 중국공산당 중앙문헌연구실에 통지하고 『덩샤오핑 문선』 제3권을 편집해 출판하는 데 동의했다. 덩샤오핑은 직접 정비젠, 궁위즈, 펑셴즈(逢先知) 3명을 주요 편집자로 지명했다.

1993년 5월 4일, 편집팀은 『덩샤오핑 문선』 제3권의 첫 번째 원고를 송부했다. 덩샤오핑은 차례로 이를 심사한 후 편집팀에 다음과 같은 지시를 하달했다. "내용이 적지 않아서 좋은 책으로 만들 수 있을 것 같다. 다만 다듬고 자세하게 퇴고를 해야 한다. 현재 일부 내용은 명확하게 정리되지 않아서 보는 데 힘이 들므로 문장 편집에 좀 더 공을 들여야 한다. 성숙하지 못한 것, 연관되지 않은 것, 해석하기에 명확하지 않은 것은 차라리 없애는 것이 낫다."

7월 7일에는 원고를 심사한 후 재차 다음과 같은 지시를 내렸다. "이 책은 핵심적인 방향성이 있으며, 인민을 교육하고 있어 지금 바로 사용할 만한 책이다. 나는 현재에 대해서든 미래에 대해서든 좁은 각도에서가 아니라 대국적인 관점에서 말한다. 편집 관계자들은 더욱 열심히 일하고 속도를 좀 더 내서 이 책이 좀 더 일찍 출판될 수 있기를 바란다."

8월 17일에는 심사 후 "이 책은 비교적 좋고 빈 말이 없으므로 되도록 빨리 출간되어야 한다"라고 말했다.

8월 24일에는 심사 후 "이 책을 깨끗하게 인쇄한 후 10~20명의 동지에게 발송해 보게 하고 그들에게 의견을 제시하도록 부탁하라. 실제로 이는 정치 교체의 사안 가운데 하나다"라고 말했다.

9월 3일, 마지막으로 원고를 심사한 후 "큰일을 이루었다!"라고 말했다.

『덩샤오핑 문선』 제3권이 선별해 편집한 것은 1982년 9월부터 1992년 2월까지의 의견으로, 덩샤오핑 일생 중 가장 중요한 10년(78세부터 88세까지)간의 내용을 담고 있는 대표작이다. 1992년 이후 덩샤오핑은 5년을 더 생존했지만 그는 더 이상 아무런 말도 하지 않았다. '현재에 대해서든 미래에 대해서든' 그가 하려던 말은 모두 이 『덩샤오핑 문선』 제3권에 기록되었던 것이다. 제3권을 통해 그는 정치상의 교체를 완성했다.

제3권과 제2권을 비교해보면 덩샤오핑이 어째서 제3권에 그토록 힘을 기울였는지 이해할 수 있다. 제2권에 나오는 네 편의 주요 강화를 예로 들어 간략히 설명하도록 하겠다.

① 13기 3중전회에서의 급취장: 「사상을 해방시키고 실사구시와 단결일

치를 통해 앞으로 나아가자」(1978년 12월 13일)

② 전국 이론공작 무허회 석상에서의 강화: 「4항 기본원칙의 견지」(1979
년 3월 30일)

③ 중앙정치국 확대회의에서의 강화: 「당과 국가 영도제도의 개혁」
(1980년 8월 18일)

④ 중앙공작회의에서의 강화: 「조정방침을 관철하고 안정단결을 보장
한다」(1980년 12월 25일)

이 네 편의 문장 가운데 두 가지 생각은 거의 '2명의 덩샤오핑'에게서 나
온 것으로 볼 수 있다. ①과 ③은 민주개혁파의 생각에 가까우며, ②와 ④
는 전면 보수파의 생각과 대동소이하다. 이를 통해 1978년 12월에서 1980
년까지 두 해 동안 덩샤오핑은 자신이 사유하는 방향을 완전히 파악하지
못했으며 외부 세계(사람과 상황을 포함해)의 영향을 쉽게 받았음을 알 수
있다.

①은, 당시 중앙공작회의에서 후야오방을 대표로 하는 민주개혁파 및
회의장 외부의 시단 민주주의의 벽을 통해 표출된 사회 여론의 영향을 받
아 덩샤오핑이 일시적으로 자유·민주 가치 쪽으로 경도됨에 따라, 후차오
무가 덩샤오핑을 위해 기초한 원고를 포기하고 별도로 만든 '사상해방'의
급취장임을 이미 살펴보았다. 그런데 겨우 3개월 남짓 만에 미국 방문과
베트남전쟁을 겪고 게다가 시단 민주주의의 벽에 자신을 겨냥한 대자보가
출현하자 덩샤오핑은 원래 포기했던 생각으로 다시 돌아왔고, 후차오무를
불러 자신을 대신해 살기등등한 '4항 기본원칙의 견지'를 기초하도록 했다.
덩샤오핑은 다음과 같이 말했다.

공산당의 영도가 없으면 사회주의 혁명이 있을 수 없고, 인민민주독재가

있을 수 없으며, 사회주의 건설이 있을 수 없다. 레닌은 "인민민주독재는 구사회의 세력과 전통에 대한 완강한 투쟁으로, 유혈적인 것과 비유혈적인 것, 폭력적인 것과 평화적인 것, 군사적인 것과 경제적인 것, 교육적인 것과 행정적인 것 간의 투쟁이다. 투쟁 속에서 단련된 강철과 같은 당이 없다면, 계급 전체의 충실한 사람들이 신뢰하는 당이 없다면, 군중 정서를 고려하고 군중 정서에 영향을 미치는 데 정통한 당이 없다면 이러한 투쟁을 순조롭게 진행하는 것은 불가능하다"라고 말했다. 레닌이 말한 이 진리는 지금도 여전히 유효하다. 이는 사람들을 위협하기 위해 하는 말이 아니며 아주 많은 실천에 의해 증명된 객관적 진리다.

인민민주독재와 계급투쟁을 '유혈적인 것과 비유혈적인 것, 폭력적인 것과 평화적인 것, 군사적인 것과 경제적인 것, 교육적인 것과 행정적인 것 간의 투쟁'으로 확대하는 것은 마오쩌둥의 문혁 시대에 있었던 자산계급에 대한 무산계급의 전면 독재론으로 되돌아간 것이 아닌가?

③의 강화 또한 덩샤오핑이 리웨이한의 건의를 받아들여 '홍무멸자'를 포기하고 봉건주의 영향을 제거하기 위해 정치제도의 개혁을 제기한 것임을 살펴본 바 있다. 정치국 확대회의에서 이 의견이 통과된 이후 반대파 천윈과 후차오무는 폴란드 사건을 이용해 이를 저지했으며, 3개월 남짓 이후 열린 중앙공작회의 석상에서 정치상의 반자유화, 경제상의 '수요 억제, 발전 포기, 개혁 완화'라는 조정방침을 제기했다. 덩샤오핑은 덩리췬에게 ④의 강화를 통해 제시한 정치·경제 두 가지 전선에서 전면 퇴각하는 강화를 기초하게 했고, 10여 년 이후 덩리췬은 득의양양하게 자신의 공을 자랑하며 "이 강화는 덩샤오핑과 천윈의 협력을 가장 분명하고 확실하게 보여주는 하나의 지표로, 천윈이 제기한 방침에 대해 덩샤오핑이 전력 지지한 것이다"라고 말했다. 그런데 덩샤오핑은 얼마 가지 않아 후회하면서 "그 회

의에서 너무 많이 양보해버렸다"라고 말했다. 이후 덩샤오핑은 반자유화 입장에 입각해서 후야오방과 자오쯔양을 파면시킬 때는 천윈과 분명하고 확실하게 협력했으나, 경제 영역에서는 더 이상 양보하지 않았다.

덩샤오핑이 직접 심사하고 확정하는 과정을 거친 제3권에는 제2권처럼 앞뒤가 맞지 않거나 심지어 충돌하는 문제가 없다. 덩샤오핑이 말한 '대국적인 관점에서 말한 것', '미래에 대한 정치 교체의 사안'은 대략적으로 다음과 같이 개괄할 수 있다.

— 하나의 중심, 2개의 기본점. 이 '2개의 주먹'의 기본노선은 100년간 불변한다.
— 자산 자유화를 하는 것은 바로 자본주의의 길을 걷는 것이므로 자유화 문제에서는 양보할 수 없다.
— 인민민주독재에 의지해 사회주의를 보위하고 독재 수단으로 정권을 공고히 한다.
— 정치체제 개혁의 전제는 4항 기본원칙의 견지로서, 자산계급 민주주의를 그대로 사용할 수 없으며 삼권을 모두 분리할 수 없다.
— 평화적 전복을 방지한다. 서방 국가는 포연 없는 제3차 세계대전을 일으켜 사회주의국가를 평화적으로 전복시키려고 한다.
— 하나의 국가, 2개의 제도.
— 3대 핵심론.
— 우를 경계하고 주로 좌를 방지한다. 자유화와 동란은 우이며, 평화적 전복의 주요 위험이 경제 영역에서 비롯된다고 여기는 것은 좌다.

이 8개 항목은 덩샤오핑 제국의 강령이라고 말할 수 있다. 덩샤오핑은 일찍이 닉슨 등의 외국인과 회견할 때 "내가 있든 없든 내가 주재해 제정한 일련의 방침 및 정책은 절대로 바뀌지 않을 것이며, 나는 나의 동료들도 이렇게 할 것이라고 믿는다"라고 반복해서 강조했다.

덩샤오핑 없는 덩샤오핑 제국

덩샤오핑이 사망한 지 이미 10년이 훨씬 넘게 지났는데도 그가 말한 바와 같이 장쩌민에서 후진타오에 이르기까지 덩샤오핑의 노선, 정책, 방침은 모두 변하지 않았다. 오늘날의 중국은 여전히 덩샤오핑 없는 덩샤오핑 제국인 것이다.

상기 8개 항목에서 덩샤오핑의 전후 변화가 가장 큰 것은 정치 개혁 항목으로, 오늘날 중국에서 논쟁이 가장 큰 사안이기도 하다. 따라서 여기에 대해 보충해서 설명할 필요가 있다.

제2권에서 덩샤오핑은 정치 개혁의 목적을 다음과 같이 제기했다. "정치적으로 자본주의국가의 민주보다 더욱 확실한 민주를 창조한다. 제도적으로 당과 국가 정치 생활의 민주화, 경제 관리의 민주화, 전체 사회생활의 민주화를 보장하고, 전체 인민이 각종 효과적인 방식으로 국가의 기층 지방 정권과 각 기업의 권력에 대한 관리를 실제로 향유하고 국민의 권리를 충분히 향유할 수 있게끔 하는 것이다."

또한 그는 "세밀하게 조사 연구를 하고 각국의 경험을 비교하며, 생각을 모으고 이익을 넓히며, 확실하고 실행할 수 있는 방안과 조치를 제기해 현행 제도의 개혁과 새로운 제도의 건립 문제를 해결해야 한다. 이는 장차 우리가 세계 각국으로부터 받아들일 수 있는 진보적인 요인을 흡수할 것이며, 세계에서 가장 좋은 제도가 될 것이다"라고도 제기했다.

하지만 덩샤오핑이 제3권에서 정치 개혁에 대해 대대적으로 다룰 때에는 이런 사상이 보이지 않았다. 그는 과거 자신이 가졌던 정치 개혁의 견해를 완전히 바꿔 다음과 같이 말했다.

— 우리의 정치체제 개혁 목표는 세 가지다. ① 사회주의 제도를 공고히 하고, ② 사회주의 생산력을 발전시키며, ③ 사회주의 민주를 드높여 많은 인민의 적극성을 자극하는 것이다. 인민의 적극성을 자극하는 가장 중심적인 연결고리는 역시 생산력을 발전시키고 인민의 생활수준을 제고하는 것이다.

— 개혁의 내용은 우선 당정을 분리하고 당이 어떻게 잘 영도할 것인가의 문제를 해결하는 것이어야 한다. 이것이 가장 중요한 것으로, 첫 번째 위치에 두어야 한다. 두 번째는 권력을 하급 기관에 이양하고 중앙과 지방 간의 관계를 해결하는 것이다. 동시에 지방 각급도 각기 하급 단위로의 권력 이양이라는 문제를 갖고 있다. 세 번째는 기구를 간소화하는 것으로, 이것은 하급 단위로의 권력 이양과 관련이 있다.

— 개혁 중에는 서방의 것을 그대로 가져올 수 없으며 자유화를 할 수 없다. 과거 우리가 취했던 지도체제는 장점이 있으며 문제도 빨리 결정할 수 있었다. 상호 제약되는 체제를 과도하게 강조하는 것은 문제가 생길 수 있다. 나는 항상 미국 집권자들을 비판하면서 그들이 실제로는 3개의 정부를 갖고 있다고 말했는데, 이러한 방법을 우리가 활용할 수는 없다.

이러한 종류의 덩샤오핑식 정치 개혁은 단지 '당정 분리', '권력 하방', '기구 간소화' 등 행정 개혁 차원의 범위에 국한되어 있다. 이는 이른바 '4항 기본원칙의 견지 아래에서의 사회주의 민주'로서 실제로는 근본적으로 민주를 취소하는 것이었다.

덩샤오핑의 이러한 변화는 절대 우연히 일어난 것이 아니며, 뿌리 깊은 역사적 근원을 갖고 있다.

덩샤오핑은 국공 간 10년 내전 시기에는 마오쩌둥파[덩샤오핑, 마오쩌둥, 셰웨이쥔(謝唯俊), 구보(古柏)를 지칭함]였고, 코민테른 노선이 통치하던 시기에는 우파로 간주되었다. 1956년 덩샤오핑은 중앙의 핵심 지도부로 진입해 제8차 당대회에서 총서기, 정치국 상무위원으로 당선되었다. 마오쩌둥, 저우언라이, 주더, 천윈, 덩샤오핑 중 비록 마지막에 올랐지만 마오쩌둥으로부터 각별히 두터운 신임을 받았다. 마오쩌둥은 국내외의 중요한 사안에서 막중한 임무를 모두 그에게 맡겼다. 1957년 반우파 투쟁에서는 덩샤오핑이 제1선에서 이를 주재했다. 1958년 대약진 때 마오쩌둥은 자신이 '총사령관'이며 덩샤오핑은 '부사령관'이라고 선포했다(이로 인해 당시 당내에서는 '그렇다면 류사오치와 저우언라이를 어디에 위치시켜야 하는가'라는 논의가 있었다). 중소 간의 논쟁에서 마오쩌둥은 덩샤오핑을 지명해 흐루쇼프와 변론을 벌이도록 했고, 아울러 덩샤오핑에게 수정주의에 반대하는 아홉 편의 문장, 즉 소련공산당에 대한 공개서한을 1평(一評)부터 9평(九評)까지 작성하도록 했다.

당시 덩샤오핑은 좌파였다. 반우파 시기에 그는 마오쩌둥보다 더욱 좌파였으며, '홍무멸자'도 덩샤오핑이 솔선해 제기한 것이었다. 1962년, 덩샤오핑이 비록 '황색 고양이, 검은색 고양이'를 말하며 포산도호(包産到戶)[1]의 합법화를 주장했지만, 그날(1962년 7월 7일) 저녁, 마오쩌둥의 의견을 들은 이후 즉시 스스로 자신의 의견을 수정했다.

덩샤오핑과 마오쩌둥이 대립한 주요 원인은 문화대혁명이었다. 마오쩌둥은 문혁을 자신의 일생에서 이룬 두 가지 큰 사건 가운데 하나로 보았고, 자신의 중요한 유산으로 생각했다. 덩샤오핑은 문혁을 완전히 부정해야 한다고 주장했다. 덩샤오핑은 문혁에 대해 자신만의 독특한 견해를 갖고 있었는데, 바로 문혁을 대민주이자 4대(대명, 대방, 대자보, 대변론)로 보는 것이었다. 『덩샤오핑 문선』 제3권에서 반자유화와 서방 민주에 대한 반대

---

1 농민이 인민공사로부터 땅을 배분받아 생산한 뒤 계획 목표를 초과한 생산량을 소유하는 것을 말한다. _옮긴이 주

를 논할 때 덩샤오핑은 반드시 문혁을 함께 제기했다. 그는 문혁에 대한 전면 부정으로부터 민주에 대한 전면 부정을 야기했던 것이다.

정확하게 보고 신속하게 움직이며 잔인하게 손을 쓰다

어떤 이는 '덩샤오핑, 후야오방, 자오쯔양의 삼두마차'와 '10년 개혁의 황금 시기'가 사라지는 것을 애석해하면서, 덩샤오핑이 좌파의 허위 보고를 듣고 학생의 민주화 요구를 동란으로 오판해 6·4 학살의 비극을 빚어졌다고 여긴다.

이는 명백히 덩샤오핑을 낮게 평가하는 것이다. 『덩샤오핑 문선』 제3권을 보면 덩샤오핑이 후야오방과 자오쯔양을 파면시키고 학생운동을 진압한 것은 국제 민주화 물결의 '대기후'(그는 이를 '평화적 전복'이라고 불렀다)와 국내 민주화 물결의 '소기후'(그는 이를 '자유화', '동란'이라고 불렀다)에 대응한 그의 대전략이었음을 명확히 알 수 있다. 그는 이와 관련해서 사후에 어떤 후회나 검토도 없었으며, 또한 자신의 '판단이 정확했고', '폭란을 평정한 것은' '실제로 좋은 일이며', '하나의 매우 큰 승리'라고 재차 표명하면서, "자산계급 자유화를 시끄럽게 벌이고 자산계급 인권, 민주를 묶어 동란을 벌이는 것을 나는 단호하게 저지한다"라고 밝혔다.

'덩샤오핑, 후야오방, 자오쯔양의 삼두마차'는 단지 천윈 집단을 견제하기 위해 덩샤오핑이 후야오방과 자오쯔양을 임시변통한 데 불과했다. 실제로 삼두가 아니었으며, 덩샤오핑, 천윈, 후야오방, 자오쯔양의 공치(共治)였다.

덩샤오핑은 후치리와 인사를 나누면서 후야오방에 대해 "후야오방이 4항 기본원칙의 견지와 자산계급 자유화 반대의 문제에서 나약하게 굴었는데, 이는 당의 총서기로서 근본적인 결함이다"라고 말했다. 하지만 후야오방에 대한 정치적 신임이 사라진 뒤로도 후야오방이 기초한 12기 3중전회의 「경제체제 개혁에 대한 결정」은 여전히 필요했다. 당시 '경제를 알지 못하는' 후야오방의 새로운 경제적 사고만이 '경제를 가장 잘 아는' 천원의 구식 경제적 사유를 견제해 균형을 맞출 수 있었기 때문이다.

자오쯔양에 대해서도 마찬가지여서 후야오방이 권좌에서 물러나기 전에 덩샤오핑은 이미 덩리췬과 "자오쯔양이 서방 자본주의를 이식하는 데 열중하고 있다"라고 논의한 바 있다. 하지만 후야오방이 물러난 이후에도 덩샤오핑은 자오쯔양을 내세워 천원, 야오이린, 덩리췬 등이 반자유화와 평화적 전복 반대를 경제 영역으로 갖고 오지 못하도록 견제해야 했다. 이는 "하늘이 무너졌으나 후야오방과 자오쯔양이 떠받치고 있다"라는 말로 일컬어진다.

6·4의 총성이 베이징의 천안문광장에서 울려 퍼지자 대세는 이미 결정되었다. 하늘이 무너지지 않고 후야오방과 자오쯔양의 이용 가치가 다하자 덩샤오핑은 비로소 천하를 제3대 핵심 장쩌민에게 건네주었다.

만약 덩샤오핑이 진심으로 후야오방과 자오쯔양은 돕고 지지했다면 어떻게 후차오무와 덩리췬에게 그들을 감찰하도록 시켜 그들에 대한 소소한 보고까지 들었겠는가? 더군다나 덩샤오핑은 후차오무와 덩리췬이 자신을 좌경 쪽으로 유도하고 있다는 사실을 이미 알고 있었다.

그런데 덩샤오핑은 장쩌민에 대해서는 완전히 다르게 대했다. 장쩌민은 집정한 첫 3년 동안(1989~1991) 개혁을 포기하고 덩리췬과 함께 평화적 전복에 반대하는 것을 중심으로 삼음으로써 양상쿤·양바이빙 형제를 포함해 수많은 사람들로부터 배척을 당했다. 1992년 덩샤오핑이 일가를 이끌고 남순을 할 때 양상쿤은 덩샤오핑을 보위했는데, 덩샤오핑은 도리어 양씨 형제의 직책을 철회시킴으로써 장쩌민이 군권을 홀로 장악하는 데 장애가 되는 것을 제거하도록 도왔다. 또한 그는 완곡하게 장쩌민을 일깨우며 덩리췬과 거리를 유지하라고 말했다.

이상한가? 개인의 능력과 지도자로서의 소질부터 말하자면 장쩌민은 근본적으로 후야오방이나 자오쯔양과 비교가 되지 않는다. 어째서 덩샤오핑은 후야오방과 자오쯔양 중 한 사람을 임명해 제3대 핵심으로 삼을 생각조차 하지 않고 그들을 단지 실제적인 제2대 핵심의 도구로만 삼았을까?

그 이유는 매우 간단하다. 덩샤오핑은 단지 개혁이라는 대업을 시작할 때만 후야오방과 자오쯔양같이 새로운 사고를 지닌 창의적인 인재가 필요했던 것이다. 천하가 확정된 이후 덩샤오핑은 창의적인 새로운 지도자의 새로운 사고가 자신이 세운 덩샤오핑 제국의 기존 노선을 바꿀까 봐, 특히 그가 절대로 양보할 수 없는 정치사상 영역을 바꿀까 봐 우려했다. 그가 필요로 했던 것은 '또 하나의 화궈펑'으로서, 덩샤오핑의 '범시'가 영원히 변하지 않도록 따르는 것이었다. 그러나 마오쩌둥의 역사적 교훈에 비춰볼 때 덩샤오핑은 '또 하나의 화궈펑'을 위해 주위에 존재할 가능성이 있는 '또 하나의 덩샤오핑'을 사전에 깨끗하게 제거할 필요가 있었다. 이것이 바로 덩샤오핑이 자신과 가장 친밀한 전우였던 양상쿤과 결별한 이유다.

정확하게 보고 빠르게 움직이며 잔인하게 손을 쓰는 것, 이는 덩샤오핑이 마오쩌둥을 능가하는 부분이자 덩샤오핑 제국이 오늘날까지 지속되고 있는 비결이기도 하다.

제11장

장쩌민에서 후진타오까지

장쩌민이 덩샤오핑에 의해 제3대 핵심으로 책봉된 후 처음 3년간 대면한 정치국 상무위원회 집단은 피비린내 나는 타협의 산물이었다.

좌파, 중간파, 그리고 2.5명의 배후 실권자

중국공산당 제13차 당대회에서 선출된 5명의 상무위원 가운데 자오쯔양과 후치리가 제거되었다. 남은 3명은 리펑, 차오스, 야오이린이었다. 그리고 이를 보충하기 위해 대신 들어온 3명은 장쩌민, 쑹핑, 리루이환이었다. 장쩌민은 천윈과 리셴녠이 추천하고 덩샤오핑이 지지해 제3대 핵심으로 확립되었다.

쑹핑은 천윈 파벌의 대장격이었다. 천윈은 장기간 중국공산당 내부의 스탈린주의 파벌의 거물이었다. 당사(黨史)상의 자격이 마오쩌둥, 덩샤오핑보다 더 오래되었고 노동자 출신이었기 때문에 코민테른으로부터 더욱 중요한 인물로 간주되었으며, 왕밍(王明) 및 캉성과 함께 모스크바에 주재했던 중국공산당 대표였다. 그는 스탈린으로부터 독재제도에 필요한 두 가지 권력 기초를 습득했는데, 하나는 경제계획에 대한 독점이고, 나머지 하나는 당 조직에 대한 독점이었다. 스탈린은 바로 이 두 가지에 의거해 군사 지도자 레온 트로츠키(Leon Trotsky)와 이론적인 방면의 천재 니콜라이 부하린(Nikolai Bukharin)을 패퇴시켰다. 옌안의 정풍운동으로 왕밍이 세력을 상실한 이후 천윈은 마오쩌둥 진영으로 전향해 바로 경제와 당무, 이 두 가지 부문을 경영하는 데 진력을 다했다. 쑹핑은 천윈 파벌 중 계획경제와 당무 조직 두 가지 방면의 경험을 갖춘 유일한 인재여서 천윈은 계획경제만 잘 아는 야오이린보다 쑹핑을 더욱 신임했다. 따라서 덩샤오핑이 쑹핑을 정치국 상무위원회에 진입하도록 선발한 것은 천윈에게 더할 수 없는 기쁨이었다. 천윈은 이를 자신이 덩샤오핑을 도와 자오쯔양을 파면시키고 폭동을 평정해 후계자 승계상의 위기를 해결한 데 대한 보답으로 간주했다.

리루이환도 덩샤오핑의 제안으로 상무위원회에 진입했는데, 천윈은 본래 이에 찬성하지 않았다. 그렇지만 덩샤오핑이 쑹핑을 상무위원회에 진입시켰기 때문에 천윈은 할 수 없이 리루이환이 상무위원회에 진입하도록 허락했다.

이 6명의 상무위원 중 3명은 좌파로, 리펑, 야오이린, 쑹핑이다. 이들은 정치적으로는 독재파이며, 경제적으로는 새장파다.

이 외에 3명은 중간파로 간주되는데, 장쩌민, 차오스, 리루이환이다. 덩샤오핑의 눈에 이들은 경제적으로는 개혁파 또는 개방파이며, 정치적으로는 4항 기본원칙을 견지하고 자산계급 자유화에 반대하는 보수파로서 자신의 2개 기본점에 부합되었다.

이 정치국 상무위원회 위에는 2.5명의 배후 실권자가 있었는데, 2명은 덩샤오핑, 천윈이고, 0.5명은 리셴녠이었다. 리셴녠이 0.5명인 이유는 그가 자신만의 독립적인 견해 없이 덩샤오핑과 천윈 사이에서 동요되었기 때문이다.

정치 및 사상이 전면적으로 좌경화하다

장쩌민이 집권한 이후 첫 3년(1989~1991) 동안 채택한 책략은 중간파인 차오스와 리루이환을 멀리하고 좌파에 의지하는 것이었다. 경제 영역에서 그는 야오이린, 쑹핑에 의거해 천윈의 새장 경제 노선을 집행하면서 경제 환경을 정비하고 경제 질서를 시정해 지방 및 향진 경제에 대해 타격을 가했다. 장쩌민 자신도 "개체호가 파산해서 망하도록 공격해야 한다"라고 큰소리쳤다. 사상·문화 영역에서는 리루이환의 실권을 빼앗고 덩리췬과 후차오무의 좌파 대오에 의지했다. 장쩌민은 덩리췬이 망라하는 좌파를 중용했을 뿐 아니라, 초기에 '후펑(胡風)[1] 반대', '후스(胡適)[2] 반대', '우파 반대' 운동을 여러 차례 벌였던 원로 좌파, 예를 들면 린모한, 쉬리췬(許立群), 웨이웨이(魏巍) 등을 모두 불러 반자유화 사상·문화 전선을 구축했다.

천안문 학살 사건 이후 경제·정치·사상·문화 영역은 전면적으로 좌경화되는 위기에 처했는데, 이는 1991년 소련공산당의 8월 쿠데타를 전후로 정점에 달했다. 장쩌민은 1991년 7월 1일 중국공산당 창당 70주년을 경축하는 대회에서 '평화적 전복 반대'를 중심으로 한 연설을 발표해 사람들의 주목을 끌었다. 이어서 중앙당교에서 고급간부를 대상으로 '평화적 전복 반대' 학습반을 열었다. 덩리췬 등이 주도한 '평화적 전복 반대' 선전은 경

---

1 본명은 장광런(張光人)이며, 문예이론가, 문학평론가, 시인, 번역가다. 마오쩌둥의 문예 강화 사상에 반대하는 「30만 자의 의견서」를 제출하였다가 반동분자로 몰려 반평생을 감옥에서 보냈다. _옮긴이 주

2 외교관이자 사상가로, 미국 유학 중 존 듀이의 영향을 받아 귀국 뒤 베이징대에서 교수를 역임하면서 미국의 실용주의적 방법을 교육에 접목시키려 시도했다. 1949년 10월 1일 중국공산당 정권이 수립된 뒤 미국에 거주하면서 타이완 정부의 UN 대사를 역임했고, 1958년에 타이완으로 귀국한 뒤 국립중앙연구원의 원장을 맡았다. _옮긴이 주

제 영역으로 신속하게 확산되었고, '특구 조계론',[3] '새장 경제론',[4] '성자성사(姓資姓社) 변론'[5] 등의 논쟁이 모두 옮겨왔다. '평화적 전복 반대'의 거센 물결은 2년 연속 경제가 내리막길을 걷도록 만들었다. 1989년 GDP 증가율은 전년도의 11.3%에서 4.8%로 하락했고, 1990년에는 다시 3.8%로 내려갔다.

1992년 1월 12일, 덩리췬은 베이징에서 「마오쩌둥을 배워 확고한 혁명가가 되자」라는 글을 발표했는데, 이 글에서 다음과 같이 썼다.

> 원로 혁명가 왕전은 매우 훌륭한 말을 했다. "전쟁터에서 우리가 어려움에 처하면 상대방도 어려움을 겪는다. 심지어 우리가 처한 것보다 더한 어려움일 수도 있다. 하지만 우리가 견지해나가면 승리할 것이다."

또한 덩리췬은 천원이 마오쩌둥의 철학 관련 저작을 새로 학습해 당의 건설을 강화할 것을 제안했다고 강조했다.

덩샤오핑, "개혁하지 않으면 그 누구든 물러나야 한다!"

상황이 이러하자 베이징에서 도광양회하던 덩샤오핑은 더 이상 가만히

---

3   대외 개방을 추진하면서 설치한 경제특구로 인해 각종 부작용이 발생하자 특구는 사실상 과거 유럽 열강에 의해 운용되었던 조계에 해당한다는 논의를 일컫는다. _옮긴이 주
4   새가 날아가지 못하도록 새장을 치는 것처럼 국가의 경제 발전에 일정한 계획과 조정 정책을 수립하는 것을 지칭한다. _옮긴이 주
5   1990년 2월 「자산계급 자유화 반대에 관하여」라는 문장이 베이징의 신문을 통해 발표되어 "중국은 현재 자본주의 개혁을 추진하고 있는가, 아니면 사회주의 개혁을 추진하고 있는가?"라는 질문을 제기함에 따라 촉발된 대논쟁을 일컫는다. 이와 관련해 1991년 춘절(春節) 전날 밤, 덩샤오핑은 상하이를 시찰하는 가운데 "계획경제가 반드시 사회주의이고 시장경제가 반드시 자본주의라고 생각하지 말라. 양자는 모두 수단에 불과하며, 시장도 사회주의를 위해 공헌할 수 있다"라고 밝혔다. _옮긴이 주

앉아 있을 수 없게 되었다. 1월 17일 오후, 그는 전용 열차를 타고 남하해 그 유명한 '1992년 남순(南巡)'을 시작했다. 혹자는 마오쩌둥이 '1971년 남순'을 통해 지방에서 유세하면서 군대에 린뱌오를 주의하도록 호소한 일과 덩샤오핑의 '1992년 남순'을 함께 논하면서, 덩샤오핑도 자신의 후계자를 파면시키려고 하는 것으로 여겼다.

덩샤오핑의 남순 강화 소식이 베이징에 전해졌을 당시 덩샤오핑이 남순 강화에서 한 말 중 "개혁하지 않으면 그 누구든 물러나야 한다!"라는 말을 차오스와 톈지윈은 잘못 이해했다. 당시 중앙당교 교장이던 차오스는 톈지윈을 중앙당교에 불러 반좌파 보고를 하게 했는데, 일부 보고는 장쩌민이 당교 고급간부에 대해 '평화적 전복 반대' 학습반을 연 것에 대한 내용이었다. 차오스는 또한 중앙당교 상무부교장 쉐쥐(薛駒)에게 "평화적 전복 반대 학습반을 연 것을 왜 교장이 모르는가?"라고 물었다. 차오스는 당연히 쉐쥐가 명을 받아 일을 처리했음을 알고 있었다. 이는 쉐쥐를 드러내놓고 비판함으로써 장쩌민을 암암리에 공격한 것이었다.

덩샤오핑과 상호 교류하며 함께 일한 지 60년(1932~1992)이나 된 전우 양상쿤도 덩샤오핑의 진의를 알지 못하고 급히 그를 따라 남하했다. 양상쿤은 오랜 전우로서 덩샤오핑을 호위하면서 기세를 부추겼다. ≪뉴욕타임스(The New York Times)≫의 중국 특파원 기자로 중국공산당 고위층 내부의 투쟁 비화를 추측하는 것을 좋아하는 패트릭 타일러(Patrick Tylor)는 자신의 억측을 근거로 "덩샤오핑의 망토를 누가 차지할 것인가?"라는 제목의 기사를 썼다. 이 기사에서 그는 덩샤오핑이 장차 최고 권력을 양상쿤에게 건넬 것이라고 예측했다. 이로 인해 중국에 대한 미국의 여론은 다시 덩샤오핑에게로 향했고, 이 88세의 노인이 도대체 또 무엇을 하려는지에 관심이 집중되었다.

덩샤오핑 남순의 최후 도착지는 상하이였는데, 그는 이곳에서 이후 원고를 정리할 때 삭제된 다음과 같은 말을 했다.

어떤 사람이 "설마 오늘 전면적으로 덩샤오핑 노선을 비판해야 합니까?"라고 물었다. 나는 "좋은 질문이다"라고 말했다. 그 가오디(高狄, 6·4 학살 이후 파견된 인민일보 사장)는 무엇을 하려 하는가? 내가 보건대 ≪인민일보≫는 우리들 수중에 들어와 있지 않은 것 같다. ≪인민일보≫에서는 지금 개혁·개방과 관련된 글들을 발표하지 않고 있는데, 자네들은 관련 글들을 많이 발표해도 되며, 광둥(廣東)에서 강화를 해도 좋다. 요컨대 지금은 사인방이 정권을 장악하던 시대가 아니므로 그 누구라도 우리들의 입을 막으려 하면 안 된다.

덩샤오핑 남순의 실제 노림수는 따로 있었다

'항장무검 의재패공(項莊舞劍意在沛公).'[6] 덩샤오핑 마음속의 '패공(沛公)'은 '오늘날 덩샤오핑 노선을 전면적으로 비판하는', '개혁·개방 문장을 발표하지 않는', '우리의 입을 틀어막으려 하는' 천원 집단이지, 장쩌민이 아니었다. 덩샤오핑은 장쩌민에게 배짱과 수완이 없음을 알고 있었다.

덩샤오핑은 후야오방이나 자오쯔양을 대하던 것처럼 장쩌민을 대하지 않았다.

덩샤오핑은 자신이 천지를 바꾸는 데 후야오방, 자오쯔양의 재능을 활용했다. 그렇지만 후야오방, 자오쯔양의 자유사상과 독립정신에 마음을 놓지 못했으며, 그들이 자신의 이미지를 구축하고 덩샤오핑 노선에서 이탈할까 봐 두려워했다. 따라서 비록 이들을 중용해서 명목상으로는 '최고책임자'로 임명했지만 권력을 건네주지는 않았다. 도리어 조심스럽게 방어하

---

6 항장이 검무를 춘 의도는 유방을 죽이려는 데 있다는 뜻으로, 진나라 말기 맹장 항우(項羽)가 유방(劉邦)을 초대해 향연을 베풀어 검무를 춘 데서 비롯된 말이다. 겉의 명분과 실제 속셈이 달라 어떤 행동에 다른 저의가 도사리고 있음을 비유한다. _옮긴이 주

면서 덩리췬, 후차오무 등에게 이들을 감찰하도록 하고 천윈에게 이들을 규제하도록 했으며, 마지막에 천윈 집단과 손을 맞잡고 이들을 파면시킴으로써 이들의 이름을 역사에서 지워버렸다.

덩샤오핑은 장쩌민이라면 덩샤오핑 노선을 주도적으로 배신하지 않을 것이라고 믿었다. 그렇지만 그가 다음과 같은 압력을 견디지 못하고 천윈 집단을 따를까 봐 우려했다.

첫째, 정치국 상무위원회의 절반(리펑, 야오이린, 쑹핑)이 천윈 파벌이고, 중간파의 차오스와 리루이환도 장쩌민과 협력을 하지 않았다.

둘째, 1989년에서 1991년까지의 '국제 대기후'를 보면, 전 세계적으로 민주화가 고조되어 소련과 동유럽 공산국가가 침몰했고 중국 주변의 몽골도 자유화되었다. 덩샤오핑 자신도 항상 '평화적 전복'은 '하나의 포연 없는 세계대전'이라고 말했다.

덩샤오핑은 이 몇 년간 외부에서 말하는 것처럼 수렴청정한 것이 아니었다. 그는 도광양회하면서 상황을 냉정하게 관찰했다. 그는 천윈 집단이 중앙의 시정 방향을 통제하고 있을 뿐만 아니라 경제와 이데올로기 영역에서 자신의 '하나의 중심, 2개의 기본점'을 전면적으로 이탈하고 있으며, 자신이 제기한 '경제 건설 중심'을 '평화적 전복 반대 중심'으로 교체하려 한다는 사실을 관찰했다. 게다가 덩리췬과 가오디가 장악한 ≪인민일보≫는 개혁·개방 관련 문장을 발표하지 않고 있었다. 만약 반격을 하지 않으면 중국공산당 제13차 당대회에서 확정된 '2배 성장' 전략 목표가 장차 수포로 돌아갈 것이며, 중국공산당의 일당독재제도가 존속될 수 있을지도 문제가 될 터였다.

덩샤오핑은 1992년 춘절 전후를 반격의 시기로 잡았다. 이때로 정한 이유는 첫째, 하반기에 중국공산당 제14차 당대회가 개최되는데, 제14차 당대회 이전에 반드시 노선 문제를 해결해야 했기 때문이다. 덩샤오핑은 "제

13차 당대회 보고는 한 글자도 바꿀 수 없다. 이는 내가 리셴녠과 천윈의 의견을 물어 작성한 것이며, 그들은 모두 찬성했다"라고 말했다. 하지만 천윈이 당대회 보고를 바꿈으로써 자신의 말에 책임을 지지 않았으므로 덩샤오핑 역시 봐주지 않기로 했던 것이다.

둘째, 천윈, 야오이린, 쑹핑 등이 중앙을 빙자해 각 성 및 시, 특히 연해 지역에 대해 '금지령'을 자행하면서 지방에 간섭했는데, 이를 이미 더 이상 참을 수 없었기 때문이다. 덩샤오핑은 광둥과 상하이를 선택해 지방을 통해 중앙을 집중적으로 포격하는 수법으로 승기를 잡았다.

덩샤오핑이 남순을 한 것은 정치국 상무위원들과 미리 상의한 것이 아니어서 남순 강화와 관련된 소식은 끊어졌다 이어졌다 하면서 베이징에 전해졌고, 모두들 덩샤오핑의 진정한 의도를 이해하지 못했다. 덩샤오핑은 남순에서 행한 강화에서 "그 누구든 개혁을 하지 않으면 자리에서 물러나게 될 것이다!"라는 식으로 엄중한 말을 하기도 했는데, 여기에서 언급한 '누구'가 어떤 사람을 지칭하는지 아무도 명확하게 예측하지 못했다.

이와 관련해서 가장 빠르게 반응한 것은 양상쿤이었다. 덩샤오핑은 1월 19일 광둥성 선전시에 도착했는데, 이틀 후인 1월 21일 양상쿤 또한 황급히 도착했다. 덩샤오핑은 가족을 대동하고 왔는데, 양상쿤도 집안사람들을 이끌고 왔다. 1월 22일 오전 덩샤오핑과 양상쿤 두 가족의 3대는 선전시의 셴후(仙湖) 식물원에서 만나 다음과 같은 대화를 나누었다.

덩샤오핑: 우리가 함께 한 지 몇 십 년이 되었지?

양상쿤: 1932년에 서로 알았으니, 42, 52, 62, 72, 82, 92, 그러니까 60년이 되었네!

[이때 양상쿤의 아들 양사오밍(楊紹明)이 세 대의 카메라를 휴대하고 걸어 들어왔다]

양사오밍: 덩 삼촌, 새해 문안인사 드립니다.

덩룽(덩샤오핑의 딸): 그는 전국 촬영가협회 부주석이에요.

덩샤오핑: 당신 양씨 가문에는 주석이 2명이로군요!

[두 가문은 이 식물원에 상록수의 일종인 고산용(高山榕)을 심었다]

그날 오후 덩샤오핑과 양상쿤은 선전시 영빈관에서 함께 선전시 지도자를 접견했다. 당시 양상쿤은 아직 군권을 장악하고 있었기 때문에 덩샤오핑을 바싹 뒤따라 호위했다. 양상쿤은 그해 하반기 중국공산당 제14차 당대회가 개최되면 자신과 덩샤오핑 두 가문의 우정이 종말을 고해 더 이상 상록수처럼 푸르지 못할 것임을 이 당시에는 상상도 하지 못했을 것이다.

장쩌민, 제3대 핵심으로서의 지위를 공고히 하다

장쩌민 또한 당시 덩샤오핑이 남순한 진의가 무엇인지 예측하지 못했다. 따라서 마음이 매우 불안했다. 장쩌민은 쩡칭훙(曾慶紅)과 상의한 후, 덩샤오핑의 패우 딩관건과 덩샤오핑의 아들 덩즈팡(鄧質方)을 찾아가 뜻을 함께하기로 결정하고 덩샤오핑에 대한 자신의 충성을 표명하면서 중앙공작의 어려움을 호소하기로 했다.

그 이후 덩샤오핑은 이해했다고 말하면서 장쩌민에게 "덩리췬과 거리를 유지하도록 주의하라"라고 전했다. 그 의미는 매우 명백했다. 남순 중 덩샤오핑이 한 말 가운데 화룡점정은 "우경을 경계하고 주로 좌경을 방지하라"는 것이었는데, 여기서 좌경은 덩리췬 등을 지칭했다. 따라서 장쩌민에게 좌파와 거리를 유지하도록 분부한 것으로, 이는 그가 공격한 것이 좌파이지, 장쩌민이 아님을 의미했다.

2월 21일, 덩샤오핑은 남순을 마치고 베이징으로 돌아왔다. 2월 28일, 장쩌민은 덩샤오핑의 남순 강화 중의 요점을 중앙 2호 문건으로 하달하면서 "조속히 각급 계통에 전달해 전체 당원 간부에게 전할 것"을 지시했다. 한편 장쩌민 자신은 중앙당교로 다시 돌아가 덩샤오핑의 남순 강화를 강연했다.

이어 장쩌민은 "중국공산당 제14차 당대회 보고는 덩샤오핑의 남순 강화를 일관된 기본선으로 삼아야 한다", "추호의 동요도 없이 '하나의 중심, 2개의 기본점'이라는 기본노선을 견지할 것임을 분명하게 밝히는 데 중점을 두어야 한다", "이는 100년간 동요되지 않아야 한다!"라고 제안했다.

장쩌민은 다음과 같이 말했다.

> 경제체제 개혁의 목표를 세우는 데에는 다음과 같은 방식이 있다. ① 계획과 시장을 상호 결합시킨 사회주의 상품경제체제 건립, ② 사회주의 계획하의 시장경제체제 건립, ③ 사회주의 시장경제체제 건립이다. 내 개인적인 견해로는 사회주의 시장경제체제라는 방식에 치중해야 할 것으로 보인다.

덩샤오핑은 장쩌민이 '사회주의 시장경제체제'를 제14차 당대회 보고 원고에 써 넣은 것을 칭찬하면서 "보고에 무게감이 있다"라고 말했다. 중국공산당 제14차 당대회는 덩샤오핑의 '하나의 중심, 2개의 기본점' 노선이 천윈의 새장 경제 노선을 격퇴한 대회이자, 장쩌민이 제3대 핵심으로서의 지위를 공고히 한 대회이기도 하다. 덩샤오핑이 제14차 당대회를 위해 선발한 정치국 상무위원회는 다음과 같은 몇 가지 특징을 갖고 있었다.

첫째, 3명의 천윈 파벌의 상무위원 가운데 야오이린과 쑹핑이 정치국을 떠났다. 남은 한 명인 리펑은 명목상 여전히 국무원 총리였지만 이미 경제정책을 주도할 수 없었다.

둘째, 주룽지가 정치국 상무위원회에 진입했다. 그는 직무상으로는 단지 부총리였지만 실제로는 경제 대권을 장악해 '경제 차르'라는 별칭을 갖게 되었다. 덩샤오핑은 주룽지를 추천하면서 "나 자신도 경제를 제대로 이해하지 못하지만 알아들을 수는 있다. 내가 추천하는 주룽지는 경제를 잘 아는 사람이다"라고 말했다. 덩샤오핑은 또한 시장경제를 반대하는 사람에 대해 "상식이 없다"라고 비판했다.

따라서 중국공산당 제14차 당대회는 노선에서 조직 인사에 이르기까지 전면적으로 천원의 새장 경제 사상을 폐기한 분수령이었다고 할 수 있다. 제14차 당대회 이후 확립된 장쩌민·리펑·주룽지 체제는 실제로는 장쩌민·주룽지 체제였으며, 리펑의 영향력은 이미 쇠락했다.

셋째, 76세의 노장 류화칭(劉華淸)이 정치국 상무위원회에 진입했다. 이는 당시 평론가들이 말하던 바와 같이 중앙에서의 정책 결정에 대한 중국인민해방군의 영향력이 커졌기 때문이 아니라 장쩌민의 군권을 공고히 하기 위한 덩샤오핑의 책략 때문이었다.

덩샤오핑은 남순 당시 양상쿤의 호위를 받으면서 장쩌민이 중국인민해방군 내부에서 위엄이 없음을 알아차렸다. 그래서 양상쿤·양바이빙 형제가 군대를 자신들의 통제하에 두고 장악하면 장쩌민의 군사 통수권에 장차 위협이 될 것이라고 여겼다. 따라서 덩샤오핑은 중국공산당 제14차 당대회에서 양씨 형제의 군권을 몰수하고 류화칭을 양씨 형제 대신 임명함으로써 교제한 지 60년 된 오랜 전우와 서로 간에 의를 끊어버렸다. 류화칭은 개인적으로 정치적인 야심이 없었으므로 장쩌민을 도와 군대가 당의 절대적인 지도에 복종하도록 만들 수 있기 때문이었다.

덩샤오핑이 후야오방과 자오쯔양을 파면시키고 양상쿤을 버린 데에는 한 가지 주목할 점이 있다. 바로 덩샤오핑은 대외적으로 자신의 이미지를 구축하려는 사람을 싫어한다는 것이다. 루경의 「후야오방 방문기」, 장우창(張五常)의 「브리트만 회담에서 함께한 자오쯔양」, ≪뉴욕타임스≫의 "덩샤오핑의 망토를 누가 차지할 것인가?" 등 해외에서 발표된 후야오방,

자오쯔양, 양상쿤을 평가하는 세 편의 글은 세 사람에 대한 덩샤오핑의 반감을 자극했다.

넷째, 49세의 후진타오가 정치국 상무위원회에 진입했다. 이는 덩샤오핑이 상무위원회에 진입했을 때(1956년 당시 52세)보다 젊은 나이로, 장쩌민 이후의 계승에 대해 '덩샤오핑 노선 100년 불변'의 장기 포석을 진행한 것이다.

3명의 신인 주룽지, 류화칭, 후진타오는 덩샤오핑이 심혈을 기울여 선발한 인물이다. 그중 주룽지와 류화칭은 과도기적인 인물로서 한 명은 문인, 한 명은 무인이었다. 이들에게는 제3대 핵심인 장쩌민을 도와 권력을 공고히 하는 임무가 주어졌는데, 주룽지는 경제 영역에서 장쩌민의 영도를 돕고, 류화칭은 군대 방면에서 장쩌민의 영도를 돕도록 했다. 한편 후진타오는 미래에 장쩌민의 후계를 이을 황태자였다. 덩샤오핑은 이 3개의 말을 바둑판에 올려놓고 난 이후 스스로 매우 흡족해 했으며 비로소 마음을 놓을 수 있었다. 장쩌민, 리펑과 함께 남겨진 원로 차오스와 리루이환은 덩샤오핑이 볼 때 이미 대수롭지 않은 존재였다.

덩샤오핑이 제14차 당대회에서 실시한 또 하나의 중요한 개혁은 바로 설치한 지 3년 된 '중국공산당 중앙고문위원회'를 취소한 것으로, 이는 퇴임한 원로가 더 이상 정권에 간여하지 못하도록 만든 것이었다. 당시 혹자는 7~8명으로 구성된 고문팀, 즉 덩샤오핑, 천윈, 리셴녠, 양상쿤, 보이보, 완리, 왕전, 쑹런충 등을 남겨 정권에 간여하게끔 하자고 주장했는데, 이 또한 덩샤오핑에 의해 부결되었다.

제14차 당대회가 끝난 후인 5월에 개최된 제8기 전국인민대표대회에서 덩샤오핑은 양상쿤에게 마지막으로 남아 있던 직책인 중화인민공화국 주석 자리마저 장쩌민에게 건넸다. 이로써 제3대 핵심이 전면적으로 권력을 장악하는 데 걸림돌이 되는 장애물을 모두 제거하고 장쩌민의 앞길을 평탄

케 만들었다. 장쩌민이 1992년 중국공산당 제14차 당대회를 '개인의 역사적 전환점'이라고 일컫는 것은 바로 이 때문이다.

우경 반대·좌경 방지의 대조정

제14차 당대회 이후 이데올로기 영역 중 좌파, 예를 들면 좌파의 우두머리인 덩리췬의 수하인 가오디, 허둥창, 왕런즈, 허징즈(賀敬之) 등은 잇달아 자신들이 주관하는 영역을 떠나 장쩌민이 자신들의 충복을 안배할 수 있도록 했다. 이는 10년간 지속된 '우경 반대·좌경 방지'의 제3차 대조정이었다.

우선 제1차 조정은 후야오방의 자유화에 반대하면서 이뤄졌다. 중앙당교에서 시작해 인민일보, 중앙선전부, 각 이데올로기 부문에 이르기까지 자유, 민주, 인도주의의 보편적인 가치를 인정하는 개혁파를 숙청했다. 제2차 조정은 6·4 학살 이후의 대대적인 체포와 청당(淸黨) 작업을 통해 이뤄진 것으로, 후야오방이 정권에서 물러난 이후 또는 자오쯔양 시기에 남았거나 새로 임명된 자유주의 성향의 지식분자를 일망타진했다. 이 두 차례의 반우파의 대조정을 거쳐 체제 내 자유파 지식인은 종적을 감췄고, 이데올로기 각 부분은 좌경의 우두머리 덩리췬에 의해 전면적으로 장악되었으며, 사상·문화 영역의 일선은 전부 좌파의 손아귀에 떨어졌다.

제14차 당대회 이후 제3차 대조정에서는 장쩌민이 덩리췬 수하에 있는 일단의 사람들을 제거했는데, 예를 들면 덩샤오핑에 의해 임명된 가오디는 덩리췬과 거리를 유지하는 모습을 보였다. 장쩌민이 기용한 이들 중 일부는 원래 덩리췬이 이끄는 좌파 진영이었다가 '풍향을 보고 뱃머리를 돌린' 풍파(風派, 기회주의파)였으며, 일부는 상하이에서 데려온 '해파(海派, 상하이파)'였다. 전자로는 정비젠, 텅원성(騰文生), 후자로는 저우지(周吉), 왕후닝(王滬寧)을 들 수 있다. 풍파와 해파는 이념적으로는 모두 좌파이지만 표현면에서 약간의 차이가 있다. 풍파는 수구 좌파로, 말할 때 반드시 마르크스, 레닌, 마오쩌둥을 언급했는데, 제14차 당대회 이후에는 마르크스, 레닌, 마오쩌둥에 덩샤오핑, 장쩌민을 더해 반드시 마르크스, 레닌, 마오쩌둥, 덩샤오핑, 장쩌민을 언급했다. 또한 정치적으로 매우 정확했다. 해파는 신좌파로, 서방의 이론 색채 및 상업 색채가 짙었다. 예를 들면 왕후닝은 미국을 일주하고 중국으로 돌아와선 곧바로『미국인은 미국에 반대한다(美國人反對美國)』라는 책을 썼다. 이 책은 미국에서는 아무런 반응을 얻지 못했으나 중국에서는 출간되자마자 뜨거운 반응을 얻었다. 장쩌민이 기꺼이 이 두 파벌을 활용한 것은 조금도 이상한 일이 아니었다. 왜냐하면 그 자신이 바로 정치적으로 풍파와 해파를 겸한 이중적인 인물이었기 때문이다.

덩샤오핑 제국의 정치 및 조직노선의 확립

제13차 당대회에서 제14차 당대회(1987~1992)까지는 덩샤오핑 제국이 최종적으로 정치노선과 조직노선을 확립한 5년으로, 다음 두 단계로 나눌 수 있다.

제1단계: 우경 제거와 좌경 방지

제1단계는 제13차 당대회에서 13기 4중전회까지로, 덩샤오핑은 우경 제거 및 좌경 방지에 중점을 두었다. 덩샤오핑은 한 손으로는 후야오방 사직 이후 천원 집단이 발동한 반자유화 공세를 이용해 사상·문화 부문의 민주개혁파를 깨끗하게 제거했으며, 다른 한 손으로는 자오쯔양을 이용해 천원 집단이 반자유화를 경제 영역으로 확대시키는 것을 막았다. 이로써 제13차 당대회에서 '하나의 중심, 2개의 기본점'이라는 '덩샤오핑 노선'을 확립했다.

제13차 당대회의 정치국 상무위원회 내에서 덩샤오핑은 여전히 자신의 정치 평형술을 구사했다. 그러나 후야오방을 지지하는 민주개혁파가 모조리 제거되었기 때문에 이 평형은 실제로는 좌경으로 편향된 '거짓 평형'이었다. 5명의 상무위원 중 자오쯔양을 제외하면 2명은 극좌인 리펑, 야오이린이었고 나머지 2명은 중도 우파인 후치리, 차오스였다.

자오쯔양은 이 사실을 염두에 두고 좌파를 중심으로 한 강력한 반자유화 세력에 직면해 정책상으로나 처리상 이 세력을 엄격히 제한하려 했다. 예를 들면, 반자유화를 사상·문화 영역으로 제한함으로써 경제 영역으로 확대되지 못하게 하려 했다. 또한 "사상·문화 영역에서 종사하고 있는 당원 중 일부는 4항 기본원칙의 견지를 옹호하면서 보수를 강화하고 있고, 또 다른 일부는 개혁·개방에 적극적이어서 도를 넘어선 말을 하기도 하는데, 전자를 교조주의로 간주해서도 안 되고 후자를 자유화분자로 간주해서도 안 된다. 이들은 모두 인식상의 편견을 갖고 있으므로 단결하도록 교육해야 하는 사람들이다"라고 제기하기도 했다. 좌파를 토론할 때 제기된 자유화분자 명단을 처리하는 과정에서 자오쯔양은 보호 및 연기 전략을 채택해 덩리췬이 이 명단에 포함시킨 사람들을 일부 빼기도 했다.

자오쯔양의 이러한 조치는 후야오방이 물러난 이후의 기회를 틈타 좌파의 세력을 확대하려 한 천윈, 리셴녠, 보이보, 왕전, 덩리췬, 후차오무 등 당 및 국가 원로들의 노여움을 샀다. 그들은 후야오방을 향하던 창끝을 매우 빠르게 자오쯔양에게로 돌렸고, "자오쯔양이 후야오방보다 더 후야오방 같다!"라며 공격했다.

좌파는 후야오방이 물러났을 때 자신의 권력 확장을 실현하지 못했으나 덩샤오핑이 6·4 학살을 계기로 자오쯔양을 파면시킨 이후인 13기 4중전회에서 이를 다시 실현할 수 있는 기회를 얻었다. 6·4 학살 이후 대대적인 체포와 조사, 숙청을 거치면서 덩샤오핑의 심복 중에 자유화분자는 이미 모두 말살되었다. 중앙 총서기 자오쯔양은 연금 조치를 받고 중앙정치국 상무위원회 비서 바오퉁(鮑彤)은 옥중에 갇혔으므로 덩샤오핑은 '우경을 경계하는 것'에 대해서는 마음을 놓을 수 있었다. 따라서 이제 그가 걱정하는 바는 '좌경을 방지하는 것'이 되었다. 좌파의 수장 덩리췬은 비록 총서기의 지위로까지 신분이 오르지는 못했지만 그의 좌파 대군은 이미 전국의 사상·문화 전선을 통제하고 있었다. 게다가 총서기는 천윈과 리셴녠이 연합해서 추천하고 덩샤오핑의 지지를 얻은 장쩌민이었다. 정치국 상무위원회에서도 좌파가 우세를 차지했으므로(리펑, 야오이린, 쑹핑), 장쩌민이 좌경을 따르지 않을까 봐 걱정하지는 않았다.

이 국면은 덩샤오핑이 한 손으로 조성한 것으로, '우경 제거 업무에 온 힘을 다하겠다'는 결심이 얼마나 큰지 알 수 있다. 이는 그가 사망할 때까지 반우파 투쟁의 필요를 견지한 것과 일맥상통하며, 마오쩌둥이 덩샤오핑을 주자파라고 간주한 것이 얼마나 잘못된 생각이었는지를 충분히 반증한다. 역사는 이미 덩샤오핑이 마오쩌둥의 인민민주독재 이론과 실천의 계승자임을 증명했다. 덩샤오핑은 '자산계급 자유화'라는 죄명으로 후야오방과 자오쯔양을 타도했고, 이 2명의 개혁 원훈을 중국 역사에서 제거하려 기도했다. 덩샤오핑이 사용한 수단은 마오쩌둥이 문화대혁명 가운데 개국 원훈을 주자파로 내몰아 중국 역사에서 이름을 말살하려 했던 것과 궤를 같이한다.

제2단계: 싸우지 않고도 좌파를 항복하게 만들다

제2단계는 13기 4중전회에서 제14차 당대회까지였다. 덩샤오핑은 도광양회하던 중에 중국공산당 일당독재가 실시되는 중국이라는 국가에서 우경을 제거해 씨를 말리는 것은 쉬운 반면 좌경의 재기를 막기란 어렵다는 사실을 발견했다. 후야오방, 자오쯔양 등의 개혁 원훈을 제거하기는 쉽지만 좌파 수장이나 좌파 원로가 전면적으로 덩샤오핑 노선을 비판하지 못하도록 하기란 어렵다는 것이다. 그렇지만 아무리 어렵다고 해도 결국 덩샤오핑을 쩔쩔매게 만들지는 못했다.

과거에 덩샤오핑은 주로 우경을 경계하는 것에 집중했기 때문에 후야오 방과 자오쯔양을 경계했다. 물론 후야오방과 자오쯔양이 개혁·개방을 견지한다는 것은 의심할 바가 없었다. 덩샤오핑이 "하늘이 무너지면 후야오 방과 자오쯔양이 이를 막는다"라고 한 것은 개혁·개방에 반대하는 천원을 겨냥해서 한 말이었다. 그러나 후야오방과 자오쯔양이 자신의 '4항 기본원칙'에서 이탈할지 여부나 그들이 진보적인 이미지를 구축하는 데 대해서는 많이 의심했다. 자오쯔양은 "6·4 이전에는 덩샤오핑이 줄곧 나를 지지해왔다"라고 말했는데, 아마도 반드시 그렇지는 않을 것이다. 1988년 하반기에 열린 13기 3중전회 이후부터 자오쯔양에 대한 덩샤오핑의 신임이 동요되기 시작했는데, 그 원인은 후야오방과 마찬가지로 자오쯔양이 자신의 진보적인 이미지를 구축하려는 건 아닌지 의심을 품었기 때문이다.

몇 가지 작은 사건, 즉 자오쯔양이 미국의 자유주의 경제학자 밀턴 프리드먼(Milton Friedman)과 회견했을 때 프리드먼으로부터 찬사를 받은 일, 자오쯔양 수하의 책사가 '신권위주의' 주장을 제기한 일, 무술변법 100주년 기념에서 혹자가 독단적으로 일을 처리하도록 고취한 일, 그리고 리콴유에게 〈하상〉을 추천한 일 등은 덩샤오핑의 민감한 신경을 건드렸다. 자오쯔양은 비록 이를 느끼지 못했지만 좌파였던 리펑, 야오이린 등은 이를 이미 감지하고 있었다. 따라서 후야오방이 사망한 이후 학생운동이 시작되기 전에 상무위원회에서는 자오쯔양에 대한 배신이 이미 출현했다. 덩샤오핑은 1989년의 학생운동을 이용해 자오쯔양을 제거하려 했는데, 이는 1986년 학생운동을 이용해 후야오방을 제거한 방식과 같은 것이었다. 이는 덩샤오핑이 '국제 대기후'(전 세계 민주화 물결)와 '국내 소기후'(중국 국내 민주화운동)에 대응하기 위한 대전략이자 필연적인 선택이었다.

덩샤오핑이 5년 동안 행동한 바를 살펴보면, 덩샤오핑 제국을 공고히 하기 위한 행동이었음을 명백히 알 수 있으며, 또한 덩샤오핑이 확실히 마오쩌둥보다 뛰어남을 알 수 있다. 우경을 경계하는 것에 온 힘을 다하는 특단의 조치는 마오쩌둥으로부터 배운 것으로, 당외(시단 민주주의의 벽, 민주운동)에서부터 당내(후야오방, 자오쯔양의 민주개혁 역량)까지의 자유·민주 역량을 일망타진했다. 덩샤오핑이 마오쩌둥과 다른 점은, 마오쩌둥은 단지 반우파라는 한 손만 썼으므로 좌경을 반대하지 않았다는 점이다. 마오쩌둥은 린뱌오를 반대하면서도 좌파를 반대하지 않고 단지 우파만 반대했기에 반대를 이어나갈 수 없었다. 하지만 덩샤오핑은 '2개의 주먹'을 준비했다. 1992년 중국공산당 제14차 당대회를 개최할 당시 반좌(反左)라는 나머지 한 손은 이미 출발선에 서 있었다.

덩샤오핑은 베이징에서는 중앙과 경제 대권이 새장 경제파의 수중에 통제되어 좌파를 반대할 수 있는 여지가 전혀 없음을 잘 알고 있었다. 그는 베이징의 좌파 세력을 제거하려면 식솔을 이끌고 남순해 지방에 의거해 중앙을 집중적으로 공격할 수밖에 없다고 생각했다. 지방, 특히 동남 연해지구는 수년간 중앙 새장파로부터 무리한 압박을 당했으므로 바로 기회를 살펴 움직였다. 덩샤오핑은 남쪽으로 내려감으로써 정치적 폭발을 유도했고, 그 결과 전국적으로 위세를 떨치게 되었다.

당시 사람들은 덩샤오핑이 남순한 의도를 이해하지 못했다. 덩샤오핑은 덩샤오핑 노선을 전면적으로 비판하는 정도로까지 대립을 고조시켰다. 이에 더해 양상쿤·양바이빙 형제가 군대를 '덩샤오핑의 호위대'라고 과장하자 사람들은 전국적이고 전면적인 노선 투쟁이 또 한 차례 다시 시작될 것이라고 짐작했다.

사실 덩샤오핑의 첫째 목표는 좌파를 타격하는 것이었다. 덩샤오핑이 후야오방과 자오쯔양으로 대표되는 자유개혁 세력을 완전히 제거하고 나자 경제 영역에서는 천원의 새장 경제 노선과 덩샤오핑의 개혁·개방 노선 간의 충돌이 자연히 두드러졌고, 천원의 새장 경제 노선이 중앙에서 주도적인 위치를 차지하게 되었다. 따라서 덩샤오핑이 '하나의 중심, 2개의 기본점' 노선을 지속하려면 반드시 적당한 시기에 경제 영역의 좌파 세력을 권력 핵심에서 깨끗이 제거해야 했다. 제14차 당대회는 바로 이를 실현할 수 있는 적절한 시기였다. 따라서 덩샤오핑은 반드시 제14차 당대회 이전에 출격해야 했다. 덩샤오핑의 둘째 목표는 장쩌민에게 경고해 그가 좌파 및 천원 노선과 명확하게 경계선을 긋도록 하는 것이었다.

덩샤오핑의 이 두 가지 목표는 제14차 당대회에서 모두 달성되었다. 좌파는 싸우지 않고 항복했고, 천원 파벌의 사람들은 중앙 권력의 핵심에서 퇴진했으며, 천원 본인도 더 이상 중앙공작에 간여하지 않았다. 장쩌민은 덩샤오핑이 마음속으로부터 자신을 지지하는 데 대해, 특히 양상쿤·양바이빙 형제를 제거함으로써 장쩌민이 군권을 장악하는 과정에서의 걸림돌을 없애준 데 대해 감복했다.

제14차 당대회 이후 왕다오한(汪道涵)은 장쩌민에게 "향후 어떤 계획을 갖고 계십니까?"라고 물었다. 그러자 장쩌민은 "군대와 사상 영역을 장악해 한 손에는 총이라는 막대를, 한 손에는 붓이라는 막대를 잡는 것이다"라고 답했다.

당시 장쩌민은 마오쩌둥의 상투적인 수법을 쓰며 새로운 생각이 결핍되어 있다고 사람들로부터 조롱을 받았다. 그렇지만 장쩌민은 자신만의 원칙이 있었다. 즉, 덩샤오핑이 경제 영역에서 이미 주룽지를 신임하고 있는 데다 주룽지는 독단적인 성격이 강하므로 '주룽지 차르'가 모든 것을 관리하도록 손을 놓은 이후, 오류가 나타나면 주룽지가 스스로 책임을 지도록 하는 것이었다. 이것은 마오쩌둥이 저우언라이를 대했던 것과 비슷한 수법이다. 장쩌민은 중앙재경영도소조 조장의 직책을 확보해 약간의 통제를 가할 수 있다면 그것으로 충분했다. 장쩌민이 볼 때 가장 중요한 일은 군대와 이데올로기를 통제하는 것이었다. 마오쩌둥과 덩샤오핑은 모두 이 '2개의 주먹'에 의지해 권력을 공고히 할 수 있었다. 덩샤오핑이 이데올로기 영역의 우파와 좌파를 제거하고 군대에서 영향력을 지닌 양씨 형제를 제거한 것은 장쩌민이 이 '2개의 막대'를 장악할 수 있는 조건을 창조하기 위한 것이었고, 장쩌민은 당연히 이러한 의도를 잘 파악하고 있었다.

제14차 당대회 이후 덩샤오핑의 개방형 독재 노선은 천원의 새장식 독재 노선에 철저하게 승리했다. 이로써 장쩌민은 더 이상 '2명의 시어머니', 즉 덩샤오핑과 천원의 안색을 살피며 일을 처리할 필요 없이 덩샤오핑만 보면 되었다. 덩샤오핑도 장쩌민이 자신의 노선을 따라 '100년간 불변'하기로 결심한 것을 확인하고 더 이상 부연설명하지 않게 되었다.

장쩌민이 제14차 당대회 이후 집정한 10년 동안(1992~2002)은 덩샤오핑의 사망(1997)을 경계로 2개의 시기로 나눌 수 있다.

덩샤오핑 생전의 마지막 5년 동안 장쩌민은 이미지 구축을 기피하다

덩샤오핑이 생존하던 5년 동안(1992~1997) 장쩌민은 덩샤오핑 남순 강화가 규정한 노선을 받들어 집행하면서 자신의 이미지를 구축하는 일을 삼가는 한편, 군대·외교·양안·이데올로기 영역에서 점차 자신의 권력 기초를 공고히 했다. 장쩌민은 중국공산당 중앙재정경제, 외교사무, 타이완사무 관련 3개 영도소조의 조장을 맡았고, 아울러 덩샤오핑이 신임하는 패우 딩관건을 중앙선전부장에 임명해 자신이 사상·문화 부문을 장악하는 데 적극적으로 협조하도록 했다.

총대를 장악하기 위해 대내 방어에서 대외 확대로 전환하다

첫째, 총대를 장악하기 위해 제3대 핵심에 충성하는 현대화된 당군(黨

軍)을 건립했다. 장쩌민은 군권을 공고히 하기 위해 두 가지를 장악하는 데 중점을 두었다. 하나는 '당이 총을 지휘한다', '군대는 당의 절대적인 영도에 복종한다'라는 사실을 강조한 것이다. 장쩌민은 다음과 같이 말했다.

중국인민해방군은 당의 정치 임무를 집행하는 무장 집단이다. 중국인민해방군은 당의 취지를 자신들의 취지로 삼고 당의 목표를 자신들의 목표로 삼아 총대를 써서 정권을 공고히 해야 한다. 군대 공작의 가장 근본적인 임무는 당의 절대적인 영도를 보장하는 것이므로 전군에서는 반드시 당이 군대를 절대적으로 영도한다는 관념을 수립해야 하고, 언제라도 당중앙의 말을 들어야 하며, 당에 충성하는 믿을 만한 사람이 총대를 장악하도록 보장해야 한다. 서방 적대세력은 중국을 서구화·분화시키려 도모하고 있으며, 기회를 봐서 우리 군에 침투와 파괴를 수행하려 하고 있다. 그들이 고취하는 군대의 비당화(非黨化)와 군대의 비정치화(非政治化)는 바로 우리 군의 성격을 변화시켜 우리 군을 당의 영도로부터 이탈시키려 헛되이 기도하는 것이다.

장쩌민이 채택한 다른 하나의 조치는 무장경찰부대(武裝警察部隊)[7]를 강화하고 확대해 국방군(國防軍)을 건립하는 것으로, 다시 말해 국방군을 무장경찰부대로 전환시킨 것이다. 장쩌민은 "인민무장경찰부대를 사회 안정을 수호하는 하나의 중요한 역량으로 건설하자"라고 제안하면서 다음과 같이 말했다.

---

[7] 중국 국내의 치안, 국경 방위 등을 담당하는 준군사조직이다. 중국 공안부가 행정적으로 관할하고 있으며, 이와 동시에 중국공산당 중앙군사위원회 지도하에 있다. 소속 대원은 중국인민해방군의 병사 및 장교와 마찬가지로 현역 군인으로서의 자격 및 권리를 갖는다. _옮긴이 주

우리나라에 침투해 들어와 전복 활동을 벌이고 있는 일부 외국 세력을 항상 경계해야 한다. 사회 안정을 해칠 기미가 보이면 반드시 맹아 상태에서 소멸시켜야 한다. 이는 인민무장경찰이 마땅히 져야 할 책무다.

이는 장쩌민이 1989년 학생 민주운동으로 터득한 교훈으로 인해 취한 새로운 조치였다. 당시 학생들이 외쳤던 "인민군대는 인민을 사랑하며, 인민은 인민군대를 사랑한다"라는 구호는 학생을 진압하라는 명령을 받은 군인들을 곤혹스럽게 만들었다. 이제 무장경찰부대의 임무가 전복 활동을 진압하는 것으로 바뀌어 사회 안정을 해칠 기미가 보이면 맹아 상태에서 소멸시키는 것이 명령이 되었으므로 출병할 명분이 생긴 것이다.

장쩌민은 총대를 장악하기 위해 또한 '과학기술 강군'을 강조하면서 첨단기술 조건하에서의 현대 전쟁을 수행하기 위한 준비를 했다.

마오쩌둥 시대의 군사 전략은 방어 전략으로, '동굴을 깊게 파고, 식량을 많이 확보하며, 패권을 추구하지 않는다(深挖洞, 廣積糧, 不稱霸)', '전쟁 준비를 한다'는 등 소련의 침공에 방어하는 방식이었다.

덩샤오핑 시대에는 국제 정세가 변화해 중미 수교 이후 소련의 위협이 약화되었다. 1979년 중국이 베트남전에 참여했을 때도 소련은 수수방관했다. 이에 덩샤오핑은 안심하고 군대를 축소하고 군사 예산을 긴축했으며, 중심을 경제 건설로 옮겼다.

장쩌민은 외부 적의 위협이 없는 평화적인 환경 가운데서도 매년 군사비 지출을 두 자릿수로 늘렸는데, 이는 경제 성장률을 훨씬 상회하는 수치였다. 또한 대량의 외화를 써서 러시아, 우크라이나로부터 선진 군사 설비를 구입하고 현대 군사 기술을 도입해 대규모 공격용 무기를 발전시켰다. 장쩌민은 "과학기술 강군을 만들자", "해방군을 강력하고 현대화·정규화된 혁명군대로 만들자", "국방과학기술 연구와 국방 공업을 중시하고, 무기

장비를 개선하며, 전투력을 전면적으로 증강하고, 첨단과학기술 현대화 전쟁의 필요에 적응하자"라고 주장하면서 다음과 같이 말했다.

무엇을 현대 전쟁이라고 부르는가? 걸프전쟁(즉, 페르시아 만 전쟁)은 우리에게 하나의 교훈을 준다. 만약 우리가 현대 과학기술 지식과 군사 지식을 장악하지 못한다면 어떻게 과학기술 조건하의 현대 전쟁을 이해할 수 있겠는가?

장쩌민은 군사 전략상 대내 방어에서 대외 확장으로 전환했다. 이에 따라 군부는 외향형 군사 전략을 제시하면서 "첫 번째 발판은 타이완이다. 만약 타이완을 수중에 넣지 못하면 중국은 영원히 대외를 지향하기 어렵게 되고, 영원히 중원 대륙에서 고립될 것이다"라고 제기했다.

붓대를 장악하기 위해 점차 자신의 이론을 제기하다

둘째, 붓대를 장악하기 위해 장쩌민은 『덩샤오핑 문선』제3권을 학습하도록 호소하는 데서 시작해 점진적으로 장쩌민 자신의 '독창적인 이론'을 제기하기에 이르렀다.

1993년 『덩샤오핑 문선』제3권이 출판되자 장쩌민은 즉각 「중국공산당 중앙의 덩샤오핑 문선 제3권의 학습에 대한 결정」을 내고 전국 및 전당에서의 학습을 조직했다. 그는 '성부급(省部級) 주요 지도 간부 이론 토론반'에서 '덩샤오핑의 중국 특색의 사회주의 건설을 활용해 전당을 이론 무장하자'라는 주제로 직접 강화를 했다. 장쩌민은 다음과 같이 말했다.

새로 출간된 『덩샤오핑 문선』은 최근 10년간 덩샤오핑 동지가 우리를 영도해 개혁·개방과 사회주의 현대화 건설을 추진한 풍부한 경험의 이론적 결정체이자 우리가 계속 승리하고 전진하도록 인도하는 과학적 지침으로, 사상이 넓고 심오할 뿐만 아니라 마르크스주의 진리의 찬란한 빛을 발산하고 있다.

덩샤오핑 동지는 우리나라 사회주의 개혁·개방과 현대화 건설의 총설계사다. 그는 드넓은 중국뿐 아니라 전 세계까지 입각해 일련의 사회주의 발전 전략을 높은 곳에서 멀리 내다보며 구상하고 설계했다. 또한 덩샤오핑 동지는 수많은 어려움 속에서도 끊임없이 이론 탐구를 진행해 당대 중국에서 마르크스주의 이론이 새로운 경지에 올라서게 했으며, 새로운 높은 수준에 도달하도록 만들었다.

장쩌민이 덩샤오핑 이론의 '새로운 경지, 새로운 고도'론을 따른 것은 한때 린뱌오가 마오쩌둥주의의 '이정표, 절정'론을 따른 것과 서로 견줄 수 있다.

장쩌민은 자신의 이론을 제기했지만 자신이 예상했던 효과를 달성하지는 못했다. 14기 5중전회에서 장쩌민은 두 편의 중요한 강화를 냈는데, 한 편은 전회소집인(全會召集人) 회의에서 강화한 「영도간부는 정치를 강조해야 한다」(1995년 9월 27일)이고, 다른 한 편은 전체회의 폐회 시 강화한 「사회주의 현대화 건설에서의 중대한 관계를 정확하게 처리하자」(1995년 9월 28일)였다. 일설에 따르면 장쩌민이 매우 흥미롭게 강화를 했지만, 회의에 참여한 사람들은 도리어 혼란스러워 잠을 청했다고 한다. 장쩌민은 이전에 행한 강화를 통해 다음과 같이 말했다.

우리가 현대화 건설을 하는 데 중심 임무는 경제를 발전시키는 것이지만 정치도 반드시 보장해야 한다. 정치를 중시하지 않고 정치 기율을 강조하지 않으면 안 된다. 이 점은 고급간부에게 특히 중요하다. 서방 적대세력은 우리를 서구화·분화시키려 하면서 그들의 민주와 자유를 우리에게 강요하려 하고 리덩후이는 타이완을 독립시키려 하는데, 우리가 정치를 강조하지 않을 수 있겠는가? 이를 경계하지 않고 투쟁하지 않아도 되겠는가?

장쩌민은 여기서 2개의 적을 수립했는데, 하나는 '민주와 자유를 우리에게 강요하는' 서방 적대세력이다. 다른 하나는 '리덩후이가 타이완을 독립시키려 하는' 것으로, 타이완이 전 세계 제3차 민주화 물결 속에서 민주국가로 전환되면 타이완 사람들은 공산독재 국가의 병탄을 받아들지 못할 것이라고 우려했다.

이 2개의 적은 실제로는 하나다. 즉, '자유·민주'인 것이다. 장쩌민은 자유·민주를 두려워해 중국 인민에게 내재하는 자유·민주에 대한 요구를 고의로 소외시켰고, 자유·민주를 서방과 타이완 같은 적대세력으로 탈바꿈시켰다. 즉, 자유·민주를 요구하는 사람은 누구나 서방과 타이완의 적대세력과 함께 서는 것이므로 맹아 상태에서 소멸시켜야 한다고 주장했던 것이다.

두 번째 강화에서는 사회주의 현대화 건설 중 실현해야 할 '12대관계'를 제기했는데, 이는 마오쩌둥이 1956년에 강화했던 '10대(十大)관계론'을 모방한 것이었다. 하지만 내용이 공허하고 새로울 게 전혀 없었기 때문에 발표한 이후 반응이 냉담했다. 1년 이후 장쩌민은 상하이에서 데려온 붓대 류지(劉吉)를 통해 일련의 사람들을 동원한 뒤 『총서기와 마음을 터놓고 말하다(與總書記談心)』라는 책을 집필하게 했다. 류지는 이 책의 서문에서 다음과 같이 말했다.

장쩌민 총서기가 「사회주의 현대화 건설에서의 중대한 관계를 정확하게 처리하자」라는 문장을 발표한 지도 벌써 1년이 되었다. 이는 중국공산당 제3대의 영도를 상징하는 저작으로, 매우 중요한 현실적 의의와 매우 깊은 역사적 의의를 갖고 있다. 이 문장은 사회주의 개혁·개방과 현대화 건설 사업의 발전에 따라 반드시 이러한 점을 진일보 증명할 것이다.

하지만 결과는 화살 하나를 큰 바다를 향해 쏜 것과 같아서 작은 물결조차 일으키지 못했다. 류지도 장쩌민의 환대를 더 이상 받지 못했다.

직접 타이완 정책을 주도한 장쩌민은 덩샤오핑보다 더 교활했다

셋째, 타이완 정책을 주도하고 '8항 주장'을 제기했다. 제14대 당대회 이전에는 중국공산당의 '타이완 사무 영도소조'를 양상쿤이 주재했다. 1990년에서 1991년 말까지 양상쿤은 양쓰더(楊斯德)를 밀사로 보내 리덩후이의 대표 쑤즈청(蘇志誠)과 여러 차례 홍콩에서 비밀회견을 가졌는데, 이 회견은 쌍방이 서로 내막을 탐지하는 성격이었다. 장쩌민은 당시 덩샤오핑에 의해 제3대 핵심으로 책봉되었다. 따라서 장쩌민은 타이완 업무에 관여하고 싶어했다. 하지만 양상쿤의 영역이었기 때문에 직접 손을 내뻗기가 쉽지 않았다. 이에 다른 방도를 찾아내 「국가통일강령」을 기초하는 데 초대받아 참여하는 한편, 타이완에서 명망 높은 4대 공자 중 한 사람인 선쥔산[沈君山, 나머지 3명은 롄잔, 천리안(陳履安), 첸푸(錢復)였는데, 선쥔산이 이 4명 중 가장 재능이 있었다]과 세 차례나 긴 대화를 나누었는데 이 또한 당시에는 비밀이었다. 선쥔산은 매번 상세하게 이를 기록해 리덩후이에게 보고를 했다.

1992년부터 장쩌민은 직접 밀사를 통제했고, 왕다오한(汪道涵)과 쑤즈청이 회담을 가진 결과 1993년 싱가포르에서 구전푸(辜振甫)와 왕다오한이 회의를 거행하기로 확정했다.

1992년 밀사 회담 중에 왕다오한은 국공 양당이 평화통일 문제를 협상하고 토론하도록 제기했다. 이는 본래 덩샤오핑의 일관된 주장이었으나 장징궈에 의해 거절되었다.

쑤즈청은 이것이 불가능하다고 보았는데, 왜냐하면 타이완에도 정부가 존재하므로 이는 정부 지도자가 서로 얼굴을 맞대야 해결할 수 있는 문제였기 때문이다. 쑤즈청은 지금으로서는 리덩후이와 장쩌민이 회견할 수 없으므로 왕다오한과 구전푸가 서로 만나는 것을 시작으로 삼을 수는 없는지 물었다. 왕다오한은 "좋은 생각이다. 하지만 무엇을 논의할 것인가?"라고 회답했다. 쑤즈청은 "정치 문제와 통일 문제는 논하지 않되, 광범위하게 의견을 교환할 수 있을 것이다. 먼저 정부로부터 권한을 위임받은 고위층 간의 소통 채널과 쌍방의 소통 관념을 건립하자"라고 말했다.

그런 이후 토론 장소를 논했는데, 왕다오한은 홍콩은 외부의 간섭을 쉽게 받으므로 적절하지 않다고 표하면서 타이완의 세계적인 석학 난화이진(南懷瑾)을 은밀히 가리켰다. 하지만 장쩌민은 양상쿤이 난화이진을 통해 밀사 회담을 준비하는 것을 결코 인정하지 않았다. 쑤즈청은 싱가포르에서 리콴유가 회담을 준비하도록 제안했다. 리콴유는 쌍방 공동의 친구이며 장징궈 시대에 일찍이 양쪽을 왕래한 바 있기 때문이었다. 이것이 바로 1993년에 싱가포르에서 구전푸와 왕다오한 간의 회의가 개최된 유래다.

구전푸·왕다오한 회의 이후 장쩌민은 다시 쩡칭훙을 파견해 쑤즈청과 회견하도록 했는데, 장소는 홍콩이 아니었다. 1994년 4월과 11월, 1995년 4월에 걸쳐 세 차례 회견을 가졌는데, 장소는 모두 주하이였다. 쌍방이 교환한 주요 정보를 살펴보면, 쩡칭훙은 쑤즈청에게 장쩌민이 장차 타이완 정책에 대한 중요한 선언[타이완 통일을 위한 8개 방안, 즉 '강팔점(江八點)'을 의미한다]을 할 것이므로 리덩후이의 긍정적인 반응을 기대한다는 내용을 전달했다. 쑤즈청은 쩡칭훙에게 리덩후이가 장차 중동과 미국을 방문할 것이라고 알리면서 장쩌민이 이를 이해해주기를 바란다고 말했다.

1995년 1월 30일, '강팔점'이 발표되었다. 장쩌민의 타이완 정책은 원칙상 덩샤오핑이 주창한 '일국양제, 평화통일'과 '무력 사용을 포기하기로 약속하지 않는 것'을 계승했다. 새로운 내용은 주로 다음과 같은 두 가지 사항이었다. 첫째, 덩샤오핑이 내디딘 한 걸음, 즉 평화통일에 대한 논의를 두 걸음으로 나누는 것으로, '정식으로 적대 상태를 종식하는 협상'을 첫째 걸음으로 하고, '통일 협상'은 그다음 걸음에 놓았다. 둘째, 덩샤오핑의 국공 양당 협상을 "정치 협상의 명의, 장소, 방식을 협상할 수 있으며, 타이완 당국 지도자가 적당한 신분으로 대륙을 방문하는 것을 환영하고 대륙도 타이완의 요청을 받아 방문하기를 원한다. 이를 통해 국시(國是)를 함께 협상하자"로 바꾼 것으로, 이는 정부 대 정부의 협상을 받아들인 것이었다.

이 두 가지 변화는 장쩌민이 밀사 왕래를 통해 체득한 것으로, 사실상 '강팔점'은 왕다오한이 주도해 기초한 것이었다.

리덩후이는 밀사 파견을 통해 장쩌민의 속셈을 명확하게 알아내려고 했다. 왜냐하면 장쩌민의 타이완 정책은 덩샤오핑의 정책에 비해 관용적이지 않고 도리어 더욱 교활하며 기만적이어서, 미끼를 던져 상대방을 유인해 함정에 빠뜨린 후 먹어치우려는 것과 같았기 때문이다. 이 점은 선쥔산이 장쩌민과 세 차례 가진 담화를 통해 충분히 증명되었다. 선쥔산은 진심 어린 마음으로 거듭 충고하며 장쩌민에게 '일이불통(一而不統)', '일국양치(一國兩治)', '대등한 정부, 2개의 치권' 같은 사항을 건의했는데 장쩌민은 이를 모두 거부했다. 장쩌민은 선쥔산에게 다음과 같이 말했다.

당신은 중앙정부와 지방정부 간의 결합을 회피하려 하며 주권 문제를 회피하려 하는데 이들 사안은 회피할 수 없는 것이다. 우리는 2개의 중앙을 반대하며, 또한 연방제 및 국가연합 등은 중국의 유사 이래 일찍이 성행한 적이 없다. 내가 이 위치에 앉아 있는 한은 하나의 민족, 하나의 국가, 하나의 중앙정부다. 다른 사람이 이 자리에 앉더라도 마찬가지다! 통일에 역행하는 외교 공간은 반드시 배제되어야 한다. 만약 분열을 꾀하려 한다면 유감스럽지만 중국 공산당이 손 놓고 있지 않을 것이다.

장쩌민은 또한 선쥐산에게 『좌전(左傳)』 중 「자산논정관맹(子産論政寬 猛)」에 나오는 문장 중 "백성들이 타오르는 불을 보면 이를 두려워해서 결국 불 속에서 타 죽는 사람이 매우 적을 것이다. 한편 물은 부드럽고 약해서 백성이 이를 보면 경계하지 않고 물놀이를 좋아하게 될 것이므로 결국 물속에 빠져 죽는 사람이 많을 것이다. 관용적인 정책을 실시하는 것은 어려운 일이다"라는 구절을 인용했다.

이는 바로 덩샤오핑에서 장쩌민까지 그리고 장래의 '다른 사람'에 이르기까지 타이완에 대한 장기 전략은 변하지 않을 것이며, 평화적 방식과 비평화적 방식 모두 준비에 박차를 가하고 있으므로 타이완은 반드시 이에 상응하는 장기 전략을 제정해야 함을 보여주는 것이었다. 리덩후이의 전략은 다음과 같았다.

- 정치 민주화: 헌정 개혁을 통해 국민이 총통을 직접 선거하는 것을 실현하고, 주권재민의 국가제도 전환을 실현한다.
- 군사 현대화: 내전을 종식하고 대륙에 대한 반공(反攻)을 포기하며 타이완의 자주적인 방어 능력을 구축해 타이완 인민의 생존과 자유를 보위한다.
- 경제 국제화: 타이완 산업의 현대화 전환을 실현하고 전 세계에서 타이완 경제의 국가 경쟁력을 제고한다.
- 외교 실무화: 외교 관계를 맺고 있지 않은 국가들과 왕래를 강화하고 타이완의 국제 공간을 확대한다.

1995년과 1996년, 타이완은 정치와 외교 방면에서 두 차례 전쟁을 벌였는데, 하나는 1995년 리덩후이가 중국의 봉쇄를 뚫고 미국의 코넬대 방문에 성공한 것이다. 나머지 하나는 1996년 타이완 인민이 중국의 미사일 위협 속에서 국가 총통을 선거로 선출한 것이다.

장쩌민은 이 양대 전쟁에서 모두 패배했다.

중국 특색의 개방형 노예 경제의 새로운 전형을 확립하다

넷째, 장쩌민은 주룽지의 경제 일변도 정책에 의지해 중국 특색의 개방형 노예 경제의 새로운 전형을 확립했다.

주룽지가 덩샤오핑의 남순 강화에 따라 국가의 대문을 크게 열자 홍콩, 타이완, 서방으로부터 자금 및 기술이 끊임없이 중국으로 유입되었고, '써도 써도 고갈되지 않는' 저가의 농민공과 결합해 GDP가 매년 두 자릿수로 증가했다. 1992년의 성장률은 14.2%, 1993년은 13.5%, 1994년은 12.7%였다. 발전이 너무 빨라 1994년에 통화 팽창이 발생하자 주룽지는 거시 조정으로 통제를 실시했고 이로 인해 1995년에는 성장률이 10.5%로 감소했으며, 1996년에는 다시 9.6%로 떨어졌다. 주룽지는 이를 '경제 연착륙의 성공'이라고 일컬었다. 그 이후로는 다시 두 자릿수 성장을 회복해 중국은 신속하게 '세계의 제조공장'이 되었으며, 중국 특색의 개방형 노예제도 경제 모델은 서방으로부터 유입된 자본의 물줄기하에 우뚝 솟아나기 시작했다. 이 주제에 대해서는 12장 '민족주의 신노예제도 제국의 부상'에서 자세히 논하도록 하겠다.

덩샤오핑이 사망한 후 장쩌민은 자신의 길을 걷기 시작하다

덩샤오핑이 사망한 이후 5년 동안(1997~2002)에는 장쩌민이 자신의 길을 걸었다. 그는 주로 이론과 외교 2개 영역에서 '3개 대표 중요 사상'을 제기하고 국제무대로 나아가 세계 지도자로서의 이미지를 구축했다.

1997년 2월 19일, 덩샤오핑이 사망하자 장쩌민은 매우 설득력 있는 세 가지 말을 했다.

- "덩샤오핑 이론은 우리의 뼈대다."
- "풍랑이 일어나는 대로 맡기고 낚싯배에 평온하게 앉는다."
- "우리는 우뚝 서서 끄떡하지 않는다."

그해 중국공산당은 제15차 당대회를 개최할 예정이었는데, 한 정치국회의에서 장쩌민은 다음과 같이 말했다. "제15차 당대회 보고의 핵심은 바로 덩샤오핑 이론의 위대한 기치를 높이 드는 것이며, 결론에서 위험을 무릅쓸 준비를 갖출 것을 언급해야 한다." 장쩌민은 또한 1989년의 일을 회고하며 "내가 총서기를 승계했을 때 나는 나보다 능력이 더 뛰어나고 자질과 이력이 더 풍부한 간부가 반드시 있을 것이라고 생각했다"라고 말했다. 그러자 덩샤오핑 판공실의 주임을 맡은 적이 있는 왕루이린(王瑞林)이 그를 저지하며 "총서기님, 스스로 지나치게 겸허하십니다. 우리 모두는 이것이 덩샤오핑 동지가 안배한 것임을 잘 알고 있습니다"라고 했다.

이 외에 2월 19일부터 2월 25일까지 열린 추도대회에서는 TV 방송국이 녹음된 덩샤오핑의 다음과 같은 육성을 반복해서 내보냈다. "장쩌민 동지를 핵심으로 하는 당중앙을 확정하는 것은 우리 전당이 결정한 정확한 선택이다." 2월 25일 인민대회당에서 거행된 추도대회에서는 장쩌민이 50분가량의 추도사를 낭독하는 과정에서 다섯 차례나 낭독을 멈추고 손수건으로 눈물을 훔쳤다.

1997년 9월 중국공산당 제15차 당대회가 거행되었고, 장쩌민은 「덩샤오핑 이론의 위대한 기치를 높이 들고, 21세기를 향해 중국 특색의 사회주의 건설 사업을 전면적으로 추진하자」라는 제목의 보고를 했다. 이 보고에서는 마르크스 · 레닌주의가 역사적으로 두 차례 크게 도약했는데 그중 하나가 덩샤오핑 이론이라면서 덩샤오핑 이론의 역사적인 의미를 두드러지게 부각시켰다. 장쩌민은 다음과 같이 말했다.

제1차 도약의 이론적인 성과는 마오쩌둥 사상이며, 제2차 도약의 이론적인 성과는 덩샤오핑 이론이다. 당대 중국에는 오직 덩샤오핑 이론만 있으며, 사회주의의 전도와 명운 문제를 해결할 수 있는 다른 이론은 없다.

제15차 당대회는 또한 당 규약을 수정해 덩샤오핑 이론을 당의 지도사상으로 확정했다.

새로운 교조로 '3개 대표'를 내세우다

제15차 당대회 이후 장쩌민은 이 제국의 최고 권력 지위에 만족하지 못하고 이데올로기 영역에서 자신의 새로운 교조를 제기함으로써 이를 제국의 최고 이론 권위로 확립하려 했다. 장쩌민의 새로운 교조는 바로 '3개 대표'였다.

2000년 2월, 장쩌민은 광둥성의 한 작은 도시인 가오저우(高州)에 도착해 600명의 성진(城鎭) 간부에게 강화하면서 자신의 '3개 대표'를 처음으로 다음과 같이 제기했다. "중국공산당은 중국 선진 생산력의 발전 요구를 대표하며, 중국 선진 문화의 전진 방향을 대표하며, 광범위한 인민의 근본 이익을 대표한다."

당시의 광둥성 서기 리창춘(李長春)은 "장쩌민 주석의 '3개 대표'에 관한 강화는 덩샤오핑 동지가 1992년에 행했던 남순 강화와 마찬가지로 하나의 거대한 추동 역량이다"라고 말했다.

2000년 5월에 이르러 장쩌민이 다시 자신의 '3개 대표 중요 사상'을 선전하면서 "이는 우리 당에 입당의 기본이며, 집정의 기초이며, 역량의 근원이다"라고 몰아붙였다. 후진타오도 한 차례 회의에서 "장쩌민 동지의 3개 대표 사상은 덩샤오핑이 주창한 '중국 특색의 사회주의 건설' 이론을 발전시킨 것이다"라고 지적했다.

일부 국제평론가는 장쩌민의 말 속에 숨겨져 있는 오묘한 뜻을 제대로 파악하지 못하고, 이 3개 대표가 장차 중국공산당의 사회 기초를 확대하고 자본가와 문화인을 흡수해 입당시킴으로써 중국공산당이 곧 평화적으로 전복될 것으로 간주했다.

누가 선진 생산력을 대표하는가? 한 시대 생산력의 전진을 이끄는 것은 인류의 지혜와 창조력이 결합된 과학사상의 최고점으로, 예를 들면 뉴턴으로 대표되는 기계화 시대나, 아인슈타인으로 대표되는 전자, 정보, 디지털 시대다. 중국공산당은 독재제도에 의거해 자유가 없는 저비용의 노동자를 착취해 자산을 축적하고 있는데, 어찌 선진 생산력을 감히 사칭할 수 있단 말인가?

누가 선진 문화를 대표하는가? 역사적으로 인류 사상 문화를 연 소크라테스, 단테, 셰익스피어, 공자(孔子), 장자(莊子), 이백(李白), 조설근(曹雪芹), 루쉰(魯迅)이다. 사상을 억제하고 문화를 짓밟는 중국공산당이 어떻게 선진 문화를 감히 사칭할 수 있단 말인가?

누가 광범위한 인민의 근본 이익을 대표하는가? 오직 광범위한 인민의 자유의지로 선출된 대표만이 가능한데, 인민의 의지를 유린하는 중국공산당이 어떻게 대표라고 감히 참칭(僭稱)할 수 있단 말인가?

장쩌민이 이처럼 황당한 이론을 만들어내고 '3개 대표'라고 자칭한 목적은 바로 중국의 경제, 정치, 문화를 독점하는 전면적인 독재를 공고히 하기 위함이다. 당시 어용 이론가 캉샤오광(康曉光)의 해석에 따르면 중국공산당을 대표하는 선진 생산력에는 국내외 2개의 연맹이 포함된다. 즉, 국내적으로는 이른바 정치 엘리트, 경제 엘리트, 지식 엘리트의 삼각 연맹이고, 국외로는 전 세계 다국적 자본과의 연맹이다. 중국공산당은 이 2개의 연맹을 통해 중국의 광범위한 노동자, 농민, 지식분자의 자유·자주 권리를 박탈하고 그들이 생산한 물질과 정신적 자산을 착취해 자국의 집권 엘리트 및 국제자본의 중국 독재 노예제도에 대한 지지와 서로 맞바꾸는 것이다. 그런데 이른바 광범위한 인민의 근본 이익을 대표하는 길은 대다수 백성들이 밥을 먹을 수 있고 하루하루 살아갈 수 있도록 안정을 취하게 하는 것이다. 캉샤오광은 다음과 같이 적고 있다.

중국 미래의 첫 번째 임무는 '3개 대표'의 패권적인 지위를 확립하는 것이며 아울러 '3개 대표'의 정신에 근거해 제도 건설에 종사하는 것이다. 오직 엘리트들만이 절대다수의 백성들이 생존하도록 만들 수 있으며, 또한 철저하게 약탈당한 이후에 남은 것을 백성들에게 건네주어 한 끼 식사라도 하도록 만들수 있다. 그러면 백성들은 현실을 받아들일 것이며 불만을 삭히면서 인내하며 계속해서 생활을 해나갈 수 있을 것이다. 이는 대중 가운데 절대다수는 아직 안정을 옹호하고 있음을 의미한다.

캉샤오광의 결론은 "독재정치는 거대한 적응 능력을 지니고 있다. 독재정치는 농업 경제에 적응할 수 있을 뿐 아니라 공업 경제에도 적응할 수 있고, 계획 기제에 적응할 수 있을 뿐 아니라 시장 기제에도 적응할 수 있다. 심지어는 세계화에도 적응할 수 있다"라는 것이었다.

이 어용 이론가의 해석을 통해 장쩌민의 '3개 대표'가 비록 이론적으로는 황당하지만 실천상에서 오히려 효과적이라는 사실을 알 수 있다. '3개 대표'가 대표하는 중국 특색의 반자유·반민주·반평등의 발전관은 중국이 시장경제의 세계화에 적응하는 데 필요한 현대 노예제도의 새로운 논법인 것이다.

자신의 국제적인 이미지를 구축하다

장쩌민은 덩샤오핑이 사망한 이후 덩샤오핑 이론을 발전시키는 데 모든 힘을 쏟는 한편 자신의 국제적인 이미지를 구축하는 데 심혈을 기울였다.

1997년 10월, 장쩌민은 미국을 국빈 방문했다. 자신을 홍보하기 위한 해외 방문 일정을 떠나기 전에 ≪워싱턴포스트≫와 단독 인터뷰를 잡았는데, 기자에게 질문지를 먼저 건네달라고 요구해 사전에 이 연극을 위한 충분한 준비를 하기도 했다.

티베트와 타이완 문제에 대해 기자가 묻자 장쩌민은 가장 자신 있어 하는 링컨의 게티즈버그 연설을 들어 다음과 같이 대답했다. "링컨은 미국의 탁월한 지도자로, 노예를 해방시켰다. 중국은 티베트 지역 외에는 이미 노예제도를 없앴는데, 티베트 지역은 달라이 라마가 티베트를 떠난 이후에야 겨우 그곳의 노예제를 소멸시킬 수 있었다. 그런데도 당신들은 왜 달라이 라마를 지지하려고 하는가?"

또한 장쩌민은 "링컨이 미국 내전을 지도해 노예를 해방시킨 목적은 미국을 통일하기 위함이었다. 그런데 당신들 중 일부는 왜 도리어 타이완의 분열주의 책동을 지지하고 중국의 통일을 반대하고 있는가?"라고 말했다.

이것은 바로 미국인을 속이는 장쩌민의 궤변술이다. 링컨 연설의 핵심은 자유민주이며, '국민의, 국민에 의한, 국민을 위한' 국가를 건립하는 데 있다. 장쩌민은 중국의 반자유·반민주적인 노예제도, 티베트의 종교와 문화에 대한 압박, 그리고 타이완 자유민주에 대한 위협은 회피하면서 고의로 링컨을 갖고 한 차례 희롱함으로써 미국인의 입을 막아버렸다.

중국이 인권을 박해한 6·4 학살에 대해 질문을 받자 장쩌민은 아인슈타인의 상대성 이론을 꺼내들었다. 그는 "아인슈타인의 상대성 이론을 인권 문제에도 운용할 수 있다. 민주와 인권은 상대적인 개념이며 결코 절대적이거나 보편적인 개념이 아니다"라고 말했다.

이것은 상대성 이론에 대한 무지를 드러낸 것일 뿐만 아니라 아인슈타인이라는 인권 투사에 대한 모독이기도 했다. 아인슈타인은 자신의 상대성 이론에 대해 다음과 같은 말을 한 적이 있다.

> 현재 '상대성 이론'이라는 말을 논하고 있는데, 나는 이것이 참으로 불행한 일이라고 생각합니다. 그 용어가 철학 분야에서 야기한 오해를 일종의 기회로 삼아야 할 것입니다.
> — 에밀 짐머(Emil Zschimmer)에게 보내는 편지 중에서(1921년 9월 30일)

처음에 아인슈타인은 자신의 이론을 제기하면서 '상대성 이론'이라는 명칭을 사용하지 않았다. '상대성 이론'은 막스 플랑크(Max Planck)가 아인슈타인의 이론을 위해 명명한 것으로, 아인슈타인은 이 명칭을 좋아하지 않았다. 그는 오히려 '불변량 이론'이라고 부르기를 원했다. 아인슈타인이 짐머에게 보내는 편지에서 나타낸 우려로 볼 때, 흡사 나중에 장쩌민이라는 인물이 '상대성 이론'이라는 명칭을 이용해 '철학상의 오해'를 만들어낼 것이라고 예측한 것 같다. 또한 캔터베리 대주교 랜들 데이비드슨(Randall Davidson)이 아인슈타인에게 상대성 이론이 종교에 어떤 영향을 미칠 것인가를 물었을 때, 아인슈타인은 "상대성 이론은 순수하게 과학의 문제이며, 종교와는 추호도 상관이 없다"라고 대답하기도 했다.

10월 26일, 장쩌민은 미국 순방의 첫 번째 방문지인 하와이에 도착해 와이키키 해변에서 한 시간 정도 수영을 했는데 수영 거리는 1km였다. 중국 지도자들은 수영을 구실 삼아 개인의 권력을 드러내는 것을 좋아하는데, 마오쩌둥은 창장(長江) 강을 헤엄쳤고, 덩샤오핑은 내해(內海)까지 수영했다. 장쩌민은 중국에서 멀리 떨어진 동태평양으로 수영을 해서 들어갔는데 여기에는 상징적인 의미가 내포되어 있었다.

28일 저녁 빌 클린턴(Bill Clinton) 미국 대통령은 장쩌민에게 백악관으로 와서 '친밀하고 개인적이며 비공식적인 회담'을 갖자고 요청했다. 클린턴은 이 자리에서 장쩌민의 환심을 사기 위해 자신이 직접 필사한 게티즈버그 연설을 전시했는데, 장쩌민은 실로 감정을 주체하지 못하고 높은 목소리로 그 연설문을 낭독했고, 두 사람은 깊은 밤까지 이야기를 나누었다. 클린턴은 이후 자신의 회고록『나의 인생(My Life)』에 다음과 같이 적었다.

나는 그(장쩌민을 지칭함)의 정치적인 수완, 중국이 국제사회에 진입하려는 갈망, 그와 총리 주룽지의 지도하에 경제적으로 고속 성장하는 데 대해 모두 매우 깊은 인상을 받았다. 그렇지만 나는 여전히 중국이 기본적인 자유를 속박하는 문제에 관심을 갖고 있었다. 우리는 중국이 자유라는 면에서 많은 변화를 받아들일 수 있으며, 이것이 중국 내부의 혼란을 유발하지 않을 것임을 계속 토론했다. 우리는 의견 대립을 풀 수 없었지만 서로를 더욱 깊이 이해하게 되었다. 내가 생각하기에 중국은 이미 현대 사회의 흐름을 받아들였으며, 더욱 개방적으로 변할 것이다. 새로운 세기 안에 미중 양국은 적이 아닌 더욱 군건한 파트너가 될 것이다.

이것은 바로 장쩌민이 노리고 있던 목표였다. 그는 미국이 자신의 권력 지위를 지지해주기를 바랐다. 그뿐 아니라 자신이 덩샤오핑으로부터 전해 받은 방대한 제국을 발전시키기 위해서도 미국의 지지가 필요했다. 그는 미국이 자신의 제국을 위해 새로운 세계의 전략적인 파트너가 되어주기를 요구했다. 이러한 전략 목표를 실현하기 위해 장쩌민은 구매 리스트를 작성해서 갔는데, 여기에는 30억 달러의 보잉 비행기, 그리고 600억 달러 규모의 원자력 발전 설비 목록이 포함되어 있었다. 장쩌민은 또한 뉴욕의 월스트리트로 뛰어들어 증권거래소의 시작종을 울렸다. 공산당은 줄곧 자신들이 '자본주의를 끝장내는 종을 울렸다'라고 선전해왔는데, 장쩌민이 월스트리트에서 자본주의의 생명을 존속시키기 위해 울린 종소리는 매우 비범했다. 이는 그가 자본주의를 끝장내서 땅속에 매장시키지 않을 뿐만 아니라 미국 자본주의 역시 그가 추진하는 '중국 특색의 사회주의'와 공존공영하는 것을 환영한다는 뜻을 내포하고 있었다. 장쩌민이 월스트리트에서 울린 종소리는 미국의 기업가들을 감동시켰다. 이들 중에 누가 '중국 특색의 사회주의'에서 얻을 수 있는 노획물의 단맛을 맛보려 하지 않겠는가?

클린턴은 1992년 대통령 경선 당시 민주를 제창하는 것은 자신의 '첫째 임무'임을 거듭 강조하면서 부시의 대중국 정책이 미온했다고 비판하는 한편, '바그다드에서 베이징에 이르는 폭군들'에 대해 강경하게 대처할 것임을 제창했다. 그런데 클린턴은 장쩌민과 한 차례 만난 뒤 바로 역사와 현실을 망각했고 천안문 학살과 베이징의 폭군도 잊어버렸다. 그는 단지 장쩌민 수중에 있는, 중국 인민의 피와 눈물로 적셔진 바로 그 돈, 돈, 돈만 보았던 것이다! 이는 바로 장쩌민이 클린턴과 '중미 양국의 21세기를 향한 건설적 전략 파트너 관계'를 성공적으로 체결할 수 있었던 물질적 기초였다.

장쩌민 미국 순방의 마지막 일정은 하버드대에서의 강연이었다. 11월 1일 오전, 장쩌민이 도착했을 때 5000여 명의 사람들이 이미 캠브리지 거리에서 잘못을 인정하지 않는 천안문 학살자에 대해 분노와 규탄을 표명하고 있었다. 장쩌민 강연의 주제는 '역사 문화로부터 중국을 인식하기'였는데, 그는 사람들이 서방의 시각에서 중국을 보지 말고 중국 특유의 문화 전통으로부터 중국을 이해하기를 권고하면서 자신의 자유, 민주, 인권이라는 '상대성 이론' 철학을 계속 발전시켰다. 강연이 끝난 후 15분가량 질문 시간이 주어졌는데, 5개 질문이 사전에 선택되었다. 당시 사회를 담당했던 에즈라 보걸(Ezra Vogel) 교수가 질문을 읽었는데, 그중 하나는 "장쩌민은 서방 국가에 중국과 대항하지 말고 대화를 진행하자고 요구하고 있는데, 왜 자신은 인민과 대화하기를 거부하고 있는가?"라는 질문이었다.

이 질문은 확실히 '6·4'를 겨냥한 것이었다. 왜냐하면 당시 덩샤오핑은 학생과 대화하자는 자오쯔양의 주장을 정치적으로 완전히 거부하고 군사 진압을 명령했기 때문이다.

장쩌민은 일부러 모른 척하며 직접적으로 대답하지 않았다. 그는 "중국은 다양성을 지니고 있는 국가이며, 이러한 국가를 다스리는 것은 매우 어려운 일이다. 그러나 중국에는 인민의 견해를 이해할 수 있는 각종 채널이 있으며, 나 자신은 도처에서 인민의 의견을 청취하고 있으며 정부가 인민의 지지를 얻도록 하고 있다"라고 말했다. 또한 그는 이어서 "정부의 업무 중에서도 결함과 실수가 있기 마련인데, 이는 노력해서 개선할 것이다"라고 말했다.

순진한 미국 학자와 언론은 모두 이를 두고 장쩌민이 6·4 학살에 대한 잘못을 인정한 것으로 잘못 이해했다. 사회자 보걸 교수는 "장쩌민은 직접 미국의 민주주의를 느끼고 천안문 사건에 잘못이 있다는 사실을 인정했다. 이 의미는 매우 중대하다. 과거 중국 지도자 중에 이렇게 말한 사람이 없었다"라고 말했다. 다음 날 미국 각 신문은 모두 이 소식을 크게 보도했다.

장쩌민을 수행한 중국 외교부장 첸치천(錢其琛)은 즉각 기자회견을 열어 이를 바로잡고 "장쩌민 주석에게는 그런 뜻이 결코 없었다"라고 말했다.

이상한 점은 수년 후 출판된 클린턴 회고록에는 여전히 "장쩌민은 하버드대에서 진행된 강연에서 중국이 천안문 시위 군중에 대해 취한 행동이 잘못되었다는 사실을 인정했다. 비록 중국의 속도는 항상 늦어 서방 세계를 초조하게 만들지만 중국이 결코 바뀌지 않는 것은 아니다"라고 기록되어 있다는 것이다.

클린턴의 배서를 얻었지만 도리어 구전푸와 리덩후이에게 패하다

이듬해인 1998년, 클린턴은 단독 일정으로 중국을 9일간 방문했는데 이는 장쩌민의 방미 일정보다 하루가 더 많은 것으로, 장쩌민의 또 하나의 외교적 승리였다. 당시 ≪뉴욕타임스≫의 칼럼 작가인 윌리엄 새파이어(William Safire)는 "8개의 긍정과 3개의 부정(The Eight Yeses, The Three Noes)"이라는 평론을 작성해, 장쩌민은 8개를 공짜로 얻고 이에 3개를 더해 11점을 획득한 반면, 클린턴은 0점이 되었다고 평했다. 그 내용을 살펴보면 다음과 같다.

① 천안문 진압에 대해 '예스'라고 했다: 클린턴은 천안문에서 거행된 중국인민해방군 열병식 자리에 등장해 천안문에서 자행된 학살의 기억을 고칠 필요 없이 바로 말살시키도록 장쩌민을 도왔다.

② 클린턴의 방미 일정이 반드시 단독이어야 한다는 중국의 요구에 대해 '예스'라고 했다: 왕복 일정 중에 일본과 한국을 함께 방문하는 계획을 제외했다.

③ 중국이 미국 대통령의 수행 방문단을 거부한 데 대해 '예스'라고 했다: 미국의 자유아시아방송(Radio Free Asia) 기자 3명이 중국의 반대로 방문단에서 배제되었다.

④ 중국이 세계무역기구(WTO) 가입을 위한 기준을 낮춰달라는 데 대해 '예스'라고 했다: 클린턴은 상하이TV에서 "중국 경제는 아직 발달하지 않았다"라며 WTO에 가입 기준을 낮추도록 압박했다.

⑤ 중국에 이의를 제기하는 인사를 박해하는 데 대해 '예스'라고 했다: 클린턴은 장쩌민이 웨이징성, 왕단(王丹)[8]을 해외로 내쫓은 것을 '자유의

---

8 1989년 6월 천안문 사건 당시 학생 지도자 중 한 명으로, 민주화운동을 주도해 감옥에 수

진보'라고 칭했다.

⑥ 장쩌민이 자신의 권력을 지지해달라는 데 대해 '예스'라고 했다: 클린턴은 "대단히 총명하다(extraordinary intellect)", "활력이 충만하다(a lot of vigor)", "상상력이 풍부하다(good imagination)", "선견지명과 이상이 있으며 미래를 예견할 줄 안다(he has vision, can visualize, can image a future)" 등 극도의 찬사를 써가며 공산제국의 독재 통치자인 장쩌민에 대한 미국의 정치적 지지를 표명했다.

⑦ 중국이 미사일기술통제체제(Missile Technology Control Regime)에의 가입을 연기하는 데 대해 '예스'라고 했다: 장쩌민은 미사일 기술 판매에 더 많은 시간을 갖기를 원했고, 클린턴은 여기에 긍정을 표했다.

⑧ 중국이 강조한 '중미 전략 파트너 관계'에 대해 '예스'라고 했다: 이를 통해 미국의 아시아 동맹국을 억압했다.

이상은 '8개의 긍정'이며, '3개의 부정'은 바로 클린턴이 상하이도서관에서 8명의 각계 인사와 나눈 좌담회에서 "우리는 타이완 독립을 지지하지 않고, 2개의 중국 또는 일중일대(一中一臺)를 지지하지 않으며, 타이완이 장차 주권국가 조직의 구성원이 될 것을 믿지 않는다"라고 한 것이다.

장쩌민의 견지에서 볼 때 중요한 것은 이 '3개의 부정'이었다. 왜냐하면 3개월 뒤에 타이완의 협상 대표 구전푸를 만나기로 되어 있었기 때문이다. 장쩌민은 '구전푸·왕다오한 회의'와 '구전푸·장쩌민 회의'의 의사일정에 정치 협상을 넣을 수 있기를 기대했다. 그렇게 되면 국가주권 관련 논쟁을 피할 수 없을 것이기 때문에 타이완 문제에서 클린턴의 지지를 얻는 것이

감되었다. 석방된 이후 미국으로 건너가 학업을 마쳤으며, 2012년 9월 타이완 칭화대의 객좌교수로 임용되었다. _옮긴이 주

대단히 중요했다. 불행한 사실은, 장쩌민은 클린턴에게는 이겼지만 3개월 뒤 구전푸와 리덩후이에게는 도리어 패배했다는 것이다.

1998년 10월 구전푸·왕다오한 회의와 구전푸·장쩌민 회의에서 구전푸는 2개의 비장의 카드를 선보였는데, 하나는 '주권 대등'을 두드러지게 내세운 것이며, 나머지 하나는 '타이완 민주'를 선언한 것이다. 이를 통해 상대방이 '강팔점'과 '하나의 중국' 원칙에 따라 설계한 정치 협상을 돌파했다. 이 전략은 타이완 내부에서 일찍이 논쟁을 유발했는데, 해기회(海基會)[9]가 민주 카드를 꺼내는 설계에 대해 타이완의 외교부와 대륙위원회는 모두 찬성하지 않았고, 상대방이 도발로 간주할 것이라고 우려했다. 그러나 리덩후이는 "타이완 민주와 주권은 대등하며 이 2개의 법보(法寶)는 하나라도 결여되어서는 안 된다"라고 주장했으며, 아울러 타이완의 야당 대표 캉닝샹(康寧祥)을 '타이완 민주'의 대변자이자 증인으로 삼았다.

결국 타이완의 민주 및 대등 전략은 크게 성공했고, 탕수베이(唐樹備)가 원래 설계했던 '일중(一中) 정치 협상'은 철저하게 깨졌다. 구전푸·왕다오한의 회의 첫째 날 저녁, 탕수베이는 격분해 기자회견 자리에서 타이완이 '하나의 중국 원칙'을 위배했다고 크게 비판했지만 결국 허장성세(虛張聲勢, 실속 없이 허세를 부림)에 불과했다. 구전푸·장쩌민이 1시간 45분간 가진 회의에서 구전푸는 평소처럼 타이완 민주를 싱글벙글 크게 웃으며 논했고, 장쩌민은 수동적으로 여기에 응대했다.

장쩌민은 구전푸에게 "당신은 내가 폭군처럼 보이는가? 나는 아직 매우 진보적이다"라고 한 뒤, "우리의 민주는 다른 국가와 달라서 촌민 선거와도

---

9 1990년 11월에 수립된 타이완의 민간 조직인 해협교류기금회(海峽交流基金會)의 약칭이다. 타이완의 행정원대륙위원회(行政院大陸委員會)로부터 위임을 받아 양안 교류에서 발생하는 각종 업무를 처리하는 것이 주된 업무다. 초대 이사장으로는 구전푸가 취임했으며, 지금은 린중썬(林中森)이 이사장을 맡고 있다. _옮긴이 주

같다. 한 외국 원수가 나에게 '왜 촌에서 향, 현, 성, 그리고 전국으로까지 확대할 수 없는가?'라고 물었다. 나는 그에게 '그것은 불가능하며 실현될 가능성이 전혀 없다'라고 말했다. 12억 명이 한 명의 국가주석을 선발하는 데 어떤 선거 방법이 있겠는가?'라고 말했다.

구전푸는 "민주주의의 진수는 정당 정치이므로 일당독재를 포기하고 인민이 자유롭게 선거권을 갖도록 해야 한다. 타이완은 이 방면의 경험을 제공할 수 있다"라고 말했다.

장쩌민은 "우리에게도 8개의 민주당파가 있으며, 그중에는 중국국민당도 있다. 모두 참정하는 데 의의를 지닌 정당이다. 이는 중국 역사를 통해 형성된 것이다. 12억 명을 다스리려면 견고한 리더십이 없으면 안 된다. 이번 홍수 사태를 처리하는 과정에서 보여주었던 것처럼 전화 하나만 나에게 주면 해군 해병대가 즉각 쏜살같이 달려간다!"라고 말했다.

구전푸 일행은 주권 대등과 민주 우세를 견지하는 한편 '4항 협의'까지 달성했다. 귀국한 이후 구전푸 일행은 입법원에서 질의를 받았는데 타이완의 여당과 야당을 불문하고 모두로부터 긍정적인 평가를 받았다. 한편 장쩌민은 클린턴에게서 얻은 '3개의 부정' 가운데 어느 하나도 제대로 활용하지 못했다.

1999년에는 장쩌민이 예상하지 못했던 두 가지 돌발 사건이 발생했는데, 하나는 4월 25일 파룬궁(法輪功)이 중난하이를 포위한 것이고, 다른 하나는 7월 9일 리덩후이가 '양국론(兩國論)'을 발표한 것이다. 장쩌민은 이를 자신의 권위에 대한 도전으로 간주했다.

파룬궁이 장쩌민을 천하의 웃음거리로 만들어버리다

파룬궁은 일찍이 1990년대 초에 각종 유파의 기공(氣功)과 함께 중국 각지에 유포되어 전해졌으나 당시에는 장쩌민의 주의를 아직 끌지 못했다.

1999년 4월 25일, 약 1만 명의 파룬궁 수련자들이 중난하이 주변에 집합하는 사건이 발생했다. 사건의 발단은 중국과학원 회원인 허쭈수(何祖麻)가 한 잡지에 파룬궁을 비판하는 글을 발표한 데서 시작되었다. 이에 톈진시(天津市)의 수련자 45명이 그 잡지사에 찾아가 항의하자 경찰이 이들을 체포했고, 이에 전국 각지의 파룬궁 수련자들이 베이징으로 몰려들어 중앙을 향해 청원하기에 이르렀다. 당시 주룽지는 청원 대표를 접견하고 법에 따라 처리할 것이라고 응답해 청원자들도 해산했다. 주룽지는 이 사건이 인민 내부의 대립을 보여주는 사건이라고 생각했다.

사건이 발생한 그날 저녁 장쩌민은 정치국 위원들에게 엄준한 내용의 편지 한 통을 써서 보냈다.

우리는 오늘 일어난 사건을 깊이 생각해봐야 한다. 사람들이 모르게 귀신도 모르게 돌연 당과 국가 권력의 중심인 대문의 주변에 1만여 명이 모이고 하루 종일 포위를 했다. 그 조직이 지니고 있는 기율의 엄밀함, 정보 전달의 신속함은 실제로 흔히 볼 수 있는 것이 아니다. 그러나 우리의 유관 부문은 놀랍게도 사전에 이를 전혀 살피지 못했고 결국 인터넷상에서 각지에 있는 파룬궁 조직의 연락 계통을 찾았다. 상황이 이러하니 어찌 깊이 반성하지 않을 수 있겠는가? 정보 기술의 신속한 발전은 우리에게 새로운 과제를 제기하고 있다. 각 기관에 배치된 컴퓨터의 수는 적지 않은데, 이러한 중요한 사회 동향에 주의를 기울였던 사람이 있는가? 만약 주의를 했다면 실무적으로 왜 그 어떤 반영도 하지 않았던 것인가? 모두 이러한 문제를 진지하게 연구해야 한다. 이 사건이 발생한 이후 서방 미디어는 이를 즉각 보도하면서 선동적으로 과장하고 있다. 도대체 해외 또는 서방과 관련이 있거나 그 배후에 어떤 고수가 지휘를 계획하고 있는 것 아닌가? 이는 하나의 새로운 신호로서, 우리는 반드시 이를 크게 주목해야 한다. 민감한 시기는 이미 도달했으므로 반드시 가장 **빠르**고 강력하게 조치를 취해야 하며, 유사한 사건의 발생을 엄격히 방지해야 한다. 이 사건은 1989년 발생한 정치 풍파 이래 베이징 지구에서 발생한 군중 사건 중 사람 수가 가장 많은 사건이다. 우리 공산당인(共産黨人)이 보유하고 있는 마르크스주의 이론과 신봉하는 유물론 및 무신론이 파룬궁이 떠벌리는 그 일련의 것들을 이길 수 없단 말인가? 과연 그렇다면 어찌 천하의 웃음거리가 되지 않을 수 있겠는가?

이 편지로 인해 파룬궁을 '사교(邪敎)'로 규정하고 전국인대에서 전문적인 입법 절차를 거쳐 파룬궁을 탄압하게 되었다. 그뿐 아니라 인민출판사에서는 『마르크스, 엥겔스, 레닌, 스탈린, 마오쩌둥, 덩샤오핑, 장쩌민이 유물론과 무신론을 논하다』라는 제목의 전문서적을 출간했으며, 국가적으로 위아래 할 것 없이 파룬궁에 대한 대대적인 비판과 조사, 대규모 체포와 진압을 실시하기에 이르렀다. 그러나 이로부터 10년이 지난 시점에서 보더라도 장쩌민의 유물론과 무신론은 파룬궁을 소멸하지 못한 듯하며, 결국 장쩌민 자신은 천하의 웃음거리가 되고 말았다.

리덩후이의 양국론으로 장쩌민의 '연미제대' 전략이 교란되다

1999년 7월 9일, 리덩후이는 독일 방송국 도이체벨레의 단독 인터뷰를 받아들였다. 기자가 "중국은 타이완을 배신해서 이탈한 하나의 성으로 보는데, 타이완은 이에 대해 어떻게 대응하는가?"라고 묻자 리덩후이는 다음과 같이 대답했다.

1949년에 중화인민공화국이 성립된 이후 중화인민공화국은 타이완, 펑후(澎湖) 섬, 진먼(金門) 섬, 마쭈(馬祖) 섬을 통치한 적이 없다. 우리나라는 1991년에 헌법 수정을 실시했는데, 수정 조문 제10조에서는, 헌법의 효력이 미치는 지역을 타이완으로 제한해 줄이고 아울러 중화인민공화국의 대륙 통치권에 대한 합법성을 승인했다. 또한 수정 조문 제4조에서는, 입법원과 국민대회는 민의기관의 성원으로서 타이완 인민이 선출한다는 것을 명시했다. 1992년의 헌법 개정은 진일보해서 수정 조문 제2조에서는, 총통과 부총통은 타이완 인민이 직접 선거로 선출하고, 이를 통해 구성된 국가기관은 오직 타이완 인민을 대표하며, 국가권력의 정당성도 타이완 인민이 부여한 권한으로부터 발생하며 중화인민공화국과는 완전히 무관하다고 규정했다. 1991년 헌법 수정 이래 이미 양안 관계는 국가와 국가의 관계, 적어도 특수한 국가와 국가의 관계로 위치가 정해졌다. 따라서 타이완은 하나의 합법 정부이지 하나의 반란 단체가 아니며, 하나의 중앙정부와 하나의 지방정부로 구성된 '하나의 중국'이라는 내부 관계가 아니다. 따라서 베이징 정부가 타이완을 반란을 일으켜 이탈한 하나의 성으로 보는 것은 역사와 법률상의 사실에 완전히 어두운 것이다. 또한 양안 관계는 특수한 국가와 국가의 관계로서 그 위치가 정립되었기 때문에 재차 타이완 독립을 선포할 필요가 없다.

리덩후이의 이러한 선포는 미국과 연대해 타이완을 제압한다는 장쩌민의 '연미제대(聯美制臺)' 전략에 혼선을 야기했다. 장쩌민은 본래 10월에 왕다오한이 타이완을 방문할 때 클린턴이 상하이에서 자신에게 건넨 선물, 즉 타이완에 대한 '3개의 부정'을 '하나의 중국 원칙'을 추동하는 전제하의 정치 협상에 다시 이용하려 했다. 리덩후이의 '양국론'은 이러한 전제를 취소했으므로 장쩌민이 타이완 전략을 실시하기도 전에 폐기시켜버렸다.

장쩌민이 이러한 공격을 받은 후 한편으로는 왕다오한의 타이완 방문을 중지한다고 선포했으며, 한편으로는 미국이 베오그라드 주재 중국대사관을 오폭한 이후 끊었던 클린턴과 장쩌민의 핫라인을 이어서 전화로 클린턴에게 타이완에 압력을 가하도록 요구했다. 클린턴은 오폭 사건에 대한 변명이 궁색했기에 1999년 9월 11일 뉴질랜드의 오클랜드에서 가진 정상회담에서 그저 장쩌민의 장단에 맞춰줄 수밖에 없었다. 장쩌민은 이 정상회담 후 가진 기자회견에서 "우리와 리덩후이의 투쟁은 중국 주권과 영토 완정을 수호할 것인가 아니면 분열시킬 것인가의 투쟁이며, 우리는 줄곧 무력을 포기하겠다고 인정한 바가 없다"라고 말했다. 클린턴은 여기에 부화뇌동해 "리덩후이의 양국론은 중국과 미국에 모두 많은 어려움을 초래했다. 나는 오늘 '하나의 중국' 정책을 집행할 것을 거듭 표명한다"라고 말했다. 또한 장쩌민은 『사교 파룬궁 비판』이라는 책을 클린턴에게 건넸고 클린턴은 이 책을 정중하게 받았다.

장쩌민의 퇴장, 후진타오의 등장

역사가 21세기에 진입할 때 장쩌민의 중국에 대한 통치는 이미 결말로 치닫고 있었다. 전체 평가를 한다면 그가 중국을 통치한 13년(1989~2002)은 마오쩌둥(1949~1976)에 다음가는 긴 기간으로, 덩샤오핑보다도 길다(덩샤오핑은 1980년 12월 화궈펑을 대신해 군사위원회 주석이 되었고 1989년 11월에 이 자리를 장쩌민에게 건넸으므로 그 기간이 9년이 넘지 않는다). 홍콩을 회수하고, 마카오를 회수하고, 자본과 기술을 도입해 경제를 발전시키고, 종합적인 국력을 제고하는 것은 모두 덩샤오핑이 벌여놓은 판이다. 동시에 장쩌민도 덩샤오핑의 악정(惡政), 즉 반자유·반민주·반인권을 계승하고 발전시켰으며 일당독재 기구를 강화했다. 그가 심혈을 기울여 기획했던 대타이완 전략은 문공무혁(文攻武嚇)[10]에서 연미제대 전략에 이르기까지 모두 리덩후이에 의해 파국을 맞았고, 결국 아무것도 얻지 못하고 끝나고 말았다.

---

10 문장으로 공격하고 무력으로 위협한다는 뜻으로, 타이완에 대해 중국이 성명서를 통해 정치적으로 공격을 가하는 동시에 군비 확장을 통해 군사적으로 위협하는 것을 의미한다. _옮긴이 주

장쩌민이 남긴 개인 특색의 유산은 단 두 가지다. 하나는 '3개 대표'로, 중국공산당 제16차 당대회에서 당 규약 수정안에 삽입되어 마르크스·레닌주의, 마오쩌둥주의, 덩샤오핑 이론과 함께 나란히 당의 지도사상이 되었으나 장쩌민의 이름은 생략되어 있다. 또 하나는 파룬궁을 진압한 것인데, 마오쩌둥의 문화대혁명, 덩샤오핑의 6·4 학살과 함께 중국 폭정사에 그 이름을 나란히 하고 있다.

2002년, 장쩌민의 퇴장이 다가왔다. 그런데 그는 이미 13년 동안이나 중국을 통치했지만 아직도 패기만만한 것처럼 보였다. 그래서 모두 후진타오가 아무런 문제없이 승계를 할 수 있을 것인지를 두고 의문을 가졌다. 그때 중국 민간에는 다음과 같은 이야기가 퍼지고 있었다.

덩샤오핑이 사망하기 얼마 전, 단독으로 후진타오를 불러 자신이 과거에 꾼 꿈에 대해 얘기했다. 덩샤오핑은 후진타오에게 밀봉된 상자 하나를 주면서 다음과 같이 말했다.

"6·4 이후 나는 꿈속에서 어느 날 밤에 리펑, 후야오방과 함께 같은 차를 타고 길을 바삐 가고 있었는데, 도중에 당나귀 한 마리가 길을 가로막고 있는 게 아닌가. 아무리 클랙슨을 눌러도 당나귀는 꿈쩍도 하지 않았다네. 리펑이 고함을 쳤지만 도무지 길을 열어주지 않았고, 나는 "총을 쏜다!"라고 소리쳤지만 또한 움직이지 않았다네. 이때 후야오방이 차에서 내려 당나귀에게 조그만 목소리로 귓속말을 했는데, 당나귀가 즉각 놀라서 도망치지 뭔가. 나는 후야오방에게 무슨 말을 했는지 물었다네. 후야오방은 "네가 가지 않으면 너를 총서기로 삼을 것이라고 했습니다"라고 답했다네. 그런데 놀라서 깬 뒤 생각해보니 후야오방은 이미 세상을 떠난 게 아니겠는가?"

이어서 덩샤오핑은 "이 꿈을 통해 나는 역대 그 어떤 총서기도 아름답게 퇴장하지 못했다는 사실을 깨달았다네. 마오쩌둥은 총서기를 하지 않고 서기처

주석과 정치국 주석을 담당했다네. 그리고 나는 10년 동안(1956~1966) 총서 기를 했지만 타도를 당했지. 장쩌민은 당초에 총서기가 되고 싶어 하지 않았으나 내가 그에게 마오쩌둥의 호두를 주면서 그를 제3대 핵심으로 만들자 그가 비로소 받아들였다네. 내가 자네에게 이러한 꿈 이야기를 하는 것은 내가 없어지고 나면 장쩌민이 양위를 하지 않을 것이기 때문인데, 그때 이 상자를 열어보기 바라네"라고 말했다.

제16차 당대회 전 장쩌민은 과연 양위를 하려 하지 않았다. 이에 후진타오가 상자를 열자 거기에는 당나귀 가죽 한 장과 당나귀 머리가 하나 있었다. 후진타오는 갑자기 크게 깨달은 바가 있었다.

어느 늦은 밤, 장쩌민이 귀가하면서 서쪽 교외의 외지고 조용한 작은 길을 통과하던 중 당나귀 한 마리가 길을 막고 서 있어 클랙슨을 크게 울렸으나 길을 열어주지 않았다. 장쩌민은 문득 덩샤오핑의 그 꿈을 생각해내고 차에서 내려 당나귀 귓가에 작은 목소리로 "가지 않으면 너를 총서기에 임명할 것이다"라고 말했다. 그러자 당나귀가 "좋습니다. 당신이 내려오고 제가 올라갑니다. 말을 하셨으니 약속을 지키셔야 합니다"라고 대답했다. 말을 끝낸 후 당나귀 머리와 가죽을 벗고 장쩌민 앞에 선 것은 그가 가장 보고 싶지 않던 바로 그 후진타오였다.

장쩌민은 이것이 덩샤오핑이 생전에 미리 안배해둔 게임이었음을 알고는 제16차 당대회 때 총서기직을 후진타오에게 물려줄 수밖에 없었다. 그래도 자신의 마지막 보루인 군사위원회 주석직은 건네지 않았다.

제12장

민족주의 신노예제도 제국의 부상

미국인이 중국을 이해하기란 매우 어렵다. 폴 크루그먼(Paul Krugman)처럼 총명한 사람도 자신의 명저『경제 불황의 귀환과 2008년의 위기(The Return of Depression Economics and the Crisis of 2008)』에서 "덩샤오핑은 1978년에 중국이 자본주의 노선으로 가도록 추동했다"라고 쓰고 있다.

타이완 사람은 중국에 대해 어느 정도 인식하고 있긴 하지만 중국의 실제적인 모습을 있는 그대로 바라보려고 하지는 않는다. 뤼수롄(呂秀蓮)은 중국 천안문 6·4 학살 20주년 때 "중국을 더 이상 6·4 천안문의 공산당으로 간주해서는 안 된다. 민주진보당은 반드시 중국과의 관계를 새롭게 조정해야 하며, 미려도(美麗島) 시대의 인식에 정체되어 있어서는 안 된다"라고 강조했다.

이것은 틀린 말이 아니다. 중국은 확실히 더 이상 6·4 천안문의 공산당이 아니다. 6·4 학살은 일어난 지 이미 20년이 지났고, 중국공산당의 반인권 전략은 이미 시대와 함께 진화해 대내 방어에서 대외 확장으로 전환되었기 때문이다.

20년 전, 중국의 반인권 전략은 국제적인 비난과 제재를 받았다. 당시 제3차 민주화 물결은 바야흐로 전 세계를 석권해 동유럽에서 소련을 거쳐 몽골 등의 공산국가에 미쳤으며, 붉은 깃발은 잇달아 땅에 떨어졌다. 덩샤오핑은 방어 전략을 채택할 수밖에 없었다. 그의 반인권 독재 수단은 대내적으로는 문을 걸어 잠그고 중국 인민의 자유·민주운동을 진압하는 방식으로 감행되었다. 대외적으로는 "머리를 드러내지 않는다", "때를 기다리며 조용히 실력을 쌓는다", "우리는 누구도 두려워하지 않지만 누구의 미움을 사서도 안 된다"라고 선언했다.

덩샤오핑 제국의 첫 번째 후계자 장쩌민은 위세를 뽐내기 좋아하는 사람이라서 타이완에서 총통 선거 당시 미사일 몇 발을 시험 발사해 타이완 인민을 위협해서 제압하려 했다. 하지만 타이완 인민이 이를 두려워하지 않고 선거를 통해 그의 미사일을 압도하자 장쩌민은 실망해서 계획을 철회할 수밖에 없었다.

후진타오, 중국의 반인권 전략을 방어에서 확장으로 전환하다

중국의 반인권 전략을 방어에서 확장으로 바꾼 것은 덩샤오핑 제국의 두 번째 후계자 후진타오다. 6·4 학살이 일어난 지 20년이 지난 오늘날, 덩샤오핑의 개방형 신노예제도 제국의 부상 및 반인권 전략의 성공으로 인해 갈수록 많은 서방 인사들이 "중국은 이미 자유, 민주, 인권과 경제성장 사이의 연결을 타파해 세계화와 독재정치체제가 크게 고무되었으며, 이는 일당 정부가 세계화와 매스미디어하에서 잘 생존해왔음을 표명한다"라고 간주하고 있다.

이제 덩샤오핑의 계승자 후진타오 등이 어떻게 이 민족주의 신노예제도 제국을 우뚝 세웠는지 살펴보자.

2002년 중국공산당 제16차 당대회가 종료되어 후진타오는 막 장쩌민으로부터 총서기의 직무를 이어받았다. 그런데 장쩌민이 아직 당 중앙군사위원회 주석과 국가군사위원회 주석 자리를 포기하지 않자 후진타오를 동정심과 기대감에 찬 눈빛으로 바라보는 사람들이 적지 않았다. 당시 후진타오 역시 사람들로부터 신임을 얻으려 했던 것처럼 보인다.

첫째, '헌법의 권위 수립'을 주제로 강연을 발표하다

후진타오는 총서기에 당선된 이후 처음으로 발표한 공개 연설에서 '헌법 카드'를 꺼냈다. 그는 2002년 12월 4일 개최된 1982년 헌법 20주년 대회에서 "헌법은 모든 것보다 높다"라고 강조했다. 그는 "각 정당과 각 사회단체, 각 기업의 사업 조직은 모두 헌법을 근본적인 활동 준칙으로 삼아야 하며, 어떤 조직과 개인도 헌법의 권위를 능가할 수 없다"라고 말했다. 또한 그는 "헌법 감시 기제를 긴밀하게 연구하고 건전화시켜 헌법을 감독하는 절차를 한층 명확히 함으로써, 모든 헌법에 위반되는 행위는 적시에 바로잡도록 해야 한다"라고 말했다.

후진타오의 연설은 당 내외로부터 긍정적인 반응을 얻었다. 중국공산당 내부의 민주파 원로인 리루이는 《21세기 환구도보(二十一世紀環球導報)》와의 인터뷰에서 "중앙 영도가 헌법을 논한 것은 매우 기쁜 신호다"라고 말했다.

이어서 2003년 2월 26일, 중국공산당 중앙정치국 상무위원과 민주당파 인사는 민주협상회의를 열었다. 후진타오는 민주당파 인사의 질의에 답하면서 다음과 같이 말했다.

정치 개혁은 장기간 당내, 당외 그리고 사회 각계의 주류 의견이었다. 정치 개혁은 이번 기수 중앙정치국의 중요한 업무 중의 하나다. 정치 개혁을 하려면 우선 당내와 사회에서 헌법의 최고 권위를 확립하고 법에 의거한 국가 통치를 관철해야 한다. 당 조직, 정부와 정당의 지도자는 그 어떤 특권도 없다. 특권은 바로 위법이며, 법률을 짓밟는 것이다. 따라서 중국공산당과 영도 간부에 대한 효과적인 감독 기제를 건립해야 하고 전국인대가 국가최고 권력기구의 법정 지위를 확립하도록 해야 한다.

후진타오는 "보도 금지의 해제, 인민의 여론 일선 개방은 사회의 주류 의견이자 요청 사항이다. 이는 정상적인 요구이므로 입법 형식으로 해결해야 한다", "중국공산당이 스스로 개혁하지 않고 개조하지 않으면 생명력을 상실할 것이며 자연히 소멸해 망할 것이다"라고 말했다.

2003년 초부터 7월까지 중국 지식계(중국공산당 내부, 민주당파와 전문가 학자 포함)는 헌정 체제의 근본 개혁에 관한 건의를 대거 제기했다. 여기에는 다음과 같은 내용이 포함되었다.

— 헌법 수정 토론을 통해 헌법에 대한 공통된 인식을 형성하고, 헌법에 대한 대대적인 수정을 시작해 지금의 헌정 틀이 아닌 헌법 수정을 거쳐 당정 체제를 건립한다.
— 헌법 수정의 중점을 제도 안배, 인권 보장, 권력 균형과 운용 과정에 두고, 헌법 중의 제도를 세밀히 안배해 제도 집행 시 운용성을 갖출 수 있도록 한다.
— 헌법 서문에 중국공산당의 합법성을 마르크스·레닌주의, 마오쩌둥주의, 그리고 중국국민당을 패퇴시키고 신중국을 건립한 것 등과 연계시킨 것은 큰 착오로, 삭제해야 한다.
— 인민민주독재와 인권은 상호 대립되므로 인민민주헌정(人民民主憲政)으로 고치고 기본 인권 내용을 추가해야 한다.
— 무죄추정원칙이 헌법에 들어가야 한다.

— 군대를 국가화하고 국가군사위원회 주석을 국가 원수가 겸임한다.

— 사법 독립을 보장해 법원과 검찰원이 직권을 행사할 때에는 어떤 조직과 개인의 간섭도 받지 않도록 해야 한다.

이러한 건의는 중앙을 경악하게 만들었다. 중국공산당 중앙선전부는 2003년 8월 대학, 연구기구, 언론에 문건을 하달해 '세 가지를 제기하지 말 것'을 지시했는데, 바로 ① 헌법 수정을 제기하지 말 것, ② 정치 개혁을 제기하지 말 것, ③ 6·4를 제기하지 말 것이다. 2003년 10월 14일, 중국공산당 16기 3중전회는 '중국공산당 중앙의 헌법 일부 내용 수정에 대한 건의'를 통과시키고 제10차 전국인대 상무위원회에 이를 제출하기로 결정했다. 전체회의에 출석한 312명의 중앙위원과 후보위원은 "헌법 중 3개 대표 중요 사상이 국가 정치와 사회생활 가운데 지도적인 지위를 확립하고 당의 제16차 당대회에서 확정된 중대한 이론 관점과 중대한 방침 정책을 헌법에 삽입하는 것이 헌법이 근본적인 대법(大法)으로서의 역할을 발휘할 수 있도록 하는 데 이롭다는 데 모두 인식을 함께했다. 헌법 수정은 반드시 정확한 정치 방향을 견지해야 하고, 당의 영도를 강화하고 개선하는 데 유리해야 하며, 사회주의 제도의 우월성을 발휘하는 데 유리해야 하고, 경제 발전과 사회의 전면적인 진보를 촉진하는 데 유리해야 한다"라고 표명했다.

결국 이 수정 헌법은 헌정 틀을 지니고 있지 못한 덩샤오핑 제국의 기존 헌법에 장쩌민 색채(즉, 3개 대표 중요 사상)를 입힌 것에 불과했다.

둘째, '인민을 위한 정치'와 '과학발전관'을 제기하다

후진타오와 원자바오(溫家寶)는 집정 초기 '도시·농촌의 발전 계획을 세우고, 구역 발전 계획을 세우고, 경제사회 발전 계획을 세우고, 사람과 자연의 조화 발전 계획을 세우고, 국내 발전과 대외 개방의 계획을 세운다'는

5대 과학발전관을 제기했다. 후진타오와 원자바오는 이를 이인위본(以人爲本, 인간을 근본으로 삼다)·전면 협조하의 지속 가능한 발전 전략이라고 강조했다. 또한 '인민을 위해 권력을 사용하고, 인민을 향해 감정을 공유하며, 인민을 위해 이익을 도모한다'는 방침을 제기했는데, 이를 '신삼민주의(新三民主義)'라고 불렀다.

이러한 논법은 당시 인민들이 보기에 장쩌민의 13년 악정에 대한 '후진타오·원자바오의 신정(新政)'이었다. 장쩌민의 13년은 경제 영역에서 특권과 자본이 결합해 맹목적으로 GDP 성장 목표를 추구했고, 자원과 에너지를 극도로 낭비했으며, 사회적 평등과 복지를 해쳤고, 몇 안 되는 소수의 전시용 대도시가 기형적으로 번영하는 모습을 통해 일반적인 도시 및 농촌에서 진행되는 심각한 수준의 쇠락을 감추려 했다. 이로써 도시 – 농촌, 공업 – 농업, 빈부 간의 격차가 발생했고, 생태환경이 엄중하게 악화되고, 관료의 탐욕과 부정부패가 하나의 풍조가 되었으며, 치안 유지가 갈수록 어지러워지는 반(反)과학발전관이 형성되었다. 작고한 경제학자 양샤오카이(楊小凱)는 일찍이 이러한 '중국 발전의 기적'을 일컬어 '후발의 열세'라고 지적했다. 양샤오카이는 왓슨이 제기했고 '후발자에 대한 저주' 또는 '후발자에게 하나님이 화를 내린다'로 번역되는 'Curse to the Late Comer'라는 개념을 인용하면서 "후발 발전도상국이 만약 선진국의 기술을 모방하기만 하고 정치제도의 개혁을 거부하면 일시적인 발전을 거둘 수 있을 뿐이며 최종적으로는 재난과 화가 초래될 것이다. 왜냐하면 자유 시장경제는 반드시 헌정제도의 기초 위에 세워야만 안정적인 발전을 유지할 수 있기 때문이다"라고 말했다. 이것이 바로 양샤오카이가 제기한 '헌정경제론'이다.[1]

---

1   Yang Xiaokai, "Economic Reforms and Constitutional Transition," Conference on Constitutionalism in Modern and Contemporary China, Sydney, Australia, January, 2003.

양샤오카이는 베이징에서 베이징대 경제학과 교수 린이푸와 맞붙어 '후발 열세 대 후발 우세'에 대한 변론을 전개한 바 있다. 당시 적지 않은 사람들은 후진타오와 원자바오의 '과학발전관' 및 '헌법권위론'이 양샤오카이의 '헌정경제론'과 비교적 근접하다고 보았고, '후진타오·원자바오의 신정'이 장쩌민 시기의 반과학발전관이 만들어낸 후발 열세를 바로잡을 수 있을 것이라는 큰 기대감을 갖고 있었다.

셋째, '평화적 부상'으로 '중국위협론'을 소멸시키다

2003년 11월 『덩샤오핑 문선』 제3권의 편집을 주관했던 정비젠은 '중국개혁개방포럼 이사장'의 신분으로 보아오(博鰲) 아시아 포럼에서 '중국의 평화적 부상의 새로운 길과 아시아의 미래'라는 주제로 연설하면서 처음으로 '평화적 부상(peaceful rise)'을 제기했다.

이어서 2003년 12월, 미국을 방문한 원자바오는 하버드대에서 연설하면서 중국이 선택한 것은 '평화적 부상의 발전 노선'이라고 제기했다.

2003년 12월 26일, 후진타오는 마오쩌둥 탄생 110주년 기념 좌담회에서 또한 평화적 부상의 발전 노선과 독립자주의 평화 외교 정책을 견지해야 한다고 제기했다.

2004년 3월 14일, 원자바오는 제10기 전국인대 제2차 회의 폐막식의 기자회견 자리에서 평화적 부상의 네 가지 함의를 다음과 같이 밝혔다.

① 평화적 부상은 세계 평화의 시기를 충분히 이용해 자신을 발전시키고 성장시키며, 이와 동시에 또한 자신의 발전으로 세계 평화를 수호하는 것이다.

② 평화적 부상은 반드시 자신의 역량 위에 기초를 두어야 하며, 광활한 국내 시장, 충분한 노동 자원과 자본 축적 및 개혁·개방을 통해 형성되

는 메커니즘 혁신에 의거해야 한다.

③ 평화적 부상은 세계와 분리될 수 없고, 반드시 대외 개방 정책을 견지해야 하며, 모든 우호국가와 경제무역 관계를 발전시켜야 한다.

④ 평화적 부상은 누군가를 방해하지 않고 누군가를 위협하지도 않을 것이다. 중국은 설령 강대해지더라도 영원히 패권을 추구하지 않을 것이다.

장쩌민이 집정했던 13년 동안(1989~2002) 중국의 군사 관련 예산은 매년 두 자릿수로 증가했는데, 1994년에는 27.32%에 달했으며, 2001년과 2002년에도 17.8%와 17.6%에 달했다(실제 지출은 이보다 더욱 높았다). 하지만 후진타오·원자바오는 집정 1년차(2003년)에 군사 예산을 한 자릿수인 9.6%로 삭감하는 동시에 '평화적 부상'을 제기함으로써, 사람들에게 장쩌민 시기의 군사 우선 노선을 바꾸는 듯한 인상을 주었다.

그러나 당시 군권은 아직 장쩌민 손에 있었다. 2004년 6월 20일, 즉 원자바오가 전국인대에서 '평화적 부상'을 명확히 밝힌 이후 3개월이 지나 장쩌민은 '상장(上將) 계급 수여식'에서 15명에게 상장을 수여한 뒤 "현대화 전쟁이 멀지 않았다"라고 말했다. 1994년부터 2004년까지 10년간 장쩌민은 모두 79명에게 상장을 수여했다. 마오쩌둥은 평생 동안 57명에게 상장을 수여했고, 대장, 원수를 수여한 각 10명까지 합쳐도 77명이었다. 장쩌민이 15명에게 상장을 수여한 이 마지막 수여식은 마오쩌둥보다 더 높은 권위를 얻으려는 그의 속마음을 남김없이 보여주는 것이었다. 다시 3개월이 지나 2004년 9월 장쩌민은 중국공산당 16기 4중전회에서 자신의 군사위원회 주석 직무를 후진타오에게 건넸다.

4중전회에서 후진타오가 진면목을 드러내다

그러나 '후진타오·원자바오의 신정'에 대한 사람들의 기대는 매우 빨리 깨져버렸다. 2004년 9월 중국공산당 16기 4중전회에서 장쩌민 수중으로부터 당 중앙군사위원회 주석 자리를 가져오자마자 후진타오는 다음과 같이 살기등등한 강화를 발표했다.

한동안 국경 외부의 적대세력과 언론은 우리 국가의 지도자와 정치제도를 오만방자하게 공격했다. 그런데 국내 언론은 정치 개혁의 깃발을 내세워 서방 자산계급 의회의 민주, 인권, 언론 자유를 선전하고 자산계급 자유화 관점을 유포하면서 4항 기본원칙을 부정하고 있다. 이러한 과오는 절대로 그냥 두어서는 안 된다. 정보 및 여론에 대한 관리를 강화해야 하며, 잘못된 사상과 관점에 채널을 제공해서는 안 된다. 소련은 고르바초프가 공개화·다원화를 제창해 당과 인민에게 사상적 차원의 혼란을 만들어냈기 때문에 해체된 것이다. 정치 문제는 일단 출현하면 엄격하게 공격해야 하며, 대대적으로 기사화하지 말고 상대방에게 주도권을 주지 말아야 한다. 선전 측면에서 경제 건설을 중심으로 견지해 동요하지 말고, 다른 사람들이 추측하도록 하지 말라. 적대세력은 항상 여론에 손을 써서 선전 진지를 점령한다.

4중전회가 끝난 이후 중국공산당 중앙선전부는 9월 2일 전국 선전공작회의를 개최해 이데올로기 관리를 강화하고 자유화 사조를 공격하는 중앙문건을 하달했다. 후진타오는 문건에서 "이데올로기를 관리하는 방면에서 우리는 쿠바와 북한을 학습해야 한다. 북한 경제가 비록 잠시 어려움에 직면해 있지만 정치적으로는 일관되게 정확하다"라고 지시했다.

후진타오가 4중전회에서 취한 조치에 대해서는 당시 각종 평론이 쏟아졌다. 어떤 글은 후진타오가 "마오쩌둥주의를 이용해서 덩샤오핑의 치우침을 다시 바로잡고 마오쩌둥의 길로 되돌아간다"라고 했고, 어떤 글은 "단지 후진타오가 개인 권력을 공고히 하기 위해 좌파를 어루만지는 책략을 운용했다"라고 보았다. 후진타오는 과연 어떤 사람인가? 그는 장차 중국을 어느 방향으로 끌고 갈 것인가?

첫째, 후진타오가 4중전회 회의에서 행한 강화는 책략을 운용한 것이 아니라 자신의 진면목을 드러낸 것이다

역사를 돌이켜보면 그가 주창한 '헌법이 모든 것보다 높다', '집정위민(執政爲民, 인민을 위해 정치를 하다)', '신삼민주의'는 민중을 기만하는 책략을 운용하는 것이었다. 왜냐하면 당시는 권력이 아직 공고하지 않아서 후진타오는 여론의 지지를 통해 장쩌민의 수중에서 군권을 장악해야 했다. 그런데 군권이 그의 수중에 들어오자 후진타오는 자신의 위엄을 충분히 발휘할 수 있게 되었다. 후진타오가 제기한 것처럼 자산계급의 의회민주와 인권을 선전하고 4항 기본원칙을 부정하며 국가의 정치체제를 부정하는 것 등은 당초 사람들이 그의 헌법 수정에 대한 호소에 반응해 제기했던 각종 진언이 아니었던가? 그런데 지금에 와서는 일변해 자산계급 자유화 관점을 한 방에 때려눕히면서 이와 함께 맹렬하게 타격하고 결코 사정을 봐줄 수 없다고 말하고 있는 것이다. 이는 그가 일전에 보여준 일단의 '풀어주기'는 사실 속임수였음을 보여주고 있을 뿐만 아니라, 마오쩌둥이 생전에 행했던 '적을 끌어들인 이후 결정적인 순간에 뒤통수를 치는 것'과 같은 씁쓸한 뒷맛을 느끼게 하는 것이다.

둘째, 후진타오는 마오쩌둥으로 돌아가거나 마오쩌둥주의로 덩샤오핑의 치우침을 수정한 것이 아니라 덩샤오핑의 '2개의 주먹 전략'을 뛰어넘었다

덩샤오핑의 '2개의 주먹 전략'이란, 한 손으로는 4항 기본원칙과 자산계급 자유화의 타격을 견지하고, 다른 한 손으로는 경제 건설을 중심으로 동요하지 않도록 견지하는 것이다. 후진타오가 4중전회에서 했던 강화는 바로 우선 좌를 때리고 곧바로 우를 가격한 것으로, 일종의 '2개의 주먹 전략'이었다. 따라서 덩샤오핑을 만족시키기에 충분했다. 후진타오의 이러한 말은 『덩샤오핑 문선』 제3권에서도 근거를 찾아볼 수 있다. 후진타오는 장쩌민보다 더욱 덩샤오핑답기 때문에 마오쩌둥으로 되돌아갈 리가 없다. 장쩌민은 오히려 덩샤오핑의 '경제 건설 중심'에서 한 차례 이탈해서 '평화적 전복에 반대하는 것'을 중심으로 제기해 마오쩌둥으로 회귀할 뻔했는데, 덩샤오핑의 1992년 남순으로 교정되었다.

셋째, 후진타오의 목표는 개방적인 형태의 노예제도라는 덩샤오핑 제국을 전 세계로 확장하는 것이다

2009년은 중국 6·4 천안문 학살 20주년인 해다. 하지만 해외와 홍콩 언론에서는 모두 그해 총을 발포하도록 명령한 덩샤오핑과 오늘날 덩샤오핑 제국의 통치자를 앞 다투어 칭송하는 기괴한 현상이 나타나고 있다. ≪아주주간(亞洲周刊)≫에 실린 "덩샤오핑 스스로 6·4를 평반(平反): 남순으로 자오쯔양 노선을 집행"이라는 제목의 글에는 다음과 같이 적고 있다.

6·4 관련 역사를 연구한 학자라면 모두 6·4 당일 최후에 총을 발포하라고 명령한 것이 덩샤오핑이라는 사실에 동의할 수밖에 없을 것이다. 이는 또한 그가 만년에 역사의 오명을 짊어지도록 했다. 그러나 그는 마지막에 죽음을 앞두고 교묘하게 안배해 사실상 스스로 6·4를 평반했으며 '자오쯔양 없는 자오쯔양 노선'을 구체화시켰다. 또한 그는 후야오방과 밀접한 관련을 지닌 후진타오가 후계를 이어 당의 최고지도자가 되도록 했으며, 아울러 당시 자오쯔양과 함께 했던 원자바오를 후계 총리로 지명해 정부의 최고지도자가 되도록

했다.

이 글은 다음과 같이 결론을 내리고 있다.

> 오늘날의 중국에 후야오방 없는 후야오방 노선이 출현해 20여 년 전 중국
> 에서 미완성된 정치 개혁을 실현할 수 있을까? 후야오방을 전수할 것으로 간
> 주되는 후진타오는 '얼후(二胡)'[2]의 매력을 보여주고 멀리 날아간 시대의 공감
> 을 되찾아올 수 있을까?

흥미로운가? 이 글을 집필한 사람의 논리에 따르면 덩샤오핑은 자신의
생명이 꺼져갈 무렵 자오쯔양의 경제개혁 노선을 구체화했으므로 후진타
오가 통치하는 오늘날의 중국에서도 후야오방의 정치 개혁 노선이 구체화
되는 것도 기대할 수 있다는 것이다.

안타깝지만 이는 사실상 꿈같은 얘기라 할 수 있다. 실제로는 전혀 그렇
지 않기 때문이다.

우선 첫째, '덩샤오핑이 스스로 6·4를 평반하고 자오쯔양 없는 자오쯔
양 노선을 구체화했다'는 것은 사실이 아니며, 또한 절대로 불가능한 일이
다. 6·4 학살로 안정과 발전을 가져왔다고 여긴 덩샤오핑은 만년에 득의
양양해졌다. 생명이 꺼져갈수록 그는 스스로를 긍정했으며 자신의 명예를
회복하지 않았는데, 이러한 내용은 『덩샤오핑 문선』 제3권의 도처에서 발
견된다. 예를 들면 1991년 소련에서 8월 쿠데타가 발생하자(1991년 8월 19
일) 이튿날(8월 20일) 덩샤오핑은 장쩌민, 양상쿤, 리펑, 첸치천을 집으로

---

2   중국의 전통 악기로, 내현과 외현의 두 줄을 활로 켜는 찰현(擦弦) 악기에 속한다. 여기에
     서는 후야오방과 후진타오 '2명의 후(二胡)'를 비유적으로 지칭한다. _옮긴이 주

불러 담화를 했다. 이 자리에서 덩샤오핑은 다음과 같이 말했다.

중국의 정세가 안정된 것은, 하나는 1989년 동란을 처리할 때 전혀 동요하지 않았기 때문이고, 다른 하나는 개혁·개방을 견지했기 때문이다. 우리는 업무의 중심을 경제 건설에 두어야 할 뿐만 아니라 마르크스를 내버리지 말고, 레닌을 내버리지 말며, 또한 마오쩌둥을 내버리지 말아야 한다. 조상은 내버릴 수 없는 것이다!

덩샤오핑은 줄곧 6·4 학살에 대해 '마르크스·레닌주의와 마오쩌둥주의의 견지', '인민민주독재는 중시해야 할 뿐만 아니라 활용도 해야 한다'라는 원칙을 제기하면서 거듭 긍정적인 평가를 부여했다. 또한 대외적으로 "이후 다시 동란이 일어나면 우리는 다시 계엄을 할 것이다. 이것은 다른 사람이나 다른 국가에 손해를 끼치지 않을 것이며, 이것은 중국의 내정이다"라고 선포했다. 이것이야말로 덩샤오핑의 진면목인데, 그가 어떻게 6·4를 스스로 평반할 수 있단 말인가?

자오쯔양은 아마도 덩샤오핑에 대한 환상을 갖고 있었기 때문에 자신과 덩샤오핑의 대립이 덩샤오핑과 후야오방의 대립보다 크지 않으며, 자신과 덩샤오핑이 대립하는 이유는 자신이 계엄을 반대한 일 하나 때문이라고만 여겼다. 사실 그럴 수도 있지만 덩샤오핑은 그렇게 여기지 않았다. 덩샤오핑은 "2명의 총서기는 모두 굳건히 서지 못했다. 그들은 근본 문제, 즉 4항 기본원칙의 견지라는 문제에서 과오를 범해 곤두박질쳤다. 4항 기본원칙의 견지와 대립되는 것은 자산계급 자유화다. 4항 기본원칙의 견지, 자산계급 자유화의 반대를 최근 들어 매년 여러 차례 논했지만 그들은 집행하지 않았다"라고 반복해서 강조했다.

『덩샤오핑 문선』 제3권의 마지막 한 편은 1992년 남순 강화인데, 「우창,

선전, 주하이, 상하이 등에서의 강화 요점」에서 덩샤오핑은 다음과 같이
말하고 있다.

> 제국주의는 평화적 전복을 추진하고 있으며 그 가능성을 우리가 사라진 이
> 후 몇 세대 사람들에게 두고 있다. 중국에서 문제가 발생한다면 이는 바로 중
> 국공산당 내부에서 발생할 것이므로 이 문제에 대해 모두 분명하게 인식해야
> 할 것이다. 문화대혁명이 종결되고 내가 등장한 이후 나는 바로 이 문제에 대
> 해 주의를 기울였고, 원로 세대를 통해서는 장기간 안정적으로 통치하는 문제
> 를 해결할 수 없다는 사실을 깨달았다. 그래서 다른 사람을 추천했고 진정으
> 로 제3대 인물을 찾으려 했다. 그렇지만 문제를 해결하지 못했고, 결국 두 사
> 람 모두 실패하고 말았다(후야오방과 자오쯔양을 지칭함). 그것도 경제 영역
> 에서 문제가 출현한 것이 아니라 모두 자산계급 자유화를 반대하는 문제에서
> 곤두박질쳐버렸다. 그런데 이것은 우리가 양보할 수 없는 것이다.

덩샤오핑의 입장은 너무도 명백했다. 그것은 경제 영역에서 문제가 출
현하거나, 개혁·개방을 반대하거나, 새장 경제를 제기하는 것은 모두 양보
할 수 있지만, 자산계급 자유화에 반대하는 것만은 결코 양보할 수 없다는
것이었다. 왜냐하면 이것은 제국주의가 평화적 전복을 추진하는 것, 그리
고 덩샤오핑 제국을 장기간 안정적으로 통치하는 것과 관련된 중대한 문제
이기 때문이다. 따라서 천윈, 야오이린, 덩리췬에 대해서는 양보할 수 있었
지만 후야오방과 자오쯔양에 대해서는 양보할 수 없었던 것이다. 제3대는
물론, 그 이후의 몇 대에 대해서도 양보할 수 없었다.

이것이 덩샤오핑의 정치 교체인데, 어떻게 자오쯔양 없는 자오쯔양 노
선, 후야오방 없는 후야오방 노선이 출현할 수 있겠는가? 후야오방과 자오
쯔양은 덩샤오핑 제국의 영원한 금기사항이며, 이들은 반드시 역사적으로

깨끗하게 말살되어야 했다.

후진타오와 후야오방의 관계는 결코 밀접하지 않았다

그다음으로, 후진타오와 후야오방의 관계는 결코 밀접하지 않았으며, 후진타오가 후야오방을 자신의 스승으로 모실 리도 만무했다.

1980년대 초, 후야오방은 공청단(중국공산주의청년단의 약칭) 중앙서기 한잉(韓英)을 대체할 인선을 물색할 당시 칭화대의 뤄정치(羅征啓)를 선발했다. 후야오방은 직접 뤄정치를 조사하던 중 문화대혁명 중 칭화대 조반파(造反派, 문혁 당시의 혁명파)가 뤄정치를 잡으려 했는데 뤄정치가 집에 없어 체포하지 못하고 뤄정치의 동생을 인질로 삼은 사실을 알게 되었다. 그의 동생은 약간 지능이 떨어졌는데 마대에 넣어졌다가 날씨가 더워 숨이 막혀 죽고 말았다. 사인방을 분쇄한 이후 뤄정치는 살인자를 추적 조사해 동생을 인질로 삼았던 자들을 찾아냈다. 뤄정치는 그들이 일반 학생이라는 사실을 안 뒤 당시 그들이 잡으려 한 것은 본인이지 자신의 동생이 아니므로 이 젊은 학생들이 전체적인 사회 분위기하에 범한 잘못을 과분하게 추궁하지 말라고 주장했다. 후야오방은 뤄정치가 문제를 깊이 사유하는 이러한 방식을 높이 샀다. 또한 뤄정치는 사상·문화 수준과 업무 수행 능력도 매우 높았으므로 바로 그를 선발해 중앙당교에서 육성했다. 그런 이후에 우선 전국 청년연합회 주석을 맡게 했고, 공청단의 임원단을 교체하는 시기에 맞춰서 공청단 중앙서기로 임명하려 했다.

그런데 뤄정치가 당교에서 교육을 받는 동안 하나의 사건이 발생했다. 바로 천윈의 딸이 특권을 이용해 해외 유학에 할당된 인원을 멋대로 바꾼 사건으로, 이는 사회적으로 큰 물의를 일으켰다. 이에 뤄정치는 호의를 담아 천윈에게 간절하게 편지를 써서 보냈다. 뤄정치는 편지에서 그가 딸에게 포기하도록 권유해 공평무사함을 보여주면 여론을 만회할 수 있을 것이라고 권고했다. 그는 천원이 "이런 사람은 중용할 수 없다"라고 지시를 하달하리라고는 전혀 예상하지 못했던 것이다. 학기가 끝난 후 모든 학생은 당교를 떠났는데도 뤄정치는 홀로 당교 숙소에 남아 당의 처리를 기다려야 했다. 후야오방은 어쩔 수 없이 그를 베이징에서 멀리 떨어진 선전대(深圳大) 교장으로 임명했다.

그 이후 한잉이 맡고 있던 공청단 중앙서기의 직책을 계승한 것은 바로 덩샤오핑이 마음속으로 중시하고 있던 왕자오궈(王兆國)였다. 후진타오는 왕자오궈가 서기로 임명되었을 당시 쑹핑이 간쑤성에서 공청단 중앙에 추천한 사람으로, 일찍이 왕자오궈를 계승해 단시간에 공청단 중앙서기를 계승한 바 있다. 하지만 후진타오는 공청단 중앙의 태자당(太子黨, 중국 고위급 간부들의 자제) 소속인 천하오쑤(陳昊蘇), 리위안차오(李源潮) 등과 관계가 나빴기 때문에 또다시 티베트로 갔다. 하지만 최후에 중앙정치국에 발탁된 것은 결국 덩샤오핑이 찍어두었던 후진타오였다. 덩샤오핑은 그를 장쩌민의 뒤를 이을 후계자로 선발했는데, 후진타오를 마음속으로 중시한 이유는 그가 당연히 후야오방이 아닌 자신을 스승으로 모실 것으로 봤기 때문이다.

예전에 어떤 사람은 후야오방과 후치리를 일컬어 '얼후(二胡)'라고 했는데, 이 또한 일종의 오해다. 후야오방은 파면된 이후 리루이를 향해 이를 명확히 밝힌 적도 있다. 후치리가 당중앙에 발탁된 것은 1980년대 초 그가 톈진에서 업무를 할 당시 덩샤오핑이 그를 눈여겨보고 결정을 내렸기 때문이다. 항간에는 후야오방의 파벌이 어쩌고저쩌고 하는 말들이 많은데, 이러한 파벌은 근본적으로 존재하지 않는다. 후야오방은 확실히 공청단에서 어느 정도 사상이 개방되고 독서를 좋아하며 생각에 힘쓰는 인재를 배양했는데, 샹난이 바로 이러한 사람 가운데 하나이며, 뤄정치도 칭화대 공청단 출신의 우수한 인재였다. 그렇지만 이러한 인재는 항상 천원 등의 보수파로부터 공격과 모함을 집중적으로 받았으므로 후야오방이 이들을 활용하려 해도 활용할 수가 없었다.

후진타오가 덩샤오핑의 정치 교체를 전수하다

후진타오가 처음으로 중앙정치 무대에 올랐을 때에는 '수수께끼의 인물'로 일컬어졌다. 지금 그는 이미 집정 7년에 이르렀으며(2002~2009) 이제 3년의 임기를 남겨두고 있는데, 사람들은 아직 수수께끼의 답을 알아내지 못한 듯하다. 혹자는 그가 총명하다고 하고 혹자는 그가 평범하다고 하며, 혹자는 그가 진보적이라고 하고 혹자는 그가 보수적이라고 한다. 혹자는 그가 후야오방을 전수했다고 하고 혹자는 그가 마오쩌둥으로 되돌아갔다고 한다. 사실 이러한 수수께끼는 결코 풀기 어려운 것이 아니다. 『덩샤오핑 문선』 제3권을 넘겨보면서 덩샤오핑이 행한 바와 후진타오가 행한 바를 서로 대조해서 살펴보기만 하면 된다. 그러면 바로 후진타오가 걸었던 길은 덩샤오핑의 노선을 따르는 정치 교체에 불과했으며, 덩샤오핑이 창립한 '중국 특색의 사회주의', 즉 개방적인 형태의 민족주의 신노예제도 제국을 세계의 동방에 부상하도록 만들고 아울러 이러한 중국 모델을 전 세계에 널리 알리는 데 불과했다는 사실을 알게 될 것이다.

유럽 외교관계협의회 집행위원장인 마크 레너드(Mark Leonard)는 자신의 저서 『중국은 무엇을 생각하는가?(What Does China Think?)』에서 다음과 같이 말했다.

세계 192개 국가 중 절반의 지도자는 2006년 중국을 방문해 부상 중인 이 거인에게 경의를 표했다. 중국의 부상은 이미 경제와 군사 세력의 균형을 바꾸고 있으며, 또다시 세계의 정치, 경제 그리고 질서와 관련된 생각을 바꾸고 있다. 중국은 장차 세계 질서의 주창자가 되어 아프리카, 아시아, 중동, 라틴

아메리카와 옛 소련 지역에서의 서방의 영향력에 도전할 것이다.

우리는 중국의 부상 및 이러한 부상이 세계의 미래에 미칠 영향을 어떻게 봐야 할 것인가? 이는 매우 논쟁적인 글로벌 의제 중 하나다. 견해가 분분하지만 대체로 다음 네 가지 종류로 귀납할 수 있다.

① 성세론(盛世論): 중국은 역사적으로 가장 좋은 시기에 처해 있다. 국내적으로 보면 한(漢)나라 및 당(唐) 나라 시기 이래 존재하지 않았던 성세이며, 국제적으로 보면 전 세계 발전의 기관차다. 이는 단지 중국공산당의 선전 문구가 아니라 일본에서 미국에 이르기까지 중국의 성세에 대한 찬양이 끊이지 않는다. 일본의 트렌드 전문가 오마에 겐이치(大前研一)는 중국을 가리켜 '명실상부한 세계 자본주의의 천국'이라고 칭했다. 미국 브루킹스연구소(The Brookings Institute)의 연구원 황징(黃靖)은 "중국의 발전은 전체 아시아를 선도하고 있다. 일본을 포함해 심지어 미국의 발전까지 이끌면서 세계화를 공고히 하고 가속화시키고 있다"라고 보았다.

② 말세론(末世論): 학자 쉬번(徐賁)은 「중국의 새로운 강권주의 및 그 말세적인 증상」이라는 글에서 오늘날 중국의 강권주의(强權主義) 정치 구조는 "권력과 물질에 대한 욕망이 매우 강렬하고 도덕과 가치관이 매우 마비된, 퇴화가 진행되고 있는 특권 과두독재"이고 "수준 미달의 능력으로 전횡을 일삼고 허장성세와 색려내임(色厲内荏, 겉으로는 강하지만 내실은 비어 있음)을 특징"으로 하는데, 그 원형과 비교해보면 이미 '말세적인 증상'을 드러내고 있다고 보았다. 미국의 학자 고든 창(Gordon Chang, 章家敦)은 "중국이 곧 붕괴할 것"이라고 보았다.

③ 변환론(轉型論): 중국이 현재 자유 시장경제에서 자유민주정치로 향하는 변환 과정에 있다고 본다. 이는 미국의 정계·학계·재계의 주류 담론

이다. 미국의 전임 국무장관 콘돌리자 라이스(Condoleezza Rice)는 "중국의 경제 개방이 중국에 민주개혁을 가져올 것으로 확신한다"라고 말했다. 세계은행 총재 죌릭은 "오늘날의 중국은 결코 옛 소련과 비교할 수 없으며", "경제가 지속적으로 성장함에 따라 생활이 개선된 중국인은 자신의 미래에 대해 더욱 큰 발언권을 갖기를 희망하고 있으며," "후진타오 주석과 원자바오 총리도 중국이 법치를 강화하고 민주기제를 발전시켜야 할 중요성에 대해 말한 바 있다"라고 말했다. 그는 이를 근거로 중국을 '책임 있는 이익상관자'라고 정의했다.

④ 신제도론(新制度論): 미국 시카고에 위치한 제도연구센터의 주임 프랭크 팡(Frank S. Fang)은 『중국 열기: 매력, 공포 그리고 세계의 다음 초강대국(China Fever: Fascination, Fear, and the Next World's Superpower)』이라는 책에서 중국 특색의 '당국(黨國) 독재제도'가 서방식 민주제도보다 더 우세하다고 보았다. 그는 다음과 같이 말했다.

당은 마치 하나의 대가정과 같아서 덕과 재능을 서로 겨룬다. 지금 뒤돌아보면 1989년의 동란을 단호하게 진압하고 평정했던 것은 매우 이치에 부합하는 것이었다. 일사불란하게 덕과 재능을 계승하는 것은 중국에서 하나의 역사적 이정표가 되었는데, 이를 통해 정책 결정의 효율이 제고되었고, 지도자가 경험을 축적할 수 있었으며, 재능이 있는 인물이 비교적 오랫동안 업무를 수행할 수 있는 위치에 남을 수 있게 되었다. 이러한 방면에서는 모두 서방의 경쟁선거 방식인 민주제도에 비해 우세하다. 가장 중요한 것은 당의 엘리트가 현재 중국의 제도에 대해 매우 자신감을 지니고 있으며, 서방식 민주제도를 배척할 때에도 비교적 당당하다는 사실이다.

레너드는 비록 중국제도 같은 모델에는 동의하지 않지만 "중국이 자산성장을 통해 갈수록 서방과 같아질 것이라는 주장은 잘못되었다는 사실이 검증을 통해 이미 판명되었다. 냉전 이후 유럽과 미국은 처음으로 존경할 만한 다른 방식의 선거에 직면하게 되었는데, 그것은 바로 '중국 모델'이다"라고 인정했다.

덩샤오핑 제국은 개방적인 형태의 민족주의 신노예제도

덩샤오핑 제국의 30년은 이미 '선경제, 후정치'의 단계론이나 '경제는 앞을 향하고 있지만 정치는 낙후되었다'는 절름발이론을 통해서는 개괄할 수 없게 되었다. 덩샤오핑 제국은 이론에서 실천에 이르기까지 그동안 30년을 달려왔고 확실히 새로운 제도, 새로운 모델을 형성했다.

덩샤오핑 제국은 소련과 동유럽의 스탈린 공산제국이 붕괴된 이후 세계화의 새로운 역사 조건하에 마오쩌둥 제국으로부터 진화해서 형성된 일종의 새로운 본보기로, '개방적인 형태의 민족주의 신노예제도'라고 정의할 수 있다. 이러한 종류의 신노예제도는 전통적인 공산 노예제도의 종결 또는 단절이 아니며 전통적인 공산 노예제도의 계승과 변환이다.

덩샤오핑 제국이 계승한 것은 전통적인 공산 노예제도의 정치 구조와 이데올로기의 핵심, 즉 덩샤오핑이 개괄한 '4항 기본원칙'으로, 당의 영도 견지, 사회주의 견지, 인민민주독재 견지, 마르크스·레닌주의 및 마오쩌둥주의 견지다. 여기에 린뱌오가 개괄한 '2개의 막대론', 즉 "총대와 붓대라는 2개의 막대에 의지해 정권을 탈취하고 이 두 막대에 의지해 정권을 공고히 한다"라는 원칙을 추가했다.

이 2개의 막대에 의지해 4항 기본원칙을 견지하는 것, 이것이 공산 중국의 정치 구조 및 이데올로기의 핵심이며, 가보옥(賈寶玉)[3]의 목에 걸린 통

---

3   청나라 조설근(曹雪芹)의 소설 『홍루몽(紅樓夢)』에 등장하는 남자 주인공이다. 태어날

령보옥(通靈寶玉)과 같이 결코 잠시도 떼어낼 수 없는 것이다.

바뀐 점은 세계화 시대의 국제 환경에 적응하고 중국 천안문 사건과 소련·동유럽 공산제국 붕괴에서 얻은 교훈을 토대로 덩샤오핑이 세계를 향해 개방된 '중국 특색의 사회주의'라는 새로운 전략을 제정한 것이다. 이 새로운 전략의 특색은 다음과 같다.

첫째, 봉쇄에서 개방으로, 새장 경제에서 세계 시장으로 당국 경제 시스템을 바꾸다

전통적인 공산주의에서는 경제 시스템이 폐쇄적이었다. 제2차 세계대전 이후 소련·동유럽 공산제국은 서방 국가의 자유 시장경제 시스템과 격리된 '철의 장막' 전략을 채택했다. 스탈린은 자신의 최후 저서인 『사회주의 경제 문제(Economic Problems of Socialism in the USSR)』(1952)에서 '2개의 평행 시장' 이론을 확립했는데, 소련을 수반으로 하는 사회주의 시장, 즉 루블을 화폐 단위로 삼는 루블 시장과, 미국 달러를 화폐 단위로 삼는 자본주의 시장은 영원히 서로 만나지 않는 평행선이라는 이론이었다.

마오쩌둥 제국은 비록 이데올로기부터 국가 이익에 이르기까지 모두 소련과 첨예하게 충돌했지만, 경제체제와 경제 전략이 폐쇄적이라는 측면에서는 소련 및 동유럽 공산국가와 다르지 않았다. 1960년대 이전에는 중국이 루블화 시장의 일원이었다. 1960년대 초, 중국은 한국전쟁 기간 동안 소련으로부터 빌린 군수 채권을 다 갚은 후 자칭 '외채도 없고 내채(內債)도 없는' 자력갱생 시대에 진입했다고 말했다. 공산제국이 폐쇄적인 상태하에

때 입에 보석을 물고 나왔다고 해서 이름을 보옥(寶玉)이라고 했다. 가보옥은 과거에 장원 급제했으나 당시의 정치와 도덕 풍조를 비판적으로 바라보면서 세상의 명예와 부귀를 거부하고 잠적한다. 가보옥의 이러한 행동은 1950년대에 중국공산당에 의해 봉건주의적 도덕에 대한 비판적 자세의 견지라고 긍정적으로 평가받기도 했다. _옮긴이 주

서 고도로 집중된 당국 권력을 이용해 인민의 소비를 극도로 줄이고 국가 자원과 인력을 특정한 중점 발전 목표에 집중 투입한 결과, 매우 단기간에 휘황찬란한 성과를 얻었던 것이다. 예를 들면 소련이 미국보다 먼저 위성을 하늘로 쏘아 올리자 중국은 3000만 명의 아사자를 낸 대약진 시대와 문화대혁명 당시 핵미사일, 미사일, 인공위성을 하늘로 쏘아 올렸다. 그러나 현대 정보기술이 추동하는 세계화 물결이 일어남에 따라 폐쇄적인 공산국가는 경제력과 종합 국력의 경쟁에서 모두 실패하게 되었다. 소련과 동유럽의 공산제국은 이로 인해 붕괴되었다.

유독 중국의 공산 노예제도만 1989년 천안문 학살 이후 소련 및 동유럽의 공산제국과 함께 붕괴되지 않고 오히려 전 세계 민주화 물결에 대항하는 최후의 보루로 부상했다. 그 근본 원인은 덩샤오핑이 공산 노예제도를 공고히 하고 확장시키는 새로운 전략, 즉 폐쇄적인 형태의 전통적인 공산 노예제도를 개방적인 형태의 새로운 공산 노예제도로 변환시켰기 때문이다. 이는 세계화 시대에 국경을 넘나드는 상업자본과 금융자본의 탐욕스러운 욕망에 적응한, 일종의 개방적인 형태의 현대판 공산 노예제도다. ≪포브스(Forbes)≫는 중국을 "주요 발전도상국이나 선진국 중 가장 개방된 국가에 속한다"라고 일컬었다.

중국의 현대판 공산 노예제도가 추진하고 있는 새로운 전략은, 국가의 문을 열어 전 세계의 자유국가를 향해 개방하고, 자유국가의 자본·자원·정보·과학기술·인재·경영관리를 도입하며, 공산 노예제도하의 저렴하고 자유가 없는 노동력과 염가의 국유 토지를 결합해 중국을 세계 공장으로 만들고, 염가의 상품을 생산해 전 세계 시장에 팖으로써 노예제도의 경제·과학기술·군사·외교 실력을 신속하게 확장하는 것이다. 그렇지만 서방의 자유사상, 민주제도, 인권 관념에 대해서는 개방하지 않았을 뿐만 아니라 "자산계급 자유화 동란의 모든 요인을 맹아 상태에서 소멸하라!"라고 명령하기까지 했다.

둘째, 지주와 자본가의 산물을 공유하는 것에서 농민과 노동자의 산물을 공유하는 것으로 중국공산당이 변화하다

"중국공산당은 이제 더 이상 공산(共産)하지 않게 되었다." 혹자는 이렇게 말한다. 특히 장쩌민이 제기한 이른바 '3개 대표 중요 사상'을 통해 중국공산당은 자본가에게 대문을 열었고 선진 생산력의 대표로 정의되는 적지 않은 자본가들을 흡수해 입당시켰다. 이로써 더욱 많은 사람들이 "중국공산당은 이미 성격을 바꾸었다", "자본주의 노선을 걷고 있다"라고 믿게 되었다.

중국공산당이 과거에 무산계급, 빈농, 하층의 중농(中農)을 대표한다고 자칭했던 것이나, 오늘날 '3개 대표'를 자칭하는 것은 모두 새빨간 거짓말이다. 과거부터 오늘날까지 공산당이 중국에 건립한 것은 모두 일당독재하의 당국(黨國) 중국공산 노예제도다. 과거 중국공산당은 농민, 노동자에게 자신들을 대신해 새로운 국가를 건설하도록 한 뒤 정권을 탈취하고 정권을 공고히 했다. 오늘날에는 자본주의를 이용해 당국 공산 노예제도를 멸망의 길에서 구해내고 있다. 과거 중국공산당은 지주와 자본가의 산물을 공유했으나 오늘날에는 농민과 노동자의 산물을 공유하고 있다. 그런데 탐욕, 잔혹함, 야만이라는 본성은 하나도 변하지 않았다.

중국공산당은 중국을 통치한 60년 동안(1949~2009) 도시와 농촌이 분열된 이원적인 국가 구조로 운영해왔다. 향촌의 토지는 집단 소유제를 통해 명의상 농민의 소유로 돌아갔다. 하지만 실제 지배 권력은 향촌의 토지이든 도시의 공장이든 모두 당국의 통치자 수중에 있었다. 농민은 토지에 고정되고 노동자는 공장에 고정되어 생산에서 생활에 이르기까지 완전히 당국 통치자의 지배를 받았으며 개인은 자유를 선택할 수 없었다. 이는 일종

의 당국 노예제도다. 그러나 당국 통치자의 지배에 복종하기만 하면 노예의 지위는 안정적이었다. 루쉰의 말에 따르면, 이것은 "노예의 시대를 안정적으로 만들었다".

이 같은 노예 시대의 안정화로 인해 농민과 노동자는 일평생 노동을 지불해 당국의 자산을 축적시켰으며, 그 대가로 자신이 획득한 것은 단지 노예로서의 평등이자 궁핍과 사망 앞에서의 평등이었다. 대약진 시대에 3000만 명이 기아로 사망의 위협에 직면했을 때에도 누구도 다른 선택을 할 수 없었으며, 단지 평등하게 죽어가기를 조용히 기다리는 수밖에 없었다.

오늘날 중국의 농민과 노동자는 자유를 획득했는가? 틀리지 않다. 그들은 확실히 일종의 전례가 없는 자유를 얻었는데, 그것은 바로 중국공산당이 고정시켰던 토지와 공장으로부터 쫓겨날 수 있는 자유다.

중국공산당이 변했는가? 틀리지 않다. 전통적인 당국 노예제도에도 뚜렷한 변화가 발생했다. 과거 폐쇄적인 노예제도 통치하에서는 모든 사람이 하나의 나사못이었으므로 사람들은 당국이 나사를 조이는 곳에 고정될 수밖에 없었다. 개인의 생로병사라는 일생에서 후대에 이르기까지 당국이라는 기관이 지배하긴 했지만 그 나사못의 지위는 안정적이었다. 지금은 달라져서 당국 기관이 개혁·개방되자 모든 나사못이 느슨해졌고 언제 조여질지 알 수가 없다. 당국의 한 권위자가 해외의 기업주나 부동산 개발업자를 데려와서 나사못이 존재하는 공장이나 토지, 사람들이 거주하는 지역 일대를 마음에 들어 한다면, 공장에서는 퇴출되고 토지는 징수되며 거주하던 집은 철거되는 수밖에 없다. 바로 '안정적인 노예가 되려 하지만 그럴 수 없는 시대'가 도래한 것이다. 현대 중국의 이른바 집단 시위는 바로 중국의 '노예가 되려 하지만 그럴 수 없는 시대'의 산물인 것이다.

국제자유노동조합연맹(國際自由勞動組合聯盟, International Confederation of Free Trade Unions: ICFTU)의 보고서 「누구의 기적인가? 중국 노동자가

신속한 발전을 위해 지불한 대가(Who's Miracle? China's Workers Are Paying the Price for Its Economic Boom)」(2005)에서는 "중국의 경제적 성취는 수많은 노동자와 농민의 이익을 희생한 대가이며, 이러한 경제적 성취는 중국에서 학대받는 노동자의 비참한 생활을 은폐하고 있다. 전 세계 인구 1위인 중국에서 노동자 인권은 갈수록 나빠지고 있으며, 새로 증가하는 중국의 실업자 수는 전 세계 다른 국가의 총합보다 많을 것이다"라고 지적했다. ICFTU의 사무총장 가이 라이더(Guy Ryder)는 "중국 정부는 국제적으로 경제 성과에 대한 찬사를 받고 있으나 수많은 노동자 입장에서 볼 때 공평하지 않은 현실은 하나의 악몽이며, 아름다운 꿈이 아니다. 대부분의 사람들은 중국의 경제 성과로 인해 판단력을 상실하고 있으며 어두운 면을 무시하고 있다"라고 비판했다.

중국의 전국인민대표대회가 제정한 노동법은 기업이 매일 1시간 넘게 추가 근무를 하지 못하도록 규정하고 있으며, 특수한 상황에서도 3시간을 초과하지 않고 1개월 누적으로 36시간이 넘지 않으며 매주 최소한 하루의 휴식을 주도록 규정하고 있다. 그러나 어떤 지방의 정부, 기업, 공회(工會, 당국의 이익을 대표하는 노동자 조직)도 이를 중요하게 여기지 않는다. 광둥성 지방 당국의 총공회(總工會) 조사에 따르면, 주강(珠江) 삼각주 지구의 노동자 가운데 76.3%는 월 임금이 1000위안 이하인데, 임금이 적기 때문에 52.4%의 노동자가 반드시 추가 근무를 '자원'해야만 생활을 유지할 수 있다고 한다. 광둥성 둥완(東莞)의 10개 완구 공장의 노동자는 대부분 1일 노동시간이 11시간이 넘으며, 매일 15시간씩, 매주 7일 일하는 것도 특별한 일이 아니다. 매우 많은 노동자가 매주 90시간을 일하며, 심지어 이보다 더 많은 시간 동안 일하기도 한다.

이처럼 엄청난 시간을 일하다 보니 산업재해가 자주 발생한다. 봉황(鳳凰) 위성 TV의 〈사회능견도(社會能見度)〉라는 프로그램에서는 '잘려진 4만

개의 손가락'이라는 보도를 한 적이 있는데, 광둥상학원(廣東商學院)의 셰쩌셴(謝澤憲), 중산대학(中山大學) 법학원의 황차오옌(黃巧燕)과 쩡페이양(曾飛揚)이 주강 삼각주 지구의 38개 병원, 1개의 직업병 예방치료병원의 산업재해자에 대해 진행한 과제 조사에 따르면 손가락이 잘린 원인은 과도한 피로였다. 손가락이 잘린 자의 추가 근무 시간은 길게는 8시간으로, 이는 하루에 이틀 치를 근무한 것에 해당했다. 또한 이 조사에 응답한 사람들 중 약 70% 이상이 휴일을 갖지 못했다.

과거 천윈은 중국의 폐쇄적인 공산 노예제도하에서 사회주의 계획경제를 실행했을 때 하나의 공식을 만들었다. 즉, '국가는 큰 몫을 갖고, 집단은 중간 몫을 가지며, 개인은 작은 몫을 갖는다'라는 공식이었다. 오늘날 중국이 개방이라는 새로운 공산 노예제도하에서 실행하는 사회주의 시장경제는 천윈이 만든 공식을 변형한 데 불과하다. 즉, 국가와 외자는 큰 몫을 함께 누리고, 탐관오리와 중산계급 집권자는 중간 몫을 함께 누리며, 국가 자산의 창조자이자 노역에 시달리는 수억 명의 노동자는 작은 몫을 갖는 것이다.

셋째, 중국 노예제도의 국제연맹을 구축하다

덩샤오핑이 제기한 다극화 전략은, 국경을 넘나드는 국제자본은 높은 이윤을 추구한다는 탐욕적 성격에 착안한 것으로, 중국 노예제도가 갖추고 있는 저비용의 노동자와 국가 독점의 토지 자원이라는 우위를 발휘하는 전략이다. 덩샤오핑은 이 전략에 따라 자유국가들 간의 상호 경쟁에서 나타나는 모순과 분화를 이용해 각개 격파하고 가장 유리한 조건하에서 국제자본과 현대 기술을 흡수해 공산 노예제도의 경제, 과학기술, 군사 실력을 강화하려 했다.

2005년 11월 후진타오가 유럽을 방문한 것은 주도면밀하게 계획된 물량 공세였다. ≪파이낸셜타임스 도이칠란트(Financial Times Deutschland)≫는

"중국 주석이 독일 회사를 행복하게 만들다"라는 주의를 끄는 제목하에 다음과 같이 보도했다. "후진타오는 독일에서 약 14억 유로 규모의 6개 조약에 조인했다. 그중 지멘스가 획득한 60량 고속열차 주문서의 가치는 7억 유로로, 이로 인해 지멘스사가 얼마나 흥분했는지는 말할 필요도 없다. 중국의 국가주석으로서 며칠 동안 정계 및 재계 주요 인사들과 만나면서 후진타오는 강하고 유력한, 경제가 막 발전하고 있는 국가의 지도자로 추켜세워졌다."

2006년 4월 후진타오가 미국을 방문했을 당시에는 조지 부시(George Bush) 대통령이 후진타오에게 저녁 연회를 제공하는 대신 후진타오가 두 차례의 저녁 연회를 마련해 부시에게 선보였다. 한 차례는 바로 시애틀의 기업 총수들이 빌 게이츠의 호화로운 저택에 모인 저녁 연회였고, 또 한 차례는 월마트, 제너럴 모터스(GM), 시티은행, 디즈니그룹이 제안해 미중상공회의소에서 거행한 워싱턴에서의 저녁 만찬이었다. 두 차례의 저녁 연회에는 미국의 주요 다국적 기업이 모두 포함되었다. 미국 CNN의 경제 전문 앵커인 루 돕스(Lou Dobbs)는 오묘한 분위기를 간파하고선 "중국 지도자가 미국을 방문한 첫 이틀 간 보잉사와 마이크로소프트사를 방문했다. 백악관에서 열린 부시와 후진타오의 미팅은, 후진타오가 보잉사와 마이크로소프트사를 방문하고 빌 게이츠가 후진타오를 위해 마련한 국가 만찬 이후에 진행되었다. 이는 중국이 이미 미국에 진격했음을 의미한다. 후진타오가 미국을 방문하면서 재계 지도자와 한데 뭉쳤다는 것은, 누가 진정 이 나라를 주재하고 있는지에 대해 그가 매우 잘 알고 있으며, 당연히 백악관 같은 멍청이들은 아님을 명확하게 보여준다"라고 말했다.

미국의 다국적 기업은 중국 정부와 협력해 중국 정부가 미국의 새로운 과학기술을 이용하고 인민의 자유를 침범하는 기제를 강화시키고 있다. 예를 들면, 마이크로소프트, 야후, 시스코, 구글 등의 회사는 모두 중국 정부에 전자 통신 네트워크를 검사하고 감시 통제할 수 있는 현대 선진 기술을 제공하고 있다. 특히 야후는 최근 몇 년간 계속해서 전자메일의 개인 정보를 중국 정부에 제공하고 있어 수많은 중국 국민이 인터넷 통신으로 인해 체포되고 중형에 처해졌다. 미국 의회 의원인 톰 랜토스(Tom Lantos)는 이 사안과 관련된 국회 청문회에서 "이들 회사는 우리에게 자신들이 장차 중국을 바꿀 것이라고 말했지만, 사실은 오히려 중국이 이러한 미국 회사들을 바꾸고 있다"라고 지적했다.

≪아주주간≫에서는 중국이 어떻게 미국 정부의 대중국 정책을 변하게 만드는지에 대해 흥미로운 이야기를 폭로하고 있다.

중국공산당은 지략가이자 전임 중국공산당 중앙당교 부교장인 정비젠을 파견해 미국에 대해 통일전선 전략을 구사하도록 했다. 정비젠은 일찍이 백악관에 가서 당시 국가안보고문을 맡고 있던 라이스를 만나 다음과 같이 물었다. "당신이 느끼기에 중국공산당과 구소련공산당 간에는 어떤 차이가 있습니까?" 이에 라이스는 "중국에는 덩샤오핑의 묘론(황색 고양이든 검은색 고양이든 쥐만 잘 잡으면 좋은 고양이다)과 모론(돌을 만지면서 강을 건넌다)이 있는데, 소련에는 그런 것이 없습니다"라고 답했다. 정비젠은 그녀에게 불합격을 주었다. 정비젠은 "중국과 소련 사이의 최대 차이점은, 구소련은 이데올로기와 혁명과 폭력을 수출한 반면, 중국은 단지 컴퓨터와 일용품을 수출할 뿐 자신의 발전 모델은 수출하지 않는다는 데 있습니다"라고 말했다. 이어 정비젠은 다시 '화평굴기론(和平崛起論)'을 주창해 베이징과 워싱턴에서 미국 국무차관 죌릭과 두 차례 긴 이야기를 나눈 뒤 미국의 대중국 정책을 유연하게 만들었고, 죌릭이 '책임 있는 이익상관자'론을 제기하도록 만들어 정비젠의 화평굴기론에 부응하도록 했다.

죌릭이 미중관계전국위원회에서 연설한 '중국은 어디를 향해 가고 있는가?(Whither China)'라는 글 가운데 "오늘날의 중국은 결코 1940년대 후기의 소련과 비교할 수 없다"라는 단락을 주의해서 보면 마치 정비젠이 했던 말을 그대로 재연하고 있는 듯하다. 이는 중국이 미국의 국가안보 전략을 확실하게 바꾸었으며 또한 미국이 장차 중국을 절대 변화시키지 못할 것임을 보여주는 것이다.

한편 자유주의 국가들이 노예제도하의 중국에 대해 계속해서 양보하자, 이미 전 세계 민주화의 거센 물결 속에 빠져 안간힘을 쓰고 있던 독재정권 하의 보잘것없는 국가들이 연합하게 되었다. 예를 들면 북한, 미얀마, 짐바브웨 등의 '실패 국가'는 중국 정부의 무조건적인 원조 아래 기사회생했으며, 상하이협력기구(Shanghai Cooperation Organization: SCO)는 독재국가의 인민들이 자유, 민주, 인권을 쟁취하는 '색깔 혁명'을 효과적으로 억제하고 있다. 우즈베키스탄 대통령 이슬람 카리모프(Islam Karimov)는 2005년에 안디잔에서 일어난 민주 시위운동을 진압하고 수백 명의 인사를 학살했는데, 중국과 러시아 모두 이를 지지했다. 카리모프는 베이징을 방문해 레드카펫의 예우와 6억 달러 규모의 석유 교역을 얻었다. 중국은 또한 상하이협력기구에 속한 중앙아시아 국가를 위해 폭동 대비 훈련을 진행했다.

넷째, 노예제도하의 거짓 민주정치로 자유·민주라는 보편적인 가치에 도전하다

민주정치 문제에서 덩샤오핑과 장쩌민은 방어 태세를 취했고, "중국 경제가 아직 발달되지 않았다", "문맹이 아직 2억 명이다", "경제를 발전시키기 위해 안정이 모든 것을 압도한다"라는 등의 이유로 민주정치를 거절했다. 마치 경제가 발달해야 문맹인 사람도 글자를 읽고 중국이 장차 민주정치를 할 수 있다는 것처럼 말이다.

그런데 후진타오는 자세를 수세에서 공세로 바꾸고 자신이 바로 사회주의 민주이며 "사회주의가 당신들의 자본주의보다 더 민주적이다!"라고 표

명하는 것으로 전략을 바꾸었다. 2005년 10월 19일, 중국 정부는 처음으로 『중국의 민주정치 건설』 백서를 발표했다. 이 책은 무려 3만여 자로, 중국에서의 공산 노예제도하의 거짓 민주정치로 자유·민주라는 보편적인 가치에 도전한 서적이자, 중국의 후진타오 정권이 전 세계 민주화 물결의 충격에 직면해 방어에서 진공으로 전략을 바꾸었음을 알리는 책이었다.

이 백서는 제1장 '국정(國情)에 부합하는 선택'에서 중국 특색의 거짓 민주정치로 자유, 민주, 인권의 보편적인 가치에 대한 공격을 감행했다. 백서는 "쑨중산(孫中山, 쑨원)이 영도한 신해혁명 이래 중국은 군주전제를 폐지하고 민주헌정을 시도했는데, 이는 서방 자본주의 정치제도를 그대로 따라한 것이며 중국에서는 갈 수 없는 길"이라고 폄하하면서, 1949년에 중국공산당 일당독재가 시작된 것을 "근대 이래 서방 민주정치 모델을 그대로 따라했다가 실패한 시도에서 새로운 형태의 인민민주정치로 전환시킨 위대한 도약"이라고 추켜세웠다.

백서는 이어 "중국의 사회민주정치 건설은 줄곧 마르크스주의 민주이론과 중국 실제를 결합한 기본원칙을 지도로 삼아왔으며, 선명한 중국 특색을 지니고 있다"라고 지적했다. 여기에는 다음과 같은 내용이 포함되어 있다.

— 중국의 민주는 중국공산당이 영도하는 인민민주다. 중국공산당이 없으면 신중국이 없으며, 인민민주도 없다.
— 중국의 민주는 인민민주독재를 의지할 수 있는 보장으로 삼는 민주다.
— 중국의 민주는 민주집중제를 근본 조직원칙과 활동 방식으로 삼는 민주다.

이 몇 가지를 개괄하면 '중국의 민주'는 바로 중국공산당 '영도'이자 중국공산당 '독재'이며, 모든 권력은 중국공산당의 당국 독재 노예제도에 집중되어 있다. 백서 9장은 이에 대해 다음과 같이 상세하게 표현하고 있다.

- 중국공산당의 영도 지위는 역사의 선택이자 인민의 선택으로서, 헌법에 명확하게 기재되어 있다.
- 당대 중국에서 중국공산당의 영도와 집정은 중국 발전과 진보에 대한 객관적인 요구이자 중화민족의 위대한 부흥에 대한 요구이며, 국가의 통일과 수호 및 사회의 조화로움과 안정에 대한 요구이자 인민의 복으로, 세계 각국의 공동 이익에 부합된다.
- 중국 정당제도의 특징은 공산당 영도하의 다당파 합작으로, 중국공산당 집정 및 다당파 참정이다. 참정은 협상에 참가하는 것이지, 반대당이나 야당이 아니다. 중국공산당 영도는 협력에 요구되는 전제이며 근본 보증이다.
- 인민민주독재의 국가제도와 중국공산당 영도의 인민대표대회 정체(政體) 제도는 중국의 근본 정치제도로 확립되어 있다. 전국인민대표대회에서 지방 각급 인민대표대회에 이르기까지 일률적으로 민주집중제를 실행한다.
- 중국의 사회주의 민주정치는 세계 인구의 5분의 1을 차지하는 이 동방대국의 인민이 자신의 국가와 사회생활에서 주인 역할을 하도록 하고 광범한 민주권리를 향유하도록 만드는데, 이는 인류의 정치문명 발전에 대한 중대한 공헌이다.

후진타오가 공포한 『중국의 민주정치 건설』 백서는 전 세계를 향해 중국공산당 일당독재의 현대판 노예제도가 바로 중국의 사회주의 민주정치이며 이는 새로운 형태의 인민민주정치의 위대한 도약이자 인류의 정치문명 발전에 대한 중국공산당의 중대한 공헌임을 선포하는 데 전략적 의의가 있었다. 이는 다시 말하자면 중국은 보편적 가치를 지닌 민주제도를 지니고 있으므로 국제사회가 중국이 평화적으로 전복되기를 바랄 필요가 없음을 뜻한다. 왜냐하면 중국공산당의 사전에서는 '서방 자본주의 정치제도'라고 불리는 것이 '하나의 갈 수 없는 길'이기 때문이다.

다섯째, 민족 패권주의의 확장 전략

덩샤오핑 제국 이데올로기의 한 가지 주요 경향은 민족 패권주의 의식의 확장이다. 마오쩌둥은 "동굴을 깊게 파고, 양식을 많이 모으며, 패권을 칭하지 않는다"라는 것을 강조했는데, 이는 당시 마오쩌둥 제국이 소련 공산제국의 역량에 비해 종합 국력과 군사 실력 면에서 모두 소련보다 못했기 때문이다. 덩샤오핑이 권좌에 오른 이후 행한 첫 번째 일은 미국과 수교를 맺고 베트남과 전쟁을 하며 동시에 타이완을 통일시키는 일을 의사일정표에 올린 것인데, 이것은 방어에서 확장으로 전환한 첫 번째 움직임이었다. 이후 베트남전쟁에서 형편없이 패함으로써 덩샤오핑은 중국의 군대와 군사 장비가 매우 낙후되어 있으며 확장할 만한 실력이 없음을 깨닫고는 경제 발전으로 중심을 전환하고 개방 전략을 실행했으며, 선진국의 자본과 기술 및 소련의 군사 장비를 포함한 군사기술을 도입하는 동시에 경제와 군사 실력을 제고했다.

1989년 천안문 학살 이후 중국은 서방국가의 제재를 한 차례 받았다. 이어 소련과 동유럽의 공산제국이 붕괴했다. 당시 중국공산당 원로 중 왕전을 대표로 하는 모험가들은 중국이 소련을 대신해 잔존하는 공산국가의 두목이 되어 서방 자본주의에 대항해야 한다고 주장했다. 덩샤오핑은 '도광양회, 영불당두(永不當頭, 영원히 앞장서지 않는다)'로 이를 저지했다. 덩샤오핑은 여전히 미국과 기타 선진국가의 자본, 자원, 정보, 기술과 시장 우위에 매혹되어 중미 관계를 회복하고 발전시키는 것을 제일 우선으로 삼았다. 그는 미국의 정계, 재계, 학계 인사들과 빈번하게 접촉했는데, 여기에는 오래된 친구 닉슨, 키신저, 아버지 부시가 파견한 특사 존 애슈크로프트(John Aschcroft) 등이 포함되어 있으며 미국 및 서방과의 왕래를 신속하게 회복했다. 이후 덩샤오핑은 1992년 남순 강화를 통해 '세계를 향해 개방하고 자본주의를 이용해 중국 특색의 사회주의를 발전시키는' 덩샤오핑 제국의 발전 전략을 빠르게 실행했다.

서방에서는 1992년 이후 중국이 이미 자본주의 발전 노선을 걷고 있으며 경제적 자유화에 따라 장차 정치적 자유도 자연스럽게 초래될 것이라는 인식이 유행하고 있었다. 이것은 덩샤오핑 제국의 발전 전략을 잘못 판단한 것이었다. 덩샤오핑의 정치적 분부라고 할 수 있는 '남순 강화'는 이미 이 점을 매우 명확하게 표현하고 있다.

'우경을 경계하는 것'은 제국주의가 평화적 전복을 꾀하는 것과 자본주의 노선을 걷는 것을 경계하라는 의미다. 덩샤오핑은 "나는 사회주의가 하나의 긴 과정을 거쳐 발전한 이후 필연적으로 자본주의를 대체할 것으로 굳게 믿는다"라고 말했다. 그는 후야오방과 자오쯔양을 제거한 것이 "경제 방면에서 문제가 발생했기 때문이 아니라 둘 다 자산계급 자유화 반대라는 문제에서 곤두박질쳤기 때문이다"라면서 "양보할 수 없다!"라고 강조했다. 덩샤오핑이 후야오방과 자오쯔양을 제거한 것은 마오쩌둥이 덩샤오핑을 비판한 것과 마찬가지로 모두 '흥무멸자(興無滅資)'였다.

'좌경을 방지하는 것'에 대해서는, "개혁·개방에 대해 자본주의를 도입하고 발전시키는 것이라고 말하고 평화적 전복이 주로 경제 영역으로부터 유발된다고 보는 것이 바로 좌경이다"라고 말했다.

혹자는 '정치적으로는 우파 반대, 경제적으로는 좌파 방지'가 바로 덩샤오핑의 2개의 주먹이라고 개괄한다. 경제적으로 좌경을 방지하는 것이 개방에 의지한다면, 정치적으로 우파에 반대하는 것은 무엇에 의지할까?

하나는 군대로, 독재 기구에 의지하고 독재 수단을 이용해 정권을 공고히 하는 것이다. 이것이 바로 이른바 총대다.

다른 하나는 이데올로기와 붓대에 의지하는 것이다. 마르크스, 레닌, 마오쩌둥에 의지하면서 "조상은 내버릴 수 없다"라고 한 것은 이 때문이었다. 그러나 현재 젊은이들은 조상을 믿지 않게 되었으니 어떻게 할 것인가? 바로 마르크스주의를 민족화·중국화하고 민족주의·애국주의·집단주의에 의지해 서구화 반대, 개인주의 및 자유주의 반대, 민주 및 인권 반대를 주창하는 것이다. 덩샤오핑은 "사람들이 인권을 지지하는데, 국권(國權)이 있다는 사실도 잊어서는 안 된다. 인격을 말할 때에는 국격(國格)이 있다는 사실도 잊지 말아야 한다. 솔직히 말하자면 국권이 인권보다 더욱 중요하다. 그들의 인권과 자유는 약자를 능멸하는 강국과 부국의 이익을 수호하는 것으로, 우리는 원래 그런 말을 듣지 않아왔다!"

민족주의는 폭정과 전쟁이라는 이데올로기의 근원으로, 레닌은 일찍이 「대(大)러시아 민족의 자존감을 논하다」라는 글을 쓴 적이 있다. 레닌은 이 글에서 조지아 출신 사람인 스탈린을 가리켜 "소수민족 출신의 사람이 대러시아 민족주의를 하면 러시아인보다 더 위력적이다"라고 말했다. 히틀러도 민족주의에 의지해서 대내적으로 폭정을 일삼고 대외적으로 전쟁을 발동했다. 마오쩌둥은 '마르크스주의의 민족화', '마르크스에 진시황 더하기'에 의지해 정권을 탈취하고 이를 공고히 했다. 덩샤오핑 제국은 '국권지상(至上)', '중화민족 부흥', '유가(儒家)사회주의'를 널리 알리고 전 세계에 '공자학원'을 확대 건설하고 민족주의를 이용함으로써 자유, 민주, 인권이라는 보편적인 가치에 대항했다.

세계에는 중화민족이라는 것이 근본적으로 존재하지 않는다. 중국 정부도 스스로 중국에는 56개의 민족이 있다고 말한다. 중화민족이란 바로 하나의 민족이 다른 55개 민족을 통치하는 것으로서, 마오쩌둥은 이를 '대한족주의(大漢族主義)'라고 불렀다. 사실 하나의 민족이 통치하는 것이 아니라 하나의 당, 한 명의 지도자, 하나의 사상이 56개 민족을 통치하고 있다. 그러나 당과 사상은 중국의 젊은이들 사이에 이미 흡인력과 응집력을 상실하고 있기 때문에 민족주의를 만들어서 이들을 흡수하고 하나의 민족이라는 개념을 내세우며 이들을 응집시킬 필요가 있다.

1999년과 2008년 장쩌민과 후진타오는 두 차례 민족주의 물결을 이용해 자유민주 물결에 대항했고 성공을 거두었다.

1999년, 미국과 EU가 코소보전쟁 중에 베오그라드 주재 중국대사관을 오폭하자, 당시 중국은 코소보에서 종족 말살을 진행하고 있던 유고슬라비아의 독재자 슬로보단 밀로셰비치(Slobodan Milosevic)를 지지했다. 중국 정부의 보호하에 민족주의 기치를 내세운 분노한 청년들은 베이징 주재 미국대사관을 향해 돌멩이를 던졌고, 이는 미국 대통령 클린턴에게 타이완과 인권 문제에서 장쩌민을 지지하도록 압박을 가했다(클린턴은 뉴질랜드에서 장쩌민과 합동 기자회견을 가진 뒤 리덩후이를 규탄하고 장쩌민이 건넨『사교 파룬궁 비판』이라는 책을 받았다).

2008년, 유럽인들은 중국 정부가 티베트의 인권을 짓밟고 다르푸르에서 민족 말살을 진행하는 수단의 독재정권을 지지하는 데 항의했다. 시위자들이 중국 베이징올림픽의 송화를 봉송하지 못하도록 방해하자, 중국의 민족주의자들은 프랑스를 선택해 보복했다. 쑹샤오쥔(宋曉軍)과 쑹창(宋强)은 자신들의 공저『중국은 불쾌하다(中國不高興)』에서 이렇게 말했다. "가장 요란스럽게 소동을 피웠던 국가는 프랑스인데, 중국의 젊은이들은 즉각 행동을 통해 서방에 대항하는 모습을 보여주었고, 그 목표를 정확하게 정했다. 중국의 각 도시에서는 상업적으로 상징적인 의미가 있는 프랑스의 기업 까르푸를 저지했는데, 이는 매우 직접적인 행동이었다. 마치 누구든지 우리 중국을 건드리는 자가 있으면 바로 그를 처단하겠다는 모양새였다. 만약 이러한 행동이 없었다면 중국 정부는 2009년 다보스 포럼에서 프랑스에 대해 냉정한 태도를 취하기가 어려웠을 것이다. 2008년 4월에 거세게 불어 솟아오른 새로운 애국주의는 중화민족 독립·해방의 대역사에 포함시켜야 하며, 현대 중국의 정신을 다룬 역사책 및 중화민족의 부흥을 다룬 역사책에 들어가야 한다."

『중국은 불쾌하다』는 2008년 민족주의 물결 가운데 탄생한 대표작으로, 저자들의 글은 장쩌민의 '3개 대표'보다 흡인력이 커서 이 몇 사람이 56개 민족의 13억 중국인을 대표해 전체 서방과 대화를 하고 있는 듯했다.

— 만약 당신들이 태평양, 남북 아메리카, 아프리카, 아시아에서 철수하면 우리도 티베트에서 철수할 것이다.

— 중국의 다음 차례의 현대화 과정은 일종의 '군사 전쟁'으로 뒷받침되는 일종의 '경제 전쟁'을 서방 국가들과 진행하는 것인데, 이는 '검을 들고 무역을 하는 것'이라고 비유적으로 말할 수 있다. 실제로 서방 사람들의 눈에는 이 과정이 '시장에서의 패권 경쟁'으로 보일 것이다. 이는 피할 수 없는 일이다. 이미 피하기 어렵다면 조기에 설계를 해두어야 한다. 중국은 대목표를 설계할 수 있는 능력을 갖추고 있다.

— 우리는 반드시 군사적인 실력을 신속하게 강화할 수 있는 산업을 발전시켜야 한다. 과잉 생산 능력과 인구를 일소하는 최종 수단은 바로 전쟁이다. 그래야 파괴된 산업 기계는 다시 세워지고 다시 작동될 수 있다.

— 중국의 장래 목표는 무엇인가? 당연히 세계에서 더욱 큰 자원과 면적을 관리하는 것이다. 나는 우리가 미국인이나 다른 서방인보다 이를 더 잘 관리할 것이라고 믿는다. 우리에게는 우리 민족을 이끌고, 세계의 더 많은 자원을 제대로 관리하고 이용할 수 있게 하며, 아울러 포악한 자를 없애고 선량한 인민을 평안케 하는 하나의 영웅 집단이 필요하다. 우리는 제도와 문화를 건설해야 하는데, 여기에는 내가 말한 상무(尚武) 정신도 포함된다. 제도는 효율 문제를 해결해야 하는데, 민주제도는 확실히 효율이 가장 높지는 않다. 치국(治國) 및 관리 효율이 높은 것은 분명히 엘리트주의제도로, 엘리트가 나라를 다스리는 것이다.

— 환경보호를 선전하는 것은 모두 쓸데없는 소리다. 우리가 절약한 에너지는

서방 사람들에 의해 모두 소모되지 않는가? 오늘날과 같은 이러한 세계 구도 아래에서는 먼저 절약하는 사람이 바로 먼저 죽는다. 누구든 에너지 소비를 줄이면 아마도 먼저 지구에서 도태되어 사라질 것이다.

이것은 중국 민족주의자들의 자화상이자 오늘날 중국 발전 전략의 실제 사조다. 이는 후진타오가 '인간 중심', '조화로운 사회' 등의 거짓말로 포장한 제17차 당대회 보고보다 더 노골적이다. 덩샤오핑 제국 30년의 역사는 두 가지 사실을 보여주는데, 하나는 대외 개방과 확장이 역전될 수 없다는 것이고, 다른 하나는 반자유·반민주·반인권의 전제독재 노예제도 역시 역전될 수 없다는 것이다. 이는 덩샤오핑 제국을 구성하는 동전의 양면으로서, 대외적으로 개방되고 확장될수록 대내적으로는 엄중히 통제되고 금지되고 단속되는 것이다.

중국 바깥에서 보면 덩샤오핑 제국 30년은 오히려 자유, 민주, 인권이라는 보편적인 가치가 옛 노예제도를 압승한 위대한 30년이었다. 전 세계 60개가 넘는 국가에서 노예제도가 종식되고, 전 세계가 자유민주국가의 행렬에 들어섰다. 그러나 덩샤오핑 제국 30주년이 지난 오늘날 전 세계 자유·민주화의 추세는 이미 정체되었고, 심지어 역전되기도 했다. 덩샤오핑의 개방형 노예제도 제국이라는 독재는 발전과 병존하는데, 이 독재는 심지어 '새로운 패러다임(new paradigm)'이라고 표명되고 있으며, 이는 자유, 민주, 인권이라는 보편적인 가치에 크게 도전하고 있다. 그리고 21세기의 인류는 자유와 노예제도 간에 벌어지는 새로운 형태의 전 세계적인 대결로 나아가고 있다.

제13장

덩샤오핑 제국의 변강 정책

자신감 있고 관용적인 태도에서 교만하고 잔혹한 폭력으로

마오쩌둥에서 덩샤오핑에 이르기까지 중국의 변강 정책은 한결같이 자신감 있고 관용적인 민족 평등주의를 실행하다가 교만하고 잔혹한 폭력을 사용하는 대한족주의를 반복하는 과정을 거쳤다.

1954년, 마오쩌둥은 달라이 라마와 판첸 라마[1]에게 베이징으로 오도록 요청했다. 당시 달라이 라마는 19세였고 판첸 라마는 17세였다. 어느 날 밤, 마오쩌둥이 달라이 라마의 거주지로 왔다. 그리고 함께 이야기를 나누던 중 마오쩌둥은 달라이 라마에게 불쑥 "내가 듣기로 당신들에게는 국기가 있다고 들었는데 그렇습니까? 그들은 당신이 그 국기를 갖고 들어오지 못하게 했다고 하는데 사실인가요?"라고 물었다.

---

[1] 티베트 불교에서 달라이 라마의 뒤를 잇는 제2지도자의 호칭이다. 현재 제11대 판첸 라마로는 중국 정부가 지명한 기알첸 노르부(確吉傑布)와 티베트 내부에서 정통 후계자로 인정받는 게둔 초에키 니마(更登確吉尼瑪) 두 인물이 병존해 문제가 되고 있다. _옮긴이 주

당시 통역을 담당하던 핑춰왕제(平措汪杰)가 달라이 라마에게 통역을 해주자 달라이 라마는 핑춰왕제에게 마오쩌둥이 말하는 '그들'이 누구를 지칭하는지 물었다.

그러자 마오쩌둥은 "바로 당신들 있는 곳으로 파견한 장징우(張經武), 장궈화(張國華), 판밍(范明)을 말합니다"라고 답했다.

달라이 라마는 "우리에게는 하나의 군기(軍旗)가 있습니다"라고 말했다(그는 '국기'라는 민감한 어휘에 대한 언급을 피했다).

마오쩌둥은 "문제될 것 없습니다. 당신들은 당신들의 국기를 유지할 수 있습니다. 장래에 우리는 신장에도 자신의 국기를 갖도록 할 것이며, 내몽골에도 자신의 국기를 갖도록 할 것입니다. 이 국기들 외에 중화인민공화국의 국기를 다시 더할 것입니다. 이렇게 하면 좋습니까?"라고 물었다.

달라이 라마는 그렇다며 고개를 끄덕였다.

오락가락하는 중국 변강 정책의 산증인 핑춰왕제

핑춰왕제는 전기적인 인물이다. 그의 일생은 마오쩌둥 제국과 덩샤오핑 제국이라는 두 제국의 변강 정책이 반복되는 과정을 보여주는 하나의 거울이다.

핑춰왕제는 1922년 쓰촨성 서부의 바탕(巴塘)에서 태어났는데, 이곳은 티베트족이 집단 거주하던 3개 지구 중 하나인 캉구(康區)[국민당 시기의 시캉성(西康省)]에 속한다. 충칭(重慶)에서 공부하던 시기에 그는 글짓기에서 빈부격차를 묘사해 선생님에게 칭찬을 받았으며, 선생님은 그에게 마르크스주의 서적을 읽도록 추천했다. 1939년 핑춰왕제는 충칭에 있는 티베트족의 첫 번째 마르크스주의 조직인 '티베트 공산주의 혁명소조'를 조직했는데, 당시 17세였다.

1940년대 말 핑춰왕제는 바탕에 중국공산당 캉장(康藏)변구 공작위원회와 장동(藏東)청년단을 건립해 해방군과 협동해서 캉구 조직이 봉기를 일으키도록 준비했으며, 국민당의 성장 류원후이(劉文輝)의 통치를 전복시켰다. 그 결과 류원후이가 먼저 공산당에 투항했다.

1950년, 핑춰왕제는 주더(朱德)로부터 충칭에 가서 덩샤오핑, 류보청(劉伯承)에게 도착을 고하고 티베트 해방을 준비하라는 전보를 발송받았다. 핑춰왕제는 공산당 내에서 중국어와 티베트어를 구사할 수 있는 최고급 간부였다. 이에 덩샤오핑은 그에게 제18군을 따라 티베트에 진군해 티베트족 고위층 인사와 관계를 잘 맺는 한편 해방군이 티베트의 풍속 문화를 이해할 수 있도록 하라는 임무를 부여했다.

또한 핑춰왕제는 덩샤오핑에게 티베트는 식량이 제한적이므로 부대가 반드시 양식을 휴대하고 티베트를 공격해야 한다고 제기했다. 덩샤오핑은 그에게 책임을 맡겨 10여 만 마리의 야크를 거느린 방대한 수송부대를 조직시켜 창두(昌都) 전역에서 식량을 운수하도록 했다.

제18군이 창두를 공격한 이후 핑춰왕제는 포로로 잡힌 티베트족 군 장교를 잘 대하도록 건의했는데, 특히 총사령관 아페이 아왕진메이(阿沛·阿旺晉美)를 잘 대하도록 당부했다. 핑춰왕제는 "티베트의 상층부를 쟁취해서 그들을 포로로 삼지 않고 협상을 준비하는 사람으로 삼는다"라고 말했다. 핑춰왕제와 아페이는 오랫동안 중국공산당의 민족 정책과 민족 평등, 종교 자유에 대해 논했고, 아페이가 라싸 정부에 편지를 쓰도록 도와 협상을 촉구했다.

1951년 4월, 베이징에서 협상이 거행되었는데, 티베트 정부 수석대표로는 아페이가, 중국공산당 중앙정부 수석 협상대표로는 리웨이한이 참석했다. 핑춰왕제는 쌍방의 통역을 담당했다. 협상이 막바지에 이르자 군정위원회를 성립하는 문제에서 마찰이 발생했다. 리웨이한이 먼저 인사말을 건네며 손짓을 했지만, 아페이는 티베트의 대표들과 협상을 잘 마치지 못했다. 티베트의 대표들은 협상 당시 리웨이한이 제기한 내용에 즉각 반대했다. 군정위원회는 해방군이 티베트 정부를 대체시키고 자치 조건을 없앨 것이라고 보았던 것이다. 이에 리웨이한은 화를 내면서 "당신들이 반대하면 바로 짐을 싸서 집으로 돌아갈 것이다!"라고 말했다.

핑춰왕제는 이를 듣고 심상치 않다고 느껴 일부러 중국공산당 측에 "여관으로 돌아갈 것"으로 통역했다. 그런 이후에 티베트 측에 군정위원회는 임시기구일 뿐, 우두머리는 달라이 라마이며 티베트의 자치에 영향을 미치지 않을 것이라고 해명했다. 결국 쌍방은 협상 테이블에 다시 돌아와 '17개 협의'에 도달했다. 17개 조에 조인한 후 열린 경축 연회에서 리웨이한은 흥겨워서 술잔을 들고 "17개 조에 크게 공헌한 핑춰(왕제) 동지를 위해 건배!"라고 치하했다.

1951년 9월 9일, 해방군이 라싸에 진입했다. 핑춰왕제는 해방군 복장으로 대오 앞줄에 섰다. 당시 군에 주둔하던 최고 관리는 장궈화 장군이었는데, 관례에 따르면 달라이 라마를 정식으로 방문해야 했다. 리웨이한은 일찍이 핑춰왕제에게 다음과 같은 이야기를 들려준 적이 있었다. 마오쩌둥이 장궈화에게 달라이 라마를 처음으로 만나면 세 차례 고두(叩頭, 무릎을 꿇고 두 손을 바닥에 짚은 다음 이마를 땅에 조아리는 것)해야 한다고 말했다. 장궈화는 내키지 않아 마오쩌둥에게 "군례(軍禮)를 하면 되지 않습니까?"라고 하자 마오쩌둥은 그를 비판하며 "너는 혁명을 위해 피와 땀을 흘려왔는데, 달라이 라마에게 세 번 머리를 조아리는 것이 뭐 그리 대수롭단 말인가!"라고 말했다는 것이었다.

달라이 라마를 회견하기 전에 장궈화는 핑춰왕제에게 "당신은 티베트족 간부인데, 당신이 대표로 머리를 조아리면 좋지 않겠는가?"라고 물었다. 핑춰왕제는 "이는 우리 티베트족 문화의 일부이므로 저로서는 그렇게 하는 것이 아무 문제가 되지 않습니다"라고 말했다. 그래서 핑춰왕제는 장궈화를 대신해 티베트족 복장에 가죽 모자를 쓴 뒤 달라이 라마에게 세 차례 정식으로 고두 의례를 행했다.

그 이후 달라이 라마가 핑춰왕제에게 "당신은 왜 마오쩌둥식 복장을 하고 있는가?"라고 묻자, 핑춰왕제는 "혁명이 단지 의복 착용과 관련된 것이라고만 생각하지 말기 바랍니다. 혁명은 바로 사상과 관련된 것입니다"라고 대답했다.

1954년, 달라이 라마는 베이징에서 마오쩌둥, 류사오치, 저우언라이, 덩샤오핑, 천이, 시중쉰 등을 회견했는데, 모두 핑춰왕제가 통역을 담당했다. 달라이 라마와 핑춰왕제는 함께 지낸 지 오래되어 좋은 친구가 되었다. 이 두 사람과 마오쩌둥 이렇게 세 사람이 이야기를 나누던 날 밤에 달라이 라마는 핑춰왕제에게 "마오쩌둥 주석은 대단한 인물이다. 그는 다른 사람들과는 다르다"라고 말했다.

마오쩌둥이 달라이 라마에게 티베트에 2개의 국기를 게양할 수 있다고 말하다

마오쩌둥이 달라이 라마를 속인 것일까? 그렇지 않다. 당시 당내에도 마오쩌둥이 "티베트에 2개의 국기를 게양할 수 있는데, 하나는 오성홍기(五星紅旗)이고, 하나는 설산(雪山)의 사자깃발이다"라고 말했다는 이야기가 전해졌다. 이는 마오쩌둥이 정권을 처음 잡은 이후 자신감에 찼기 때문이었다. 티베트뿐 아니라 신장에 대해서도 마오쩌둥은 민족 평등을 주장했다.

당시 왕전과 덩리췬은 신장에서 대한족주의를 계획해 소수민족을 속이고 모욕하는 한편 위구르족 간부를 타도하고 압박했으며, 억울한 사건과 누명을 날조해 사람을 잡고 살인을 했다. 마오쩌둥은 이러한 정보를 입수한 후 즉각 신장 군구(軍區)에서 왕전의 직책을 철회시키고 그를 지방으로 전출해 개간부장을 담당하도록 했다. 마오쩌둥은 시중쉰을 신장에 파견해 왕전의 대한족주의가 지닌 오류를 수정하도록 하는 한편 덩리췬의 당적을 박탈하도록 했다. 마오쩌둥이 볼 때 왕전은 무식한 사람이었으므로 신장에서 일어난 일은 덩리췬이 사주해 도발한 것이라고 여겼다.

시중쉰은 신장에서 왕전과 덩리췬의 오류를 바로잡고 신장의 정세를 안정시켰다. 그러나 덩리췬을 제명하지는 못했다. 오히려 시중쉰은 덩리췬이 마오쩌둥 앞에서 유리하게 말하도록 도와 덩리췬이 다시 베이징으로 돌아갈 수 있도록 했다. 30년이 지난 뒤 덩리췬은 또다시 왕전을 사주해 후야오방을 반대하게 했는데, 시중쉰은 그때 "당초에 덩리췬이라는 화근을 제거하지 않고 남긴 것을 후회한다!"라고 말했다.

마오쩌둥이 변강 정책을 옥죄자 핑춰왕제가 어려움에 직면하다

1955년, 달라이 라마는 티베트에 도착한 이후 핑춰왕제가 티베트의 당위원회 서기가 될 수 있도록 중앙에 요청해달라고 장궈화에게 건의했다. 장궈화는 일찍이 달라이 라마에게 중앙은 이미 원칙적으로 동의했다고 말했지만, 이후 명령문이 하달되지는 않았다.

그러던 중 원래의 정세에 변화가 발생했다. 1956년부터 일어난 합작화운동(合作化運動)[2]이 쓰촨성 캉바(康巴) 지구, 칭하이성(青海省) 안둬(安多) 지구에 있는 티베트족의 반항을 유발한 것이다. 국제적으로는 폴란드, 헝가리 사건이 발생했고, 소련 탱크가 부다페스트에 진입해 들어갔다. 이에 1957년 마오쩌둥은 쌍백방침(백화제방, 백가쟁명)을 중단하고 반우파 투쟁을 발동했다. 마오쩌둥이 변강 정책을 옥죄기 시작하자 핑춰왕제는 어려움에 직면했다.

---

2 공유제를 기초로 한 농업 합작 경제로 개조하기 위해 중국공산당 영도하에 각종 상호 합작의 형식으로 전국적으로 진행된 운동을 지칭한다. _옮긴이 주

전국인대 소수민족 대표는 1957년에 칭다오(青島)회의를 열었는데, 회의에서 한 대표가 쓰촨성의 더거(德格)를 창두(昌都)로 구획해 넘기자고 제안하자 핑춰왕제가 불가능하다고 말했다. 그런데 나중에 전해지기로는 핑춰왕제가 해당 제안을 했을 뿐 아니라 핑춰왕제가 이 제안을 하기 위해 저우언라이를 향해 구체적으로 설명을 했는데, 저우언라이가 당시에 반대했다고 한다. 저우언라이는 "그것은 잘못 기록된 것이므로 이를 사실이라고 여기지 말기 바란다"라고 말하면서도 핑춰왕제에게 책임을 전가했다.

또한 장궈화는 핑춰왕제에게 "당신이 티베트로 진군했을 때 수많은 책을 갖고 왔는데 그중의 한 권이 바로 레닌이 민족자결을 논한 것이었다. 당신은 이에 대해 잘 생각해봐야 할 것이다"라고 말함으로써 그의 죄상을 또 하나 폭로했다.

이것은 사실이다. 이 책은 핑춰왕제를 계몽시킨 공산당원이 그에게 읽도록 추천했던 것으로, 그가 공산주의 노선으로 투신하는 데 매우 큰 영향을 끼쳤다. 이 책을 통해 핑춰왕제는 공산주의가 민족 평등을 주장하고 민족 압박을 반대한다고 인식하게 되었다. 그런데 이것이 어떻게 하나의 죄로 변할 수 있단 말인가?

핑춰왕제는 베이징에 남았으며 티베트로 돌아가는 것이 허락되지 않았다. 라싸에서는 핑춰왕제의 지방 민족주의에 대한 비판이 전개되었다.

1960년 8월, 핑춰왕제는 격리되었고(20여 년 후 핑춰왕제는 자신이 격리되었을 때 일찍이 마오쩌둥에게 보고가 들어가, 마오쩌둥이 문제를 명확하게 조사하는 동시에 모든 노력을 다해 자신을 다시 데려오라고 지시했다는 사실을 알게 되었다), 이어서 친청(秦城)감옥으로 이송되었다.

1960년부터 1978년까지 핑춰왕제는 18년간 감옥생활을 했는데, 이는 그의 나이 38세부터 56세까지였다.

1978년에 석방된 이후로는 쓰촨성 쯔궁(自貢)에 배치되어 감시를 받고 자유롭게 외출이 허가되지 않았는데, 특히 베이징으로 가는 것이 금지되었다. 핑춰왕제는 이에 반항해 1979년 2월 스스로 베이징으로 가서 중앙에 제소했다.

덩샤오핑이 결국에는 티베트 독립을 결정할 방법이 없다고 말하다

당시 전국의 정세에는 또다시 변화가 일어났다. 중국공산당은 11기 3중전회를 막 개최했는데, 덩샤오핑은 미국과의 수교를 최종적으로 실현한 이후 미국을 한 차례 방문해 티베트 문제를 해결하려 했다.

1979년 3월 12일, 덩샤오핑은 달라이 라마의 형 자러둔주(嘉樂頓珠)와 회견을 가졌다. 당시 덩샤오핑은 1954년 마오쩌둥이 청년 달라이 라마와 회견했을 때와 마찬가지로 자신감이 충만하고 너그러웠다. 두 사람은 회견 중에 다음과 같은 이야기를 나눴다.

> 자러둔주: 나는 개인의 신분으로 베이징에 온 것이며, 달라이 라마는 나에게 협상 권한을 위임하지 않았다.
>
> 덩샤오핑: 당신이 먼저 말해주기 바란다. 그런데 티베트 독립의 문제는 나에게 말하지 말기 바란다. 왜냐하면 향후 다른 중국의 지도자들도 티베트의 독립을 결정할 수 있는 방법이 없기 때문이다. 티베트 독립의 문제 외에는 그 어떤 사안도 논의할 수 있으며, 바로 오늘 이 자리에서 논의할 수 있다.
>
> 자러둔주: 20년간 유랑한 대부분의 티베트족 사람들은 가족들과 연락이 끊어졌다. 인도와 티베트의 변경 지역을 개방해 해외 티베트족이 다시 돌아가 친지를 만날 수 있도록 해주기를 바란다.
>
> 덩샤오핑: 아무 문제없다. 티베트족 인민이 돌아와서 친지를 방문하는 것을 대단히 환영하며 오고가는 것 또한 자유다. 티베트 자치구의 티베트족 동포들도 자유롭게 인도를 가거나 여행을 하거나 성지를 방문할 수 있다. 그

어떤 것도 이를 가로막지 못하도록 오늘 바로 명령을 내리겠다.

자러둔주: 최근 몇 년 동안 판첸 라마가 억울한 일을 많이 당했는데 판첸 라마의 자유를 회복해주기를 바란다.

덩샤오핑: 즉각 사람을 보내 처리하겠다. 판첸 라마의 직위를 회복시킬 것이며 그를 정협의 부주석으로 위임하겠다.

자러둔주: 달라이 라마는 인도 정부의 지지를 받아 수많은 학교를 세우고 학생을 교육하고 있으며 또한 수많은 교육자를 배양하고 있다. 내가 듣기로 티베트에는 티베트어 교사가 부족한 학교가 많다는데, 인도의 교사들을 티베트 자치구로 오게 해서 교육 업무를 담당하도록 할 수 있겠는가?

덩샤오핑: 좋은 일이다. 얼마나 많은 사람들이 올 수 있는가?

자러둔주: 처음에는 우선 30~40명을 보내고 이후 매년 늘릴 수 있다.

덩샤오핑: 그래선 안 된다. 1000명은 올 수 있도록 해야 한다. 왜냐하면 우리에게는 언어를 가르칠 수 있는 교사가 매우 필요하기 때문이다. 티베트 자치구뿐 아니라 베이징의 민족학원(民族學院)도 티베트어 담당 교사가 필요하다. 당신의 교사들 중 티베트어와 영어가 모두 능통한 사람이 와서 가르치게끔 하라. 그들은 와서 우리의 대자보를 볼 수도 있고, 티베트의 청년들이 대자보를 붙일 수도 있으며, 자신들의 의견과 견해를 발표할 수도 있다[하지만 덩샤오핑은 사인방을 분쇄한 후 했던 일 중 가장 잘한 일이 헌법 중에서 4대(대명, 대방, 대자보, 대변론)를 삭제한 것이라고 말했다].

과거에는 티베트 하나뿐 아니라 수많은 사람들이 박해를 받았다. 여기에는 나도 포함된다. [옆에 앉은 우란푸(烏蘭夫)를 향해] 자네는 몇 년 동안 감옥에서 옥살이를 했는가?

우란푸: 9년간 감옥에 수감되었습니다.

덩샤오핑: 우리 모두 앞을 향해 달려야 하지 않겠는가? 당신은 달라이 라마에게 하루라도 빨리 그가 돌아오기를 기원한다고 전해주기 바란다. 그가 돌

아온 뒤에도 과거의 직위는 바뀌지 않을 것이다.

1979년 가을, 덩샤오핑은 달라이 라마가 티베트를 방문하도록 요청했고, 통일전선부장 양징런(楊靜仁)은 핑춰왕제를 연회석에 초대해 달라이 라마의 대표단 연회에 참석하도록 요청했다. 당시 통일전선부는 티베트에서 궐기한 농노들이 달라이 라마에 대한 복수심과 한으로 인해 대표단에게 모욕을 가할 것이라 예상하고, 하부 조직을 동원해 달라이 라마에게 돌을 던지고 침을 뱉지 말아달라며 티베트 사람들을 설득했다.

핑춰왕제는 정부가 티베트 사람들에 대해 잘못 판단하고 있다고 여겼다. 실제로 달라이 라마가 도착하자 티베트 사람들은 미친 듯이 환영했고 심지어 어떤 이는 "달라이 라마 만세!"라고 울면서 함성을 질렀다.

후야오방의 '티베트 6조'

이 소식이 베이징에 전해지자 중앙은 큰 충격을 받아 후야오방에게 티베트로 가서 현지 시찰을 하도록 지시했다. 후야오방은 자신의 티베트 여정이 충분히 준비되었다고 여겼다.

1980년 3월 10일과 15일, 후야오방은 중앙서기처가 베이징에서 개최한 티베트 관련 업무 좌담회를 주재하고 티베트 자치구의 상황을 보고받은 뒤 티베트 관련 업무 중에 발생하는 문제들에 대해 이틀간 토론을 진행하고 제1차 '티베트 공작 좌담회 요록'을 만들었다. 후야오방은 회의석상에서 다음과 같이 말했다.

티베트 건설을 더욱 신속히 진행해 반드시 사상을 한층 해방시키고 정책을 실현하며 극좌 노선을 철저히 비판하고 그 악영향을 일소해야 한다. 경제 정책 방면에서 각종 좌경적인 오류를 바로잡아야 한다. 티베트족 간부를 적극적으로 육성하고 대담하게 선발해 그들이 자유롭게 재량껏 일할 수 있도록 해야 하며, 열정적으로 돕고 구체적으로 지도해 점진적으로 전구(全區)·현급 이상의 당, 정, 군 기관의 주체를 티베트족 간부로 삼아야 한다. 종교 정책 방면에서는 티베트 군중에게 큰 영향을 미치는 라마교를 반드시 신중하게 다뤄야 한다. 라마교를 신봉하는 군중을 존중해야 하며 사상·정치 관련 업무와 과학·문화 교육을 나무랄 데 없이 처리해야 한다. 문화대혁명 중 일어난 억울한 사안과 누명 사건, 그리고 역사가 남긴 문제, 예를 들면 반란의 확대 금지, 부농(富農) 성분을 잘못 구분한 것 등에 대해서는 박차를 가해 처리해야 한다.

후야오방은 중앙이 좌담회 요록을 관련 부서에 넘기더라도 문제를 해결할 수 없을 것이며, 이는 단지 그가 티베트에 가서 현지 시찰하기 전 예비적 차원의 준비임을 알고 있었다.

1980년 5월 21일, 후야오방과 완리, 아페이, 양징런 일행은 티베트를 향해 출발했다. 비행기에서 후야오방은 수행원과 신화사 기자에게 다음과 같이 말했다.

우리는 참관하러 가는 것이 아니라 공작하러 가는 것이며, 현지를 살펴보고 그곳의 동지와 함께 티베트 경제를 발전시키고 티베트 인민 생활이 조속히 개선될 수 있도록 중요한 계획을 연구하러 가는 것이다. 이것이 이번 여정의 주제다.

티베트 인민은 근면하고 용감하며 지혜가 있지만 현재 매우 궁핍하며 생활이 매우 어렵다. 우리 당중앙의 정책은 바로 '궁(窮)'이라는 글자를 다스리는 것이며, 부유하고 문명적이며 단결된 새로운 티베트를 건설하는 것이다.

중앙은 티베트의 경제를 발전시키기 위해 일련의 비상조치를 취할 준비를 하고 있다. 개괄하면 여섯 글자인데, 면징(免徵), 개방(開放), 주인(走人)이다.

면징이란, 전체 자치구의 농목업세를 면제하고 최소 2년간 무상 징용 노동력을 허락하지 않는 것이다.

개방이란, 모든 경제활동 영역에서 정책을 완화해 생산에 유리하다면 허용하고 규제를 더하지 않는 것이다. 자류지(自留地),[3] 자류축(自留畜)은 군중에게 가능한 만큼 하도록 허락하고, 집 앞뒤에 심고 싶은 것을 심도록 허락하며, 군중이 가진 것을 서로 자유롭게 교환하도록 허락한다.

주인이란, 역대로 티베트에 들어온 한족 출신 간부 대부분을 점진적으로 내지로 소환하되, 업무상 확실히 필요한 소수의 사람만 남겨 그들이 전심전력으로 티베트 인민을 위해 복무하도록 요구하는 것이다.

후야오방은 라싸에서 공장, 학교, 티베트족 민가를 돌며 현지를 시찰하고 각계 인사와 접촉해 환담하면서 티베트 발전에 대한 각종 의견을 청취했다. 5월 29일, 티베트자치구 당정 간부 대회에서는 강화를 하면서 그 유명한 '티베트 6조'를 제기했다. 후야오방은 현재 티베트 관련 업무의 총체적인 목표는 티베트 인민의 물질 및 문화생활 수준을 비교적 빨리 제고시키는 것이며, 단결되고 부유하며 문명적인 새로운 티베트를 건설하는 것이라고 말했다. 그는 이를 위해 여섯 가지 일을 해야 한다고 했다.

(1) 중앙의 통일된 지도하에 민족구역 자치의 자치권을 충분히 행사한다.

티베트자치구는 상당히 특수한 대자치구다. 우리 같은 다민족 국가에서는 민족구역 자치가 없으면 전국 인민의 대단결도 없다. 자치란 바로 자주권이다. 통일된 지도하에 충분하고 독립적인 자주권을 실행해야 한다.

---

3   사회주의국가에서 농민에게 집단 농장에서의 공동 작업 외에 개인적으로 경영할 수 있도록 인정한 경지를 일컫는다. _옮긴이 주

(2) 사회 안정·경제 회복의 정책을 단호하게 실시해 군중의 부담을 대대적으로 경감시킨다.

몇 년 내에 티베트 인민의 징구(徵購) 의무를 면제하도록 확정해야 한다. 징(徵, 징수하는 일)은 면제해서 없애야 하며, 구(購, 구매하는 일) 또한 임무를 분배하지 않음으로써 모든 형식의 분담 의무를 취소해야 한다. 농목민(農牧民)의 생산품에 대해 수매 및 환매를 할 수 있고, 상호 보충이 가능하며, 분배 임무를 면제하도록 해야 한다. 이 정책은 농목민의 발전을 촉진할 수 있다.

(3) 모든 경제 영역에서 특수하고 티베트에 적합하며 융통성 있는 정책을 실행한다.

티베트에는 순수 농업 지역이 없다. 티베트는 하나의 농목(農牧) 지역이자 임목(林牧) 지역이며, 순수 목축 지역이다. 단순히 농업만 해서는 출구가 없다. 다종 경영을 하고 농업과 목축업을 결합하며 임업과 목축업을 결합하고 수공업을 하도록 정책을 완화해야 한다. 농목민의 적극성을 충분히 자극해 농민이 심고 싶은 것을 심도록 하고 간섭을 하지 말아야 한다. 한 호(戶)가 수십 마리의 양을 기르고 몇 마리의 소를 기르는 일이 부업으로 발전하도록 장려해야 한다. 혹시 어려운 상황에 있다면 국가가 대출을 해줄 수도 있다. 부유해지는 것을 두려워하지 말라. 인민이 부유해져야 국가도 비로소 부유해질 수 있다. 정책을 완화하고 완화하고 더욱 완화해야 한다.

(4) 농목업과 티베트족 인민의 절박한 필요에 국가 경비를 지원해야 한다.

국가가 티베트에 제공하는 경비는 다른 성이나 구에 비해 많다. 과거에는 경험이 부족해 돈을 적절히 쓰지 못했고 낭비가 매우 컸다. 국가가 지원하는 경비, 물자, 설비를 적절하게 써야 하는데, 주로 '하나의 발전, 2개의 제고(一個發展, 兩個提高)'에 써야 한다. 다시 말해 티베트 경제를 발전시키는 기초

위에라야 티베트 인민의 물질생활과 문화생활 수준을 제고할 수 있다. 매년 반드시 티베트 인민을 위해 좋은 일을 몇 가지 해야 한다.

(5) 티베트족의 문화·교육·과학 사업을 회복시키고 대대적으로 발전시켜야 한다.

티베트에는 세계적으로 유명한 티베트족 문화가 있고, 매우 훌륭한 불교 경학(經學)이 있으며, 우아하고 아름다운 음악과 춤, 장의(藏醫, 티베트 전통 의학), 장희(藏戲, 티베트 전통 연극) 등이 있으므로 이를 연구하고 발전시켜야 한다. 현재 티베트에서의 교육 사업은 발전 상황이 좋지 않으므로 티베트의 특징을 고려해 대학, 중학 그리고 초등 교육을 실시해야 한다. 또한 티베트족 인민의 풍속 습관과 역사 문화를 존중해야 한다.

(6) 당의 민족 간부 정책을 정확히 집행하고 티베트족과 한족 간부 간의 단결을 강화해야 한다.

2~3년 내에 국가의 생산 현장을 떠나는 간부 중 티베트족 간부가 3분의 2 이상을 차지하도록 해야 한다. 의사, 교사, 과학연구자는 이 제한을 받지 않으며 많으면 많을수록 좋다. 티베트 업무를 담당했던 한족 간부는 역사적인 임무를 완수했으므로 떠나는 것은 영광된 일이다. 돌아갈 때에는 조직상 안배를 절대적으로 책임진다.

후야오방은 "이 여섯 가지 대사(大事)를 제기한 것은, 2~3년 내에 티베트의 빈곤한 국면을 전환시키고, 5~6년 내에 역사상 가장 높았던 생활수준을 뛰어넘으며, 10년 후에 티베트를 크게 발전시키고 인민 생활을 대폭적으로 제고하는 데 목적이 있다. 1980년대에는 티베트족과 한족 인민이 한층 단결을 강화하고 혈육을 나눈 것처럼 정겹게 서로를 돈독히 해서 영원히 분리되지 않기를 기대한다"라고 말했다.

후야오방은 티베트에서 돌아온 뒤 6월의 어느 날 핑춰왕제에게 담화를 요청했다. 후야오방이 처음 한 말은 "당신이 아직 살아 있는 것은 하나의 대승리입니다"였다. 이 말을 한 목적은 핑춰왕제에게 티베트자치구 당 위원회 서기의 자리를 제의하기 위해서였다.

이는 바로 25년 전(1955년) 젊은 달라이 라마가 당중앙에 건의했던 내용이었다. 만약 당시에 그 건의가 실현되었다면 달라이 라마가 도망을 갔을까? 티베트의 역사는 지금과 다르지 않았을까? 25년이 흘렀고, 당시 33세였던 핑춰왕제는 이미 58세가 되었다. 핑춰왕제는 자신의 자서전에서 후야오방의 건의를 듣고 "강렬한 직감에 힘입어 이 건의를 사절했다"라고 밝혔다. 그는 후야오방에게 "감옥에서 수년간 있었기 때문에 현재 티베트의 상황을 잘 모르므로 지금 티베트 지도자를 인선하는 것은 합리적이지 않다"라고 말했다.

핑춰왕제의 직감은 사실 그의 경력과 티베트 현황에 대한 관찰에서 나온 것이었다. 티베트에는 이미 하나의 방대하고도 엄밀한 권력 구조가 있었고, 또한 중앙과 통하는 인맥이 있었다. 이 구조 안에 있는 한족과 티베트족 두 민족의 간부는 핑춰왕제와 같은 인물이 상황을 바꾸기를 결코 원하지 않았다.

왕전·덩리췬과 후야오방이 신장에서 각축을 벌이다

1980년 7월 10일부터 14일까지 후야오방은 서기처 회의를 주재하고 신장 문제를 토론하면서 신장 공작에 대한 '신장 6조'를 제기했다. 후야오방은 신장은 티베트와 같이 복잡하지 않고 유망한 종교 지도자와 정부가 없다고 인식했다. 또한 외국이 지지하는 신장 독립 운동도 없었다. 신장은 경제, 문화, 교통 등의 조건도 티베트보다 좋았으므로 문제를 해결하기가 그다지 어려워 보이지 않았다.

하지만 예상치 못하게 왕전과 덩리췬을 대표로 하는 대한족주의 구세력이 중앙에서 반란을 일으켜 새로운 티베트·신장 정책을 공격했다. 그뿐 아니라 그들이 1950년대에 신장에서 계획했던 대한족주의를 뒤집으려 했다. 덩리췬은 "후야오방이 한족 간부를 압박하고 민족 간부를 추켜세우는 경향을 보여 분란을 일으키고 있다. 그는 제국주의가 중국을 분열시키려 했던 큰 문제를 경계하고 있지 않으며, 민족지구의 민족 분열주의에 대한 위험도 인식하지 못하고 있다. 100여 년의 역사를 통해 영국, 인도가 티베트를 잠식하려고 했던 것이나, 영국, 미국, 러시아가 신장을 병탄하려고 했던 사실을 그는 완전히 무시하고 있다. 민족지구에서 민족 분열에 반대하는 것은 가장 중요한 대사로, 모든 내정은 모두 이와 관련되어 있다"라고 말했다.

왕전, 덩리췬 등의 책동으로 인해 티베트와 신장에 있는 간부들의 인식은 큰 혼란에 빠졌다. 특히 신장에서는 과거 왕전 밑에서 일했던 간부들이 이러한 불안정한 흐름에 편승해서 상황은 더욱 흉악하고 소란스러워졌다. 1981년 가을, 후야오방은 나에게 가서 조사 연구를 하라고 지시했고, 나는 신장 북부에서 신장 남부까지 2개월간 체류했으므로 전체 신장을 모두 다녔다고 할 수 있다. 그때 '신장 6조'를 집행하고 있던 신장 자치구 당 위원회 서기 왕펑(汪鋒)은 이미 왕전이 덩샤오핑 면전에서 고소했기 때문에 신장에서 전출되었다. 덩샤오핑은 군대 간부 구징성(谷景生)을 파견해 보내고 실제로 왕전이 왕년에 신장에서 펼쳤던 대한족주의 노선을 집행했다. 나와 중앙당교의 2명의 동료가 신장에 도착했을 당시 그곳의 한족 간부는 이미 후야오방을 공개적으로 공격하고 있었고, 민족 간부는 '신장 6조'를 지지하면서도 신장 6조가 실행될 수 없을까 봐 우려하고 있었다.

우리가 조사 연구한 주제는 신장의 경제 개발이었다. 그러나 신장의 경제 개발은 민족 자치 및 문호 개방과 불가분의 관계임을 재빨리 파악했다. 신장은 자연환경이 우수하고 자연 자원이 풍부하며 현지 민족의 사상·문화가 상당히 개방적이다. 그런데도 신장은 왜 아직 그렇게 궁핍한 것일까? 신장 남부 지역이 특히 심했는데, 우리가 거주민의 집을 방문해보니 실로 '가도사벽(家徒四壁, 너무 가난해서 집안에 사방의 벽밖에 없음)'이었다.

근본적인 원인 중 하나는 장기간 폐쇄적이어서 한나라, 당나라 이래 뚫렸던 국제무역상의 요로가 닫혔기 때문이며, 다른 하나는 신장 현지 민족이 억압을 받고 자유 발전을 얻지 못했기 때문이었다. '신장 6조'가 신장에 전해지자 신장의 인민과 민족 간부는 모두 열렬히 이를 지지했다. 하지만 한족 간부들의 반응은 일치하지 않았다. 정치 문화 소양이 높고 사상이 개방적인 일부 한족 간부는 신장에서 민족 자치를 실행하는 데 찬성했으며, 자신이 내지로 소환되어 돌아가는 것도 쉽게 받아들였다. 다른 일부는 신장에서 이미 자신의 능력과 수준을 넘어선 특권과 이익을 획득한 한족 간부로서, 이들은 그다지 납득하지 않았다. 그러나 만약 상부의 배후 조종자가 책동하지 않았더라면 이들도 중앙의 정책을 수동적으로 받아들일 수밖에 없었을 것이다.

왕전·덩리췬과 후야오방이 변강 정책과 관련해서 충돌한 중대한 대립은 당시 베이징에서는 아직 사람들에게 알려지지 않았으나 신장에서는 곧바로 크게 공개화되었다. 우리가 카슈가르에 도착하자마자 한 위구르족 간부가 우리 거주지로 찾아와서는 대단히 격앙된 어조로 "우리는 후야오방의 6조를 지지했는데, 왜 지금 그 집행을 중단했습니까? 한족 간부가 말하기를 집행 정지를 철회하려 해도 철회할 수 없다고 합니다. 제가 듣기에 마이디나 마이마이티(麥迪娜·買買提)⁴는 도리어 신장에서 전출되었다는데,

---

4   신장 위구르자치구의 위구르족 출신 지도자다. _옮긴이 주

이는 어떻게 된 일입니까?"라고 물었다. 또한 그는 "왕전은 신장에 한 번 왔을 때 자신은 죽은 후에 신장의 톈산(天山)에 묻힐 것이라고 말했습니다. 우리는 신장 사람들을 죽인 이 이교도의 뼈를 톈산의 정토에 묻는 것을 결코 허락할 수 없습니다. 그를 톈산에 매장한다면 우리는 바로 그를 파내버릴 것입니다!"라고 말했다.

또 한 명의 위구르족 간부는 우리가 후야오방에게 촉구해서 시중쉰을 신장으로 파견해줄 것을 요구했다. 그는 "왕전과 덩리췬은 일찍이 신장의 민족 간부들을 진압했는데 시중쉰이 와서 이를 바로잡았던 것이다. 시중쉰은 신장 사람들을 이해했으며, 그가 오고 나서야 비로소 신장을 잘 다스릴 수 있었다"라고 말했다. 우리가 접촉했던 가장 급진적인 신장 민족 간부는 당시에도 한인과 한족 간부를 반대하지 않았고 중국으로부터 독립하겠다고 주장하지도 않았다. 그들은 단지 진정한 자치를 실현하고 자신들이 생존하는 토지에서 주인이 되기를 요구했다. 그들이 반대했던 것은 자신들을 속이고 압박했던 왕전, 덩리췬 같은 대한족주의분자였다. 그들은 자신들을 돕는 후야오방이나 시중쉰 같은 한족 친구들은 환영했다. 우리가 만났던 위구르족, 하사크족, 우즈베크족, 타지크족 등 각 민족 간부와 민중은 모두 우리에게 진술하고 정직했으며, 조금도 우리를 경계하지 않았다. 신장 남부 지역에 중국어를 구사하지 못하는 사람이 있어서 통역을 대동했을 때에도 마찬가지로 매우 화기애애하게 이야기를 나누었다. 대체로 신장 민족 언어를 잘 아는 한족 간부가 우리를 위해 통역을 해주었는데, 모두 신장 민족 간부 또는 민중과 비교적 잘 지내고 있었으며 대한족주의 편견이 비교적 적음을 알 수 있었다. 그러나 그들은 민족 간부에 비해 비교적 염려가 많았고, 의견을 반영하는 데 그리 용감하지 않았으며, 지도자에게 알려져 자신이 불리한 위치에 처하게 될까 봐 두려워했다.

우리는 카슈가르에서 신장 남부에서 장기간 업무를 해온 한족 원로 간부를 만났는데, 그는 우리에게 아무런 거리낌 없이 후야오방을 크게 욕했고, 마오쩌둥에 이르기까지 욕을 해댔다. 그는 "예전에 마오쩌둥은 왕전, 덩리천을 내지로 돌려보내는 큰 과오를 범해 신장의 지방 민족주의를 조장했다. 이번에 후야오방이 다시 6개 조를 냈으나 티베트와 신장을 수습하지 못해 우리는 모두 쫓겨나게 되었다. 후야오방은 쥐뿔도 모르면서 무슨 충분한 자치를 한단 말인가? 한족 간부들이 위구르족에게 권한을 일단 건네면 그들은 곧바로 자신들의 동투르키스탄을 세우려 할 것이다. 후야오방은 또한 한족 간부를 내지로 철수시키려 하는데, 그렇게 되면 신장을 소련과 터키에 건네주는 것이 아닌가? 이것은 매국노만이 할 수 있는 일이다!"라고 말했다.

후야오방이 티베트 정책에 대해 양보하지 않다

티베트의 상황은 조금 달랐다. 자치구 당 위원회 서기 인파탕(陰法唐)은 시작부터 '티베트 6조'를 거부했다. 처음에는 이 정책을 앞에서는 받드는 척하고 뒤로는 이를 어기면서 몰래 좌경 노선을 견지하는 간부를 지지하고 6조의 집행을 가로막았다. 하지만 이후로는 신장에서 '신장 6조'의 집행이 정지된 것을 보고 반우파를 개시함으로써 어두움을 빛으로 바꾸었으며, 티베트에서도 반자유화와 정신 오염을 제거하는 작업을 수행했다. 인파탕은 중앙에 두 차례 보고서를 올려 "티베트에서는 사상 전선 및 종교 공작이 유약하고 제멋대로 추진되는 경향이 있으며, 종교 세력이 발흥하면서 일부 당원은 종교 경전을 읽는 모임에 참석하고 신을 모시며 부처에게 절하고 경전을 유포하며 포교 활동을 하고 있기 때문에 종교 정책상 반드시 반우파를 해야 한다"라고 보고했다.

후야오방은 티베트 문제에서 물러서지 않았다. 1984년 2월, 중앙서기처는 중난하이에서 제2차 티베트공작 좌담회를 개최했는데, 이 자리에서 후야오방은 "티베트에서는 최근 4년간 농목업 생산이 제자리걸음으로 앞으로 나아가지 못하고 있어 경제·문화의 발전이 늦으며 인민의 생활수준도 빨리 개선되지 않고 있다. 영도 공작에서 볼 때 주요한 문제는 티베트의 특수성을 심각하게 인식하지 않고 있고, 사상을 해방시키기에 충분하지 않으며, 경제를 활성화시키는 조치가 그다지 유력하지 않고, 좌경의 사상이 아직 매우 엄중하다는 것이다. 이번 회의의 목적은 중앙서기처 동지 및 당신들(티베트 영도 간부)에게 티베트 관련 업무에 대한 방침과 정책을 한 차례 재인식시키려는 것이다"라고 지적했다. 이 회의는 사실상 인파탕이 4년간 '티베트 6조'를 거부한 것을 겨냥해 발동한 것이었다.

이어서 후야오방은 티베트의 다섯 가지 특수성, 즉 ① 세계의 지붕에 위치해 있고 지리 환경이 단절되어 있다, ② 장기간 봉건 농노제였다, ③ 단일 티베트족이 거주해 집단 응집력이 강하다, ④ 정교 합일의 라마교다, ⑤ 세계 여론이 매우 주시하고 있다는 특수성을 지적했다.

후야오방은 티베트 영도 간부가 이러한 다섯 가지 특수성에 대해 심각하게 인식하지 않으며, 업무상 네 가지 두려움을 갖고 있는 것으로 보았다. 즉, ① 사회주의가 아닌 것을 두려워하고, ② 당의 영도가 약해짐을 두려워하며, ③ 종교의 영향이 갈수록 커짐을 두려워하고, ④ 대반란이 일어날 것을 두려워하는 것이다.

후야오방은 네 가지 두려움을 제거하고 다음 세 가지 방면의 업무를 잘 수행하면 티베트 관련 업무가 크게 진일보할 것이라고 말했다. 즉, ① 티베트 경제를 각 지역의 실정에 맞게 대책을 세워 수행해나가고, ② 상층 인사의 통일전선 업무와 종교 업무를 잘 수행해나가고, ③ 티베트 고유문화를 유지하고 발양시키는 것이다.

또한 후야오방은 구체적인 건의를 아주 많이 제기했다.

(1) **에너지 건설.** 티베트 자연 자원의 우세를 발휘해 수력발전, 지열, 태양열 에너지, 풍력 에너지를 개발한다. 연해와 내지 각 성에 지원해줄 것을 요청해 계약을 체결하고 건설을 하면 이를 통해 비로소 농목업은 혁신될 수 있다. 낙후한 상태를 벗어나면 나무, 풀, 소똥을 더 이상 태우지 않아도 되어 생태 균형을 유지하게 된다.

(2) **교통 건설.** 내지와의 교통은 항공 수송에 의존하는데 큰 비행기를 이용해야 하므로 비행기장을 제대로 건설해야 한다. 지구 내의 교통은 주요 도로를 잘 닦고 운수 전문 영업자를 육성하고 발전시켜 사람들이 자동차를 사서 이용하도록 해야 한다.

(3) **농목민을 부유하게 하기.** 티베트 200만 명의 인구 중 160여만 명은 농목민이다. 티베트 경제 건설의 착안점은 농목민을 부유하게 만드는 것이다. 농림목을 결합하고 목축업 위주의 다종 경영으로 상품 생산을 발전시키며 농목민 스스로 재량껏 생산과 경영을 하도록 한다.

(4) **라마교에 대해.** 티베트인은 보편적으로 종교를 믿는데, 땅이 넓고 사람은 적어 거주가 분산되어 있으므로 라마교를 신봉하는 대중의 편의를 위해 일부 사찰과 경당(經堂)을 복구시킬 수 있다. 종교 중 생산과 인민 생활을 방해하는 것은 정신적인 멍에이므로 반드시 점진적으로 적절히 개혁해야 하며 선진적인 과학기술을 도입해 생산의 발전과 생활의 개선을 도와야 한다. 우선 해충을 박멸하는 것, 가산을 탕진하면서까지 보시하는 것, 머리가 깨져 피가 흐르도록 참배하는 것, 이 세 가지 문제를 개혁해야 한다. 티베트족 간부와 당정 간부부터 솔선수범해 진부한 규정과 낡은 습속을 개혁해야 한다.

(5) **상층부 애국인사에 대한 통일전선 업무 잘 수행하기.** 진심으로 친구를 사귀고 많이 접촉하고 서로 마음을 많이 나눔으로써 상층부 애국인사에게 전국 및 전구의 정세를 이해시키며 중요한 문제에 대해 그들의 의견을 구한다.

(6) **티베트족 내에서 전문가 간부 육성.** 티베트의 번영 발전은 티베트 인민

자신의 노력에 달려 있다. 티베트족 내에서 언어학자, 역사학자, 교육가, 법학자, 의학자, 예술가를 육성해 배출해야 하며, 농업, 목축업, 전력, 교통, 항공, 지질 등의 방면에서 티베트의 기술자와 경영관리 간부를 키워내야 한다. 이러한 인재를 1980년대에 2만 명 키워낼 수 있다면 바로 인구의 10%를 차지하게 되므로 티베트의 면모는 많이 달라질 것이다. 이는 전략적 성격의 중대한 문제이므로 세심하게 안배해야 하며 착실하게 매진해야 한다. 이를 위해 첫째, 현재 3만 명인 민족 간부의 사상정치 수준과 과학문화 수준을 제고시키기 위해 노력해야 하고, 둘째, 티베트에 초등학교, 중학교, 대학교를 세우고 티베트의 교육문화 사업을 잘 해나가야 한다. 이는 티베트 인민을 철저하게 개선하기 위한 기본조치 중의 하나다.

회의는 8일간 열렸는데(2월 27일~3월 5일) 후야오방은 일곱 차례 강화를 했다. 하지만 인파탕은 티베트에 돌아가서 여전히 티베트 6조의 집행을 거부했는데, 이는 중앙에 배후세력, 즉 왕전과 덩리췬의 지지가 있기 때문이었다. 1984년 8월, 당중앙과 국무원은 후치리(중앙서기처 상무서기)와 톈지윈(국무원 상무부총리)을 티베트에 파견해 인파탕이 중앙 정책을 집행하도록 독촉했으나 아무런 효과가 없었다. 결국 1985년 6월에 새로운 티베트 자치구 당 위원회 신임 서기로 우징화(伍精華)를 파견하고 인파탕의 직책을 박탈했다.

그러나 펑쳐왕제가 우려했던 바와 같이, 인파탕이 부임했던 몇 년 동안 티베트에는 중앙 인맥에 직통하는 권력 구조가 방대하고도 긴밀해져 두려울 게 더욱 없어졌다. 그들은 후야오방, 자오쯔양, 후치리, 톈지윈 모두를 따르지 않았는데 하물며 하나의 이족(彝族) 출신자에 불과한 우징화에게는 어떠했겠는가?

우징화는 티베트족에 깊게 파고 들어가 공작을 했는데, 어떤 때는 티베트족 의복을 입고 종교 활동에 참가하기도 해서, 대한족주의자들로부터 '라마 서기'라고 조롱을 받기도 했다. 핑취왕제는 티베트에 가서 공작을 해달라는 후야오방의 건의를 받아들이지 않았는데도 대한족주의자들이 유포하는 유언비어의 공격을 받았다. 그들은 "현재 전 세계적으로 가장 나쁜 놈이 3명 있는데, 이들은 티베트 독립을 주장하는 티베트 사람들로, 한 명은 국외에 있는 달라이 라마이고, 한 명은 국내에 있는 판첸 라마이며, 나머지 한 명은 당내에 있는 핑취왕제다"라고 했다.

핑취왕제는 비록 티베트로 가달라는 후야오방의 제안을 받아들이지는 않았지만 후야오방에게 다음과 같은 적지 않은 건의를 했다.

— 1958년 티베트 등지에서 지방 민족주의 비판을 전개한 것은 잘못이다. 이로 인해 한족과 소수민족 간의 평등이 없어졌다.

— 소수민족 간부는 반드시 진정으로 권한이 있어야 한다. 보기에는 그럴 듯하지만 실제적인 권한은 하나도 없는 직책을 주어서는 안 된다.

— 소수민족 지구는 사람이 적고 땅이 넓은 반면 한족 지구는 사람이 많고 땅이 적으므로 이민은 필연적이다. 그러나 계획을 세워 점진적으로 진행해야하며 소수민족의 경제와 문화상의 생존 이익에 위기를 가져와서는 안 된다.

— 라싸는 영원히 변하지 않는다. 라싸는 티베트어로 '성역(聖域)'이라는 의미를 갖고 있어 메카가 무슬림에게 갖는 의미와도 같다. 만약 포탈라 궁이 고층 빌딩들로 둘러싸이고 주위가 모두 중국어로 말하는 한족이 된다면 중국 정부는 역사적인 오류를 범하는 것이다.

— 중앙은 달라이 라마를 떠나게 만든 1959년 티베트 폭란에 대해 반드시 다시 평가해야 한다. 군대를 동원해 소수민족 지구를 진압하거나 군대를 통해 경찰이 해야 할 업무를 대신하도록 해서는 안 된다.

미국의 티베트학자 멜빈 골드스타인(Melvin Goldstein)은 핑춰왕제가 구술한 내용을 바탕으로『한 명의 티베트 혁명가(A Tibetan Revolutionary)』라는 자서전 형식의 책을 출간했다. 핑춰왕제는 이 책의 후기에서 다음과 같이 자신의 주장을 표명했다. "국가는 통일되어야 하며 소수민족이 분열되어서는 안 된다. 하지만 소수민족은 고도의 자치를 확보해야 한다."

또한 핑춰왕제는 "달라이 라마는 티베트 문제를 해결하는 열쇠다. 달라이 라마의 동기에 의심을 품을 이유가 없고, 달라이 라마의 사심 없는 진심을 왜곡할 이유가 없으며, 달라이 라마의 인격을 공격할 이유가 없다. 캉구, 웨이장(衛藏), 안둬 3구(三區)의 티베트 사람들은 모두 마음으로부터 자신들의 정신적 지도자인 달라이 라마를 그리워하고 있다. 그들은 그를 믿고 의지하며, 그의 축복을 기도한다"라고 말했다.

만약 당시 핑춰왕제가 후야오방의 건의를 받아들여 티베트로 가서 자치구 당 위원회 서기가 되었다면 티베트의 운명은 달라졌을까? 티베트는 그가 주장하는 '국가통일하의 고도 자치'를 실현할 수 있었을까?

아마도 인파탕이나 우징화가 있었던 것보다는 나았겠지만, 그리 길지는 못했을 것이다. 전국적인 정세로 볼 때 1987년 후야오방이 권좌에서 물러난 뒤로는 티베트에서 계속 머물지 못했을 것이다. 그리고 핑춰왕제가 후야오방의 '티베트 6조'를 따라 했던 모든 사업은 새로운 부임자 후진타오에 의해 하루아침에 모두 훼손되었을 것이다.

이는 마오쩌둥 제국에서 덩샤오핑 제국에 이르는 통치 논리가 결정한 것으로, 핑춰왕제와 후야오방이라는 이상주의자들의 노력과 희생으로 바꿀 수 있는 것이 아니었다.

하나의 제국이 흥기할 때에는 후야오방, 핑춰왕제같이 이상주의와 창조적 정신을 가진 선봉장이 장애물을 제거해 역사가 전진할 수 있도록 도로를 개척해야 한다. 그러나 옛 제국에 잔류된 장애가 이미 제거되어 새로운 제국이 스스로 장애를 만들어낼 때에는 이상주의와 창조적 정신을 지닌 선봉이 새로운 권력자가 개인 통치를 공고히 하는 데 금기가 되므로 제거하지 않으면 안 된다.

1989년 후야오방이 사망하고 천안문 6·4 학살이 일어난 이후 나는 뉴욕에서 달라이 라마를 보았는데, 이는 그를 두 번째로 본 것이었다.

처음 본 것은 1954년으로, 옌징대(燕京大) 임호헌(臨湖軒) 앞의 잔디밭에서였다. 나는 당시 칭화대에서 철학을 가르치고 있었다. 나는 옌징대에서 공과(工科)를 배웠으나 칭화대 교장 장난샹(蔣南翔)이 철학 교학연구실을 세워 자신이 주임이 된 후 나를 찾아와 강사를 맡아 건축과에 철학 과목을 개설해줄 것을 요청했다. 나는 바로 베이징대로 가서 소련 철학자 사다비치가 베이징대 철학과에 개설한 철학 수업을 들으면서 내 수업의 참고로 삼았다. 당시는 옌징대가 철거되고 베이징대로 옌위안(燕園) 호수가 옮겨진 때였다. 그날 나는 수업을 모두 들은 후 임호헌 앞의 잔디로 걸어가고 있는데 마침 달라이 라마와 판첸 라마가 옌징대 학장 존 스튜어트(John Stuart)가 거주하던 임호헌에서 나오는 것을 보았다. 나는 그 2명을 보고 천진난만하고 사랑스러운 소년이라는 인상을 받았으며, '활불(活佛)'이라는 신비감은 전혀 없었다. 그들은 아름다운 옌위안을 구경하기 위해 왔던 것이다.

35년 후 뉴욕에서 달라이 라마를 다시 보았을 때 그는 이미 54세였다. 비록 용모는 바뀌었지만 말투나 성격은 소년 시절의 천진난만과 사랑스러움을 여전히 잃지 않았고 활불의 신비감도 여전히 전혀 없었다. 그는 후야오방에 대해 진심어린 동의를 표했고, 1980년의 '티베트 6조'에 대해서도 이해했다. 그는 자신이 독립 주장을 포기하고 충분한 자치를 쟁취하는 것으로 바꾸기로 결정하는 데 '티베트 6조'의 영향을 받았다고 말했다. 티베트 6조의 제1조가 바로 충분한 자치 아니었던가? 그가 스트라스부르에서 했던 연설의 핵심은 바로 중국공산당과 협상해 자치 실현을 쟁취하고 폭력과 분열을 피하는 것이었다. 그러나 1989년 3월 티베트의 계엄과 진압으로 인해, 그리고 이어진 후야오방의 사망과 천안문의 학살로 인해 달라이 라마는 협상에 기대를 걸긴 했지만 그다지 낙관하지는 않았다.

만약 10년 전 티베트와 신장이 충분한 자치의 기초 위에 세계를 향해 개방하고 민족경제·민족문화를 발전시킴으로써 10년간 건설을 경험했다면 국면은 이미 크게 달라져 폭력과 분열을 완전히 피할 수 있었을 것이다. 그러나 10년간 티베트와 신장에 대한 중국공산당의 통치는 2개의 '6조'와 정반대로 나아갔다. 신장이 먼저였고, 티베트가 그 뒤를 따랐는데, 1950년대 초에 마오쩌둥이 비판했던 왕전과 덩리췬의 대한족주의 노선을 집행했다. 이로 인해 신장과 티베트에서는 10년 전보다 더 강렬한 반항의식이 일어났고, 중국공산당의 자치 약속을 믿지 못하기 때문에 갈수록 중국과 분리되는 노선을 걷고 있다.

중국 변강 정책은 달라이 라마와 전면 대항하는 공격 전략을 채택하다

이제 또다시 20년이 지났고, 덩샤오핑 제국은 이미 30년째에 진입했다. 2009년 3월은 티베트 반란이 평정된 지 50주년이자 달라이 라마가 도망간 지 50주년 되는 해다. 중국의 변강 정책은 이미 달라이 라마와 전면 대항하는 공격 전략을 채택하고 있다.

첫째, 당시 티베트자치구 당 위원회 서기 장칭리(張慶黎)는 "달라이 라마는 가사(袈裟, 승려가 입는 법의)를 뒤집어쓴 한 마리의 승냥이이자 인면수심의 악마다. 우리는 달라이 라마 집단과 유혈이 낭자한 첨예한 투쟁을 진행하고 있으며 너 죽고 나 살기 식의 적대적인 투쟁을 진행하고 있다"라고 표명했다.

장칭리는 티베트에 오기 전 신장 건설병단 사령관이었는데, 그는 일찍이 자신이 전 세계에서 유일하게 군인 출신이 아닌 사령관이라고 큰소리쳤다. 그는 산둥성 지방간부 출신으로 신장에 도착한 이후 자신의 특수한 재능을 발휘하기 시작했다. 그는 병단의 사령관이 되었을 당시 다음과 같은 명언을 남겼다. "우리 병단의 사명은 '둔간술변(屯墾戍邊, 군대가 변방에 주둔하여 개간하다)' 이 네 자다. '술변'은 바로 신장을 안정화하는 것이자 변방을 공고히 하는 것으로, 민족 분열 세력, 극단적인 종교 세력, 테러 세력과 서방의 적대세력을 난폭하게 때려잡는 것이다. 머리를 드러내기만 하면 바로 때려라!"

후진타오가 이와 같은 사람을 선발해 티베트에 오게 한 것은 의도가 매우 명확하다. 장칭리는 부임하기 전에 먼저 "그런 티베트인이라면 잡아야 할 사람은 잡고 죽여야 할 사람은 죽여야 한다!"라고 자신의 의중을 드러냈다. 이는 왕전이 신장 군구 사령관을 맡고 있을 때 소수민족에 대해 했던 말투 그대로다. 티베트에 온 이후에는 "티베트 인민은 중국공산당을 열렬히 지지해 중국공산당을 불조(佛祖)와 마찬가지로 간주하고 있다"라고 말했다. 티베트 사람들은 이에 대해 대단히 큰 반감을 가졌다.

둘째, 3월 28일을 '티베트 100만 농노 해방일'로 법으로 정하고 '100만 농노 해방 50주년' 좌담회를 거행했다.

좌담회에서는 19살인 11대 판첸 라마 기알첸 노르부(確吉傑布)가 등장해 강화 중 이름을 거론하지 않고 달라이 라마를 공격했다. 기알첸 노르부는 "티베트의 안정은 염치없는 사람(달라이 라마를 지칭)의 공격에 직면해 있다. 나는 공산당이 나에게 한 쌍의 밝은 눈을 주어서 시비를 명확하게 판단할 수 있게 하고, 누가 진정으로 티베트 인민을 뜨겁게 사랑하고 보호하는지, 누가 개인적인 동기로 티베트의 평정과 안정을 파괴하는지를 확실하게 식별할 수 있게 해준 데 대해 진심으로 감사한다"라고 말했다.

흥미로운 사실은 제10대 판첸 라마가 사망한 이후 중국공산당은 젊은 라마를 은밀하게 선발해 교육시켰는데, 그 라마가 자신의 한 쌍의 밝은 눈은 중국공산당이 준 것이며 자신은 중국공산당이 준 눈으로 시비를 명확히 가린다고 이와 같이 솔직하게 밝혔다는 것이다. 따라서 달라이 라마에 대한 그의 공격은 단지 공산당의 시비를 대표한 것일 뿐이다.

셋째, 중국 외교부장 양제츠(楊潔篪)는 전국인대 및 전국정협 기자회견에서 달라이 라마의 방문을 금지하는 것을 국제규범으로 삼아야 한다고 선포했다.

이에 독일의 한 기자가 "유럽 국가의 지도자가 달라이 라마를 접견하기만 하더라도, 설령 간단히 이야기를 나누거나 차만 한잔 마시더라도 중국과 유럽 간의 협력에 위협이 되나요?"라고 물었다.

이에 대해 양제츠는 "달라이 라마는 정치 망명자로서, 중국과 달라이 라마 사이의 모순은 종교 문제, 인권 문제, 민족 문제, 문화 문제가 아니라 중국의 통일을 유지할 것인지 여부, 티베트를 중국의 영역으로부터 분열시킬 것인지 여부의 문제다. 세계 어떤 나라도 중국과의 관계를 처리하기 위해서는 달라이 라마의 방문을 허용해서는 안 되며, 달라이 라마가 자신들의 국토를 이용해 분열 활동에 종사하도록 허락해서는 안 된다. 이것은 국제관계 규범 가운데 마땅히 준수되어야 할 도리다"라고 대답했다.

넷째, 중국 국무원 신문판공실은 『티베트 민주개혁 50년』 백서를 발표해 티베트 건설의 성취를 널리 알리는 한편, 티베트 내부의 긴장과 충돌의 원인을 서방의 선동과 파괴로 완전히 돌렸다.

미국 컬럼비아대 티베트 문제 전문가 로버트 바넷(Robert Barnett)은 "중국이 티베트에서 경제 건설을 실시한 곳은 주로 관광객이 가장 많이 방문하는 도시로, 단지 관광객을 끌어들이는 데 목적이 있다. 이는 티베트 경제 정책에 대해 중국이 갖고 있는 기본적이며 구조적인 모순이다"라고 지적했다.

또한 백서에서 "서방이 티베트 내부의 긴장을 선동하고 있다"라고 지탄한 데 대해 바넷은 "그 어떤 서방 정부도 고의로 중국과의 긴장관계를 선동하지는 않을 것이다. 그들은 중국과 함께 경제위기에 대항해야 한다"라고 말했다.

티베트보다 신장을 더 잔인하고 폭력적으로 통치하다

덩샤오핑 제국은 신장을 티베트보다 더 잔인하고 폭력적으로 통치했다.

첫째, 왕전의 대한족주의라는 귀신은 신장에서 시종일관 힘을 발휘했다. 1950년대 마오쩌둥이 신장에 시중쉰을 파견해 왕전과 덩리췬의 폭정을 바로잡았으나 기간이 너무 짧았다. 왕전은 비록 떠났지만 신장의 대한족주의 세력은 일찍이 왕언마오(王恩茂)가 자치구 당 위원회 서기로 임명되었을 때 이미 불씨가 살아나기 시작했다. 1980년대 초 왕펑이 신장에서 후야오방의 '신장 6조'를 집행하려 하자 왕전이 즉각 덩샤오핑에게 보고해 왕펑의 자리를 신장에서 옮겼고, 왕언마오와 구징성의 고압적인 통치가 부활되었다.

둘째, 21세기 초 전 세계가 반테러주의 전쟁 시대로 진입할 당시 장쩌민과 후진타오는 신장 위구르족의 조직을 테러주의로 성공적으로 몰아붙였다. 아울러 신장 주변의 러시아, 중앙아시아 국가와 연합해 상하이협력기구를 건립해 반테러라는 명분으로 신장 위구르족의 민족 자결운동을 폭력으로 진압했다.

셋째, 신장에는 달라이 라마가 없다. 달라이 라마는 티베트에 이중의 효과를 발휘했는데, 하나는 대내적으로 이성적이고 합리적인 중간노선을 따르게 하고 티베트의 단결 역량을 응집시킴으로써 민족 자치운동이 장기간 견지될 수 있도록 한 것이고, 다른 하나는 대외적으로 달라이 라마의 국제적인 명성을 통해 티베트의 인권 상황이 전 세계의 관심을 받도록 만들어 중국이 어쩔 수 없이 폭력 행사를 절제하도록 한 것이다. 신장은 이 두 가지 방면의 제약이 결핍되어 있다. 따라서 신장 내부적으로는 항쟁 역량이 분산되고 투쟁 방식이 격렬하며, 외부적으로는 신장의 인권 상황에 대한 국제적인 관심이 결핍되어 있어 중국 정부가 거리낌 없이 하고 싶은 대로 한다.

후야오방의 6조에서 왕전과 덩리췬의 대한족주의로 퇴보해 돌아오다

변강 정책은 국가 대내·대외의 전반적인 전략과 분리될 수 없다. 중국의 견지에서 볼 때 1950년대 초는 하나의 새로운 국가가 탄생하고 흥기한 시기이며, 1980년대 초는 이 국가가 동란으로 쇠퇴하던 중 새롭게 일어서던 시기였다. 두 시기 모두 중국은 변강 정책뿐 아니라 대내·대외의 전반적인 전략에 자신감이 있었고, 개방적이었으며, 두려울 게 없었다. 덩샤오핑은 달라이 라마의 형 자러둔주와 회담하면서 인도에 망명 중인 티베트 청년에게 "돌아와서 우리의 대자보를 보기도 하고, 대자보를 붙이기도 하면서 자신의 의견과 견해를 발표하라"라고 말해줄 것을 부탁하지 않았던가? 덩샤오핑은 또한 "하늘이 무너져도 두렵지 않은 것은 후야오방과 자오쯔양이 밑에서 떠받치고 있기 때문"이라고 하지 않았던가?

당시는 전국 인민에게 개방된 시기이자 세계 인민에게 개방된 시기였다. 그러나 얼마 지나지 않아 덩샤오핑은 전국인민대표대회에 헌법을 수정하도록 요구해 '대명, 대방, 대자보, 대변론'을 헌법에서 삭제해버렸다. 그는 자유를 두려워했고, 민주를 두려워했으며, 인권을 두려워했고, 대자보를 두려워했다. 또한 당연히 민족구역 자치를 두려워했고, 티베트인과 신장인의 자유 및 자주권을 두려워했다. 티베트 사람과 신장 사람에게 자유와 자주권을 주면 전국 인민이 따라 일어날 것인데, 이것이 바로 전국의 '자산계급 자유화'와 '평화적 전복'에 해당되는 것이 아니겠는가?

따라서 후야오방의 '6조'에서 왕전과 덩리췬의 대한족주의 변강 정책으로 퇴보해 돌아왔다. 이는 덩샤오핑 제국의 역사적 발전 과정에서 볼 때 일종의 필연적인 결과였다. 대한족주의 변강 정책은 덩샤오핑과 후야오방, 펑춰왕제 등 일련의 개혁을 추진한 선봉장들이 세계관적 측면에서 보여준 근본적인 대립을 반영하는 것이다.

후야오방의 세계관은 매우 명확했다. 그에게는 권력도, 생산도, 국가도 목적이 아니었다. 인민과 각 사람의 자유, 자주와 행복만이 바로 생산과 국가의 목적이자 국가의 지도자가 권력을 행사하는 목적이었다. 티베트에 대해서나 신장에 대해서도 이러했고, 전국에 대해서나 세계에 대해서나 전 인류에 대해서도 이러했다.

1988년 5월, 후야오방이 관직을 박탈당하고 평민이 된 지 1여 년 지났을 무렵 그는 농민기업가 훠쭝이(霍宗義)의 수행하에 허베이성 줘저우(涿州)에 가서 초등학교, 도서관, 유아원 그리고 몇 곳의 농가를 방문했다. 그가 떠날 때 소식을 듣고 온 민중 3700여 명이 그를 송별했다. 후야오방은 훠쭝이의 요청을 받아 '강국부민(强國富民)', 이 네 자를 써준 후, 훠쭝이에게 이를 거꾸로 읽어주었다. '민(民), 부(富), 강(强), 국(國).' 인민이 목적이며, 인민이 있기 때문에 비로소 국가가 있고, 국가는 인민을 위해 존재한다는 것이 바로 후야오방의 철학이었기 때문이다. 아인슈타인도 이와 유사한 말을 한 적이 있다. "국가는 사람을 위해 건립된 것이지만 사람은 국가를 위해 생존하는 것이 아니다. 다시 말해 국가는 우리의 몸종이 되어야 하며 우리가 국가의 노예가 되어서는 안 된다."

이는 덩샤오핑의 '4항 기본원칙의 견지, 자산계급 자유화 반대'와 완전히 대비되지 않는가?

제14장

덩샤오핑 제국의 글로벌 전략

'3개 세계론'에서 '일조선'으로 전향해 연미제소를 핵심으로 삼다

마오쩌둥 만년의 글로벌 전략은 기본적으로 방어적인 성격이었는데, 주로 소련을 방어하는 것이었다. 그는 이를 '굴을 깊게 파고, 식량을 많이 모으고, 패권을 제창하지 않는다(深挖洞, 廣積糧, 不稱覇)'라는 아홉 글자로 개괄했다.

이것은 결코 하늘이 무너질까 봐 우려했던 기우가 아니었다. 소련은 일찍이 미국과 연대해 중국의 핵무기를 소멸시킬 의사가 있었으나 미국이 이를 거절했다. 마오쩌둥이 발동한 문화대혁명으로 인해 경제를 붕괴 직전까지 내몰렸던 결정적인 시기에 연미제소(聯美制蘇, 미국과 연대해 소련을 제압한다)의 전략에 입각해 미국의 닉슨과 키신저를 중국에 오도록 요청한 것은 도리어 글로벌 차원에서의 일대 묘수였다. 키신저가 베이징에서 닉슨의 중국 방문을 위한 기본적인 준비를 마치고 미국으로 돌아갔던 날 (1971년 10월 25일), 유엔은 장제스를 쫓아내고 마오쩌둥을 맞이하는 결의를 통과시킴으로써 중국이 국제 고립에서 벗어나도록 했다. 마오쩌둥 만년의 글로벌 전략은 이미 '3개 세계론'[1]에서 '일조선(一條線, 한 줄의 선)'[2]으로 전향했다. 그런데 이는 미국, 일본, 서유럽과 연합해 패권국가인 소련의 확장을 억제하는 국제적인 통일전선으로서 그 핵심은 미국과 연합해 소련을 억제하는 것이었다.

덩샤오핑이 권력을 회복한 이후 한 첫 번째 일은 그가 후에 자칭한 "헌법에서 4대를 취소한 것"이 아니라 미국과 협상해 국교를 수립하고 마오쩌둥의 연미제소 전략을 지속한 것인데, 그는 마오쩌둥보다 한 걸음 더 나아가 방어에서 공격으로 전향했다. 덩샤오핑은 "소련은 대(大)패권국가이며, 베트남은 소(小)패권국가다"라고 말했다. 중국이 베트남과 전쟁한 것은 미국에 보여주기 위한 것이기도 하지만 소련에 보여주기 위한 것이기도 했다. 덩샤오핑은 자신이 먼저 미국을 방문한 이후 베트남과 전쟁하면 소련이 중국에 손을 쓰지 못할 것이라고 계산했다. 왜냐하면 소련은 미국을 두려워하기 때문이었다.

당시 신장에 주둔하고 있던 중국인민해방군 부대는 소련이 북방에서 손을 쓸 것을 두려워했으며, 또한 군부대 가족이 잇달아 신장에서 도주하자 덩샤오핑으로부터 비판을 받았다. 결국 덩샤오핑의 베트남전쟁은 비록 군사적으로는 체면이 서지 않았지만 연미제소 전략의 실현을 향해 한 걸음 나아가는 목표는 확실히 달성했다.

---

1 마오쩌둥은 미국, 소련을 제1세계, 일본, 유럽, 호주, 캐나다를 제2세계, 중국을 포함한 다른 국가들을 제3세계라고 칭했다. 이는 패권에 반대하는 국가를 제3세계 국가로 규정한 것이다. _옮긴이 주
2 소련의 확장주의에 대항하기 위해 미국, 일본, 중국, 파키스탄, 이란, 터키, 유럽이 가로선의 협력라인을 형성하자는 전략을 일컫는다. _옮긴이 주

연미제소 전략에 대한 후야오방의 도전

당시 연미제소 또는 연미반소(聯美反蘇) 전략에 도전을 제기한 사람은 후야오방이었다. 1981년 3월 9일, 후야오방은 중앙서기처 제9차 회의를 주재하고 외교 업무에 대해 토론했다. 후야오방은 당시 연미반소의 전략 방침에 대해 다른 견해를 제기하고 대소련 정책에서 반드시 명확히 해야 할 세 가지 최소 원칙 및 독립자주 외교 전략의 세 가지 원칙을 언급했다.

대소련 정책의 세 가지 최소 원칙은 다음과 같았다.

① 소련의 패권주의에는 반대하지만 타국의 국내 정책에 반대하거나 타국의 국내 문제에 간섭하지는 않아야 하며 연미반소를 제기하지 말아야 한다.

② 정치 투쟁과 반패권주의를 호혜 평등의 경제 거래와 혼동해 함께 논하지 말아야 한다. 후야오방은 "신장 지방은 변경 무역이 조금이라도 개방된다면 소련의 롱부츠를 바로 구입할 수 있으며 신장은 하미과(哈密瓜, 신장 지역에서 생산되는 멜론) 등을 수출할 수 있다. 우리에게 유리하기만 하다면 소규모 무역도 가능하고 중규모 무역도 가능하다"라고 제기했다.

③ 중국과 소련이 상호 대립하고 있다고 사람들이 오해하지 않도록 해야 한다. 오히려 소련의 대규모 인민 및 소련의 저명한 인사와 되도록 우호 관계를 유지해야 한다. 변경 지역의 부대는 경계를 강화해야 하지만, 인정에 걸맞고 합리적인 자세를 견지해야 하며, 국경 지역의 중국과 소련 양국 군인 간에 사리에 맞지 않는 과도한 복수심이 형성되어서도 안 된다.

후야오방은 "세 가지 최소 원칙을 구분한 것은 바로 좌경의 유치한 행위를 제거하기 위함이다. 우리가 정상적으로 한다면 세계가 우리를 믿을 것이고, 너무 지나치면 거꾸로 인민이 우리를 반대할 것이다"라고 말했다.

그리고 독립자주 외교 전략의 세 가지 원칙은 다음과 같았다.

① 어떤 시기든 어떤 외국에 의존하지 않고 어떤 국가의 지휘에 따라 휘

둘리지 않는다.

②국제사회에서 발생한 일시적인 사건에 의해 지배를 받지 않는다. 후야오방은 "국제적으로 일련의 일시적인 사건이 발생하는데 이러한 사건은 마치 매우 엄중한 것처럼 보인다. 우리는 이러한 일시적인 사건이 우리나라의 근본 이익과 어떤 관계가 있는지를 냉정하게 고려하고 분석해야 되지만 또한 이러한 일시적인 사건에 의해 지배되고 좌우되어서는 안 된다"라고 말했다.

③국내외의 일시적인 정서에 구속당하지 않으며 격노하지 않는다. 한번에 바로 뛰지 말아야 하고, 기세등등한 환경과 정서에 휩쓸리거나 지배당하지 말아야 한다. 국내외의 수많은 인민의 외침을 광범위하게 고려해야 하지만 또한 이와 동시에 이러한 외침에 구애받거나 지배되어서는 안 된다.

후야오방은 "독립자주의 외교 정책을 받들고 수행하기는 쉽지 않다. 확고한 원칙적 입장과 냉정한 정치적 두뇌가 필요하며, 끊임없이 실천하는 중에 우리의 주장을 확고히 하고 우리의 경험을 풍부하게 할 필요가 있다"라고 말했다.

후야오방은 자신의 강화를 '서기처 회의 요록'으로 인쇄했고 이를 정치국 상무위원회에 발송했다. 예젠잉은 찬성을 표시했다. 자오쯔양은 후야오방에게 "과감하게 인쇄를 하다니, 정말 대담하군요!"라고 말했다. 후야오방은 나중에 리루이에게 당시 상부로부터 "당신은 자신의 이미지를 구축하려 하고 있다!"라는 준엄한 한 마디 말을 전해 들었다고 말했다.

후야오방과 덩샤오핑 제국의 대립

후야오방은 본래 이미지가 선명했으므로 일부러 이미지를 구축할 필요가 없었다. 중국공산당 내부에서 후야오방은 보기 드물게 자유사상과 독립정신을 지닌 특별한 사람이었다. 그의 성격은 자유롭고 독립적이었다. 그는 친구, 동료, 부하, 일반 시민, 젊은 후배와 아무런 구속이나 속박 없이 평등하게 천하의 대사를 논하기를 즐겼고 농민생활에서 글로벌 전략에 이르기까지 관심사가 한없이 넓었으며 두려워하는 바가 없었다. 그는 이를 '사상을 쌓아간다'라고 일컬었다. 후야오방의 수많은 전략적 사고는 바로 이러한 과정 속에서 형성된 것이었다.

후야오방의 이러한 성격은 그가 중앙당교 부교장을 맡고 있을 때에도 긍정적으로 평가받았다. 그는 억울하고 거짓되고 잘못된 사안을 바로잡는 일을 주재하는 데 용감했고, 진리의 표준에 대한 토론을 발동하는 데 용감했으며, 두 가지 범시에 도전하는 데 용감했다. 그의 자유롭고 독립적인 성격이 아니었다면 그가 사람들을 위해 용감하게 나서지 않았을 것 아닌가? 그러나 총서기가 된 이후 그는 곧바로 비난을 받았다. 그에게 관심을 갖고 있던 사람들도 그에게 "당신은 매일 이렇게 많은 문건에 결재하면서 이렇게 하라, 저렇게 하라 지시하고 있는데, 이는 사람들의 미움을 살 수 있다"라고 타일렀다. 후야오방은 "매일 이렇게 많은 문제가 해결되기를 기다리고 있고, 모든 사람이 계획을 확정해 추진해 나아가고 있는데, 내가 결재를 하지 않고 업무를 돌보지 않으면 도대체 누가 일을 하겠는가? 이것은 모두 인민의 운명과 관계된 일이 아닌가!"라고 대답했다.

또한 우장은 후야오방에게 『진서(晉書)』의 '요유전(堯兪傳)'을 추천하면서 "성격이 중후하고 말수가 적으며, 관아에 함부로 타인에 대한 투서를 올리지 않으며, 다른 사람을 감히 속이지 않는다"라는 내용의 유가(儒家)와 법가(法家)를 기반으로 한 제왕의 통치술을 권했다. 하지만 후야오방은 '24사(二十四史)'[3]를 통독했는데 어찌 이를 모를 리가 있겠는가?

---

3   청조(淸朝) 건륭제(乾隆帝)에 의해 중국의 정사(正史)로 인정된 24권의 사서(史書)를 일컬

그런데 후야오방은 이러한 권모술수를 기반으로 한 통치술을 펴나가는 것을 그다지 가치가 없는 것으로 여겼다. 그는 광명정대하면서도 진실하고 거짓이 없으며 진정으로 인민을 위하고 미래를 위하고 진리를 위한 새로운 시대의 '새로운 정치'를 세우려 했다. 이 때문에 "자신의 이미지를 구축하려 한다"라는 지적을 받았으며, 덩샤오핑과 천원의 범시에 부합하지 못했다.

덩샤오핑과 천원, 이 '2명의 시어머니'는 경제사상에서 글로벌 전략에 이르기까지 모두 상반되었다. 한 명은 시장경제를 원했고, 다른 한 명은 새장 경제를 원했다. 한 명은 '발전은 확고한 도리'라고 말하면서 전 세계를 향한 개방을 주장했고, 다른 한 명은 '발전 포기, 수요 억제, 개혁 완화'를 추구하면서 '비수불류외인전(肥水不流外人田, 농사짓기에 좋은 물을 다른 사람의 밭에 흘러들어가지 못하게 하다)'이라고 주장했다. 한 명은 연미반소를 주장했고, 다른 한 명은 친소공미(親蘇恐美)를 주장했다. 두 사람의 의견 대립으로 인해 그들은 상무위원회를 열어 공개적으로 함께 토론하는 것을 원하지 않았다. 덩샤오핑은 후야오방에게 "의견이 상반되므로 회의는 열지 말라"라고 말했다. 후야오방은 이로 인해 조직의 원칙상에서 매우 조심해야 했다.

첫째, 모든 정책 결정과 집행 절차는 매주 두 차례의 서기처 회의 토론을 거쳤으며 회의 이후에 서기처 회의 요록을 인쇄해 정치국 상무위원회에 건네 보고했다. 글로벌 전략이든 변경 정책이든 모두 서기처 회의에서 토론해 결정한 후 정치국 상무위원회에 보고했다. 후차오무와 덩리췬은 서기처 회의에 참석해서는 말을 하지 않다가 회의가 끝난 이후에 덩샤오핑과

는다. 『사기(史記)』, 『한서(漢書)』, 『후한서(後漢書)』, 『삼국지(三國志)』, 『진서(晉書)』, 『송서(宋書)』, 『남제서(南齊書)』, 『량서(梁書)』, 『진서(陳書)』, 『위서(魏書)』, 『북제서(北齊書)』, 『주서(周書)』, 『수서(隋書)』, 『남사(南史)』, 『북사(北史)』, 『구당서(舊唐書)』, 『신당서(新唐書)』, 『구오대사(舊五代史)』, 『신오대사(新五代史)』, 『송사(宋史)』, 『요사(遼史)』, 『금사(金史)』, 『원사(元史)』, 『명사(明史)』가 포함된다. _옮긴이 주

천원이 있는 곳에 가서 회의에서의 토론 내용을 모두 고자질했다.

둘째, 상무위원회 회의가 열리지 않아 후야오방이 한 명씩 상무위원들을 방문했다.

후야오방이 권좌에서 물러날 때 후차오무는 심혈을 기울여 하나의 죄상을 꾸몄는데, "후야오방이 덩샤오핑을 대표로 하는 정치국 상무위원회 집단지도체제를 위배했다"는 것이었다. 그러나 상무위원회 회의가 열리지 않은 것은 후야오방 탓이 아니었다. 바로 정치국 상무위원회 집단지도체제의 대표인 덩샤오핑이 회의가 열리지 못하도록 한 것이었다. 후야오방은 "나는 원로를 존중하며 또한 독립적으로 사고한다. 힘을 다해 2명의 원로 사이의 소통에 협조했고, 큰 사안에 직면하면 반드시 각각의 상무위원을 방문해 지시를 하달하도록 요청했다"라고 말했다.

마지막으로 셋째, 이 '2명의 시어머니'는 연대해 반자유화를 구실로 후야오방을 파면시켰다. 이는 후야오방 한 개인의 비극에 그치지 않고 중국의 운명뿐 아니라 세계의 운명과 인류의 운명에도 영향을 미쳤다. 후야오방과 이 '2명의 시어머니' 간의 대립은 곧 두 종류의 세계관, 두 종류의 글로벌 전략, 두 가지 중국 발전 노선 간의 심각한 대립이었다.

후야오방의 세계관과 글로벌 전략, 발전 노선은 출발점과 목적이 모두 사람이다. 따라서 당과 국가가 인민을 위해 존재하는 것이지 인민이 당과 국가를 위해 존재하는 것이 아니며, 인민은 주인이지 당과 국가의 노예가 아니다. 이것은 후야오방의 일관된 주장이었다. 그가 종국에 전국 방방곡곡을 두루 돌며 생각한 것은 인민이 부유해지기 시작하면 부를 축적하게 되므로 인민이 부유해져야 비로소 국가가 강해지며, 발전은 모든 개인의 자유와 행복을 위한 것이라는 점이었다. 후야오방은 다음과 같이 말했다.

우리 공산당은 시시각각 인민을 염두에 두고 인민을 조속히 부유하게 하려 한다. 인민이 부유해질 때라야 방법이 생긴다. 인민 이익을 결코 국가 이익과 대립시켜서는 안 된다. 인민의 이익으로부터 벗어난 국가의 이익은 추상적이며 의의가 없다. 생각해보라. 인민을 떠나 그 어떤 국가가 있을 수 있겠는가?

덩샤오핑의 세계관과 글로벌 전략, 발전 노선은 이것과 반대되는 것으로, '국권이 인권보다 높다', '국격이 인격보다 높다'는 것이다. 출발점과 목적이 모두 당과 국가이고, 당성(黨性)이 인민성(人民性)보다 높으며, 인민은 당과 국가가 길들이는 도구이자 톱니바퀴 그리고 나사못이다. 덩샤오핑은 자유, 민주, 인권의 보편적인 가치를 부인하고 이를 자산계급 자유화이자 당국을 전복시키는 동란의 요인으로 간주했다.

천원에 이르러서는 더 말할 필요 없이 줄곧 "국가는 큰 몫을 갖고, 집단은 가운데 몫을 갖고, 개인은 작은 몫을 갖는다"라고 했다. 인민은 영원히 작은 몫인 것이다. 국가와 집단은 후야오방이 말한 것처럼 인민을 떠나면 추상적이고 의의가 없는 존재다. 그러나 천원과 덩샤오핑에게 국가와 집단은 도리어 구체적이며 큰 의의가 있는 존재로서, 그들은 큰 몫과 가운데 몫을 갖고서야 비로소 중국공산당 일당독재의 수요와 독재자 권력의 욕구를 만족시킬 수 있었다.

이처럼 인민보다 높은 국가가 과연 제대로 된 국가인가? 덩샤오핑 이론을 '지도사상', '100년 불변'으로 삼는 국가가 과연 제대로 된 국가인가? 독재수단으로 자유, 민주, 인권사상을 맹아 상태에서 소멸시키는 국가가 과연 제대로 된 국가인가? 이는 당연히 덩샤오핑 제국일 수밖에 없다. 이 같은 중국 특색의 사회주의 노선으로 덩샤오핑 제국은 우뚝 설 수 있었다.

중국의 서로 다른 두 가지 선택

1980년대의 중국에는 확실히 서로 다른 두 가지 선택이 존재했었다. 후야오방은 일찍이 다수의 의견을 강하게 물리치고 중국 인민의 자유, 평등, 행복을 추구하는 새로운 길을 선택할 것을 주장했다. 그는 당대 세계 발전 전략의 서로 다른 모델을 지적했다.

하나는, 소련과 동유럽에서의 고도의 축적 모델이다. 이는 인민의 부담을 가중시키고 인민의 소비를 줄이며 군사와 중공업 생산의 발전을 강제하는 것으로, 인민의 수요를 만족시키지 못한다. 이러한 종류의 모델은 인민의 적극성과 창조 정신을 자극할 수 없다.

또 하나는 자본주의 모델로, 고도의 경쟁을 통한 높은 이윤 추구를 목적으로 하지만 동시에 사회의 불평등을 유발한다.

후야오방은 중국이 일종의 새로운 모델, 즉 인민의 물질과 문화 수요를 만족시키는 것을 목표로 하는 발전 모델을 창조해야 한다고 보았다. 따라서 생산과 소비, 발전 속도, 대외경제 전략, 제3산업에 대한 관심, 생태환경의 보호 등 일련의 새로운 문제를 잘 처리해야 했다. 후야오방은 이러한 문제들에 대해 자신의 독자적인 주장을 제시해 결국 스스로를 고립시켰으며, 이로 인해 '높은 소비', '높은 속도', '보사쟁오(保四爭五)[4] 반대' 등 몇 가지 딱지가 붙게 되었다. 우선은 경제 정책 결정 그룹으로부터 배제되었으며, 그이후 그가 물러나도록 압박한 생활회로부터 다시 집중 공격을 당했다.

1980년대 벌어진 경제 발전 전략에 대한 이러한 논쟁은 사실상 반자유화 논쟁의 일부였다. 표면적으로는 주로 후야오방과 천원 사이에서 경제 발전 전략을 둘러싼 논쟁이 발생했다. 자오쯔양은 덩샤오핑과 후야오방이 모두 고속 성장(7%)을 주장했고 자신과 야오이린은 여지를 남겨 보사쟁오할 것을 주장했다고 말했다. 그러나 본질적으로 이는 단지 속도에 대한 논

---

4   중국의 GDP 성장률을 4%로 유지하면서 5%까지 증가시키기 위해 노력하는 것을 의미한다. _옮긴이 주

쟁이 아니라 발전 전략의 목표에 대한 논쟁이자, 인민의 자유와 행복을 위한 것인가 아니면 제국 패권의 투쟁을 위한 것인가에 대한 논쟁이기도 했다. 왜냐하면 속도와 관련된 문제는 사실상 이미 결론이 났기 때문이다. 즉, 1982년에는 8.7% 성장했고, 1983년 13%, 1984년 14.2%, 1985년 16.4%로 성장해 천윈, 자오쯔양, 야오이린의 보사쟁오를 넘어섰을 뿐만 아니라 덩샤오핑과 후야오방이 제기한 7%도 넘어서 더 이상 논쟁을 벌일 필요가 없어졌기 때문이다.

실제로 갈등이 빚어진 것은 발전 노선과 발전 목표에서였다. 이른바 후야오방의 '자신의 이미지를 구축한다'는 전략은 덩샤오핑 제국의 노선과 차이가 나는 다른 선택이었다. 후야오방의 경제 발전 전략과 정치민주화의 선택은 방향이 일치했다. 당시 남유럽에서 개시된 제3차 민주화 물결은 이미 전 세계를 향해 확대 전개되었고 중국의 자유·민주 역량도 흥기되어 전 세계 민주화 물결의 일부분이 되었다. 1980년의 인민대표 경선 운동과 1986년의 학생 민주운동이라는 두 차례의 클라이맥스는 모두 덩샤오핑과 천윈이 손을 잡은 반자유화에 의해 박멸되었고, 결국 후야오방은 덩샤오핑 제국의 제단 앞에 바쳐지는 첫 번째 희생물이 되었다. 1989년 후야오방이 사망하자 불붙은 학생 민주운동과 전민(全民) 민주운동은 세 번째 클라이맥스였으나 또다시 덩샤오핑과 천윈의 연대로 박멸되었고, 시위 민중의 선혈과 자오쯔양의 자유를 통해 덩샤오핑 제국은 다시 깃발을 얻었다. 1987년 1월 무렵 후야오방이 권좌에서 물러난 뒤에는 이러한 경제 전략과 발전 노선의 논쟁이 마무리되어 추상적인 국가 이익이 절대적인 우위를 차지하게 되었고 인민의 자유와 행복은 이미 철저하게 희생되었다. 후야오방이 사망한 이후 인민 민주운동은 일정한 의미에서 '인민 권리' 대 '제국의 패권' 간의 투쟁이라는 광장 효과를 대표했으나 최후에는 탱크와 총알에 의해 승부가 결정되었다.

덩샤오핑 제국 30년의 역사는 사람의 자유, 평등, 행복과 자연생태 환경의 보호를 목적으로 한 후야오방의 발전 전략이 완전히 정확했음을 증명한다. 덩샤오핑 제국의 부상은 후야오방이 애써 피하려 했던, 고도의 축적과 높은 이윤을 추구하는 두 가지 구발전 모델의 종합이다. 이는 대내적으로는 국가 재정 수입을 증가시킨다는 목표를 추구하고 노동자 월급을 낮추고 인민의 소비를 억제함으로써 현격한 빈부 격차를 낳는다. 대외적으로는 높은 이윤 목표와 국가 우대 정책으로 초국가적 재단을 끌어들여 중국에서 염가의 상품을 생산함으로써 전 세계 시장을 점령한다. 이 경우 GDP는 빠른 속도로 성장하겠지만 사람의 자유와 평등, 행복을 희생시키고 대지와 하늘, 푸른 산과 맑은 물을 희생시키며, 각종 사회재난(에이즈촌, 범죄조직, 마약 범람, 부녀 및 아동 인신매매 등)을 양산하고, 자손 후대에게 심각한 자연환경 악화와 사회풍조 및 도덕의 문란이라는 부담을 남긴다.

덩샤오핑의 2개 기본점 노선을 계승한 글로벌 전략

덩샤오핑 제국의 글로벌 전략은 덩샤오핑의 2개 기본점 노선을 확장하는 것이다. 덩샤오핑 제국은 한편으로는 전 세계를 향해 개방하고 전 세계 자본과 자원을 이용해 중국의 종합적인 국력과 전 세계에 대한 영향력을 제고시켰으며, 다른 한편으로는 자유, 민주, 인권의 보편적인 가치를 억압하면서 독재제국의 패권적인 통치를 공고히 하고 강화했다.

첫째, 전 세계를 향한 개방의 중점은 서방 선진국에 대한 개방이다

덩샤오핑은 "우리는 주로 서방 선진국으로부터 외자를 끌어들이고 기술 등을 도입한다"라고 말했다. 1989년 6·4 천안문 사건 이후 G7이 중국 정부에 대해 제재를 실행했을 당시 덩샤오핑은 "설령 7개국이 우리를 제재한다고 해도, 우리는 미국과 계속 접촉한다는 하나의 방침을 견지하며 관계를 잘 맺을 것이다. 또한 일본, 유럽 국가들과도 계속 접촉해 관계를 잘 맺을 것이다. 이러한 방침은 하루라도 동요된 적이 없다"라고 말했다.

미국과 좋은 관계를 맺기 위해 덩샤오핑 제국은 특별히 워싱턴과 월스트리트에 있는 정계, 재계, 학계의 비중 있는 인사를 통일전선 책략하에 회유하는 공작을 중시했다. 예를 들면 월스트리트 골드만삭스의 죌릭과 폴슨은 중국 정부에 의한 통일전선의 핵심적인 포섭 대상이었다. 후에 두 사람은 모두 워싱턴에 입성했고, 죌릭은 국무차관, 폴슨은 재정부 장관이 되어 중국 정부에 유리한 정책 결정에 참여했다.

둘째, 전 세계를 향해 개방함과 동시에 전 세계 민주화 물결을 확고히 배척함으로써 자유, 평등, 인권의 보편적인 가치와 정치제도 개혁을 거부했다

덩샤오핑은 "혹자는 중국의 개방 정책이 자본주의를 초래할 것이라고 말한다. 만약 실제로 자본주의가 초래된다면 우리의 정책은 실패로 돌아갈 것이다. 사회주의국가라는 조직은 유력하다. 일단 사회주의 방향에서 벗어나는 상황이 발견되면 국가 조직은 바로 얼굴을 드러내고 간여할 것이며, 이를 바로 고쳐 잡을 것이다. 우리의 사회주의 정책과 국가 조직은 이러한 상황을 극복할 역량을 갖추고 있다"라고 말했다. 또한 그는 다음과 같이 말했다.

전 세계가 미국, 영국, 프랑스의 모델을 그대로 따라 하도록 요구하는 것은 있을 수 없는 일이다. 전 세계적으로 이슬람 국가가 이토록 많은데, 이슬람 국가는 이른바 미국의 민주제도를 근본적으로 실행할 수 없다. 무슬림 인구는 전 세계 인구의 5분의 1을 차지한다. 중화인민공화국은 미국으로부터 자본주의를 배우지 않을 것인데, 중국 인구도 세계 인구의 5분의 1을 차지한다. 또한 아프리카도 있다. 이것은 세계정세의 큰 배경 가운데 하나다.

수많은 서방 학자들은 중국의 개방과 경제 발전이 정치적 자유를 초래해 소련이나 동유럽 국가와 마찬가지로 공산주의를 포기하게 만들 것이라고 예측했다. 이는 중국을 이해하지 못하는 것이자 덩샤오핑 제국의 전략을 이해하지 못하는 것이다. 덩샤오핑은 소련과 동유럽 국가가 붕괴된 역사적 교훈에 비추어 국가 조직을 강화해 모든 자유화 동란의 요소를 제거하는 능력을 대단히 중시함으로써 평화적 전복과 색깔 혁명을 방지했다. 그는 "문제는 소련의 깃발이 거꾸러졌는지 여부가 아니라 중국의 깃발이 거꾸러졌는지 여부가 아닌가? 중국의 깃발은 거꾸러지지 않을 뿐만 아니라 사회주의는 하나의 긴 과정을 거쳐 발전한 이후 필연적으로 자본주의를 대체하게 되어 있다"라고 말했다.

셋째, 다극화 전략으로 노예제도 국가와 연합해 자유민주국가를 통일전선으로 분화시키고 전 세계 제3차 민주화가 퇴조되도록 압박하고 있다

소련과 동유럽 공산제국이 붕괴된 이후 미국은 전 세계에서 유일한 초강대국이 되었다. 덩샤오핑의 개방 정책은 경제 영역에서는 미국의 자본, 기술과 시장에 의존해야 하므로 미국과 건설적인 전략 파트너 관계를 건립할 필요가 있었다. 그러나 사상·정치 영역에서는 미국이 전 세계적으로 자유민주를 확산시키는 국제 대기후의 흐름을 저지하고 평화적 전복의 가능성을 근본적으로 두절시켜야 했다.

덩샤오핑 제국의 다극화 전략에는 다음 몇 가지 측면이 포함된다.

① 노예제도가 붕괴되기 직전에 '실패 국가'를 기사회생시킴으로써 중국이 세계화 물결을 저지하는 동맹군으로 삼는다. 예를 들면 미얀마, 북한, 수단 같은 반인권 군사독재 정권이 국제사회로부터 제재를 받게 되어 붕괴에 직면했을 때 이들이 경제 붕괴를 면하도록 돕는다. 이러한 국가는 중국의 육성하에 군사독재 통치를 공고히 했으므로 중국이 전 세계 자유·민주

역량에 맞서는 데 기꺼이 파트너가 되고 있다.

②각종 지역성 국제협력기구를 건립하고 전 세계에서 중국의 영향력을 확대한다. 예를 들면 상하이협력기구(중국, 러시아, 중앙아시아 국가, 이란을 옵서버로 끌어들였다), 동남아시아국가연합(ASEAN, 이하 아세안)+3(중국, 일본, 한국), 중국 - 아프리카 포럼, 남미국가연합(중국 참여), 브릭스(BRICs) 4개국(중국, 러시아, 인도, 브라질) 등 각양각색의 국제기구가 가진 공통점은 바로 미국과 유럽의 자유 선진국을 배제하고, 중국의 정치·경제·군사·외교적 영향력을 확대하며, 국제적인 통일전선의 형성을 통해 미국의 주도적인 지위에 도전하고 있다는 것이다.

③통일전선 책략을 구사해 자유민주국가를 분화시키며, 자유국가 간의 대립과 경쟁을 이용해 연합과 분열을 꾀함으로써 각개 격파하고 미국과 유럽 및 아시아 국가들 간의 관계를 분화시킨다. 이는 중국의 전통적인 이이제이(以夷制夷) 전략을 오늘날 활용한 것으로, 주로 일시적인 경제적인 이익을 미끼로 삼아 서방 자유국가가 자신의 가치를 견지하지 못하도록 포기시키고 중국의 정치적 목적에 순종하도록 만드는 것이다.

넷째, 대외 투자와 대외 원조를 통해 전 세계 자원에 대한 지배권을 확대하고 아울러 자원 국가의 정치·경제 흐름에 영향을 미친다

중국은 2조 달러에 달하는 외환보유고에 의거해 자원에 대한 투자를 아시아, 아프리카, 유럽, 남미, 대양주 5대주까지 확장하고 있다. 아프리카에서의 확장은 특히 신속하다.

중국 - 아프리카 간 무역은 1998년의 1000만 달러에서 2008년의 1000억 달러로 늘어나 10년간 1만 배나 증가했다. 중국은 해적이 출몰하는 소말리야 해역에서 석유를 찾았다. 중국이 아프리카에서 투자한 광산으로는, 잠비아의 구리 광산, 남아프리카의 망간 광산, 나이지리아의 우라늄 광산, 콩고의 코발트 광산, 수단과 앙골라의 석유, 또한 기니와 짐바브웨의 기타 귀금속이 있다.

호주에서는 금융 위기가 발생한 이래 1년간 광산에 대한 중국의 투자가 이미 400억 달러에 도달했다(여기에는 크롬, 아연, 철 등에 대한 투자가 포함된다).

러시아와 브라질에는 중국이 2009년 각각 250억 달러와 100억 달러의 차관을 제공했으며 향후 20년간 석유로 상환하기로 했다.

유럽에서는 중국 상무부장이 유럽을 여행하면서 독일, 스위스, 영국, 스페인에서 200억 달러 규모의 구매 조약을 뿌려댔다.

남미에서는 시진핑(習近平)이 2009년에 미국의 뒷마당인 남미 지역에 도착해 베네수엘라 우고 차베스(Hugo Chávez) 대통령 기금을 60억 달러에서 120억 달러로 2배로 증가시켰다. 차베스는 중국에 대해 석유를 공급하는 것으로 보답했는데, 매일 40만 배럴에서 100만 배럴로 1.5배 증가되었다.

시진핑은 브라질과 아르헨티나에서는 각각 100억 달러를, 에콰도르에서는 10억 달러를 투자했다.

또한 중국은 아세안을 위해 2009년 100억 달러의 인프라 및 네트워크 건설 기금을 조성하고 아세안 회원국 각국에 150억 달러의 신용대출을 제공했다.

중국 정부는 확실히 돈이 많은데, 일례로 해외 투자를 경영하는 한 투자 유한책임공사는 2억 달러를 국부펀드(SWF) 형태로 보유하면서 대외 투자의 수요에 맞춰 공급하기도 했다.

중국의 투자는 일거양득이었다. 전 세계 자원의 개발과 채굴, 그리고 지배권을 획득하는 한편, 미발달 지역, 예를 들면 수단, 짐바브웨 등 자원국가에서의 전제 노예제도도 공고히 했기 때문이다. 자유국가가 이들 국가에 투자할 때에는 원조 제공 시에 인권 개선이라는 요구가 추가되었다. 하지만 중국의 이른바 '무조건', '무임금 권익 보장', '환경 표준 요구 없음', '내정 불간섭'은 실질적으로 미발달 국가의 노예제도를 수호하는 것이었다. 잠비아 상공회의소 책임자인 윌프레드 워나니(Wilfred Wonani)는 "우리는 또다시 원래의 기점으로 돌아와 원료를 내보내고 중국의 저가 완제품을 들여오고 있는데, 이는 진보가 아니라 식민주의다. 중국은 서방을 대신하는 아프리카 식민자다"라고 말했다. 기니의 광부들은 광산에 들어가 2개월 동안 노동을 하고서도 중국의 작업반장으로부터 임금을 받지 못한 데 대해 원한을 품고 있다. 그들은 "우리는 노예처럼 일했고, 그런 이후에 노예와 마찬가지로 보수를 받지 못하고 있다. 중국은 기니에 아무런 좋은 영향을 미치지 않고 있다"라고 말했다. 이로부터 볼 때 중국의 작업반장은 중국의 농민공을 쥐어짜던 수법을 그대로 아프리카로 가져간 듯하다.

다섯째, 민족주의와 애국주의라는 다수의 횡포를 통해 자유국가가 중국 정부의 인권 멸시를 비난하는 데 대항하고 서방 정부가 중국이 언짢아하는 것을 두려워하게 만들어 중국의 폭정을 감히 비난할 수 없는 국제 환경을 만들고자 한다

1989년 베이징에서 발발한 천안문 학살 이후 자행된 중국의 폭정은 자유국가로부터 비난과 제재를 받았다. 중국공산당 통치의 합법성은 중국의 인민들로부터 질의를 받았다. 이어서 소련, 동유럽에서 공산제국이 붕괴해 중국공산당 내부에서는 사회주의와 공산주의에 대한 신앙이 거의 상실되었다. 중국은 덩샤오핑이 '포연 없는 세계대전'이라고 부른 싸움에 대항하기 위해 민족주의와 애국주의의 기치를 높게 들었다.

덩샤오핑은 "서방 7개국 정상회담에서 중국을 제재할 것이라는 이야기를 들었을 때, 나는 1900년 8월 8개국 연합군이 중국을 침략했던 역사가 생각났다. 지금 7개국에서 캐나다를 제외한 6개국에 차르 치하의 러시아와

오스트리아를 더하면 바로 과거에 연합군을 조직했던 8개 국가다"라고 말했다. 또한 그는 "서방 세계는 확실히 중국에서 동란이 일어나기를 바라고 있으며, 미국은 물론 서방의 기타 일부 국가도 사회주의국가를 평화적으로 전복하면서 한 차례의 포연 없는 세계대전을 벌이고 있다. 과거에는 무기를 들고 원자폭탄과 수소폭탄을 사용했는데, 현재는 평화적으로 전복을 하고 있다. 다른 국가의 사정은 우리들이 상관할 수 없지만 중국의 일은 우리가 관여해야 한다. 중국공산당의 영도가 없으면 어떻게 현재의 중국이 있을 수 있겠는가? 중국인은 현재 분발하고 있으며, 또한 우리에게는 수천만 명의 애국 동포들이 해외에 있는데, 이는 세계에서 유일무이하다. 우리는 국가를 사랑해야 한다. 당을 사랑하고 국가를 사랑하며 사회주의를 사랑해 우리나라를 발달시키자"라고 말했다.

천안문 학살 이후 20년은 중국의 민족주의와 애국주의 이념이 극도로 팽창한 시기로, 민족주의와 애국주의의 깃발을 대대적으로 내세우는 '펀칭(憤靑)[5] 대오를 만들어냈으며, 이들은 중국 특색의 이기적인 떼거리 행동을 생생하게 보여주었다. 이들은 만주족 지배하의 청조 말기에 출현한 의화단(義和團)보다 더욱 대범했는데, 왜냐하면 1900년 당시처럼 제국주의의 서양식 총과 대포가 아니라 21세기의 프랑스 기업 까르푸를 대상으로 삼았기 때문이다.[6] 그런데 이들은 배후에 덩샤오핑 제국의 방대한 무장경찰 부대와 인민해방군을 방패로 삼고 있으니, 프랑스 기업이 유감을 표시하고 돈으로 액땜하는 것 외에 다른 선택을 할 수 있었겠는가?

민족주의와 애국주의로 무장한 '펀칭'에 의한 다수의 횡포는 확실히 중국공산당 정부가 스스로 얼굴을 드러내고 항의 성명을 하는 것보다 더욱

---

5 분노한 청년들이라는 의미로, 애국주의 성향의 젊은 네티즌을 일컫는 말이다. _옮긴이 주
6 2008년 까르푸의 최대 주주인 LVMH 그룹이 티베트 독립을 지지한다고 밝히자 까르푸 불매운동을 벌인 사건을 말한다. _옮긴이 주

효과적이었다. 이 경우 서방 정부는 중국 정부의 폭정에 대해 감히 이러쿵저러쿵 불평을 늘어놓기 어렵고, 서방의 언론은 설령 보도를 하더라도 자동적으로 어투를 누그러뜨리게 된다. 힐러리 클린턴(Hillary Clinton) 국무장관은 중국을 방문했을 때 중국 정부가 자유 인권을 짓밟고 있다는 말 한마디를 감히 할 수 없었다. 또한 일찍이 천안문광장에서 슬로건이 적힌 현수막을 들고 중국 정부에 항의한 적이 있는, '인권 투사'로 유명한 미국 국회의원 낸시 펠로시(Nancy Pelosi)도 어조를 누그러뜨리며 베이징에서 단지 환경 인권만 논했을 뿐이다.

자유국가들이 중국 폭정 앞에서 입을 다무는 근본적인 이유는 당연히 득의양양한 모습과 다수의 횡포로 무장한 '펀칭'을 두려워하기 때문이 아니다. 더욱 중요한 이유는 중국공산당 정부가 현재 막대한 돈을 보유하고 있기 때문이다.

전 세계적으로 인민이 가장 궁핍한 대국인 중국은 인민이 가장 부유한 대국인 미국의 최대 채권자다

중국은 반인권적인 노동제도(낮은 임금, 긴 업무시간, 높은 실업률, 인권이 보장되지 않은 농민공의 피와 땀을 착취하는 제도)에 의지해 전 세계의 제조공장이 되었다. 그리고 대량의 염가 상품을 전 세계 시장에 수출해 획득한 거액의 무역 흑자와 외화 보유고를 이용해서 미국의 국채를 대량으로 구입함으로써, 세계적으로 인민이 가장 궁핍한 대국에 해당하는 중국의 정부가 세계적으로 인민이 가장 부유한 대국에 해당하는 미국의 최대 채권자가 되었다.

21세기에 중국이 보여준 세계적인 기적은 자유국가의 지식인 엘리트들의 눈을 어지럽게 만들었으며, 전통적·보편적 가치를 전도시켜 부상하고 있는 중국이라는 노예제도하의 제국을 찬양하도록 만들고 있다. 또한 이들은 노예제도하에서 착취당하고 기본 인권을 박탈당한 노예에 대해서는 더 이상 관심을 갖지 않으면서 오히려 노예제도 제국을 옹호하면서 중국이 세계를 지도하도록 요청하고 있다.

여섯째, 중국은 세계를 지배하는 데 서두르지 않으며 먼저 전 세계적으로 덩샤오핑 제국의 개방형 공산 노예제도의 지위를 공고히 하고 확장하려 한다

2008년 전 세계 금융위기가 폭발한 이래 나타난 흥미로운 현상은 바로 서방 선진국의 거물 정치인과 지식인 엘리트들이 중국더러 전 세계의 경제 질서를 지도하고 국제경제 영역의 규범을 제정하는 데 참여하라고 서로 경쟁하듯 주장하고 있으나, 중국 정부는 도리어 이러한 환대를 거절하고 있다는 것이다.

2009년 1월 12일, 브레진스키는 중미 수교 30주년 기념회에서 중미 G2 정상회담을 건의했다. 키신저도 미중 운명공동체(a common destiny)를 건립하자는 글을 썼다. 이 글에서 키신저는 "당초 각자의 필요에 따라 공동의 적을 견제하기 위해 설계했던 전략 관계는 오늘날 이미 국제 시스템을 밑받침하는 기둥으로 작용하는 형태로 발전했다. 미중 운명공동체의 구조는 장차 양국 관계를 제2차 세계대전에서 대서양을 사이에 두고 미국과 서유럽 국가가 맺었던 관계와 매우 유사하게 격상시켜 발전할 것이다. 미국과 중국은 미래 국제정치와 경제 구조에서 공동으로 결정적인 역할을 수행할 것이며, 양국은 세계의 진보와 번영, 평화와 안정에서 양대 기둥이 될 것이다"라고 말했다. 이는 또한 힐러리 클린턴이 2009년 2월 중국을 방문했을 때 미국과 중국이 한마음으로 협력해서 곤경을 헤쳐 나가자고 제안한 것을 구체적으로 설계한 것이기도 하다.

미국과 중국의 공동 통치는 2008년 미국의 정계와 학계에서 뜨거운 화제가 되기 시작했다. 미국 피터슨 국제경제연구소 소장 프레드 버그스텐

(Fred Bergsten)은 제4차 중미 전략경제대화(SED) 가운데 "중국을 책임 있는 이익상관자로 자리매김하는 것으로는 충분하지 않으며, 반드시 중국을 '진정한 공동 지도자'로 만들어야 한다"라는 인식을 표명했다.

버그스텐은 일찍이 2004년 미중 G2 공동 통치를 가장 먼저 제기한 사람이었으나 당시에는 여기에 호응한 사람이 없었다. 2008년에 그는 "G2 외에는 중국과 미국을 끌어들여 더욱 효과적이고 세계가 절실하게 필요로 하는 리더십을 공동으로 창출해낼 수 있는 방법이 없다. 중국의 경제적 능력은 비록 미국과 EU에는 미치지 못하지만, 중국은 대미 무역 흑자액이 높고 외환보유고가 방대하며, 명실상부한 초강대국이다. 미국은 반드시 중국을 국제경제 질서의 합법적인 건설자 및 관리자로 만들어야 한다"라고 강조했다.

버그스텐은 "부유한 선진국과 빈곤한 개도국 간의 이러한 관계는 인류 역사상 일찍이 없었다. 중국과 같이 빈곤한 경제 초강대국이 인류 역사상 일찍이 없었기 때문이다"라고 말했다.

해리 하딩(Harry Harding)도 미중 G2 공동 통치 주장을 인정했다. 그는 2008년 5월 참의원 의회 청문회에서 "미국은 중국을 우선 규범의 기초자가 되도록 해야 하며, 세계 경제를 관리하는 중요한 파트너로 삼아야 한다"라고 말했다.

그러나 중국 정부는 결코 미국과 손을 잡고 세계를 지배하는 데 조급하지 않았다. 중국이 펼친 글로벌 전략의 핵심은 '중국이라는 본보기(China paradigm)'가 지역과 세계에서의 지위를 공고히 하고 확대하는 것이었으며, 또한 미국과 덩샤오핑이 말한 포연 없는 세계대전 가운데 누가 누구를 변화시킬 것인가라는 역사적인 과제를 해결하는 것이었다.

후진타오는 2009년 아세안 안보포럼(ARF)에서 "중국과 동남아 국가는 이미 진부해진 미국 주도하의 '하드 파워(hard power) 연맹'이라는 구상을 뛰어넘어 경제·정치 협력의 새로운 시대를 향해 매진해야 한다"라고 강조했다.

미국 육군대학(U.S. Army War College) 교수 오트는 헤리티지재단에서 가진 연설에서 후진타오의 주장에 대해 다음과 같은 평론을 내렸다.

후진타오의 구상은 소프트 파워와 하드 파워를 결합한 개념으로, 이는 중국이 동남아 지역에서 지닌 전통적 대국의 지위와 실력이 신속하게 확장되었다는 관점에 근거해 만들어졌다. 중국은 외교와 경제무역뿐 아니라 항공모함 개발을 포함한 해군 역량의 강화 등 소프트 파워와 하드 파워의 수단을 통해 동남아 지역에 대한 세력과 영향력을 체계적이고 계획적으로 확장하고 있다. 예를 들면 중국은 메콩 강 상류에 댐을 건설해 메콩 강 하류 지역의 국가가 물을 쓰는 것을 통제하고 있는데, 이는 중국이 동남아 지역에서 세력을 확장시키고 있는 전형적인 사례로, 동남아 지역의 반도 국가에 대한 영향력을 행사하는 새로운 도구를 수중에 장악하게 된 것이다.

중국의 다변주의 전략은 러시아, 인도, 이란과 같은 지역 강대국을 끌어들이고 있다. 러시아 학자 미하일 티타렌코(Mikhail Titarenko)는 『극동의 지정학적 의의』라는 책의 결론에서 "러시아는 강대한 중국이 필요하며, 중국은 강대한 러시아가 필요하다. 러시아와 중국이 연대하는 것은 반패권주의 역량을 협력하는 기초다"라고 강조했다.

제15장

자유제도와 노예제도 간의 최후 일전

덩샤오핑 제국의 30년은 역사적 발전에 따라 3개의 시기로 나눌 수 있다.

① 1979~1989년: 덩샤오핑이 4항 기본원칙의 견지를 제기한 시기부터 천안문 학살까지로, 덩샤오핑·후야오방·자오쯔양의 공동 통치에서 덩샤오핑·천윈과 후야오방·자오쯔양으로 결별한 10년이자 덩샤오핑 제국의 형성기

중국공산당의 어용 사학자들은 일반적으로 11기 3중전회를 덩샤오핑이 중국 개혁·개방 시대를 개창한 위대한 전환점이라고 묘사하고 있는데, 이는 역사를 심각하게 날조한 것이다. 이들이 역사 자료에 근거했다는 증거로 제출한 자료는 훗날 '3중전회 주제보고'로 일컬어지는 것으로, 덩샤오핑이 중앙공작회의의 폐막 당시 발표했던 강화 원고이자 한 편의 급취장이다. 사실 당시 회의 내부와 외부의 형세가 덩샤오핑에게 역사적 전환점을 따르도록 만들었기에 후차오무가 그에게 기초해준 기존 원고를 폐기했던 것이지, 덩샤오핑이 역사적 전환점을 개창한 것은 아니었다. 3개월 후 덩샤오핑이 발표한 '4항 기본원칙 견지'는 바로 3중전회 강화의 양대 주제인 '사상해방'과 '민주'에 대한 자기 부정이었다. 이것이야말로 덩샤오핑 제국의 30년 동안 관철되고 있는 핵심 요소다.

혹자는 덩샤오핑 제국 초기의 역사를 낭만적인 색채를 많이 지닌 '덩샤오핑·후야오방·자오쯔양 체제의 황금기 10년'이라고 적고 있는데, 이 또한 역사적 사실에 부합되지 않는다.

그 이유는 첫째, 이 10년 중 정치적으로는 반자유화를, 경제적으로는 반시장화를 통해 후야오방을 거꾸러뜨리고 자오쯔양을 파면시킨 데에는 천윈과 그의 방파(幫派, 왕전, 덩리췬, 후차오무, 야오이린 등)가 상당히 큰 역할을 했다. 따라서 공동 통치는 덩샤오핑, 천윈, 후야오방, 자오쯔양 4명의 공동 통치이지, 결코 삼두마차가 아니었다. 이 4명은 이데올로기, 전략 방향, 정책 선택에서부터 업무 수행 방식에 이르기까지 모두 크게 대립했고, 이로 인해 최후 결렬은 피할 수 없었다.

둘째, 후야오방은 중국공산당 내에서 찾아보기 힘든, 자유사상과 독립 정신을 지닌 '특별한 인물'이었다. 그는 구애와 속박됨 없이 친구, 동료, 부하, 보통 백성들과 이야기를 나누었는데, 그는 이를 '사상을 쌓아간다'라고 일컬었다. 후야오방의 수많은 전략 사고는 바로 이렇게 형성된 것이었다. 5·4운동의 유산에 대해 논할 당시 혹자는 5·4운동을 부정하며 '서양 문화를 전부 그대로 받아들이려는 사조'로 인식했다. 하지만 후야오방은 "5·4운동은 주로 '덕(德) 선생(Mr. Democracy)'과 '새(賽) 선생(Mr. Science)'을 초대한 것으로, 민주와 과학은 세계의 보편적인 가치이자 인류 문명인데 어떻게 이를 서구화라고 부를 수 있는가?"라고 반문했다. 그리고 현재의 관점에서 볼 때, 우리는 '마(馬) 선생(Mr. Market)'도 초대해야 한다. 왜냐하면 시장경제도 전 세계의 보편적인 가치이자 인류의 문명이기 때문이다. 중국의 현대화는 이 세 명의 선생을 떠나서는 이룰 수 없다. 따라서 후야오방은 전면적인 개혁, 정치 민주화, 경제 시장화, 정책 결정의 과학화를 주장했다.

덩샤오핑과 후야오방은 정치 개혁을 둘러싸고 크게 대립했다. 덩샤오핑은 경제적으로는 개혁파였고 정치적으로는 반자유화의 보수파였는데, 이는 그 자신이 했던 말이다. 그렇다면 왜 그는 후야오방을 지도자의 자리에까지 밀어 올렸을까?

당 주석에 추대되었을 당시 후야오방은 "10번 정도 확고하게 고사했으나 줄곧 동의를 얻지 못했다"라고 말했다. 그는 "명망으로 보거나 정치적 능력으로 보거나 현재의 지도 시스템으로 보거나 상무위원회의 실제 상황으로 볼 때, 나 자신은 중앙 주석이라는 직무를 능히 감당하기 어려우며 반드시 덩샤오핑이 맡는 것이 좋다"라고 말했다.

그러나 덩샤오핑은 완강하게 고집을 부리면서 후야오방이 앞장서주기를 원했다. 예젠잉은 화궈펑에게 어느 정도 시간을 과도기로 주자고 주장하기 시작했다. 사실 화궈펑은 3중전회에서 두 가지 범시를 제기한 책임을 지고 반성한 후에 비교적 일을 잘 처리했으며, 후차오무와 덩리췬의 반우파 도발을 저지했고, "다시 반우파를 할 수 없다!"라고 명확하게 표시하기도 했다. 후야오방도 예젠잉의 주장에 동의했다. 그러나 천윈과 덩샤오핑은 화궈펑이 물러나기를 고집했다. 또한 천윈은 "당신 2명의 난쟁이(덩샤오핑과 후야오방을 지칭함) 중 1명을 선출하라!"라고 말했다.

이에 예젠잉은 자신의 뜻을 견지하지 않았다. 또한 자신이 화궈펑을 보호하려 한 것이 마오쩌둥이 임종 전에 부탁한 봉건사상의 잔재에 저촉되는 것은 아닌지 깊이 반성했다. 예젠잉은 "후야오방은 쉽게 구하기 어려운 인재로, 이 중임을 감당할 수 있다"라고 인정했다.

1981년 6월, 후야오방은 당 주석에 선발되었을 당시 다음과 같은 말을 했다. "나는 우리 당의 특정한 역사 조건 아래에서 지금과 같은 위치에 추대되어 오른 것이다."

여기에서 말하는 '특정한 역사 조건'이란 과연 무엇일까?

바로 마오쩌둥 제국이 종식되고 새로운 정치 역량이 이미 탄생한 한편, 옛 제국을 대표하던 과거 세력은 아직 제거되지 않고 있던 시기를 말한다. 이러한 구세력, 구사상, 구방법의 방해를 제거하고 역사적 진보를 위한 새로운 국면을 열어야 하는 특정한 역사 시기에 과거의 자격, 과거의 본령(本領), 과거의 권모(權謀)에 의지하는 것은 모두 쓸모가 없었으며 새로운 사상과 새로운 방법이 필요했다. 또한 멀리 내다보는 탁월한 식견으로 방향과 목표를 명확히 할 필요가 있었다. 그리고 비범한 의지력과 용기를 갖고 수많은 난관을 뚫고나가 목표를 실현하는, 새로운 역량을 지닌 지도자가 필요했다. 중국공산당 지도자 중에 이러한 특정한 역사 시기의 필요에 가장 부합하는 인물로는 후야오방이 유일무이했고, 역사는 그에게 새로운 시대의 개창자 역할을 감당해줄 것을 요구했다.

중국에 사상·이론상의 변화가 필요하고 마오쩌둥 교조주의에 대한 미신을 포기해야 했을 시기에 후야오방은 중앙당교로 갔다. 그리고 조직상의 변화가 필요하고 마오쩌둥 제국이 만들어낸 대량의 억울한 사안과 누명 사건을 바로잡아야 했을 시기에 후야오방은 중앙조직부장을 겸임했다. 또한 선전·문화 계통의 사상이 강화되어 시대의 전진에 적응할 도리가 없을 시기에 후야오방은 중앙선전부장을 겸임했다. 아울러 3중전회에서 마오쩌둥 제국의 당 조직을 개혁했을 시기에 후야오방은 새롭게 설치된 당 중앙비서장이 되었고, 5중전회에서는 또다시 당 총서기가 되었다. 후야오방의 비서 가오융(高勇)은 "당시 후야오방 동지는 매우 짧은 시간 내에 당의 주요 직무를 전부 맡았다. 그 당시에는 어디서나 모두 후야오방 동지를 필요로 하는 것 같았고 또한 그가 가는 곳마다 각종 국면이 매우 빠르게 타개

되었다"라고 말했다.

셋째, 중국공산당 제12차 당대회 이후 후야오방은 덩샤오핑과 천윈이라는 '2명의 시어머니'를 머리 위에 두게 되었다. 후야오방은 "나는 원로를 존중하며 또한 독립적으로 사고한다. 힘을 다해 2명의 원로 사이의 소통에 협조했고, 큰 사안에 직면하면 반드시 각각의 상무위원을 방문해 지시를 하달하도록 요청했다"라고 말했다.

그런데 '2명의 시어머니'는 경제 영역에서는 서로 크게 대립했고 함께 소통하려 하지 않아 덩샤오핑은 상무위원회조차 열지 못하게 했다. 하지만 사상·정치 영역에서는 도리어 상당히 일치해 둘 다 반자유화에 찬성하고, 후야오방의 독립적인 사고를 용인하지 않았으며, 후야오방의 독립적인 사고는 자신의 이미지를 구축하려는 것이라고 인식했다.

천윈은 마오쩌둥 제국 시기를 거친 원로라서 입만 열면 항상 "마오쩌둥 주석의 철학 저작"을 언급했다. 천윈의 '경제사상'은 세 가지를 견지했다. 즉, ① 스탈린의 '사회주의 경제규율, 즉 계획이 있고 비례에 따른다'를 견지했고, ② '국가는 큰 몫을 갖고, 집단은 가운데 몫을 갖고, 개인은 작은 몫을 갖는다'를 견지해 인민의 소비를 억제하고 국가의 축적을 확대했으며, ③ 중국 봉건전제 시대의 '좋은 물은 다른 사람의 논으로 흘려보내지 않는다'는 소농 경제사상을 견지해 대외 개방을 억제했다.

후야오방은 비록 원로를 존중했지만 그는 일을 하려 했다. 특정한 역사적 시기에 지체된 각종 일들이 시행되기를 기다리고 있었으므로 독립적인 사고를 하지 않을 수 없었으며 하나의 새로운 길을 탐색해야 했다. 1980년 2월, 11기 5중전회에서 총서기로 당선된 이후 후야오방의 업무 중심은 전국의 경제 발전 문제를 조사하고 연구하는 것으로 전환되었다. 그는 "과거에는 군대 업무, 지방 업무, 선전 업무, 조직 업무를 담당했으므로 경제 업무에 대해서는 아직 그다지 익숙하지 못하지만, 현재 전국 업무의 중심이 경제 영역으로 옮겨지고 있으므로 자신도 중심을 경제 영역으로 옮기고 있다"라고 말했다. 그러나 경제 문제에 접근하기만 하면 후야오방의 독립적인 사고는 천원과 필연적으로 충돌했으며 피하려 해도 피할 수가 없었다.

제1차 충돌은 1980년 12월 중앙공작회의에서 시작되었다. 천원은 '수요 억제, 발전 포기, 개혁 완화, 재조정'을 제기하며 저성장, 심지어 '제로 성장'을 주장했는데, 당시 천원은 후야오방의 이름을 명시적으로 거론하지는 않았다. 그의 타격 대상은 화궈펑이었으며, 주로 화궈펑의 '양약진(洋躍進)'이었다.

'양약진'이란 화궈펑이 정무를 주관하던 시기에 해외로부터 화학섬유를 제조하는 13개의 설비를 도입한 것으로, 이는 중국이 대외 개방으로 뛰어서 넘어가는 큰 걸음이었다. 이는 30년 동안 지속되었던 중국 인민들의 의복 수요를 해결하고 중국 방직 생산품의 출구를 여는 계기가 된 동시에 내수와 수출을 만족시키는 한 차례의 성공적인 시도였다. 하지만 이것은 천원의 수요 억제 방침과 '좋은 물은 다른 사람의 논으로 흘려보내지 않는다'는 식의 중국 및 서양의 교조주의적인 관점을 위배하는 것이었다.

덩샤오핑은 대외 개방을 주장하는 한편 일찍이 화궈펑의 개방 정책을 지지했다. 그러나 천원이 중국 및 서양의 교조주의적인 관점에 입각해 화궈펑을 공격했을 때 도리어 덩리췬이 덩샤오핑을 대신해 기초한 강화「조정방침을 관철하고 안정단결을 보장한다」를 발표해 "일련의 문제에서 31년간 진행된 중국 경제 관련 업무의 교훈을 총결하는 것은 향후 장기간의 지도 방침"이라는 천원의 주장을 긍정했다.

덩샤오핑은 실제로 이렇게 생각했을까? 아니면 화궈펑을 타도하기 위해 일부러 덩리췬의 붓을 빌려 천원의 환심을 얻으려 했던 것일까? 그런데 이것이 바로 덩샤오핑의 성격이다.

덩샤오핑은 이 강화에서 또한 "특구 건설의 절차와 방법은 조정에 따라야 하며, 속도는 조금 늦어도 된다"라고 강조했다. 당시 후야오방은 중앙당교의 특구 건설에 대한 조사 보고서 내용을 검토하고 결재하면서 "특구 건설 속도는 반드시 신속해야 한다"라고 주장했으나, 회의석상에서는 도리어 아무런 말도 하지 않았다.

제2차 충돌은 1983년 3월 정치국 상무위원회 확대회의에서 천원이 후야오방의 이름을 거론하며 반기를 들면서 시작되었다. 그 회의 이후 후차오무와 천원은 비밀리에 성시(省市) 제1서기 회의를 열어 후야오방을 타도하기로 협상했다. 한 차례의 후야오방 타도가 예젠잉과 덩샤오핑에 의해 저지당한 이후, 천원 집단은 경제 문제에 손을 쓰는 것으로는 후야오방을 타도할 수 없고 정치 문제에 손을 쓸 때라야 천원과 덩샤오핑이 힘을 합쳐 후야오방을 타도할 수 있음을 깨달았다.

넷째, 경제 영역에서 덩샤오핑과 천원이 논쟁을 벌이면 자오쯔양은 실제 업무에서는 덩샤오핑을 약간 편드는 입장에 섰지만 회의에서는 종종 천원 편을 드는 발언을 했다. 1980년과 1983년 두 차례 회의에서 모두 그러했다. 따라서 덩샤오핑, 후야오방, 자오쯔양이 함께 다스린 7년간(1980년 2월 11기 5중전회부터 1987년 1월 후야오방이 물러날 때까지) 후야오방은 줄곧 천원 집단의 핵심 멤버(천원, 왕전, 후차오무, 덩리천, 야오이린)가 주로 공격하는 목표가 되었다. 후야오방은 일도 가장 많이 하고 음으로 양으로 공격도 가장 많이 받으면서도 모든 일에 참고 양보했으나 결국은 사직을 강요당했다.

후야오방이 경제 문제에서 공격을 받을 때에는 덩샤오핑이 손을 뻗어 도움을 주기도 했고, 자오쯔양이 일찍이 '같은 배를 탄 운명'이라고 표하기도 했다. 그러나 천원 집단이 책략을 바꾸어 자유화 문제 등을 구실로 삼아 정치적으로 후야오방을 공격하자, 예젠잉이 사망한 이후로는 그를 구원할 사람이 없어졌고 후야오방은 철저한 고립에 빠졌다. 당시 정치국에서 시중쉰 한 사람만 정의를 좇아 바른 말을 했지만 이 또한 크게 도움이 되지 못했다.

　자오쯔양이 후야오방과 자신의 대립은 속도 대 성과에 있다고 말했는데, 이는 결코 역사적 사실에 부합하지 않는다.

　후야오방은 중국 각지를 돌아다니면서 전국 각지의 서로 다른 자연 및 문화 조건을 기반으로 각 지역의 경제 발전과 관련된 전략 문제를 조사하고 연구했다. 후야오방은 수많은 서적을 열람하면서 해외의 발전 사례를 연구했고 중국에 유용한 교훈을 받아들였다. 후야오방이 경제를 알지 못한다는 편견도 반드시 바로잡아야 한다. 농촌 개혁에서 도시 개혁까지, 특구 건설에서 연해 14개 도시 개방까지, 내륙에서 변강까지, 산지에서 평원과 초원, 사막 지대의 개발과 환경 보호까지 후야오방은 어려움과 위험을 두려워하지 않고 현지를 철저하게 고찰했다. 또한 현지 인민과 간부와 함께 어떻게 하면 각 지역의 실정에 맞는 대책을 세울 것인지, 현지의 자연자원과 사회·인문 조건에 따라 인민의 적극성과 창조 정신을 자극할 것인지, 실속 있는 발전 계획을 제정해서 인민의 물질 및 문화적 수요를 만족시킬 것인지를 논의했다.

　천원은 후야오방이 전국 각 현을 돌아다니며 조사 연구하는 방법을 비판하면서, 후야오방에게 천원 자신의 '오랫동안 웅크리고 앉아서 한 마리의 참새를 해부하는 식'의 구태의연한 방침을 표방하도록 촉구했다. 하지만 후야오방은 역사적으로 그러한 종류의 옛 사상과 기존 방법의 폐해가 이미 증명되었다고 인식했다. '전국적으로 다자이와 다칭을 보고 배우자'라고 하지만, 전국의 상황이 천차만별인데 어떻게 다자이와 다칭을 일률적으로 실행할 수 있겠는가? 조류의 품종마다 특성이 각기 다른데, 어떻게 모두 참새와 똑같이 대할 수 있겠는가? 티베트와 베이징이 다르고, 신장과 상하이가 다르며, 윈난과 저장이 다르고, 닝샤(寧夏)와 푸젠이 다른데, 중국의 경제를 어떻게 획일적인 방법으로 발전시킬 수 있겠는가?

가장 근본적인 차이점은 출발점과 목표가 다르다는 것이다. 후야오방은 생산의 목적에 대한 토론에서 출발해 경제 발전의 목표는 사람의 물질생활과 정신생활의 수요이며, 경제 발전의 수단은 사람의 적극성과 창조 정신을 발휘하는 것이라고 명확하게 지적했다. 이는 후에 노벨 경제학상을 수상한 아마르티아 센(Amartya Sen)의 주장이기도 하다. 센은 경제 발전의 목적과 수단은 모두 사람의 자유이자, 자유인의 수요 및 자유인의 창조력이라고 주장했다.

1980년 8월 26일 우창에서 벌어진 논쟁에서 후야오방은 매년 7% 성장해서 20년 안에 총생산액을 2배로 증가시키겠다고 제기했는데, 이는 조사 연구를 거치고 지방과 반복적으로 토론하고 계산한 결과로, 실태를 확실히 파악한 후에 비로소 덩샤오핑에게 건의한 것이었다. 당시 천원과 자오쯔양은 4% 성장을 주장했다. 덩샤오핑의 태도는 확고하지 못해 후야오방의 7%에 반대하지도 않았고 천원과 자오쯔양의 4%에 찬성하기도 했다. 결국 1980년 12월 개최된 중앙공작회의에서 천원의 4%에, 심지어 더 낮은 성장에도(천원은 구두로 '제로 성장'을 제기한 바 있다) 완전히 동의한다고 표시했다. 그런데 개혁·개방이 단지 한 차례 진행되기만 해도 발전의 추세는 가로막을 수 없으며, 인민의 창조력이 분출되는 것도 가로막을 수 없다는 사실을 역사는 이미 명확하게 결론짓고 있었다. 후야오방은 바로 이러한 점에서 출발해 발전 목표를 제정한 것이었다. 따라서 후야오방의 성장 목표를 '맹목적인 군중 운동의 수법'이라고 폄하한 것은 공정하지 못했다.

다섯째, 덩샤오핑, 천원, 후야오방, 자오쯔양이 공동 통치한 7년간 천원 집단의 공격은 후야오방에게 집중되었다. 후야오방이 권좌에서 물러난 이후로는 목표가 필연적으로 자오쯔양으로 바뀌었기 때문에 자오쯔양은 완전히 천원 쪽에 서지 않으면 안 되었다. 그러나 자오쯔양은 개혁·개방을 견지하려 했으므로 천원 쪽에 설 수 없었다. 따라서 그는 덩샤오핑 한 개인의 지지에만 의지했다. 어려운 일에 직면하면 반드시 먼저 덩샤오핑의 동의를 얻은 이후 회의상에서 토론함으로써 후차오무, 덩리췬, 야오이린 등이 감히 경솔하게 반대하지 못하게 했다.

그러나 덩샤오핑이 마오쩌둥을 잘못 평가한 것과 마찬가지로 자오쯔양도 덩샤오핑을 잘못 평가했다. 덩샤오핑과 마오쩌둥은 모두 좌와 우 사이에서 균형을 일삼았지만 모두 좌가 우보다 좋다는 교조주의를 신봉했다. 덩샤오핑이 볼 때 좌경은 국가를 다스리는 데에는 무능하지만 중국공산당 집정에 미치는 영향 면에서는 좋은 점과 나쁜 점이 구별되었다. 그런데 우경은 자유화를 용인하므로 이는 중국공산당 집정의 존망과 관련된 문제였다. 이것은 바로 덩샤오핑이 "경제적으로 과오를 범한 것은 양보할 수 있지만 자유화 문제에서 고꾸라지는 것은 양보할 수 없다"라고 말한 근거인 것이다.

덩샤오핑은 마지막 순간에 자오쯔양을 향해 "양임(兩任) 총서기를 맡는 것에 대해 천윈, 리셴녠이 모두 이미 동의했다"라고 허락한 말은 사실로 받아들여서는 안 된다. 이는 마치 덩샤오핑이 후야오방에게 "나는 완전히 물러날 테니 당신은 절반만 물러나라"라고 했던 말을 사실로 받아들여서는 안 되는 것과도 같다. 후야오방은 이를 진심으로 받아들여 매우 기쁘게 찬성하면서 영도 직무의 종신제를 폐지하기 위한 본보기를 만드는 것이라고 생각했다. 하지만 덩샤오핑은 오히려 완리에게 "후야오방은 왜 내가 물러나는 데 동의했는가? 나를 대신하고 싶은 생각이 있는 것 아닌가?"라고 물었다. 두 차례 모두 상대방에 대한 정치적 신뢰가 흔들릴 때 탐색한 것이었다. 이때 만약 상대방이 일관되게 충성을 표시한다면 신임을 만회하겠지만, 만약 상대방이 독립적으로 사고한다면 재난에 직면하기 마련이다. 자오쯔양과 후야오방의 운명도 마찬가지여서 시어머니는 며느리가 독립적으로 사고하는 것을 허락하지 않았고 며느리는 한사코 독립적으로 사고하려 했던 데 바로 문제가 있었다.

사실상 덩샤오핑은 주로 경제 영역에 대해 자오쯔양을 지지했다. 특히 자오쯔양이 덩샤오핑 노선을 2개의 기본점과 2개의 견지, 즉 '개혁·개방 견지, 자산계급 자유화에 반대하는 4항 기본원칙의 견지'로 개괄해낸 것을 지지했다. 덩샤오핑은 반자유화가 자신의 경제 영역을 반대하며 침투해 들어오는 것을 절대로 용인하지 않았다. 이는 덩샤오핑과 자오쯔양이 가장 일치하는 지점이었으며, 또한 덩샤오핑과 그가 좋아했던 좌파 왕리췬이 마지막에 서로 등을 돌리며 각자 자신의 길을 가게 된 유일한 원인이기도 했다. 덩샤오핑은 덩리췬이 과거에 자행했던 다른 모든 나쁜 짓은 모두 용인해주었다.

덩리췬은 마지막에 자신에 대한 덩샤오핑의 신임을 만회하기는 이미 불가능하다는 사실을 깨달았지만, 덩샤오핑을 도발해 자오쯔양을 타도할 수는 있다고 보았다. 이에 왕전을 부추겨 〈하상〉에 반대하게 하면서, 자오쯔양이 〈하상〉을 지지하는 핵심적인 까닭은, 바로 자오쯔양 자신이 총서기에 임명된 것을 영국 자산계급 혁명 이후를 계승하는 또 하나의 신기원으로 삼으려 하기 때문이라는 유언비어를 만들어냈다. 이는 덩샤오핑의 민감한 정치 신경을 정확히 가격했다. 천원과 리셴녠으로 말하자면 일찍이 덩리췬과 함께 머리를 맞대고 자오쯔양더러 '주자파'라고 비난했던 이들이었다. 자오쯔양을 타도하려는 그들의 포석은 이미 잘 짜였고 자오쯔양의 독립적인 사고가 덩샤오핑의 분노를 촉발시키기만 하면 되는 것이었다.

만약 덩샤오핑이 마지막 순간에 자오쯔양을 구제하려 했다면 왜 자오쯔양을 자신의 집으로 오도록 요청하고 함께 대화하지 않았겠는가? 왜 심지어 자오쯔양이 양상쿤에게 부탁해 의견 요청을 전해줄 것을 요구한 제언도 모두 거절했겠는가? 이를 통해 덩샤오핑과 천원이 손을 잡고 자오쯔양을 타도한 것과 덩샤오핑이 천안문 학살을 자행한 것은, 덩샤오핑이 '국제 대기후', '국내 소기후'에 대한 자신의 판단에 근거해서 내린 전략적 정책 결정이지, 리펑과 천시퉁의 말을 단편적으로 듣고 일시적인 충동에 따라 행한 것이 결코 아님을 알 수 있다. 이는 또한 덩샤오핑 제국의 역대 지도자들이 모두 후야오방이나 자오쯔양, 천안문 비극에 대해 재평가하기를 거부하는 근거이기도 하다.

여섯째, 혹자는 덩샤오핑이 없었다면 중국의 개혁·개방도 없었을 것이라고 말한다. 하지만 이는 덩샤오핑 개인에 대한 맹목적인 숭배에 불과하며 역사적 사실에 결코 부합되지 않는다.

중국의 개혁·개방은 사인방을 분쇄한 이후 덩샤오핑이 공직에 복귀하기 전에 이미 발걸음을 뗐으며, 당시 중국의 개혁·개방은 저지할 수 없는 역사적 조류였다. 당시는 농촌에 포산도호(包産到戶, 농가 세대별 생산 책임제)를 도입하고, 해외로부터 완성된 설비를 수입해 경제 건설을 가속화하며, 지식 청년이 대학에 진학해 진리 표준에 대해 토론하고, 잘못된 사안과 억울한 누명 사건을 바로잡으며, 인민이 의견을 표현할 수 있는 자유를 쟁취한 시기였다. 이는 전국의 농촌과 도시에 넓게 퍼져 수많은 인민의 의견이 광범위하게 아래로부터 위로 올라간 것으로, 자주적이고 자발적인 요구와 행동에 의한 것이었다. 후야오방은 단지 역사적 조류에 순응했을 뿐이며, 자신이 처한 각각의 직위에서 인민의 의지를 실현했을 뿐이다. 11기 3중전회는 또한 이러한 역사적 조류의 산물이었다. 덩샤오핑은 급취장을 써서 이 조류에 순응하는 강화를 발표했으나, 3개월 후에 자신의 4항 기본 원칙을 견지하는 것으로 바로 전향함으로써 인민의 의지와 역사적 조류의 진보를 가로막았다. 따라서 덩샤오핑에게 '중국 개혁·개방의 총설계사' 또는 '대부'라는 영예로운 호칭을 하사하는 것은 모두 실제와 부합되지 않는다. 덩샤오핑 자신도 단지 '돌을 만지며 강을 건넌다'라고 했을 뿐이다.

만약 덩샤오핑이 없었다면 중국의 개혁·개방도 이루어지지 못했을까?

당연히 아니다. 만약 11기 3중전회 이후에 덩샤오핑, 천윈, 후야오방, 자오쯔양이 아니라 화궈펑, 후야오방, 자오쯔양이 공동 통치하고 덩샤오핑이 스스로 받아들였던 보조적인 위치에 있으면서 시어머니 또는 핵심 세력을 자처하지 않았다면 중국의 개혁·개방은 오늘보다 훨씬 나은 모습을 보여주었을 것이다. 화궈펑은 진보적이고 실용적인 성격이므로 역사적 조류와 인민의 의지에 계속 순응했을 것이다. 또한 후야오방 및 자오쯔양과 성심성의껏 협력해서 그들의 개혁 이념과 정책 조치를 지지하고 후야오방과 자오쯔양을 타도하는 일은 결코 없었을 것이며, 따라서 천안문 학살도 발생하지 않았을 것이다. 또한 중국은 전 세계 제3차 민주화의 물결 속에서 진정으로 고도의 문명과 고도의 민주주의를 실현하는 현대적인 헌정국가가 되었을 것이다.

덩샤오핑, 천윈, 후야오방, 자오쯔양의 공동 통치가 이루어졌다가 덩샤오핑·천윈과 후야오방·자오쯔양이 끝내 결렬한 것은, 덩샤오핑이 당내에서 자유, 민주, 인권이라는 보편적인 가치에 치우칠 수 있는 진보 역량을 철저하게 제거하고 당국의 권력을 모두 보수파의 수중에 통제함으로써 대외 개방·대내 독재라는 당국의 노예제도를 통해 사회질서의 안정을 구하려 결심했음을 보여준다.

② 1989~2002년: 덩샤오핑 제국의 번영과 몰락의 조짐이 병존하는 발전 시기

천안문 학살 이후의 3년(1989~1991)은 천윈 세력이 전면적으로 경제 영역(리펑, 야오이린)과 이데올로기 영역(덩리췬, 후차오무)을 장악했기 때문에 덩샤오핑 제국의 경제·정치는 전면적으로 도태되었다. 이에 덩샤오핑은 정치적으로는 반우파(우파를 경계), 경제적으로는 반좌파(좌파를 방지)를 표방하는 '남순 강화'를 발표해 천윈 세력이 경제 영역에서 물러나도록 만들었다. 그리고 1992년 중국공산당 제14차 당대회가 개최되자 덩샤오핑 제국의 '2개의 주먹' 시기에 진입했다.

장쩌민은 연기하기를 좋아하는 연극배우이지만 자신만의 독창적인 그무언가가 없다. 그는 13년 동안 정무를 주관했는데, 처음 3년 동안 천원 집단의 통제를 받은 것을 제외하면 이후 10년은 주로 덩샤오핑의 '2개의 주먹'을 연기했다.

첫째, '3개 대표'를 제기하고 당의 권력을 공고히 했다.

장쩌민이 제기한 '3개 대표'는, 선진 생산력, 선진 문화, 광범위한 인민의 근본 이익이 모두 중국공산당에 의해 대표된다는 것을 뜻한다. 이처럼 당이 모든 것을 다스린다는 '당천하(黨天下)'의 사고방식은 마오쩌둥에서 덩샤오핑에 이르기까지 일관된 옛 사고방식으로, 당의 권력과 이익이 인민 또는 다른 모든 것보다 높다고 견지하는 것이나 다름없다. 이것은 전혀 새롭다고 할 수 없는데도 중국공산당 당 규약 및 헌법에 포함되었으니, 실로 우스꽝스러운 일이라고 아니할 수 없다.

둘째, 모든 자유화 동란 요인을 맹아 상태에서 소멸시켰다.

장쩌민은 독재 수단을 동원해 파룬궁, 가정 교회, 민주운동, 권리수호 인사 및 소수민족 지구의 자주자치운동을 소멸시키고, 언론의 자유를 탄압하며, 인터넷 전파를 통제·봉쇄하고, 무장경찰 부대를 확충해 군중시위를 진압했는데, 이는 '안정이 모든 것을 압도한다'라는 덩샤오핑의 의지를 실현하고 자유, 민주, 인권, 환경보호 같은 인민의 요구를 맹아 상태에서 소멸시키는 것을 목적으로 했다.

셋째, 경제적으로 이른바 국가의 흡수 능력을 강화해 중국 노동자의 마지막 땀 한 방울까지 모두 빨아들였다.

이러한 의견을 제안한 사람은 미국에서 유학한 경험이 있는 엘리트 지식인 왕사오광(王紹光)과 후안강(胡鞍鋼)이었다. 그들은 중국의 개혁·개방

이후 국가의 재정적 흡수 능력이 낮아져 유고슬라비아보다 낮다는 자료를 제시하며 장쩌민과 주룽지를 위협했다. 그들은 국가의 재정적 흡수 능력이 낮아지면 국가가 바로 와해되는데, 유고슬라비아가 와해된 것도 국가의 재정 흡수 능력이 낮아졌기 때문이라고 주장했다. 장쩌민과 주룽지는 그들의 주장을 채택했다. 이로부터 중국의 GDP가 매년 10% 전후로 성장했고, 국가의 재정 수입은 매년 20% 이상 증가했다. 이로 인해 국가는 큰 몫을 차지했고, 삼각 연맹의 엘리트(정치 엘리트, 경제 엘리트, 지식 엘리트)는 가운데 몫을 챙겼다. 최후의 부담은 생산자인 국민과 노동자에게 강제적으로 전가되어 국가는 부유해지는 반면 인민은 궁핍해지고 빈부 격차가 현저해졌으며, 성세와 말세가 동시에 병존하는 중국의 특징을 야기했다.

넷째, 대외 개방 방면에서 장쩌민은 미국 월스트리트와 파트너 관계를 발전시키고 다국적 재벌 및 기업과 연대해 이익을 짜냈으며, 중국이 제조 공장이 되도록 가속화시키고 농민공을 착취해서 생산한 대량의 염가 상품의 수출에 근거해 무역 흑자를 벌어들였다. 이로 인해 국민들이 가난한 중국이 국민들이 부유한 미국의 채권자가 되었다.

총체적으로 말해, 덩샤오핑 제국의 제2시기에는 장쩌민이 전략상 방어를 위주로 하면서 주로 중국공산당의 일당독재 통치를 공고히 하고 국내 동란을 방지하는 데 주력했다. 파룬궁이 한 차례 평화적으로 청원한 데 대해 장쩌민이 그토록 두려워하고 강력하게 진압한 것은 바로 장쩌민이 허약하다는 일종의 증거였다. 2004년에 이르러 덩샤오핑 제국의 제3대 핵심인 후진타오의 권력이 공고해진 이후에야 비로소 중국은 대외로 확장해 전 세계를 향해 중국 굴기(崛起)의 깃발을 전면에 내걸었다.

③ 2002~2009년: 덩샤오핑 제국이 대외 전면 확장에 진입한 시기

후진타오는 2002년 장쩌민으로부터 총서기의 직무를 넘겨받았고 2004

년에는 군사위원회 주석 자리를 확보해 덩샤오핑 제국의 제3대 후계자가 되었다. 그는 덩샤오핑의 전략을 계승하고 확대해 방어적인 '도광양회, 영불당두(韜光養晦, 永不當頭)'에서 공세적인 '중국굴기, 유소작위(中國崛起, 有所作爲, 중국이 부상하면 해야 할 일을 적극적으로 행한다)'로 전면적인 확장 전략을 추진하고 있다.[1]

후진타오 시기의 확장은 전면적으로 이루어졌다. 군사, 경제, 정치, 외교, 문화, 통일전선 각 영역에서는 소프트 파워와 하드 파워의 양 측면 모두에서부터 육지, 해양, 하늘부터 우주 공간에 이르기까지 세계를 향해 신속하게 확장하고 있다.

이는 21세기 테러주의가 미국을 공격한 이후 출현한 일종의 기이한 현상으로, 개방을 표방하는 신노예제도가 전 세계를 향해 진군하고 있는 것이다. 전 세계 인구의 5분의 1을 차지하는 방대한 이 덩샤오핑 제국은 고속 성장을 통해 30년간 발전했으나 GDP가 전 세계의 7%, 미국의 4분의 1에 불과하며, 1인당 평균 GDP는 미국의 14분의 1에 불과하다. 그러나 중국은 오히려 미국의 최대 채권자이자 전 세계로부터 광산과 다국적 기업을 사들이는 큰손이 되어 2009년 6월에만 다음 표에서 보이는 바와 같은 기록을 세웠다.

이 자료에는 2009년 7월 중국석유화학그룹이 170억 달러를 출자해 아르헨티나에 위치한 스페인 석유회사 렙솔 YPF(Repsol YPF)의 자산 75%에 달하는 주식을 매수하고 중국해양석유그룹이 56억 달러를 출자해 남은 25%를 구매한 계획이 포함되어 있지 않다. 만약 이 거래에 성공한다면 총 투자

---

1   후진타오는 2002년 11월부터 2012년 11월까지 중국공산당 총서기, 2003년 3월부터 2013년 3월까지 중화인민공화국 주석, 2004년 9월부터 2012년 11월까지 중앙군사위원회 주석을 역임했다. 따라서 후진타오 시기는 포괄적으로 2002년 11월부터 2013년 3월까지를 지칭한다. _옮긴이 주

2009년 6월 중국 기업의 해외 기업 인수합병 동향

일시	기업 명	매수 목적
6월 4일	쓰촨텅중중공(四川騰中重工)	제너럴 모터스의 허머(Hummer) 브랜드를 매입
6월 18일	중국오광그룹(中國五礦集團)	호주의 오즈(OZ) 기업을 매입
6월 22일	중국석유(中國石油)	싱가포르 석유 주식의 45.51%를 매수
6월 중순	베이징 자동차공업 공고유한공사 (北京汽車工業控股有限公司)	제너럴 모터스의 오펠(OPEL) 및 포드자동차의 고급세단을 경쟁적으로 구매
6월 24일	쑤닝전기(蘇寧電氣)	일본 가전제품 유통업체 라옥스(Loax)의 주식을 27.36% 매수해 최대 주주가 됨
6월 24일	중국석유화학(中石化)	스위스 석유 채굴기업 아닥스(Addax)를 전부 매수

액이 모두 226억 달러에 달해 중국 석유업계에서 최대 규모의 해외 경쟁
구매 사례가 될 것이다. 미국 월스트리트의 골드만삭스, 모건 스탠리, 모건
다퉁(大通) 모두 이 매매에 관여했는데, 골드만삭스는 YPF의 고문을, 모건
스탠리는 중국석유화학그룹의 고문을, 모건 다퉁은 중국해양석유그룹의
고문을 담당했다.

이는 후진타오가 즐겨 말하는 '과학적 발전', '조화로운 사회', '인간 중심'
이 실은 순전히 거짓말임을 증명한다. 이 개방된 제국에서 신속하게 팽창
된 국력은 광범위한 인민의 자유, 행복, 생명권을 약탈하는 기초 위에 서
있다. 두말할 필요도 없이 중국의 에이즈촌이 어떤 모습인지를 보라! 또한
덩샤오핑 제국의 지옥에서 생활하며 유해한 물과 공기를 마시는 바람에 건
강한 아이를 낳지 못하는 비참한 사람들을 보라! 이것이 후진타오가 주장
하는 '인간 중심'이란 말인가? 애초부터 후진타오는 광범위한 인민의 자유,
행복, 생명을 박탈하는 것을 근본으로 삼아 개방형 신노예제도가 굴기하도
록 덩샤오핑 제국의 큰 건물을 구축했다.

후진타오 수중의 무기는 바로 민족주의, 애국주의, 당국주의(黨國主義)
다. 후야오방이 말한 것처럼, 추상적인 민족·국가·당의 이름으로 모든 살
아 있는 사람들을 말살하고 있는 것이다! 이것은 노예제도의 본질로, 소수

의 노역자가 민족과 국가의 이름으로 광범위한 인민을 노예로 부리고 있는 것이다.

덩샤오핑 제국의 개방형 노예제도는 인민을 노예로 만들고 인권을 짓밟고 있다. 이와 동시에 자연을 약탈하고 인류의 환경을 오염시킴으로써 사람들의 생명을 해치고 우리 후손과 지구의 미래에 심각한 후환을 남기고 있다. 환경권도 인권의 하나다. 후야오방이 말한 '사람이 목적이다'라는 데에는 사람의 생존 환경과 인류가 영원히 발전시켜야 할 자연환경은 물론, 인류가 살아가는 이 지구도 포함된다.

그런데 후진타오의 안중에는 사람도 지구도 없다. 혹자는 "후진타오의 안중에 있는 사람은 단지 '세계의 공장'에서 돈을 만들어내는 도구에 불과하며, 후진타오의 안중에 있는 지구는 단지 '세계의 공장'을 채워 돈을 만들어내는 원료여서 국가의 재정 능력을 더욱 제고시키고 중국이 전 세계에서 부상할 수 있도록 만드는 것이다"라고 말하기도 한다. 인류와 지구가 장차 재난을 당하거나 심지어 파멸되는 것에 대해 "내가 죽은 이후에는 홍수가 일어나 하늘을 뒤덮는다 해도 두려울 것이 없다"라는 식이다.

확장 중인 개방적인 형태의 새로운 공산 노예제도하의 덩샤오핑 제국은 이미 세계의 동방에서 부상했다. 이 제국은 천안문 학살 이후 고립되었던 상황에서 벗어나 다른 노예제도 국가와 다양한 형식으로 연맹을 구축하고 있다. 이 제국은 자신의 소프트 파워와 하드 파워를 운용해 미국, 유럽과 전 세계의 자유국가에 침투하고 있으며 통일전선 책략하의 회유와 분화를 진행해 모순을 만들어내고 하나하나 격파해나가고 있다. 또한 자유민주국가의 자본, 자원, 정보, 인재를 이용해 자신의 노예제도 역량을 강화하는 한편 자유민주국가와 자유·민주 역량의 연합을 약화시킴으로써 덩샤오핑이 말했던 "사회주의는 하나의 긴 과정을 거쳐 발전한 이후 필연적으로 자본주의를 대체한다"라는 최종 목표를 실현하려는 것이다.

혹자는 나폴레옹이 중국을 가리켜 "잠자는 사자가 깨어났다"라고 비유한 것을 들면서 오늘날의 '중국의 부상'을 묘사하기도 한다. 그런데 실제로 깨어난 것은 서방 자본주의로 분장해서 동방 노예제도하의 사람들을 잡아먹는 야수로서, 그 야수가 서방 자본주의의 젖과 중국 인민의 피땀을 빨아먹으며 성장했다는 사실을 아직 제대로 깨닫지 못하고 있다.

하지만 위험하게도 그 야수가 자라기 시작할 무렵 주위의 자유국가와 자유 역량은 도리어 매우 깊이 잠들어 있었고, 귀엽고 친근한 고양이 한 마리를 젖을 물려 키워낸다고 여겼다. 그리고 중국 모델을 전통적인 자유·민주제도보다 더 효율적이라고 여겨 노예제도의 식인 본성에 대한 경각심을 상실했었다.

저명한 국제 전략가들은 지금 G2를 고취하면서 미국과 중국이 연대해 세계를 공동 관리하자고 주장하고 있지 않은가? 미국의 적지 않은 정객과 학자는 여기에서 멈추지 않고 심지어 미일 동맹을 포기하고 미중 동맹을 건립하자고 건의하고 있다. 이러한 제안에 대해 도리어 후진타오와 원자바오가 겸허한 모습을 자칭하면서 중국은 아직 개도국이므로 자격이 충분하지 않다고 사양하고 있다.

이처럼 혼미한 상황 속에서 미국의 적지 않은 정객과 학자는 이 야수가 자국의 인민을 집어삼키고 있고 지구의 생기를 짓밟아 훼손시키고 있음을 깨닫지 못하고 있다. 덩샤오핑 제국이 대내·대외적으로 시대의 흐름에 역행하는 데 대해 자유국가들은 이미 감각을 상실한 듯하며 전혀 무관심하다. 티베트에서 자행된 중국의 폭정에 대해 프랑스 국민들이 항의하자 중국은 민족주의로 무장한 '펀칭'을 동원해 프랑스의 대기업 까르푸를 포위함으로써 프랑스가 더 이상 입을 벌리지 못하도록 만들었다.

오늘날 중국은 이미 다른 노예제도 국가와 연대해 전 세계 민주 물결의 확장을 격퇴하고 있으며, 전 세계의 자유민주국가는 중국의 노예제도가 전 세계로 확장되는 것을 거부하면서도 동시에 환영하고 있다.

이러한 상황은 1930년대 뮌헨 및 1940년대 얄타에서 히틀러의 나치 노예제도와 스탈린의 전통적인 공산 노예제도를 거부하면서도 환영한 것과 마찬가지다.

역사적 과오로부터의 교훈을 기억하기란 그렇게나 어려운 일인가?

덩샤오핑 제국이라는 이 깨어난 사자의 오늘날 실력을 전 세계 자유·민주 역량과 비교해보면 처음 일어난 나치와 전후 상처를 입은 소련과 마찬가지로 매우 작다. 따라서 자유·민주 역량이 완전히 연합하면 중국이 인민을 노예로 만들거나 지구를 오염시키는 것을 저지할 수 있을 것이다. 하지만 만약 경각심을 갖지 않고 이 사자의 몸집이 두 배로 커지도록 내버려두면 전 세계 GDP에서 차지하는 비중이 7%에서 28%로 미국을 뛰어넘을 것이고, 그때가 되면 저지하려 해도 때는 이미 늦을 것이다. 그리고 그때에 인류와 지구가 치러야 할 대가는 뮌헨과 얄타에 대해 지불했던 대가보다 훨씬 클 것이다.

덩샤오핑 제국이 인류와 지구에 초래할 재난을 피하기 위해서는, 전 세계 자유·민주 역량이 반드시 중국 인민과 연합해서 반자유·반민주·반인권적이며 인류의 생존 환경을 위협하는 노예제도하의 중국 발전 모델을 종식시켜야 한다. 중국이 자유, 평등, 민주, 법치, 인권과 자연 생태 환경의 수호를 실현하고 인류 문명이 영원히 발전하는 공동 노선을 걷도록 만들어야 한다.

이는 장차 인류와 지구의 운명을 결정할 전 세계 자유제도와 노예제도 간의 '최후 일전'이 될 것이다.

보론 1

천안문 학살이 남긴 역사적 교훈

천안문 학살은 이미 자행된 역사적 사실이며, 이것이 지니고 있는 의미는 현재의 관점에서 이미 자명하여 의심의 여지가 없다. 그 의미는 중국공산당 정권이 인명(人命)을 잔혹하게 살상해 하늘의 뜻에 역행하는 반인륜적인 죄 (crime against humanity)를 저질렀다는 것이다.

— 위잉스(余英時)

1. 비극에 대한 반성

1989년 6월 4일, 중국에서는 전 세계를 경악하게 만든 비극적인 천안문 학살 사건이 발생했다. 역사학자 위잉스는 다음과 같이 지적했다.

이 사건의 핵심적인 사실은 중국공산당이 국가의 군대를 동원해 천안문 일 대에서 빈손으로 평화적 청원을 하고 있던 청년 학생과 일반 시민을 탱크와 기관총을 동원해 학살한 것이다. 이는 전 세계 사람들이 TV를 통해 직접 목도 한 비극으로, 이 잔혹한 사실 자체는 이미 살아 있는 역사 위에 선혈로 명백하게 기록되어 있으므로 더 이상 바뀔 가능성이 없으며 어떤 해석상의 문제도 발생하지 않는다. 따라서 천안문 학살은 이미 자행된 역사적 사실이며, 이것이 지니고 있는 의미는 현재의 관점에서 이미 자명하여 의심의 여지가 없다. 그 의미는 중국공산당 정권이 인명(人命)을 잔혹하게 살상해 하늘의 뜻에 역행하는 반인륜적인 죄(crime against humanity)를 저질렀다는 것이다.

나는 결코 현대 서방의 인권 담론으로 중국공산당을 요괴화하지 않는다. 왜냐하면 이 또한 중국 전통문화에서 공인된 도리이기 때문이다. 맹자는 일찍이 "하나라도 의롭지 못한 일을 저지르고 한 사람이라도 죄 없는 사람을 죽여서 천하를 얻는 일은 다들 하지 않아야 한다"라고 말했다. 나는 하나의 구체적인 역사적 사례를 들어 나의 논점을 설명하겠다. 명나라 만력(萬曆) 29년 (1601년)에 환관이 무거운 세금으로 상인들을 착취하자, 쑤저우(蘇州)의 시민들은 수천 명이 격렬하게 집단 항의했으며 환관의 부하 한 명도 때려서 죽였다. 당시 지방 당국에서는 군대를 동원해 진압하자고 주장하는 사람도 있었으나 태수 주섭원(朱燮元)은 "안 된다. 자고로 군사란 외적을 막는 데 활용하는 것이다. 따라서 나는 이를 내부의 반란을 진압하기 위해 활용할 수 없으며, 그렇게 함으로써 국가적인 혼란이 초래되지 않도록 해야 한다. 만약 내부의 반란을 진압하기 위해 어쩔 수 없이 공격을 취해야 한다면 병력을 신중하게 움직여야 할 것이다"라고 말했다. 400년 전 쑤저우의 태수 주섭원은 청나라 군대의 기능이 외적의 침입을 방어하는 데 있음을 확실히 인식해 절대로 군대를 써서 백성을 잔인하고 악독하게 대할 수 없다고 했는데, 이는 설령 전제 왕조 하의 중국이라 하더라도 천안문 학살은 절대로 용서할 수 없는 죄행이라는 사실을 설명하기에 충분하지 않은가?[1]

---

1   余英時, "序", 陳小雅 編, 『沉重的回首: 1989年天安門運動十五週年紀念文集』(香港: 開放雜誌社, 2004).

그러나 전 세계 사람들이 직접 목격했고 이미 완성된 역사적 사실이자 현대의 서방 인권 담론에서나 중국 전통문화에서나 모두 '절대로 용서할 수 없는 죄행'은 시간의 흐름에 따라, 각각의 인물이 서로 다른 동기로 반성함에 따라, 그리고 중국이 개방형 공산 노예제도하에서 부상함에 따라 원래는 "이미 살아 있는 역사 위에 선혈로 명백하게 기록되어" 있는 "이미 완성된 역사"였으나 지금은 나날이 모호해지고 암담해지고 있다.

1989년에 발생한 이 비극에 대한 중국 관방의 논조는 시종일관 변하지 않고 있는데, 바로 덩샤오핑이 천안문 학살 이후 수도 계엄부대의 군 이상 간부를 접견했을 때 했던 다음과 같은 말이다.

이 풍파는 조만간 도래할 것이었다. '국제 대기후'와 중국의 '국내 소기후'에 따라 결정된 이 풍파는 반드시 도래할 것이었으며, 사람들의 의지로 움직이는 것이 아니라 단지 늦고 빠름의 문제이자 크고 작음의 문제였다. 그런데 지금 도래한다면 우리에게 비교적 유리할 것이다. 가장 유리한 점은 적지 않은 원로 동지들이 아직 건재하다는 것이다. 이들은 수많은 풍파를 거쳤기에 사안의 이해관계를 잘 파악하고 있으며, '폭력적 난동'에 대해 강경한 행동을 취하는 것을 지지한다.

문제의 성격을 '동란'으로 정했는데, 이 두 글자는 매우 합당하다. 후에 사태가 반혁명 폭동으로 진일보 발전하면 그 또한 필연적이다. 그들이 우리의 국가와 당을 전복하려 했다는 것이 문제의 본질이다. 그들의 목적은 서방에 완전히 예속된 자산계급 공화국을 건립하는 것인데, 그 핵심은 공산당을 타도하고 사회주의 제도를 뒤집는 것이다.

미국은 우리가 학생들을 진압했다고 매도하고 있다. 그들 또한 국내의 학생 시위와 소란을 처리할 때 경찰과 군대를 출동시키지 않았는가? 또한 사람을 체포하고 유혈 사태가 일어나지 않았는가? 그들은 학생과 인민을 진압한

것이고, 우리는 반혁명 폭란을 평정한 것이다.[2]

　나는 공산당 일당독재가 중국에 존재하는 한 이러한 논조는 변하지 않을 것이라고 믿는다. 혹자는 이미 중국이 변했다고 하면서 천안문 학살을 '6·4', '풍파(風波)'라고 아직까지 개칭해서 부르지 않는가 하고 질문한다. 내가 덩샤오핑의 발언 가운데 이 단락을 인용한 이유는, '풍파'는 덩샤오핑이 원래 했던 말로서, 곧 '동란'을 지칭하는 것이자 이후 반혁명 폭동으로 발전할 '이 풍파'를 지칭한다는 것을 일깨워주기 위함이다.

　주목해야 할 것은 당시 이 비극에 말려들어 일정한 역할을 맡았던 한 연극배우(장쩌민)는 상황이 변하자 반성이라는 명분을 내세우며 당시 '이미 완성된 사실'을 다시 가위질해서 다른 형태의 역사를 만들어내고 있다는 사실이다.

　첫 번째 형태는, 1989년 민주운동의 정의성을 근본적으로 부정하고 이 운동을 '비합리적이고 비민주적이며 화물을 가득 실은 채 일정한 방향성도 닻도 없이 바다 위에 떠 있는 배와 같아서 질풍노도와 같은 감정을 주체하지 못하고 맹목적으로 질주해 결국 전복되어 멸절할 것'이라고 칭하는 것이다. 그들은 운동에 참여한 민중을 "감정을 발산한 것 외에 이성적 요인을 살펴보기가 매우 어렵다"라고 비난하면서 학생들은 "국가와 백성을 걱정해서 운동에 참여했다기보다는 낭만이나 즐기려는 욕구에서 비롯되었다고 할 수 있다. 천안문광장 위에서의 야유회 모습, 달빛 아래에서 흥겹게 노래를 부르고 춤을 추는 광경, 땀 흘리지 않고 돈을 모금하며 서로 미래의 권력자가 되면 앞으로 어떤 직책에 오를지를 논하는 꿈같은 이야기 등 그

2 　鄧小平, "在接見首都戒嚴部隊軍以上幹部時的講話," 1989年 6月 9日, 『鄧小平文選』, 第3卷(人民出版社, 1993), pp. 302~307.

382　덩샤오핑 제국 30년

날의 학생들은 각기 파벌을 형성하며 서로 이전투구하던 중이었으며, 서로 돕지 않고 오히려 의심하고 꺼렸으며, 일련의 권모술수를 펼쳤다. 따라서 만약 학살을 통해 또 다른 상황이 만들어지지 못했다면 천안문광장은 큰 동란으로 발전하는 결말로 끝났을 가능성이 매우 높다"라고 말했다.[3]

두 번째 형태는, "급진적인 학생이 일부러 정부를 격노시켜 살인하게 했다"라며 6·4 학살의 역사적 책임을 학살자가 아닌 학생에게로 전가시키면서 6·4 학살을 일부 학생들이 죽음에서 벗어나기 위해 꾸민 일종의 비밀 책략이라고 칭하는 것이다. 그 근거로는 학생 지도자였던 차이링(柴玲)이 1989년 5월 28일 미국의 프리랜서 기자 필립 커닝햄(Phillip Cunningham)에게 보낸 다음과 같은 녹음을 든다.

> 차이링: 학우들은 줄곧 우리가 다음에 무엇을 해야 하는지 물었습니다. 저는 마음속으로 매우 큰 슬픔을 느꼈습니다. 사실 우리가 기대한 것은 바로 피를 흘리는 것이었습니다. 저는 광장에서 피를 흘려 강물이 될 때 전 중국인이 비로소 진정 깨어날 수 있을 것이며(울면서 말함), 비로소 단결할 수 있을 것이라고 생각했습니다.
>
> 커닝햄: 당신은 계속 광장을 지킬 것입니까?
>
> 차이링: 저는 할 수 없을 것입니다.
>
> 커닝햄: 왜 그렇습니까?
>
> 차이링: 저는 블랙리스트에 올라간 사람으로서, 이런 정부에 의해 죽임을 당하고 싶지 않습니다. 저는 곧 베이징을 떠나 지하로 들어갈 것입니다.[4]

---

3   保密, "中國的夢," ≪民主中國≫, 總第9期(1992年 4月).
4   卡瑪·高富貴, 『天安門』(香港: 明鏡出版社, 1997), pp. 176~177.

이러한 모습을 담은 동영상 화면은 6·4 학살이 자행된 후에 미국 ABC 뉴스 프로그램 〈나이트라인(Nightline)〉에 방영되었지만 주의를 끌지는 못했다. 왜냐하면 당시에 그러한 담론은 결코 특별한 것이 아니었기 때문이다. 천안문민주대[5] 명예교장 옌자치(嚴家其)는 개교 식전에서 "선혈과 생명을 바쳐 민주로 향하는 길을 열자"라고 말했는데, 이는 그가 이전에 '5·17 선언'을 통해 "노인정치(老人政治)는 반드시 종식되어야 한다! 독재자는 반드시 사직해야 한다!"라고 해서 주목을 끌었던 것에 크게 미치지 못하는 것이었다. 이로부터 6년 후인 1995년 4월 30일, 미국 ≪뉴욕타임스≫의 베이징 주재 특파원 타일러는 카르마 힌턴(Carma Hinton)과 리처드 고든(Richard Gordon)이 함께 촬영한 〈천안문〉[6]이라는 영화에서 이 대목을 끄집어내어 급진적인 학생들의 '비밀 책략'에 의한 도발로 중국 정부가 살인을 하게 되었다고 보도했고, 이는 마침 이러한 논의에 대해 이미 비판적 반성을 했던 일단의 사람들이 이른바 '민주 급진주의', '민주 낭만주의'라는 이름의 총탄을 포위해서 제압하는 데 거꾸로 활용되었다.

세 번째 형태는, '반성'하는 자로서, 1989년 발발한 이 운동을 중국 개혁의 진행 과정을 중단시킨 역사적 도태라고 인식하고 중국의 농민, 노동자, 학생이 모두 개혁에 방해가 되었다고 생각하는 것이다. 이 형태에서는 '8억 농민과 3억 문맹이라는 농업사회의 정치적 특징은 주로 군권(君權) 정치로 표현된다', '노동자가 개혁에서 크게 낙담하고 진일보한 경제 자유화에 대해 의구심을 느낀다', '학생의 행동 방식은 최종적으로 개혁이 청산되도록 만든 근거가 되었다'라고 본다. 그리고 민주제도는 중국의 특수한 국정(國情)에 부합하지 않으며 동아시아와 동유럽에서 발생한 민주화 진행 과

---

5   공식 명칭은 천안문민주대학(天安門民主大學)이며 1989년 6월 3일 오후에 성립되었다. _ 옮긴이 주
6   영화 〈천안문〉의 영어 원제는 'The Gate of Heavenly Peace'다. _옮긴이 주

정은 중국이 갈 수 없는 길이라고 결론을 내린다.

중국의 특수한 국정은 현대화를 잉태하고 길러낸 기독교 문화와는 다른 유
가 문화의 발원지이자 공산주의 제도하의 하나의 대국이다. 이는 하나의 전통
사회이기도 하지만 하나의 공산주의 혁명을 거친 사회이기도 하다. 또한 하나
의 공산주의국가이기도 하지만 하나의 오래된 동방의 공산주의국가이기도
하다. 공산주의가 아닌 동방국가에서 실현된 경제 현대화 및 이러한 기초 위
에 지금 점진적으로 추진되고 있는 정치민주화는 중국에서 통용될 수 없다.
또한 동방이 아닌 공산주의국가에서 발생한 공산당 일당 전제를 돌파하는 것
을 주요 내용으로 하는 정치민주화 및 이러한 전제 아래 실현된 경제 현대화
역시 중국에서는 통용될 수 없다.[7]

네 번째 형태는 '1989년 민주운동의 역사적 의의'를 무한하게 격상시키
는 것으로, 예를 들면 옌자치는 다음과 같이 말했다.

6·4는 20세기 역사의 전환점이다. 만약 6·4가 없었다면 베를린 장벽이 6·
4가 발생한 5개월 뒤에 무너지지 못했을 것이다. 6·4의 충격은 20세기 말의
거대한 회오리바람을 형성했다. 6·4가 발생한 3개월 뒤 헝가리에서 서부 국
경을 개방하자 비가 오는 가운데 1만여 명의 동독인들이 헝가리와 오스트리
아를 거쳐 서독으로 도망갔다. 베를린 장벽이 무너지자마자 이틀 만에 다시
75만 명의 동독 사람들이 서독으로 몰려들었다. 6·4의 여파는 전 세계적으로
서로 다른 지역과 국가에서 서로 다른 거대한 변화를 유발했다. 소련과 동유
럽에서는 일당독재의 붕괴를 유발했다. 중국에서는 공산당 정권이 주동적으

---

7   吳國光, "自由: 推進中國現代化轉型的基本導向," ≪當代中國研究中心論文≫, 第2期.

로 계획경제를 포기하고 아울러 공유제의 와해와 민간 경제의 발전을 위해 대문을 열도록 만들었다. 서유럽과 북유럽에서는 사회민주주의 세력의 약화를 유발했다. 20세기 역사는 국가 정권의 역량으로 전 사회의 공유화를 강제적으로 추진하고 계획경제를 실시하는 이러한 노선이 통용될 수 없음을 증명하고 있다. 이러한 역사의 거대한 변화에서는 두 종류의 모델을 살펴볼 수 있는데, 하나는 비공산당 정권이 탈공산주의화를 추동하는 것이고, 다른 하나는 공산당 정권이 탈공산주의화를 추동하는 것이다. 6·4의 충격이 소련과 동유럽에서 중국으로 전해진 이후 중국은 두 번째 모델의 대표가 되었다.[8]

마지막 다섯 번째 형태는 천안문 학살을 늙고 병든 덩샤오핑이 약물을 대량 복용한 탓에 비이성적이며 폭력적인 경향이 나타남에 따라 유발된 비극으로 간주하는 것이다.

덩샤오핑은 전립선암 환자이자 85세의 파킨슨병 말기 환자로서 수명 연장을 위해 최첨단 의료 기술의 통제를 받고 있는 인물이다. 따라서 '퇴로가 없다'는 그의 감각은 상당 부분 본인의 생명 상태를 묘사한 것이 아니겠는가? 상당 부분 당과 개혁 사업 또는 정국(政局)에 대한 자신의 통제 능력을 묘사한 것이 아니겠는가? 그가 어떤 국면에 나타난 형세에서 독약 처방을 통해 심각한 증상을 가격하는 수법은 의사가 환자의 심각한 증상에 대해 시술하는 긴급 처방전과 상당 부분 유사한 일종의 복사판이라고 할 수 있지 않을까?『왕패출진적 중남해패국(王牌出盡的中南海牌局)』이라는 책에서 장즈펑(江之楓)은 중대한 국가 활동에 출석하기 위해 덩샤오핑은 약물을 대량 복용했다고 지적했다.

---

8   嚴家祺, "序," 陳小雅 編, 『佛之血[八九-六四]硏究文集』(New York: 21世紀中國基金會, 2003).

만약 장즈핑의 말에 확실한 근거가 있다면 우리는 덩샤오핑이 약을 두 차례 대량 복용한 후 비이성적이며 폭력적인 경향이 나타났음을 알 수 있다. 1차는 4월 22일 후야오방 추도회에 출석한 이후 죽을 때까지 만회하기 어려운 '4·25 강화'를 했던 것이고, 2차는 5월 16일 고르바초프를 회견한 이후 5월 18일에 자신이 평생 동안 쌓은 명예를 매장시킬 게임 결정을 내린 것이다! 이후의 사태는 모두 이러한 나라밖 사건으로 이미 형성된 대립 구조 가운데 추진된 것으로, 합리적으로 진화된 결과였다.[9]

이러한 다섯 가지 형태의 '반성' 가운데 처음 세 가지는 서로 다른 각도에서 1989년 중국의 민주운동을 부정하고 있으며, 네 번째 형태는 이와 반대로 이러한 운동을 긍정하고 있을 뿐만 아니라 이를 '20세기 세계 역사의 전환점'이라고 추켜세운다. 전자는 민주운동이 유발한 학살의 비극이 중국 개혁의 진행 과정을 중단시켰다고 보는 반면, 후자는 이 비극이 세계와 중국의 역사적 진행 과정을 추동했다고 본다. 그러나 긍정하는 사람이든 부정하는 사람이든 모두 이른바 공산당 정권의 탈공산주의화를 추동하는 중국 모델을 인정하는 경향이 있다. 마지막에 근거로 든 『왕패출진적중남해패국』은 허구의 내용을 다룬 소설이므로 논하지 않아도 된다.[10]

2. 덩샤오핑의 반자유화 전략

덩샤오핑이 천안문 학살이라는 정책을 결정한 것은 결코 약물을 대량

---

9 陳小雅, "鄧小平八九用兵探秘,"『沉重的回首: 1989年天安門運動十五週年紀念文集』, pp. 190~191.
10 『왕패출진적중남해패국』의 저자는 원래 중국공산당 중앙당교의 공농병(工農兵) 출신 대학생으로서, 스스로 후야오방의 비서라고 자칭하면서 미국 정치 비호 기간에 이 허구의 내용을 다룬 소설을 썼다고 밝혔다. 이후 타이완 국민당의 중앙일보사(中央日報社)가 '중국공산당 고급간부 장즈핑'이라는 이름으로 출판했다.

복용한 후에 나타난 비이성적이며 폭력적인 경향의 소치가 아니며, '유혈 사태가 일어나기를 기대한 급진적인 학생들의 비밀 책략' 때문에 격노한 것도 아니었다. 이는 그가 장기간 국제 대기후와 중국 소기후를 관찰하고 심사숙려해서 수립한 반자유화 대전략이었다. 그는 "이 풍파는 조만간 반드시 도래할 것이었다. 이는 사람들의 의지로 움직이는 것이 아니라 단지 늦고 빠름의 문제이자 크고 작음의 문제였다. 그런데 지금 도래한다면 우리에게 비교적 유리하다"라고 말했다.

왜 그러한가? 왜냐하면 덩샤오핑이 있고, '적지 않은 원로 동지들이 건재하며', '사안의 이해관계를 잘 파악'하고 있기 때문이다. 지금 돌이켜보더라도 덩샤오핑은 전술한 다섯 가지 부류의 반성하는 자들보다 더 정신이 또렷했으며 사안의 이해관계를 잘 파악하고 있었다. 덩샤오핑이 말한 국제 대기후는 1980년대 중반 남유럽(포르투갈, 스페인)에서 시작된 제3차 민주화 물결이 점차 남미, 아프리카로 확대되었으며, 지금은 유라시아 대륙의 공산주의국가를 향해 불고 있다. 덩샤오핑이 말한 중국 소기후는 전 세계 제3차 민주화 물결의 영향 아래 일어난 중국 민주화의 물결이자 이른바 '자산계급 자유화'의 물결이기도 했다.

덩샤오핑의 반자유화 전략은 중국공산당 11기 3중전회 이후에 점진적으로 형성된 것이었다. 11기 3중전회 이전에 덩샤오핑은 후차오무에게 자신을 대신해 한 편의 발언 원고를 기초하도록 했다. 후차오무는 원고에서 "인민민주독재하의 계속혁명을 실현하려면 사회주의 사회에 계급투쟁이 있다는 사실과 당 내부에 아직 자본주의 노선을 걸으려는 당권파(黨權派)가 있다는 사실을 잊어서는 안 된다"라면서, "우리는 반드시 계급상의 적이 활동을 벌이기 시작할 때부터 이들을 소멸시켜야 한다"[11]라고 썼다.

---

11 후차오무가 기초한 덩샤오핑 강화 원고에서 인용한 것이다. 나는 후야오방이 나를 찾아

덩샤오핑은 후차오무의 원고를 후야오방에게 주면서 "이 원고는 사용할수 없다. 후차오무의 생각은 글렀다. 자네가 다른 사람을 물색해서 원고를쓰도록 시켜라"[12]라고 말했다. 당시 덩샤오핑의 생각은 후차오무 대신 후야오방에게로 기울어져 있었다. 그는 후차오무의 원고를 폐기했고, 후에'11기 3중전회 주제보고'로 일컬어지는 강화인 '사상을 해방시키고 실사구시와 단결일치를 통해 앞으로 나아가자'를 발표했다. 강화에서 그는 "민주는 사상해방의 중요한 조건"이라고 강조하면서 "민주제도화와 법률화를반드시 이룩해 이러한 제도와 법률이 지도자가 바뀜에 따라, 또는 지도자의 견해와 주의력이 변함에 따라 결코 바뀌지 않도록 해야 한다"라고 강조했다. 그는 당에서는 "군중으로부터 어떤 논의를 들으면, 특히 다소 첨예한논의를 들으면 바로 정치적 배경을 추적하고 정치적 유언비어를 추적해 입안하려 하거나 공격해서 억압하려 한다"라고 비판하면서 "이러한 종류의고약한 풍조는 반드시 확고하게 제지되어야 한다"[13]라고 지적했다.

당시 덩샤오핑은 후야오방과 함께 민주파의 입장에 서 있으면서 반민주의 보수파를 거절했다고 할 수 있다. 덩샤오핑은 또한 급진적인 민주 언론을 언급한 적이 있는데, 그 내용은 다음과 같다.

10월 혁명 이후 60여 년 동안 민주는 잘 수행되지 못했다. 올해 상반기에 2만~3만 자의 대문장을 써서 이른바 5·4 발표를 했는데, 이 발표에서는 세계역사의 발전과 인류 사회의 추세로부터 민주주의가 발생하고 발전한 바를 명

와 덩샤오핑 강화를 기초하는 작업에 참여시켰을 때 나에게 건네준 후차오무의 초고를개인적으로 보관하고 있다.

12 阮銘, 『鄧小平帝國』(台北: 時報文化, 1997).

13 鄧小平, "解放思想, 實事求是, 團結一致向前看," 1978年 12月 13日, 『鄧小平文選, 1975~1982』(北京: 人民出版社, 1983), pp. 135~136.

확하게 논하려 했다. 자산계급은 민주주의로 일어났고 봉건 전제에 반대했다. 자산계급은 민주주의를 통해 역사상 존재했던 모든 착취제도를 초월했다. 무산계급의 민주는 당연히 민주 발전의 더욱 높은 단계이므로, 자산계급의 민주를 뛰어넘어야 한다. 자산계급의 민주 가운데 좋은 점은 대대적으로 발양해야 한다. 과거의 무산계급은 잘하지 못했고, 스탈린은 오류를 범했으며, 우리도 오류를 범했다.

우리는 인민이 주인이 되게끔 해야 한다. 그렇다면 어떻게 해야 인민이 스스로 주인이라고 느끼게 할 수 있는가? 자산계급은 자신을 주인으로 만드는 일련의 것들을 보유하고 있는데, 이 가운데 선거와 입법은 정부를 지배할 수 있다. 우리는 방법을 강구해 인민이 스스로 국가의 주인이라고 느끼게 해야 한다. 오늘 내가 말한 것 중 명확하지 않은 내용은 20~30명을 조직해 관련 문장을 전문적으로 쓰게 하라.[14]

이는 1979년 1월 27일, 후야오방이 덩샤오핑에게 중앙에서 개최된 이론 공작 무허회의 토론 상황을 보고하자 덩샤오핑이 한 말이다. 이틀 후 덩샤오핑은 미국으로 출발했다. 귀국한 이후 그는 베트남에 대한 '징벌 전쟁'을 한 차례 발동했고, 시단 민주주의의 벽에는 웨이징성이 "새로운 독재자의 출현을 막아야 한다"라고 경고하는 대자보를 붙였다. 짧은 2개월 동안 덩샤오핑의 '견해와 주의력'은 민주파를 향하고 보수파를 거부하는 데서 민주파를 거부하고 보수파를 향하는 쪽으로 바뀌었다. 1979년 3월 30일 덩샤오핑은 후차오무가 자신을 위해 기초한 「4항 기본원칙의 견지」를 발표함으로써, 자신이 2개월 전에 구상한 '민주 대문장'을 저 멀리 구천의 구름 밖으로 내던져버렸다. 덩샤오핑은 다음과 같이 말했다.

---

14 덩샤오핑이 이론공작 무허회의 보고회의에서 한 발언(1979년 1월 27일)을 기록한 원고.

우리는 사회주의 사회에 여전히 반혁명분자, 적대분자, 각종 사회주의 질서를 파괴하는 형사범죄분자와 기타 악질분자가 있다는 것을 반드시 알아야 한다. 특수한 형식의 계급투쟁 또는 역사상 계급투쟁은 여전히 사회주의 조건하에 특수한 형식으로 남아 있다. 이러한 모든 반사회주의분자에 대해 지속적으로 독재를 실행해야 한다. 이러한 독재에는 국내 투쟁도 있고 국제 투쟁도 있는데, 양자는 불가분의 관계다. 따라서 계급투쟁이 존재한다는 조건하에서는, 그리고 제국주의와 패권주의가 존재한다는 조건하에서는 국가의 독재 기능이 소멸된다는 것은 상상할 수도 없는 일이다. 무산계급 독재가 없으면 우리는 사회주의를 수호할 수도 건설할 수도 없다.[15]

이는 중국공산당 11기 3중전회 시기에 덩샤오핑이 폐기해버린, 후차오무가 집필했던 원고의 생각으로 되돌아온 것 아닌가? 3개월 전에 덩샤오핑은 "후차오무의 생각은 글렀다"라고 말했는데, 3개월 후에는 이것이 도리어 덩샤오핑 자신의 생각이 되어버리고 말았다. 덩샤오핑이라는 동일한 인물이 두 가지의 생각을 갖고 세 차례에 걸쳐 말했다. 과연 이 중에서 무엇이 진짜이고 무엇이 가짜인가? 무엇을 기준으로 삼아야 한단 말인가?

내가 볼 때에는 모두 진짜다. 이것이 바로 덩샤오핑 자신이 말한 "지도자의 견해와 주의력의 변함에 따라 바뀌는 것"이다. 1978년 12월과 1979년 1월, 덩샤오핑의 주의력은 마오쩌둥 제국이 남긴 '사상 강화(僵化)와 미신 성행', '가장 두려운 것은 아작무성(鴉雀無聲)'의 상황을 변화시키는 데 집중해 있었고,[16] 따라서 그의 견해는 후야오방으로 대표되는 민주파의 생각 쪽

---

15 鄧小平, "堅持四項基本原則," 1979年 3月 30日, 『鄧小平文選, 1975~1982』(北京: 人民出版社, 1983), p. 155.
16 鄧小平, "解放思想, 實事求是, 團結一致向前看," 1978年 12月 13日, 『鄧小平文選, 1975~1982)』(北京: 人民出版社, 1983), pp. 134~135.

으로 경도되었다.

1979년 3월에 이르러 덩샤오핑의 주의력은 후차오무, 덩리췬 등이 그에게 보고한 바에 따라 "사회에서 사회주의에 의구심을 품고, 무산계급 독재에 의구심을 품고, 당의 지도에 의구심을 품고, 마르크스·레닌주의와 마오쩌둥주의에 의구심을 품는 사조가 있는데, 이러한 사조의 위험을 인정하지 않는 자들이 당내에도 있으며, 심지어 일정한 정도에서 이를 지지하는 경향이 있다"는 쪽으로 향했다.[17] 따라서 그의 견해도 곧 후차오무가 대표하는 보수파의 생각으로 돌아섰다.

그 이후 6~7년 동안 덩샤오핑의 견해와 주의력은 민주파와 보수파 사이에서 오락가락했다. 이로 인해 때로는 "당과 국가 영도제도의 개혁"을 논하고 "정치적으로 자본주의국가의 민주보다 더욱 높고 효과적인 민주를 창조하고 제도적으로 국가 정치 생활의 민주화, 경제 관리의 민주화, 전체 사회생활의 민주화를 보장한다"라고 주장했으나,[18] 때로는 "자산계급 자유화를 반대하며", "자산계급 민주를 있는 그대로 가져올 수 없고 삼권분립이라는 틀을 행할 수 없으며", "독재 수단을 중시해야 할 뿐만 아니라 필요할 경우 이를 사용해야 한다"라고 주장했다.[19]

1987년 1월 후야오방이 권좌에서 물러났는데, 이는 덩샤오핑과 당내 민주파의 최후 결렬을 의미하며, 또한 덩샤오핑 제국의 반자유화 대전략이 최후에 확립되었음을 의미하는 것이기도 했다. 중국공산당 12기 6중전회(1986년 9월)의 대변론에서는 보수파가 덩샤오핑의 지지 아래 민주파를 격

---

17 鄧小平, "堅持四項基本原則," 1979年 3月 30日, 『鄧小平文選, 1975~1982』(北京: 人民出版社, 1983), pp. 148~152.

18 鄧小平, "黨和國家領導制度的改革," 1980年 8月 18日, 『鄧小平文選, 1975~1982』(北京: 人民出版社, 1983), p. 282, 296.

19 鄧小平, "旗幟鮮明地反對資産階級自由化," 1986年 12月 20日, 『鄧小平文選』, 第3卷(北京: 人民出版社, 1993), p. 196.

퇴했고,[20] 그 이후 덩샤오핑과 보수파는 1986년 말의 학생운동을 이용해 후야오방에게 사퇴하도록 압박을 가했다. 이 사건은 1989년 일어난 천안문 사태의 리허설이었다고 할 수 있다. 비록 당시 후야오방의 조치 아래 학생운동이 평화적으로 막을 내리기는 했지만, 후야오방과 당내 민주파는 청산될 위기에 봉착했다. 당시 덩샤오핑의 강화는 "유혈 사태가 일어나는 것은 두렵지 않다", "천안문광장에서 하나씩 하나씩 잡아들여라!"[21] 등 이미 살기가 등등했다.

하지만 그 이후 보수파의 권력 쟁탈 목표는 실현되지 못했다. 왜냐하면 덩샤오핑이 확립한 반자유화 대전략은 2개의 주먹이었기 때문이다. 이로 인해 덩샤오핑은 한 손으로는 '4항 기본원칙의 견지, 자산계급 자유화 반대'(독재 수단으로 자유·민주·인권 운동을 통제하는 것을 포함)를 고수하려 했고, 다른 한 손으로 서방 자본주의국가를 향해 개방하고 자본, 기술을 도입함으로써 경제 발전을 고수하려 했다. 덩샤오핑은, 보수파에는 독재라는 하나의 손만 있고 개방이라는 다른 하나의 손은 없다고 보았기 때문에 보수파가 추천한 좌왕 덩리천에게 후야오방을 대신하도록 할 수 없다고 보아

---

20 1986년 9월 29일, 중국공산당 12기 6중전회는 후야오방이 주재해 기초한 '정신문명 건설 지도방침에 대한 결의'에 대해 토론했다. 이 문건에서는 민주화 주제를 두드러지게 다뤄 "고도 민주는 사회주의 정신문명을 국가와 사회생활에서 중요하게 체현하는 것", "인류 역사상 신흥 자산계급과 노동인민이 봉건 전제제도를 반대한 투쟁 가운데 형성된 자유, 평등, 박애의 관념은 인류 정신을 크게 해방시켰다"라는 등의 내용을 지적했다. 보수파는 이 문건에 반대해 덩리천이 쓴 수정 원고를 덩샤오핑과 천원에게 전달했다. 천원은 수정 원고를 지지했으나 덩샤오핑은 처음에는 수정 원고를 부정하고 후야오방을 지지했다. 대회의 표결 전에 루딩이와 완리는 후야오방이 타협을 위해 덧붙인 '반자유화'라는 한 단어를 삭제할 것을 주장해 보수파의 집단 공격을 유발했으며, 이어서 덩샤오핑은 강렬한 어조의 '반자유화' 강화를 발표해 보수파를 지지했다.
21 1986년 12월 30일 덩샤오핑의 강화 전달 원고에 나오는 말이다. 『덩샤오핑 문선』에서는 "사람을 잡아들이는 것은 최대한 줄여라. 누군가 유혈 사건을 일으킨다면 당신은 어떤 방법이 있는가? 후퇴하면 성가신 일들이 더욱 많아질 것이다"라고 수정되었다.

자오쯔양을 선택했다.

자오쯔양은 총서기직을 이어받을 때 다음과 같이 말한 바 있다.

개혁, 개방, 활기를 가장 일찍, 가장 많이, 가장 심각하게 말한 사람은 덩샤
오핑 동지다. 4항 기본원칙 견지와 자산계급 자유화 반대를 가장 일찍, 가장
많이, 가장 심각하게 말한 사람도 덩샤오핑 동지다. 그는 중국의 실제를 깊이
연구하는 과정 가운데 이러한 2개 기본점을 제기했던 것이다. 우리 모두는 마
땅히 이 두 가지 방면에 대한 덩샤오핑 동지의 논술을 잘 배워야 한다. 이는
중국 특색의 사회주의의 진수다.[22]

이 두 편의 강화로 덩샤오핑과 자오쯔양은 1년여 동안(1987년 초~1988년
상반기) 짧은 밀월을 즐겼다. 그러나 보수파는 자신들이 후야오방을 물리
쳐서 얻은 승리의 열매가 자오쯔양의 수중에 떨어지는 것을 보고 싶지 않
았다. 1988년 봄, 왕전은 먼저 주하이로 가서 주하이호텔의 고급 객실에 요
양을 한다는 명목으로 머무르면서 보이보 등 대원로를 불러 자오쯔양을 타
도하기 위한 중요한 계획을 상의했다. 이 해 5월, 덩샤오핑은 물가 개혁을
제기하면서 다음과 같이 매우 매서운 어조로 말했다.

중국에는 '다섯 관문을 통과하면서 장수 여섯 명의 목을 베다(過五關, 斬六
將)'라는 관우의 이야기가 있지 않는가? 우리는 관우보다 더 많은 관문을 통과

---

22 趙紫陽, "春節團拜會上的講話," 新華網, 1987年 1月 29日, http://news.xinhuanet.com/zil
iao/2005-02/05/content_2550940.htm. 이 강화에서 제기된 '2개의 기본점'이라는 논법은
후에 자오쯔양의 중국공산당 제13차 당대회 정치보고에 기재되었다. 6·4 학살과 자오쯔
양 파면 이후로도 덩샤오핑은 자오쯔양의 제13차 당대회 정치보고가 "한 글자도 바뀌어
서는 안 된다"라는 입장을 견지했다.

해야 하며, 더 많은 장수의 목을 베어야 할 것이다. 하나의 관문을 통과하는 것은 매우 쉽지 않으며 매우 큰 위험을 감수해야 한다. 그러나 물가 개혁은 하지 않을 수 없다. 위험에 직면하더라도 어려움을 이겨내며 올라가야 한다.[23]

자오쯔양은 관문을 뛰어넘으라는 덩샤오핑의 명령 아래 경제학자를 소집해 몇 가지 물가 개혁 방안을 설계해냈다. 베이다이허에서 열린 중국공산당 중앙정치국 제10차 전체회의(1988년 8월 15~17일)에서 이와 같은 방안을 토론한다는 소식이 전해지자, 민중들이 전국적으로 물자와 용품을 구입했으며 은행에 맡겨 놓은 돈을 출납하기 위해 앞을 다투었다. 자오쯔양은 물가 개혁이라는 관문을 넘지 못해 싸우지도 못하고 퇴각해야 했으며 이로 인해 보수파는 자오쯔양을 공격할 기회를 얻게 되었다. 이는 다시 말해 설령 후야오방의 사망과 학생 민주운동이 없었더라도 보수파와 자오쯔양 간의 권력 투쟁은 피할 수 없었음을 의미한다. 또한 보수파는 물가 개혁이 덩샤오핑의 구상이라는 사실을 명확히 알고 있었으므로, 자오쯔양을 공격하는 중심점을 경제 문제에서 자오쯔양과 덩샤오핑의 관계라는 급소를 도발하는 것으로 신속히 이동시켰다.

보수파가 자오쯔양을 공격한 첫 번째 급소는 TV 프로그램 〈하상〉이었다. 싱가포르 리콴유 총리가 1988년 9월 중국을 방문했을 때 자오쯔양은 그에게 〈하상〉의 복사본을 주면서 "한번 볼 만한 가치가 있다"라고 말했다. 왕전, 덩리췬, 리셴녠 등은 이 기회를 틈타 대대적으로 문장을 썼다. 덩리췬은 다음과 같이 말했다.

자오쯔양이 지지하는 〈하상〉은 새로운 관점을 제기했는데, 바로 자오쯔양

---

23 鄧小平, "理順物價, 加速改革" 1988年 5月 19日, 『鄧小平文選』, 第3卷, pp. 262~263.

이 권좌에 오른 1년 동안을 '신기원'이라고 부른 것이다. 자오쯔양은 '신기원'이라는 이 논조를 매우 높이 평가한다. 먼저 비평을 제기한 것은 왕전이며, 린모한이 원로인 왕전을 도와 문장으로 정리했다. 리셴녠은 나에게 왕전의 문장에 대해 어떻게 생각하는지 물은 적이 있다. 그때 나는 내 의견을 제기했으며 핵심은 신기원이라는 논조라고 말했다. 이에 리셴녠은 "아, 과거에는 이러한 견해가 있는 줄 몰랐었다"라고 나에게 말했다.[24]

1989년 6·4 이후 중국공산당 중앙정치국 확대회의에서는 자오쯔양이 동란을 지지하고 당을 분열시킨 것을 비판했는데, 덩리췬은 이를 주제로 삼아 왕전이 다음과 같은 서면 발언을 할 수 있도록 도왔다.

〈하상〉의 핵심은 신기원이다. 〈하상〉에서 말하는 신기원은 두 가지다. 하나는 1649년 영국 자산계급 혁명이고, 다른 하나는 1987년 자오쯔양이 총서기가 된 것이다. 이는 자본주의를 이용해 사회주의를 대체하려는 것으로, 덩샤오핑 동지가 대표하는 당을 반대하고 자오쯔양의 신권위주의를 수립하려는 것이다. 이번 동란과 반혁명 폭동으로 크고 작은 야심가와 음모가, 반혁명 잔여 세력과 사회 잔재가 잇달아 나왔는데, 이는 이러한 신기원이 크게 표면화된 것이다. 자오쯔양은 신기원을 열고자 하는 야심가이며, 정치 술수를 부리는 데 뛰어난 음모가이기도 하다.[25]

왕전이 서면 발언에서 묘사한 자오쯔양은 실은 덩리췬 자신의 심리를 서술한 것이었다. 그는 보수파 노인들에게 의지하고, 덩샤오핑과 천윈 사

---

24 鄧力群, 『十二個春秋』(大風出版社, 2006), p. 757.
25 같은 책, pp. 757~759.

이의 대립과 모순을 이용해 정치 술수를 부리며, 반자유화 세력을 결집해 자유민주 역량을 타격하고 함정에 빠트려 해를 끼침으로써 개혁파 지도자를 뒤집고 권력을 탈취하려 한 것이다.

덩샤오핑은 이를 매우 일찍 간파했다. 후야오방을 권좌에서 내몬 중국 공산당 12기 6중전회 이전인 1986년 9월 18일 오전 10시, 덩샤오핑은 덩리 첸을 찾아갔고, 덩샤오핑과 덩리첸 사이에는 다음과 같은 흥미로운 대화가 오갔다.

> 덩샤오핑: 새로운 원고(후야오방이 기초를 주재한 '정신문명 결의' 초안을 지칭함)가 발송되었는데, 이를 본 적이 있는가?
>
> 덩리첸: 세 차례 보았고, 네 가지 의견이 있습니다.
>
> 덩샤오핑: 자네는 문건을 '좌'의 방향으로 이끌고 싶어 하네. 자네가 이번 '결의 초안'에 대해 제기한 의견의 방식은 좋지 못하네(덩리첸이 자신과 후차오무의 의견을 천원 등에게 전한 것을 지칭함). 자네와 후차오무는 나와 천원 동지 사이의 대립과 모순을 확대하지 말게.
>
> 덩리첸: 두 분 사이에는 서로 다른 의견이 있습니다. 저는 이를 알 수 있습니다. 저는 천원의 주장을 선전한 적도 있고, 당신의 주장을 선전한 적도 있습니다. 하지만 당신의 주장을 천원의 주장보다 훨씬 많이 선전했습니다.
>
> 덩샤오핑: 내일 회의가 열리면 자네는 이 원고에 대해 완전히 찬성한다는 한마디 말만 하게.
>
> 덩리첸: 저는 그렇게 말하지 않겠습니다.
>
> 덩샤오핑: 자네가 말하지 않으면 다른 사람이 말할 것일세.[26]

---

26 같은 책, pp. 611~616.

덩리췬이 자신의 저서 『12개 춘추』에서 밝힌 바에 따르면, 덩샤오핑은 자신과 얘기할 때에는 얼굴을 맞대고 "자네는 문건을 좌의 방향으로 이끌려고 한다"라고 했으나 왕전 등과 얘기할 때에는 "우리를 좌의 방향으로 이끌어야 한다"라고 말했다고 한다.[27]

이는 덩샤오핑이 중국공산당 12기 6중전회 이전에는 후야오방을 지지하고 덩리췬의 '좌경'을 반대했음을 명확하게 보여준다. 하지만 전체회의에서 예상하지 못했던 대변론이 발생하자 루딩이, 완리 외에 양상쿤, 위추리, 왕전, 보이보, 천윈, 리셴녠, 쑹런충, 펑전 등 모든 원로가 반자유화 쪽에 서는 것을 보고 덩샤오핑도 덩리췬의 '좌경'을 반대하는 입장에서 후야오방의 '우경'을 반대하는 입장으로 선회했다.

그러나 덩샤오핑 제국의 반자유화 전략은 보수파인 천윈, 리셴녠, 왕전, 덩리췬, 후차오무 등과는 달랐다. 덩샤오핑은 주로 정치·사상·문화 영역에서의 자유화만 반대했을 뿐, 경제 영역으로 확대되어 그의 또 다른 손인 개방에까지 영향을 미치지는 않았다. 그런데 보수파는 줄곧 반자유화를 경제 영역으로까지 확대시키려 했다. 덩리췬은 "자유화 사조가 범람하는 1단계는 사상 영역에서 자유화가 범람하는 것이고, 2단계는 자유화가 경제 영역에 침입하는 것이며, 3단계는 자산계급을 대표하는 정치세력이 형성되는 것이다"[28]라고 주장했다.

1단계는 후야오방을 지칭하며, 2단계와 3단계는 자오쯔양을 지칭한다. 덩리췬은 자오쯔양을 "자산계급 정치세력의 대리인"이라고 부르면서 다음과 같은 일화를 들려주었다. "한번은 리셴녠이 천윈에게 '문화대혁명 기간 중 마오쩌둥이 당내 주자파가 있다고 말해 과오를 범했는데, 최근 몇 년을

---

27 같은 책, p. 620.
28 같은 책, p. 821.

볼 때 자오쯔양이 주자파와 비슷해 보이지 않는가?'라고 묻자 천윈은 '비슷한 게 다 뭔가? 그는 바로 주자파일세. 그의 생각, 생활, 정견은 그가 말 그대로 주자파임을 증명하고 있지'라고 대답했다."[29]

이로부터 볼 때 보수파가 자오쯔양을 전복시킨 후 마오쩌둥의 전면 독재를 견지하는 덩리췬으로 대체하려 했다는 것은 이미 결정된 방침이었다. 후야오방이 사망한 이후 학생운동의 발생 유무를 논외로 하더라도 이는 불가피한 일이었다. 1987년 1월 그들은 후야오방을 전복시키고 바로 덩리췬을 권좌에 올리려 했으나 결과적으로는 덩샤오핑이 승리의 과실을 자오쯔양에게 넘기고 말았다. 이에 1988년 여름부터 보수파는 물가 개혁, 〈하상〉 TV 프로그램, 그리고 신권위주의라는 3개의 제목으로 문장을 써서 자오쯔양을 비판하기 시작했다.

보수파는 자오쯔양이 경제 영역에서 주장하는 자유화가 덩샤오핑과 상통하므로 자유화만 비판해서는 자오쯔양을 타도할 수 없음을 깨닫고 덩리췬의 의견에 따라 자오쯔양 비판의 중심을 〈하상〉의 '신기원'과 '신권위주의'로 전향했다. 즉, 자오쯔양과 덩샤오핑이 누가 더 신권위인가를 놓고 경쟁하도록 함으로써 당내에서 상호 대립하는 2개의 사령부를 형성하도록 만들었다.

당시 자오쯔양의 수하인 일부 참모들은 각자 자신이 생각하는 바대로 국내외에서 신권위주의를 널리 알렸다. 어떤 사람은 백일유신 실패 90주년 기념 좌담회에서 '광서'와 '자희'를 자오쯔양과 덩샤오핑에 비유하면서, 중국의 현대화를 위해서는 독단적인 정치 실력자가 필요하다고 주장했다. 또한 혹자는 미국 언론과 인터뷰하면서 "현대 중국의 가장 절박한 문제는 당·정·군의 전체 권력이 한 명의 지도자에게 집중되는 것이다"라고 말하

---

29 같은 책, pp. 812~813.

기도 했다. 홍콩에서도 「만약 자오쯔양이 독재자라면」이라는 문장이 출현했다. 이러한 움직임은 보수파가 자오쯔양을 타도하는 포탄으로 이용되었고, 광서제가 자희의 간섭을 종식시킬 것이라는 유언비어가 폭넓게 퍼졌다.[30]

국제적으로 볼 때, 1988년은 전 세계적으로 팽배한 민주주의 기세가 공산주의국가를 향해 용솟음친 한 해였다. 6월 1일, 미국 대통령 레이건과 소련공산당 총서기 고르바초프는 모스크바에서 중거리 핵미사일을 폐기한다는 '중거리 핵전력 조약'에 조인했고, 아울러 인권 존중, 군비 전면 통제 등의 의제에 대해 담판을 지어 동서 냉전 종식의 서막을 열었다. 6월 28일, 고르바초프는 소련공산당 당대회에서 "정치체제를 근본적으로 개혁하려면 중앙집권의 정부 강화 체제 및 체제를 압박하도록 명령하는 관료주의적 거석을 분쇄해야 한다"라고 선포하면서, "소련의 변혁은 반드시 민주적인 방향으로 철저하고 지속적으로 전진해야 한다"라고 강조했다. 또한 그는 "전체 정치범을 석방한다"라고 선포했으며, 스탈린의 대숙청에 의해 피해를 입은 자들을 위해 기념탑을 세웠다. 1989년 1월 6일, 1930년대부터 1950년대까지 20년간 스탈린의 숙청으로 인해 피해를 입은 수십 만 명이 명예를 회복했다. 3월 26일, 소련은 1918년 이래 처음으로 비공산당 정당을 포함한 전국적인 선거를 거행했는데, 이 선거에서 수많은 소련공산당 소속 당원들이 완패했다. 러시아공산당에 의해 제명을 당했던 옐친은 모스크바 선거구에서 출마해 89%라는 압도적인 지지를 받았다. 일부 소련 공화국은 독립을 요구했고 스탈린의 고향 트빌리시에서는 조지아의 소련 탈퇴를 요구하는

---

30 吳稼祥, "新權威主義述評," 齊墨 編, 『新權威主義: 對中國大陸未來命運的論爭』(台北: 唐山, 1991); 戴晴, "從林則徐到蔣經國," 『新權威主義』; 陳一諮·王小强·李峻, "'建立'硬政府, 軟經濟'的發展模式," 『新權威主義』; "專訪吳國光," ≪基督教科學箴言報≫(台北: 唐山, 1991).

시위가 벌어졌다.[31]

동유럽의 정세는 소련보다 더욱 격렬하고 불안정했다. 1988년, 고르바초프는 헝가리에 배치되어 있던 핵무기 전체를 반출했다. 1989년 1월, 헝가리 의회는 야당 설립을 허가하는 법률을 통과시켰는데, 이로써 헝가리공산당이 40년간 유지해온 독점적인 지위는 깨졌다. 3월 28일, 헝가리공산당이 아닌 정당의 후보자가 의원 선거에 참여하는 것이 처음으로 허락되었고, 헝가리 민주연맹의 후보자가 공산당 후보자를 격파하고 승리를 거두었다. 헝가리 민주연맹의 정강은 "민주, 유럽으로의 유입, 공산주의 반대, 헝가리 가치의 유지"였고, 헝가리 정부는 헝가리인이 오스트리아로 도주하는 것을 막기 위해 설치한 218마일의 벽을 제거했다. 폴란드에서 자유노조는 합법적인 지위를 확보했고, 공산당 정부와 자유노조 지도자 바웬사는 1989년 4월 5일 정치·경제 개혁을 진행하는 데 대한 협의를 진행했다.[32]

이로부터 알 수 있는 사실은, 후야오방의 사망과 천안문 학생 민주운동이 폭발하기 이전에 전 세계에는 제3차 민주화의 물결이 요동쳐 이미 유럽 공산국가를 석권했으며, 이는 장차 중국 천안문광장에 도달할 예정이라는 것이었다. 덩샤오핑은 이를 이미 예감하고 있었다.

1989년 2월 26일, 덩샤오핑은 미국 대통령 부시를 회견한 자리에서 "중국이 가진 문제 가운데 모든 것을 압도하는 가장 중요한 문제는 안정이다. 안정이 없는 환경에서는 무엇도 이뤄낼 수 없고 이미 획득한 성과도 잃어버릴 것이다. 만약 중국의 10억 명이 다당제에 의한 경쟁선거를 실시한다면 문화대혁명 당시 겪었던 전면적인 내전과도 같은 혼란이 출현할 것이다"[33]라고 말했다.

---

31 馬丁·吉爾伯特,『二十世紀世界史』, 下冊(西安: 陝西師範大學, 2001), pp. 734~735.
32 같은 책, pp. 716~717, pp. 736~737.
33 鄧小平, "鄧小平會見美國總統布希時談話,"『鄧小平文選』, 第3卷, pp. 284~285.

1989년 3월 4일, 덩샤오핑은 자신의 거처에서 자오쯔양과 이야기를 나누면서 "우리가 4대 현대화와 개혁·개방을 하는 데 관건은 안정이다. 무릇 안정을 방해하는 것에는 바로 대응해야 하며, 여기에 양보하거나 영합해서는 안 된다. 다른 나라 사람들이 여기에 대해 왈가왈부하면 그러도록 내버려두어라. 중국에는 혼란이 존재해서는 안 된다. 이 이치는 반복적으로 말해야 하며 공개적으로 논의해야 한다. 이것을 논하지 않는다면 거꾸로 잘못되어버릴 것이다. 만약 365일 매일같이 시위를 하면 어떤 일도 하지 않게 될 것이며, 외국 자본도 들어오지 않게 될 것이다. 이러한 방면을 더 엄격하게 통제해야 외국의 기업인이 투자하는 데 영향을 미치지 않고 도리어 외국 기업인을 더욱 안심시킬 것이다"[34]라고 말했다.

따라서 "6·4 비극은 중국 사회의 전환을 파괴하고 중국의 발전 궤도를 변화시켰다"[35]라고 인식해 "1989년 민주운동이 공화국 역사에서 결정적인 의미를 지닌 10년의 개혁 과정을 절단냈다"[36]라거나, 또는 "6·4 충격이 소련, 동유럽에서 중국으로 전해진 이후 중국은 공산당 정권이 탈공산주의화를 추동하는 대표적인 모델이 되었다"[37] 등의 견해는 모두 역사에 대한 왜곡이다.

결국 천안문 학살이 발생한 것은, 덩샤오핑이 국제 대기후와 중국 소기후, 즉 전 세계를 석권하는 민주화 물결의 풍파가 조만간 중국에도 도래할 것이라고 보았기 때문이다. 덩샤오핑이 이 풍파에 대응하면서 "혼란이 있어서는 안 되고, 물러나서도 안 되며, 양보하지 않고, 타협하지 않으며, 유

---

34 冷溶·汪作玲,『鄧小平年譜, 1975~1997』, 下(北京: 中央文獻出版社, 1997), p. 1268.
35 이는 다이칭(戴晴)의 관점이다. 王鵬令, "八九民運與'中國模式'," 陳小雅 編,『沉重的回首』, p. 95에서 인용.
36 陳小雅,『天安門之變: 89民運史』(台灣: 風雲時代出版社, 1996), p. 2.
37 嚴家其, "八九民運的世界歷史意義," 陳小雅 編,『沉重的回首』, p. 93.

혈을 두려워하지 않고, 외국인의 논의를 두려워하지 않는다"라는 대전략은 이미 확정되었던 것이다. 후야오방의 사망(1989년 4월 15일)으로 이 풍파가 다만 조금 더 일찍 왔던 것뿐이다. 덩샤오핑의 조치가 조금 늦었던 것은 단지 고르바초프와의 대면을 피하기 위해서였다. 고르바초프가 떠나자마자 덩샤오핑은 바로 계엄령을 선포했는데, 군대가 저지를 당해 천안문에 도착하지 못하자 덩샤오핑은 이 책임을 당을 분열시키고 동란을 지지했다는 이유로 자오쯔양에게로 떠넘겼다.

이 모든 것이 덩샤오핑에게는 당연한 '4개의 견지'였다. 그는 중국에서 비공산당 정권이 탈공산주의화를 추동하는 것을 허락하지 않았고, 또한 공산당 정권이 탈공산주의화를 추동하는 것도 허락하지 않았다. 중국공산당 일당독재 정권의 이 같은 기본원칙 위에서 덩샤오핑과 중국공산당은 한 걸음도 물러설 수 없었던 것이다. 이로 인해 덩샤오핑에게 이러한 비극과 그의 정책 결정은 피할 수 없는 역사적 필연이었다.

3. 전 세계 민주화 물결의 좌절

6·4 학살은 결국 중국 학생 민주운동의 실패이자, 학생운동을 지지한 베이징 시민의 실패이며, 자유, 민주, 인권을 쟁취하려던 중국 인민의 실패다. 세계 역사의 관점에서 살펴볼 때, 6·4 학살은 전 세계를 석권한 제3차 민주화 물결이 덩샤오핑의 탱크와 기관총에 의해 천안문 문턱에서 저지당한 것이었다.

나는 일찍이 『덩샤오핑 제국』이라는 책에서 6·4 학살을 덩샤오핑의 '새로운 화이하이 전역(新淮海戰役)'[38]이라고 비유한 바 있다.

---

[38] 1948년 11월부터 1959년 1월까지 쉬저우(徐州)를 중심으로 화이하이(淮海) 이북 지역에서 진행된 중국공산당과 중국국민당 간의 대규모 전역(戰役)을 지칭한다. _옮긴이 주

덩샤오핑은 자오쯔양과 학생에 대해 더 이상 참을 수 없게 되어 흡사 40년 전 화이하이 전역의 옛 꿈으로 추락한 것처럼 수십만 명의 대군을 동원해 동란을 포위한 뒤 섬멸하는 '새로운 화이하이 전역'을 벌이기로 결심했다. 그는 2년여 전에도 이런 시도를 한 바 있다. 즉, 1986년 말에 학생운동이 일어났을 때 군사관제(軍管)의 실행을 제기했으며, 야루젤스키에게 폴란드 자유노조에 군사관제의 방법을 실행한 것을 칭찬했다. 따라서 이번 기회는 다시 오지 않을 것이기에 결코 놓칠 수 없었다.

이에 큰 소리로 명령을 내렸고, 수십 만 명의 대군이 호탕하게 천안문광장으로 향했다. 하지만 광장 위 수십 만 명의 학생들의 손에는 어떤 무기도 없었고 학생들은 매우 지쳐 있었다. 어찌 이들을 40년 전 화이하이 전역 전쟁터에서 우수한 무기를 갖추었던 중국국민당의 주력부대와 견줄 수 있겠는가? 그러나 손에 무기도 없고 피곤에 절은 역량은 도리어 세계 대기후와 중국 소기후를 대표하며, 세계와 중국 민주운동의 역사적 주류를 대표한다.[39]

덩샤오핑의 견지에서 볼 때 6·4 학살은 자신의 반자유화 과제를 해결하는 데 반드시 해야 할 올바른 도리였고, 세계 대기후와 중국 소기후를 막고 전 세계 제3차 민주화의 물결을 막기 위한 중대한 전략 배치였다. 어찌 이것이 한 늙은이가 약을 먹고 난 후 충동적으로 벌인 일일 수 있겠는가? 또한 결코 한 여학생이 일종의 비밀 책략으로 일으킬 수 없으며, 자오쯔양 등이 잘 설득한다고 해서 저지될 수 있는 것도 아니었다. 덩샤오핑이 맞서고자 했던 대적 상대는 이러한 자유화·민주화의 세계사적인 주류였다.

리펑, 천시퉁 등이 도발하자 학생들은 천안문광장을 지키면서 철수하지 않았고, 지식인 엘리트들은 자오쯔양의 어리석은 책략을 도우면 덩샤오핑

---

39 阮銘, 『鄧小平帝國』(台北: 時報文化, 1992), pp. 256~257.

이 사태를 악화시키는 데 영향을 미칠 수 있을 것이라고 여겼다. 그러나 덩샤오핑은 이 새로운 화이하이 전역에서 싸우고자 했다. 덩사오핑은 일찍이 결심이 섰는데, 이는 완전히 주동적으로 결심한 것이지, 피동적으로 압박을 받아 결심한 것이 아니었다.[40]

당시 이러한 비극을 저지하기 위한 방법은 단 하나였다. 바로 자오쯔양이 자신의 체제에서 가진 영향력을 운용하고 체제 바깥의 자유·민주 역량을 연합해 학생과 민중의 한쪽에 선 뒤 친히 전방에 나가서 확실하게 군대를 막는 것이었다. 마치 옐친이 2년 후 소련의 8월 쿠데타 당시에 했던 것처럼 말이다. 나는『덩샤오핑 제국』에서 다음과 같이 썼다.

1989년의 베이징은 민중의 현저한 역량으로 볼 때 1991년의 모스크바보다 결코 약하지 않다. 베이징 민중은 리펑이 계엄령을 선포한 이후 보름 동안 군대가 천안문광장에 진입하지 못하도록 막았다. 다른 점은 창안가(長安街)의 탱크에 용감하게 올라간 사람이 '중국의 옐친'이 아니라 일반 청년 왕웨이린(王偉林)이었다는 점이다. 우리는 만약 자오쯔양이 탱크에 올라가 연설하고 계엄에 반대하면서 군대가 민중을 향해 총 쏘는 것을 거부하고 군영(軍營)으로 돌아갈 것을 호소하면서 헌법의 절차에 따라 민주와 법제의 기초에서 평화

---

40 일부 지식 엘리트는 '반성'의 문장에서 진상을 은폐하면서, 학살의 책임을 학생들이 철수 불가를 고수한 데로 돌렸다. 하지만 역사 자료는 사실이 이와 정반대임을 증명하고 있다. 중국공산당 공안부의 보고에 따르면, 1989년 5월 29일 차이링과 왕단은 천안문광장에서 가진 기자회견에서 5월 30일 집회를 거행하고 시위를 할 것임을 선포하면서, 4월 15일 시작된 행동을 최고조로 추동한 이후 광장에서 철수할 것이며 외지 학생은 원래의 지역으로 돌아간 뒤 6월 20일 전국인대 회의가 개최될 때 다시 시위대를 조직할 예정이라고 밝혔다. 그날 '수도각계애국헌법수호연석회의(首都各界愛國維憲連席會議)'는 '시국에 관한 10가지 성명'을 냈는데, 제8항에서는 "조만간 전국인대 긴급회의를 열지 않으면 천안문광장의 대규모 평화 청원 활동이 최소한 6월 20일 전국인대 회의 개최까지 계속될 것이다"라고 밝혔다(수도각계애국헌법수호연석회의는 당시 지식인 엘리트에 의해 통제되었다).

적으로 사태를 해결했다면 역사의 결말은 완전히 달랐을 것이라고 상정해볼수 있다. 자오쯔양은 당시 3개 방면에서 주도권을 장악하고 있었다. 첫째, 언론에 대한 주도권을 장악하고 있었다. 선전 여론을 주관하는 것은 자오쯔양의 맹우(盟友)인 후치리와 루이싱원(芮杏文)이었는데, 당시 언론은 위로부터 아래에 이르기까지 확고하게 민주 역량의 편에 서 있었다. 또한 TV, 방송은 중국에서 전파 범위가 매우 넓다. 자오쯔양은 이 주도권을 장악하기만 하면 전국을 호령할 수 있고 민중의 지지를 취득할 수 있어 덩샤오핑이 설령 군대를 장악하고 있다고 해도 어쩔 수 없었을 것이다. 왜냐하면 군인도 머리가 있으므로 민중과 여론의 영향을 받기 때문이다. 둘째, 국가의 합법적인 권력기구에 영향을 미치는 주도권을 장악하고 있었다. 자오쯔양은 당의 총서기로서 당내에서 합법적으로 최고책임자였고 국가 권력기구를 지휘할 수 있는 권한을 가진 당원 지도자였다. 전국인대 위원장인 완리와 상무부위원장인 시중쉰도 모두 민주개혁파였다. 완리는 당시 해외에서 민주에 대한 지지를 명확하게 표명했고 언제라도 귀국할 준비를 하고 있었다. 이러한 주도권을 잘 활용해 자오쯔양이 완리와 시중쉰에게 요청해 긴급 전국인대를 열어 국내 정세를 토론했다면, 거리의 민주운동과 내외로 보조를 맞춰 리펑 정부 내의 강경파를 완전히 좌절시키고 패퇴시킬 수 있었을 것이다. 셋째, 대화의 주도권을 장악하고 있었다. 만약 자오쯔양이 직접 학생들과 대화하고 타협을 달성했다면, 아울러 언론 매체를 통해 선전을 진행하고 인민의 분노와 원성을 진정시키고 사회를 안정시켰다면, 단지 이 점에 근거해서라도 강경파가 폭력을 행사할 구실이 없었을 것이다. 그러나 자오쯔양은 아무것도 하지 않았다. 여러 번 망설인끝에 천안문광장에 가서는 학생들에게 "나는 늙어서 할 말이 없다"와 같은 빈말 몇 마디를 했으며, 도리어 빈손인 학생과 민중을 강경파의 총부리 아래 두게 만들었다.[41]

왜 덩샤오핑은 이와 같이 방대한 군대를 동원해 천안문광장에 있는 빈손의 학생과 민중을 처리하려 했을까?

정부 당국은 덩샤오핑이 동원한 군대의 수를 아직 정확하게 공포한 적이 없다. 당국은 다만 덩샤오핑이 1989년 6월 8일 중난하이의 화이런탕에서 계엄부대의 '군 이상 간부' 100여 명을 접견했다고 보도했다. 그 외에 해방군문예출판사에서 출판된 『계엄 하루(戒嚴一日)』, 『중국인민해방군 계엄부대 진군노선(中國人民解放軍戒嚴部隊進軍路線)』 등에 따르면, 진군 임무 집행에는 최소한 베이징, 선양(瀋陽), 지난(濟南) 3개 군구의 27, 38, 39, 63사단 총 4개 부대가 포함되었으며, 15, 20, 24, 26, 27, 28, 38, 39, 40, 54, 63, 65, 67 총 13개 군의 15만~25만 명 군인이 동원된 것으로 보인다.[42]

덩샤오핑이 이처럼 많은 군대를 동원한 것은 학생과 민중을 처리하기 위해서만은 아니었다. 그는 세계와 중국의 대소 기후가 당국과 당군 내부에 이미 심각한 영향을 주고 있다고 보았다. 그는 이당제당(以黨制黨), 이군제군(以軍制軍)을 통해 자오쯔양이라는 새로운 권위가 새롭게 사령부를 세우고 당과 군대를 분열시켜 자신에게 대항하는 것을 막으려 했다.

사실상 자오쯔양에게는 덩샤오핑에게 대항하는 또 다른 사령부가 전혀 없었다. 그는 단지 개인의 의견을 보류하고 덩샤오핑이 군대를 동원해 학생을 진압하는 것에 반대했을 뿐이다. 그러나 자오쯔양의 깃발을 내세우며 학생들 속에서 활동했던 지식인 엘리트들은 확실히 학생들에게 해를 끼쳤을 뿐만 아니라 자오쯔양에게도 재앙을 초래하는 어리석은 짓을 많이 자행했다. 이는 마치 까닭을 알 수 없이 출현한 아래의 '5·17성명'과도 같은 것이라고 할 수 있다.

---

41 阮銘, 『鄧小平帝國』, p. 282.

42 陳小雅, "鄧小平八九用兵探秘".

청나라 왕조가 멸망한 지 이미 76년이 지나 황제가 직책에서 물러났지만 아직까지 사실상의 황제이자 동시에 나이 들고 우매한 독재자가 한 명 있다. 어제 오후 자오쯔양 총서기는 중국의 모든 중대한 정책 결정은 모두 이 나이 든 독재자를 거쳐야 한다고 공개적으로 선포했다. 학우들과 약 100시간 동안 단식 투쟁을 진행한 이후 이미 다른 선택이 없어졌다. 중국 인민은 더 이상 독재자에게 오류를 인정하도록 할 수 없다. 현재 학우들 자신에게 의지하고 인민 자신에게 의지할 수밖에 없다. 오늘 우리는 전체 중국을 향해, 전 세계를 향해 100시간에 걸친 학우들의 위대한 단식 투쟁이 이미 위대한 승리를 거두었다고 선포하는 바다. 학우들은 이미 자신의 행동을 통해 이 학생시위가 동란이 아니며 중국 최후의 독재를 매장하고 군주제를 매장하는 위대한 애국민주운동임을 선포한다.[43]

문제는 자오쯔양이 5월 16일 고르바초프를 회견했을 때 했던 선포가 덩샤오핑을 밀어내려는 의도가 근본적으로 없었다는 데 있다. 그런데 거꾸로 보수파는 자오쯔양이 '학생시위를 조종하고 이용해' 덩샤오핑을 전복시키려 한다는 증거로 이 '5·17성명'을 이용했다. 당시 자오쯔양은 이렇게 밝혔다.

나와 고르바초프의 담화에 대해 말하겠다. 제13차 당대회 이후 나는 해외의 주요 지도자를 접대할 때 여러 차례 그들에게 13기 1중전회의 결정에 따라 핵심적인 정책 결정자로서의 덩샤오핑 동지의 지위가 변하지 않았다는 사실을 통보했다. 나의 목적은 상무위원회에서 퇴출되었다고 해서 덩샤오핑 동지의 당내 지위에 변화가 발생하지 않았으며, 조직상 합법적임을 세계에 더욱

---

43 張良 編著, 『中國'六四'眞相』, 上冊(香港: 明鏡出版社, 2001), p. 461.

명확하게 알려주려는 것이었다. 이번에 북한을 방문했을 때에도 김일성에게 이 문제를 논했다. 나와 고르바초프가 이 문제를 논한 것은 사실상 관례적인 일이었다. 어제 이 사안을 논한 이유는 무엇인가? 내가 북한에서 돌아온 후 듣자 하니 덩샤오핑 동지가 4월 25일 학생시위 문제에 관한 강화를 광범위하게 전달한 이후 사회에서 매우 많은 논의가 일어났다고 하는데, 그중에는 상무위원회가 덩샤오핑 동지에게 보고하는 것은 조직 원칙에 부합하지 않는다는 얘기도 있었다. 또한 더 듣기 거북한 말도 있었다. 나는 여기에 대해 명확히 설명할 필요가 있다고 보았다. 고르바초프가 방문하기 이틀 전, 노동자 및 노동조합 간부들과 좌담하는 회의석상에서 혹자가 다시 이 같은 부류의 문제를 제기했다. 나는 13기 1중전회의 결정에 따라 설명했고, 효과는 매우 좋았다. 그 이전에 천시퉁은 '수렴청정'에 대한 잘못된 논의를 대학교의 주요 간부들에게 알기 쉽게 풀이했고, 또한 13기 1중전회에서 이러한 결정이 내려진 상황을 설명했는데 이 또한 효과가 좋았다. 천시퉁 또한 4월 28일 상무위원회에서 이 상황을 보고했다. 이로 인해 나는 공개 보도를 통해 이 상황을 군중에게 알린다면 논의를 줄이는 데 도움이 될 것이라고 고려하게 되었다. 내가 고르바초프를 향해 통보한 내용은 13기 1중전회의 결정에 따라 가장 중요한 문제는 여전히 덩샤오핑 동지에게 통보해야 하며 그에게 가르침을 구해야 한다는 것이었다(나는 의식적으로 말을 하지 않으면서, 회의를 소집해 그가 판에 박힌 케케묵은 발언을 하도록 만들었다). 덩샤오핑 동지도 언제나 전력을 다해 우리의 업무를 지지했고, 우리 집단이 만들어낸 정책 결정을 지지했다. 이치에 따라 논하자면 이러한 내용의 말들은 덩샤오핑이 모든 일을 결정한다는 인상을 다른 사람에게 줄 리 없다. 나는 이렇게 하는 것이 덩샤오핑 동지에게 상처를 입힐 것이라고는 생각지도 못했으므로 이에 대해 모든 책임을 지고자 한다.[44]

---

44 자오쯔양이 5월 17일 중국공산당 중앙정치국 회의에서 한 발언이다. 張良 編著, 『中國'六

자오쯔양이 덩샤오핑에게 상처를 입히려 한 것은 물론 아니었지만, 옌자치 등이 발표한 '5·17성명'에서는 어리석게도 자오쯔양과 고르바초프의 이야기를 '덩샤오핑 개인 독재를 타도하라'라는 동원령으로 간주했다. 그러나 독재자의 군대와 탱크가 천안문을 향해 거대한 굉음을 내며 움직이고 있을 때 그들은 도리어 자오쯔양과 학생들을 버리고 국외로 나가 도피했으며 해외에서 다음과 같이 자신들의 '승리'를 선포했다. "6·4 사건은 전 세계에 영향을 미쳤다. 6·4는 또한 당대 중국 역사의 하나의 전환점이며, 6·4 이후의 중국에는 거대한 변화가 발생했다."[45]

이는 틀린 말이다. 6·4는 역사적 진보의 전환점이 아니며, 6·4는 전 세계 제3차 민주화 물결의 중대한 좌절이다. 6·4 천안문 학살의 역사적 교훈은 다음과 같다.

첫째, 학생과 민중은 보수파가 자유민주운동을 진압하려는 결심과 능력을 낮게 평가했다. 베이징의 민중이 천안문광장으로 진입하는 군대를 막고 있을 당시 머리 위에 이고 있던 포대의 천 조각에는 "당신에게는 11억 명의 군대가 있습니까?"라고 쓰여 있었고, 혹자는 심지어 총알이 가슴을 관통해 피를 흘리며 땅에 쓰러지기 전까지 자신이 맞은 것은 고무 총탄이라고 생각했다.

비록 덩샤오핑이 '4항 기본원칙', 그중에서도 특히 인민민주독재를 끊임없이 강조하고 "말하는 데 그치지 말고 이용을 해야 한다"라고 말하긴 했지만, 사람들은 그때까지도 덩샤오핑이 인민의 아들 격인 병사들에게 과감히 명령해 인민을 이와 같이 잔혹하게 학살할 것이라고 믿지 않았다. 그러나 보수파의 입장은, 선혈이 낭자한 진압 과정을 통해 획득한 당국(黨國) 독재

四「眞相」, 上冊, pp. 441~442.

45 嚴家其, "八九民運的世界歷史意義," p. 93.

정권의 생명은 인민의 생명을 빼앗고 인민의 붉은 피를 뿌림으로써 계속 보위해야 한다는 것이었다. 천원은 이것을 다음과 같이 말한 바 있다.

> 물러서는 것은 그들의 이른바 민주 선거의 비합법 조직을 승인하는 것이자, 자산계급 자유화를 승인하는 것이며, 평화적 전복을 승인하는 것이자, 중국공산당을 부정하는 것으로, 우리가 몇 십 년의 투쟁과 수많은 혁명 열사의 선혈로 바꾼 성과를 하루아침에 궤멸시키는 것과도 같다![46]

덩샤오핑의 6·4 학살, 장쩌민의 파룬궁 진압, 후진타오의 티베트 폭동에 대한 진압을 통해 살펴볼 수 있는 것처럼, 인민민주독재를 공고히 하기 위해 인민을 학살하는 공산당의 결심과 능력을 절대로 낮게 평가해서는 안 된다.

둘째, 학생과 민중은 중국공산당 내부 개혁파의 역량과 용기를 너무 높게 평가했다. 학생과 민중이 천안문광장에서 퇴각하려다가 머문 중요한 이유는 개혁파가 나와서 민주와 법제의 기초 위에 문제를 해결하기를 기다렸기 때문이다. 예를 들면 6월 20일 전국인대 회의가 개최되기를 기다렸던 것이다. 하지만 중국공산당 내부의 개혁파에는 보수파의 강대한 압력에 직면했을 때 상대와 승부를 결정할 용기가 전혀 없었다.

세계 민주화 물결의 대기후와 중국 민주운동의 소기후라는 당시의 특정한 정세하에 자오쯔양이 용기 있게 보수파를 대하고 승부수를 띄웠더라면 당시 상황을 되돌릴 가능성이 전혀 없었던 것도 아니다. 천이쯔(陳一諮)는 다음과 같이 평가한다.

---

46 5월 18일 덩샤오핑 집에서 열린 중국공산당 원로회의에서 천원이 한 발언이다. 張良 編 著, 『中國'六四'眞相』, 上册, p. 484.

1989년 민주운동 당시 당·정 부문의 사국(司局) 이하 간부 중 80%는 민주운동을 동정하고 지지했다. 또한 정(正)·부(副) 부장급 중 70%는 민주운동을 동정하고 지지했다. 가장 명확한 사실은 5월 15일에서 18일까지 이 며칠간 각계 저명인사가 모두 등장해 자신의 태도를 표명하기를, 학생들이 애국적이라는 사실을 정부가 인정하기를 희망하고 정부가 강경한 방법을 쓰는 것을 희망하지 않는다고 했다는 점이다. 우선 군대를 동원하는 데 찬성하지 않는 사람은 전국인대 상무위원회 3명의 군대 소속 부위원장이었다. 퇴직한 800여 명의 장군도 군대를 동원해 진압하는 데 모두 명확하게 반대했다.[47]

이 문장이 제기하고 있는 바와 같이, 만약 자오쯔양이 2년 후의 옐친과 같이 탱크 위에 올라가 연설을 해서 군대를 군영으로 돌려보냈다면 정세는 크게 달라졌을 것이며, 이것이 상책(上策)이다. 그러나 자오쯔양은 순식간에 사라지는 이러한 성공의 기회를 결국 실수로 놓치고 말았다.

자오쯔양이 취할 수 있었던 두 번째 선택은 보수파와 타협하는 것이었다. 즉, 덩샤오핑과 원로들이 중국공산당 중앙정치국 상무위원회를 압박해 계엄을 결정한 이후 자오쯔양이 더 이상 계엄에 반대하지 않고 덩샤오핑에게 복종하되, 자오쯔양 자신이 직접 계엄 결정을 집행함과 아울러 학생들과 직접 대화해 학생들에게 형세를 명확히 인식시켜서 광장에서 떠나도록 권고하는 것이었다. 이렇게 했다면 보수파는 당연히 이러한 조치를 달가워할 리 없었을 것이며 자오쯔양과 광장의 학생들도 정치적 박해를 면하기 어려웠을 것이다. 하지만 6·4 학살의 비극은 피할 수 있었을 것이다.

이것은 중책(中策)으로, 1986년 말에서 1987년 초에 이르기까지 후야오방의 선택이기도 했다. 후야오방은 덩샤오핑과 보수파의 압력하에 마음에

---

47 陳一諮, 『中國: 十年改革與八九民運』, p. 163.

내키지 않는 검토 작업을 했고, 스스로 학생운동을 평화적으로 종식시킨 이후 사퇴의사를 밝히면서 권좌에서 내려왔다. 사건 이후 후야오방은 자신의 나약함을 인정했는데, 이는 한편으로는 학생을 보호하기 위해서였고, 다른 한편으로는 가족들이 연루되어 해를 입는 것을 피하기 위해서였다.

결과적으로 자오쯔양은 개인 의견을 보류하고 역사 무대에서 물러나는 하책(下策)을 선택했다.

셋째, 스스로 비범하다고 자처하는 지식 엘리트는 민주운동과 체제 내 개혁파 사이에서 교량 역할을 하지 못했고, 거꾸로 보수파를 대신해 민주운동과 개혁파를 격파하는 무기를 만들어냈다.

한 예로 베이징사회연구소 지식 엘리트의 '3선 계획(三線計劃)'을 들 수 있다. 그들은 학생운동을 '1선'으로 밀었고, 지식계 유명인사로 '2선'을 조직해 "학생을 지도하고 제약했다". '3선'은 이 연구소 소장이 주재했는데, "1선과 2선을 이용해 압력을 가한 뒤 전문적으로 정부와 협상한다"[48]라고 계획했다. 그들은 체제 밖의 학생운동과 체제 내의 정부 사이의 교량을 자처했지만 실은 근본적으로 통할 수 없는 끊어진 다리였다.

또한 '5·17성명'을 통해 똑똑한 척하면서 자오쯔양과 고르바초프의 담화가 덩샤오핑에 대해 결정적인 마지막 카드를 뽑아들기로 결심한 것이라고 선포했지만, 이는 근본적으로 엉터리 같은 이야기다. 왜냐하면 이 일로 인해 보수파에 "자오쯔양이 당을 분열시키고 동란을 지지한다"라는 무거운 폭탄을 제공했기 때문이다.

넷째, 자유국가, 특히 미국 정부는 자유와 공산당 노예제도의 역사적인 투쟁에서 잘못된 한쪽에 서버렸다.

6·4 학살은 미국 CNN을 통해 TV로 실황 보도되어 세계를 경악케 했다.

---

48 封從德, "八九民運和組織結構研究," 陳小雅 編, 『沉重的回首』, pp. 278~279.

미국의 정치 지도자는 당시 양면 수법을 채택했다. 한편으로는 대중에게 학살자를 규탄하고 폭정을 제재하는 모습을 보이면서, 한편으로는 암암리에 학살자에게 호의를 보여 그에게 협력을 구하고 그가 안정되도록 도움으로써 자유 대국과 공산 노예제도 대국 간의 힘의 균형을 유지하려 했다.

1989년 6월 29일, 미국 상원은 418 대 0으로 '중국 제재 수정안'을 통과시켰고, 이튿날인 6월 30일, 부시 대통령은 특사 브렌트 스코크로프트(Brent Scowcroft)와 로렌스 이글버거(Lawrence Eagleburger)를 비밀리에 베이징으로 파견해 덩샤오핑에게 호의를 보였다. 하지만 그들은 덩샤오핑에게서 호되게 비난만 받고 공은 세우지 못한 채 돌아가고 말았다. 덩샤오핑은 그들에게 다음과 같이 말했다.

중국은 미국에 무례한 짓을 한 적이 없으며 그 어떤 작은 문제에서도 미국의 비위를 거스르지 않았다. 문제는 미국에서 비롯되었다. 미국은 매우 큰 범위에서 중국의 이익과 존엄을 직접적으로 침범했다. 명확하게 말하는데, 중국은 누군가가 내정에 간섭하는 것을 결코 허락하지 않으며 그 결과가 어떻든 중국은 양보하지 않을 것이다. 중국 내정은 중국에 의해 관리되어야 한다. 어떤 재난이 도래해도 중국은 이를 받아들일 수 있으며 결코 양보하지 않을 것이다.[49]

덩샤오핑이 부시의 특사를 이와 같이 난폭하게 대할 수 있었던 까닭은 미국은 나약해서 기만할 수 있을 것이라 여겼기 때문이다. 일찍이 밀사가 파견되기 1주일 전인 6월 23일 덩샤오핑은 부시로부터 비밀 편지를 받았다. 편지에는 다음과 같이 쓰여 있었다.

---

49 『鄧小平年譜, 1975~1997』, 下, p. 1284.

귀하가 귀국 인민에 대해 공헌한 바와 귀국의 진보를 이끈 것을 본인은 대단히 존중하며, 이 점을 고려해 귀하와 저 쌍방이 모두 대단히 중요하다고 인정하는 관계를 유지하도록 협조해주기를 서신으로 청하는 바입니다. 저는 이미 할 수 있는 바를 모두 다했으며 중국 내정에 개입하지 않을 것입니다. 또한 저는 귀국과 우리나라 양국 간의 사회적·제도적 차이를 존중합니다. 저는 우리가 이 난제를 해결할 것이며 귀하가 만족하도록 기본원칙에 대한 주장을 위배하지도 않을 것임을 보장합니다. 친구 사이에 의견 차이가 있다면 반드시 방법을 강구해 해소해야 합니다.[50]

이 편지로 덩샤오핑은 미국 정부의 제재가 국회와 여론에 대처하는 데 불과하다는 사실을 한눈에 꿰뚫어보게 되었고, 이로 인해 한 발짝도 양보하지 않는 강경한 태도를 취했으며, 부시가 전 노선에서 후퇴하도록 강압했다. 동시에 베이징, 상하이 등에서 민주운동에 참가한 중국 청년들을 계속해서 수사·체포하고 공개적인 처결을 진행했다.

2명의 밀사가 베이징에서 벽에 부딪혀 돌아오자 부시는 7월 9일의 일기에 다음과 같이 썼다. "나는 중국이 행동을 취해 현재의 팽팽한 긴장관계를 해결하기를 진심으로 바라는데, 애석하게도 원하는 대로 이루어지지 않고 있다." 그는 G7 정상회의를 통보하는 것을 구실로 삼아 덩샤오핑에게 거듭 편지를 써서 "미국과 일본은 일찍이 중국을 비난하는 성명서에서 사람을 격노케 하는 표현을 삭제했다"[51]라는 등의 말을 전했다.

덩샤오핑은 회신에서 "미국이 계속 중국의 내정에 깊이 개입하고 있고 중국에 제재를 가해 중국의 이익과 존엄을 침범하고 있어 중미 관계에 어

---

50 Patrick Tyler, 『中美交鋒』(台北: 聯經, 1999), pp. 442~443.
51 같은 책, p. 445.

려움이 발생하고 있다. 이 책임은 완전히 미국에 있으므로 미국이 이를 바꾸어야 한다"[52]라고 말했다.

부시는 덩샤오핑의 태도가 강경한 것을 보고 10월과 12월에 연속해서 닉슨과 키신저에게 베이징을 방문해 덩샤오핑을 설득해줄 것을 요청했다. 덩샤오핑은 중국의 오랜 친구인 이 2명 앞에 서자 입 속에서는 강경한 말이 맴돌았지만 태도는 온화해졌다. 그는 한편으로는 닉슨에게 "베이징의 동란과 반혁명 폭란은 국제적으로 반공주의·반사회주의 사조가 선동한 것이다. 미국은 이 문제에 너무 깊게 관여되어 있고, '미국의 소리(VOA)'는 너무 말도 안 되며, 거짓말을 하는 자들이 일을 처리하고 있다. 만약 미국의 지도자가 '미국의 소리'에 근거해 국가 정책을 제정한다면 손해를 보게 될 것이다"라고 말했다. 또한 다른 한편으로는 "당신은 중미 관계가 대단히 엄준한 시각에 중국을 방문했다. 우리는 미국과 이 몇 개월의 과거를 종결짓고 미래를 열어가야 한다. 당신이 부시 대통령에게 과거를 매듭짓고 미국이 일련의 주동적인 행동을 취할 수 있다고 말해주기 바란다. 미국은 중국 시장을 이용하면 수많은 일을 충분히 할 수 있다. 우리는 미국 기업인이 중국에서 기업 활동을 하는 것을 환영하는데, 이는 아마도 과거를 매듭짓는 하나의 중요한 내용이 될 것이다"[53]라고 말했다.

닉슨은 덩샤오핑과 만나고 돌아온 후 ≪타임스(The Times)≫에 "중미 관계의 위기(Crisis in Sino-American Relations)"라는 제목으로 글을 발표했는데, 그 글 가운데 다음과 같이 논했다.

동아시아 안보 문제에서 일본은 이미 경제적으로 초강대국이며, 또한 군사

---

52 『鄧小平年譜, 1975~1997』, 下, p. 1285.
53 같은 책, pp. 1293~1294.

적·정치적으로 초강대국이 될 수 있는 능력을 가지고 있다. 이와 함께 소련은 이 지역에서 여전히 상당한 영향력을 지니고 있다. 이러한 상황하에 강대하고 안정적인, 그리고 미국과 우호관계를 지닌 국가를 갖는 것은 미국이 아시아의 역량을 균형 잡는 데, 특히 일본과 소련이 위치한 극동의 역량을 균형 잡는 데 필수불가결하다. 미국이 중국과 협력을 유지하는 것은 미국의 이익에 부합된다. 미국은 중국의 힘을 이용해서 다른 역량을 균형 잡을 수 있고, 태평양 지역에서 미국에 유리한 강대국의 균형을 얻을 수 있다.[54]

이것은 바로 닉슨과 키신저가 주장한 연중제일(聯中制日, 중국과 연대해 일본을 제압하다), 연중제아(聯中制俄, 중국과 연대해 러시아를 제압하다)의 대전략이다. 부시는 그들의 주장을 받아들인 듯했다. 덩샤오핑은 11월 6일 부시의 편지를 받았는데, 편지에는 "당초 닉슨이 중국을 방문한 지정학적 원인은 여전히 존재하며, 오늘날 미중 양국은 수많은 중요한 영역에서 서로 비슷한 이익을 갖고 있다"라고 쓰여 있었다. 이 편지에서는 부시가 고르바초프와 회담하고 난 후 미국이 중국에 특사를 파견해 덩샤오핑에게 회담 상황을 통보할 것인데 그때 미중 관계를 어떻게 정상화할 것인지 탐색하고 논의하자고 제안했다.[55]

12월 9일, 부시의 특사 스코크로프트 일행은 다시 베이징을 방문했다. 이번에는 공개적이었다. 미국은 결국 덩샤오핑의 일괄타결 방안을 받아들였는데, 여기에는 '미국이 제재를 취소'하고, '몇 가지 중대한 중미 경제협력 항목을 실천'하는 것이 포함되었다. 덩샤오핑은 "팡리즈 부부가 주중 미국대사관을 떠나 미국 또는 제3국으로 가는 것에 동의"하는 것으로 보답했

---

54 Nixon, "Crisis in Sino-American Relations," *Times*(November 20, 1989), pp. 44~49.
55 『鄧小平年譜, 1975~1997』, 下, p. 1295.

다.[56]

부시가 이처럼 덩샤오핑을 6·4 학살로 인한 국내외적인 곤경에서 다급하게 빠져나올 수 있도록 돕자, 미국 여론은 이를 크게 비난했다.

미국 하원의 민주당 지도자 조지 미첼(George Mitchell)은 의회에서 이에 대해 "미국 대통령이 가장 적절하지 않고 가장 당혹스러운 방식으로 중국 정부에 굴복한 것이며, 고압적인 공산주의 체제하의 중국 정권에 대해 표리부동하게 머리를 조아린 외교다"[57]라고 비난했다.

≪워싱턴포스트≫는 부시의 결정이 "진압을 실행한 뒤 피투성이가 된 정부에 대해 위로하는 성격의 양보를 한 것"[58]이라고 비판했다.

누가 6·4 학살에 승리자가 없다고 했는가?

승리자는 덩샤오핑이다. 덩샤오핑은 자오쯔양을 숙청함으로써 자신과 보수파의 연맹을 달성해 세계 대기후와 중국 소기후를 물리쳤으며, 전 세계 제3차 민주화의 물결이 흘러들어오는 것을 저지하고 6·4 학살의 피바다 위에 중국공산당의 일당독재를 공고히 했다. 그리고 개방적인 형태의 새로운 공산 노예제도하에서 중국을 전 세계에서 부상시키기 시작했다.

4. 노예제도가 자유에 도전하는 역사는 종결되지 않았다

제3차 민주화 물결은 덩샤오핑의 반자유화 전략과 탱크, 기관총에 의해 중국 천안문 아래에서 가로막혔지만 결코 전 세계에서 퇴각하지 않았다. 제3차 민주화의 물결은 피비린내 나는 천안문광장을 우회해 6개월 후 베를린 장벽에 도달했다. 동독공산당은 덩샤오핑의 진압 명령을 본받지 않았고, 민중들은 환호하며 공산 노예제도와 자유세계를 나누어 격리했던

---

56 錢其琛, 『外交十記』(香港: 三聯書店, 2004), pp. 152~154.

57 蘇格, 『美國對華政策與台灣問題』(北京: 世界知識, 1999), p. 608.

58 같은 책.

감옥의 벽을 무너뜨렸다. 루마니아 독재자 니콜라에 차우셰스쿠(Nicolae Ceausescu)는 진압 명령을 내렸지만 군대는 이를 거부해 집행하지 않았고 거꾸로 이 공산 폭군을 체포해 총살했다. 다른 동유럽 공산 국가의 인민들도 모두 자유를 획득했다.

마지막으로 덩샤오핑을 본받은 사람은 소련에서 1991년 8월 쿠데타를 일으켰던 겐나디 야나예프(Gennady Yanayev)였다. 그는 흑해에서 휴가를 보내던 고르바초프를 연금 조치하고 자신이 대통령 직무를 대신한다고 선포함과 아울러 국가비상사태위원회를 발족시켜 국가의 모든 권력을 접수했으며, 소련의 적군(赤軍)을 동원해 모스크바 러시아빌딩 앞에서 벌어진 시위 민중을 진압했다. 이 쿠데타는 중국공산당 보수파인 왕전 등의 갈채를 받았고 모스크바는 '제2의 천안문'이 되는 듯 보였다.

그러나 러시아 대통령 옐친이 탱크에 올라가 연설하고 민중과 함께 군대를 저지하자, 타만스카야 기계화보병사단 소속 군인들로 만원이었던 전차는 탱크 포의 위치를 바꾸어 옐친을 보호하고 쿠데타 음모자의 퇴로를 막았다. 이로써 74년간 존재하던 소련 공산제국은 와해되고 말았다.

제3차 민주화 물결이 남유럽에서 처음으로 일어났을 당시 전 세계적으로 민주국가는 40개에 불과했는데, 대부분 부유한 서방 공업 선진국이었다. 하지만 그로부터 20년 후에는 전 세계 절반이 넘는 국가와 인구가 민주국가 행렬에 진입했다. 혹자는 프랜시스 후쿠야마(Francis Fukuyama)가 "우리는 현재 인류 이데올로기 진화의 종점을 향해 가고 있으며, 서방의 자유민주 보편화를 인류 정부의 최종 형태로 삼고 있다"[59]라고 말한 바와 같이, 인류가 이미 역사의 종점을 향해 가고 있는 것으로 보기도 한다.

---

[59] S. Huntington, "民主的千秋大業," 田弘茂·朱雲漢 編, 『鞏固第三波民主』(台北: 業强出版社, 1997), p. 49.

그러나 '도고일척, 마고일장'이라는 말이 있는 것처럼, 공산 노예제도가 자유민주 물결에 도전하는 역사는 결코 종결되지 않았다. 천안문 학살 이후 중국의 개방형 공산 노예제도는 빠르게 부상해 현재 제3차 민주화 물결을 전 세계에서 퇴각시키고 있다. 사람들은 이러한 새로운 노예제도의 확장이 인류 자유에 대한 거대한 위협이라는 사실을 지금까지도 인식하지 못하고 있다. 왜냐하면 이 노예제도는 전 세계 자본주의의 몸속에 기생하는 새로운 공산 노예제도로서, 전 세계 자유국가와 전 세계 자본시장에 개방되어 있고, 전 세계의 자본, 자원, 정보, 인재, 기술을 끌어들이고 전 세계 다국적 자본과 공동으로 본국 노동자를 착취하고 고액의 이윤을 함께 누리며 전 세계 대기업의 환영을 대대적으로 받고 있기 때문이다.

미국 전임 국무장관 졸릭은 '중국은 어디를 향해 가고 있는가?'라는 주제의 연설에서 중국이 새로운 공산 노예제도로 부상하는 것을 국제 시스템에서의 '책임 있는 이익상관자'로 정의했는데, 그 근거는 중국이 다음과 같은 각 방면에서 구소련과 확연히 다르기 때문이라고 지적했다.

— 중국은 급진적인 반미 의식의 전파를 추구하지 않는다.

— 중국은 비록 민주를 실행하고 있지 않지만 자신이 전 세계 민주제도와 최후의 일전을 치르고 있는 것으로 여기지도 않는다.

— 중국은 때로 중상주의를 채택하기도 하지만 자신이 자본주의와 필사적인 투쟁을 벌이고 있다고 여기지 않는다.

— 가장 중요한 것은, 중국은 현행 국제 시스템의 기본 질서를 타파함으로써 자신의 앞길이 결정된다고 보고 있지 않다는 사실이다. 실제로는 이와 반대로 중국의 지도자는 중국의 성공을 전 세계 네트워크에 맡기기로 결정했다.[60]

이 모든 것은 공산 중국이 소련 공산제도가 붕괴된 교훈을 토대로 채택한 새로운 전략이지만, 공산 노예제도의 본질을 바꿀 수는 없다. 덩샤오핑의 개혁·개방은 마오쩌둥의 폐쇄형 공산 노예제도를 개방형 공산 노예제도로 개조했을 뿐이다. 변화된 것은 이 노예제도의 경제 발전 전략으로, 자력갱생의 쇄국 전략이 개혁·개방의 글로벌 전략으로 바뀐 뿐이다. 그런데 공산 노예제도 지배하에서 자유롭지 못한 거대 인력 자원이 전 세계 자유자본 및 현대적인 선진 기술과 결합하면 경제성장 및 과학기술을 통해 중국은 신속하게 군사적 패권을 충분히 장악하고 부상할 것이다.

서방 자유국가는 중국 신노예제도의 패권이 부상한 데 대해 오판을 하고 있는데, 이는 죌릭 연설의 다음과 같은 결론에서 알 수 있다. "우리는 향후 출현할 '민주 중국'을 건설하기 위해 노력할 수도 있고, 또한 현재 부상하고 있는 중국과 협력할 수도 있다."[61] 죌릭은, 미국이 오늘날 개방적인 형태의 공산 노예제도에 원조해 중국이 경제적·군사적으로 부상할 수 있도록 육성해서 중국이 더욱 강대해지면 중국공산당은 자동적으로 권력 독점을 버리고 자유, 민주, 인권 등의 보편적인 가치를 받아들일 것이므로 평화적 전복을 통해 내일의 '민주 중국'이 성립될 것이라고 보았던 것이다.[62]

이것은 실로 천진난만한 환상이다. 혹자는 후진타오가 중국공산당 제17차 당대회 보고에서 41차례나 민주를 반복해서 말했다고 보도하지 않았던가? 틀리지 않다. 하지만 그가 말한 민주는 중국공산당이 영도하는 민주이자 인민민주독재의 민주이며, 마르크스·레닌주의, 마오쩌둥주의의 민주이자 민주집중제의 민주다. 다시 말해 언론의 자유가 없고, 야당이 없으며,

---

60 Robert B. Zoellick, "Whither China: From Membership to Responsibility?" *The National Committee on United States-China Relations*, September 21(New York City, 2005).

61 같은 글.

62 같은 글.

사법독립이 없고, 권력 균형이 없는, 모든 권력이 한 명의 지도자, 하나의 당, 하나의 사상하에 돌아가는 중국 특색의 사회주의 민주인 것이다! 천안문 학살은 바로 이러한 중국 특색의 사회주의 민주가 만들어낸 산물이다. 후진타오는 장쩌민의 수중에서 군권을 접수한 중국공산당 16기 4중전회에서 이렇게 말한 바 있다.

국내 언론은 정치 개혁의 깃발을 내세워 서방 자산계급 의회의 민주, 인권, 언론 자유를 선전하고 자산계급 자유화 관점을 유포하면서 4항 기본원칙을 부정하고 있다. 이러한 과오는 절대로 그냥 두어서는 안 된다. 정보 및 여론에 대한 관리를 강화해야 하며, 잘못된 사상과 관점에 채널을 제공해서는 안 된다. 소련은 고르바초프가 공개화·다원화를 제창해 당과 인민사상의 혼란을 만들어냈기 때문에 해체된 것이다.[63]

새로운 노예제도하에 중국이 노리는 군사 확장의 첫 번째 목표는 타이완이다. 중국은 타이완을 집어삼켜야만 안심을 할 수 있다. 혹자는 타이완의 유엔 가입과 관련된 국민투표를 중국이 왜 그토록 두려워하는지 이상하다고 여길 것이다. 중국은 유엔안보리 상임이사국이므로 중국의 한 표로 타이완의 유엔 가입을 막을 수 있는데 무엇을 두려워한단 말인가?

반자유·반민주·반인권의 노예제도 아래에 있는 중국이 두려워하는 것은 타이완의 유엔 가입이 아니라 중국 자신이 22년 동안 유엔에 가입하지 못했던 것이다. 중국이 두려워하는 것은 타이완의 유엔 가입과 관련된 국민투표이자 타이완 인민이 자유롭게 자신의 의지를 표현하는 것이다. 이

---

63 "胡錦濤在中共十六屆四中全會講話," 2004年 9月 19日, ≪開放雜誌≫(香港, 2004年 12月號).

는 중국의 노예화된 인민에게 시범을 보이는 것으로, 중국공산당 노예제도에 대한 최대의 위협이다. 이렇게 되면 중국의 공산 노예제도는 영원히 타이완 인민을 정복할 수 없을 것이며, 또한 장차 중국 인민은 타이완 인민을 본받아 노예화에서 자유로 향하게 될 것이다.

타이완은 오늘날 2·28을 기념하고 있다. 6·4는 중국의 2·28이고, 2·28은 타이완의 6·4로, 이는 모두 일종의 노예제도가 공포 통치를 공고히 하기 위해 중국의 인민과 타이완의 엘리트를 살육한 것이다. 노예제도가 자유에 도전하는 역사가 종결되지 않는다면 6·4와 2·28 같은 비극은 언제라도 다시 연출될 수 있다. 공산 노예제도가 '하나의 중국'이라는 미명하에 타이완을 옥죄고 자유를 사랑하는 타이완 인민이 이에 반항하기 시작할 때 2·28과 6·4의 비극은 다시 시작될 것이다.

2·28과 6·4의 역사적 교훈 가운데 가장 중요한 것은, 자유 인민은 노예제도와 타협하고 물러서서 자유, 민주, 독립을 포기하지 않는다는 사실이다.

타이완은 전 세계 제3차 민주화 물결 가운데 새로 태어난 자유 국가로, 오늘날 공산 중국으로부터 군사와 통일전선이라는 이중 위협에 직면해 있다. 공산 중국의 군사력은 타이완 인민을 정복할 수 없다. 하지만 가장 위험한 것은 타이완 내부에서 중국공산당의 통일전선 책략에 부화뇌동해 '하나의 중국'을 주장하는 세력이 중국국민당의 옛 당국 세력과 손을 잡음으로써, 타이완의 정권이 바뀌어 공산 노예제도가 바라는 '하나의 중국'이라는 올가미에 자원해 들어가는 것이다.

2008년 총통 대선에서 타이완은 이러한 선택에 직면했다. 타이완의 정권이 바뀌면 자유·민주제도를 상실하게 될 뿐만 아니라 국가까지 잃을 것이며, 타이완의 하늘은 곧 중국의 하늘로 변하게 될 것이다.

마잉주는 중국국민당의 총아로, 걷는 길마다 이러한 흔적을 남겼다. 오늘날 그의 배후에는 옛 당국 체제에서 존속되어온 전통적인 구세력뿐 아니라 후진타오의 중국이 최근 몇 년 동안 경영하고 있는 통일전선 책략에 부회뇌동하는 세력도 있다. 마잉주는 '92 합의'와 '하나의 중국'을 주장하며, 중국의 공산 노예제도와 평화적인 협의를 맺자고 주장하기도 한다. 마잉주는 선거 전에 일본을 방문했을 당시 다음과 같이 말했다.

당선되면 먼저 2년 전 롄잔이 중국공산당 총서기 후진타오와 합의한 공동 비전을 구체화해 정책과 계획 및 협의를 통해 실현시킬 것이다.[64]

롄잔과 후진타오의 공동 비전이란 무엇인가? 바로 공산 중국의 교수대에서 민주 타이완을 교살하려는 '하나의 중국'이라는 올가미다. 교수대에 목을 넣으면 바로 목숨을 잃을 것이다. "30~50년 동안의 평화 유지 협의"는 단지 '사형에 처하되 집행을 다소 늦춘다'는 '중국 특색'으로, 과거에는 이를 '교감후(絞監候)'[65]라고 불렀다.

마오쩌둥은 1972년 중미 간 상하이공보에 조인할 당시 이 점을 솔직하게 말했다. 즉 '하나의 중국'은 바로 한쪽이 다른 한쪽을 잡아먹는다는 것인데, 장제스의 '하나의 중국'은 대륙을 역습해 '마오쩌둥 도적떼'를 잡아먹는다는 것이며, 마오쩌둥의 '하나의 중국'은 타이완을 해방시키고 '장제스 무리'를 먹어치운다는 것이다. 당시 마오쩌둥은 아직 자신에게는 타이완을 먹어치울 수 있는 능력이 없음을 알았기 때문에 "100년을 기다려 자손 후대가 해결하도록 한다"라고 말했던 것이다.

제3차 민주화의 물결이 타이완을 자유, 민주, 독립 국가로 발전시킨 오늘날, 마잉주가 '하나의 중국'이라는 허구 속에 대문을 활짝 열어 후진타오

---

64 中新網, 2007年 11月 22日.
65 청나라 시기에 집행된 사형제도 중 하나다. 교립결(絞立決)은 즉시 교수형을 집행하는 것을, 교감후(絞監候)는 좀 더 시간을 유예해서 교수형에 처하는 것을 일컫는다. _옮긴이 주

의 실체가 있는 '하나의 중국'을 받아들여 '신생 국가' 타이완이 잡아먹어도 괜찮다는 말인가?

우리가 2·28과 6·4를 기념하는 것은 역사의 교훈을 기억하고 노예제도와 타협하는 구세력을 거절하는 것이자, 인민이 이미 획득한 자유, 민주, 독립을 다시 잃지 않도록 하는 것이다.

보론 2

역사는 위대한 인물의 전기가 결코 아니다*
보걸의 『덩샤오핑과 중국의 전환』을 평가하며

영국 빅토리아 시대의 역사학자 토머스 칼라일(Thomas Carlyle, 1795~1881)은
다음과 같은 두 가지 명언을 남겼다.

하나는 젊은 시절에 한 것으로, "역사는 무수한 전기(傳記)의 정화(精華)
다"라는 말이다. 이는 무수한 전기에는 소수의 거물과 다수의 이름 없는 소
인이 포함된다는 의미로, 귀족과 신흥 자산계급이 통치하던 당시에 칼라일
은 평민의 선지자로 칭송되었다.

다른 하나는 노년에 한 것으로, "세계사는 대인물의 전기다"라는 말이
다. 에즈라 보걸(Ezra Vogel)이 쓴 『덩샤오핑과 중국의 전환(Deng Xiaoping
and the Transformation of China)』은 한 시대의 중국 역사를 덩샤오핑이라는
대인물과 동일시한 것으로, 칼라일의 노년 사관(史觀)에 속하는 작품이다.

보걸이 집필한 내용이 개인적으로 본 덩샤오핑 전기라면 내가 이 책을
평가할 필요가 없을 것이다. 그러나 그는 무수한 사람들이 창조한 중국의
전환이라는 역사를 '20세기 세계사에서 다른 사람과 비교가 불가능한' '거

---

* 이 글은 옮긴이의 요청으로 한국어판 출간을 위해 특별히 수록한 것이다.

물' 덩샤오핑의 공으로 돌렸다. 또한 화궈펑, 예젠잉, 후야오방, 자오쯔양 등 덩샤오핑에 비해 보잘것없다고 할 수 없는 인물들을 폄하해 덩샤오핑의 위대함을 부각시켰다. 이는 중국 관방사학(官方史學)과 비교하더라도 과도 했으면 과도했지, 부족하지는 않다고 볼 수 있다.

1992~1993년 내가 하버드대에 있을 당시 보걸 및 그의 부인 샬럿 이켈 스(Charlotte Ikels)는 나와 뤄잉(若瑛)의 집주인이었다. 그들은 1층에, 우리 는 그의 집 3층에 거주하면서 항상 함께 환담을 나누었다. 매일 이른 아침 보걸은 우리와 함께 태극권을 연마했고, 한 블록 위에 거주하는 왕뤄수이 로부터 훈련을 받았다. 이후 뤄잉과 나는 프린스턴으로 돌아갔고, 왕뤄수 이와 펑위안(馮媛)이 이사해 들어와 그들의 새로운 세입자가 되었다.

보걸은 일찍이 나에게 자신의 명저『1등으로서의 일본(Japan as No. 1)』 과『중국에서의 일보 진전(One Step Ahead in China)』을 전해주었고, 나는 그에게 나의『덩샤오핑 제국』을 증정했다. 그는 당시 나에게 장래에 자신 도 덩샤오핑에 대해 쓰겠다고 말했다.

나는 그 말을 듣고 매우 기뻤으며, 그가 항상 한 걸음 앞서 걸어간다고 느꼈다. 왜냐하면 하버드대의 로더릭 맥파커(Roderick MacFarquhar), 스튜 어트 슈람(Stuart Schram) 등은 모두 여전히 마오쩌둥을 연구하고 있었기 때 문이다. 그런데 나는 마오쩌둥의 시대는 이미 지나갔으며, 중국 당대사의 핵심적인 중점으로 덩샤오핑을 연구해야 한다고 보았다. 보걸은 이러한 식견이 있었다. 그것은 이미 20년 전의 일로, 그의 현실 감각이 매우 뛰어 나다는 것을 잘 보여준다.

하지만 이번에 출간된 그의 신작을 읽은 이후 실망감을 숨기기가 어려 웠다. 자그마치 50여 만 단어로 되어 있고 자료가 상당히 풍부했지만, 전체 적으로 덩샤오핑 개인 및 중국을 전환시킨 역사에 대한 판단은 중국 관방 에서 펴낸『덩샤오핑 연보(鄧小平年譜)』의 틀에서 크게 벗어나지 못했다.

보걸은 사회학자이지, 역사학자가 아니다. 그는 조사·방문 인터뷰를 중시했으므로 그의 책을 읽으면 무척 생동감 있어 사람들의 관심을 불러일으킨다. 그러나 일단 책을 덮고 다시 깊이 생각해보면 역사적 인과관계에 대한 정확한 평가와 심도 있는 분석이 결여되어 있음을 알 수 있다. 또한 그는 태생적으로 낙관적이고 일본과 중국의 문화를 편애하고 있기 때문에 그의 저작이 지나친 칭송 위주이며 비판 정신이 결여되어 있다는 사실을 숨기기 어렵다.

예를 들면, 『1등으로서의 일본』에서 그는 일본이 초고속으로 발전하기 위해 치러야 했던 심각한 대가를 살펴보지 못했다. 이에 대해 아놀드 토인비(Arnold Toynbee)는 일찍이 다음과 같이 지적한 바 있다. "일본이 물질적으로 성공을 거둔 것은 생명력과 창조력을 손실한 대가다. 한 국가가 설령 일본처럼 성공적으로 서구를 모방하더라도 새로운 창조 능력을 만들어낼 수 없을 뿐만 아니라 모방하는 국가에서 생산되는 상품의 수량만 확대시킬 뿐이며, 다른 것은 아무것도 얻지 못한다."

한 국가가 자신의 영속적인 생명력과 창조력을 제고시키지 못하면 국가의 발전은 결국 정체되어 끝내 쇠퇴할 것이다. 일본이 이후 그렇게 된 것처럼 말이다.

보걸이 일본의 발전 전략에서의 경제철학의 오류를 통찰하지 못했다고 한다면, 덩샤오핑의 중국 발전 전략상에서는 시대정신, 경제철학과 정치철학에 위배되는 이중적인 오류를 통찰하지 못하고 있다.

경제철학적인 측면에서 보면, 덩샤오핑은 "발전은 확고한 도리다"라고 주장하면서 GDP의 성장을 맹목적으로 추구했는데, 그 대가가 어찌 생명력과 창조력을 발산할 수 없는 데 그치겠는가? 이로 인해 초래된 생태 파괴, 자원 낭비, 빈부 격차, 치안 문란, 생존 환경의 악화, 관리의 횡령과 부패 등이 인민과 국가에 끼친 손해는 아마도 만회하기 어려울 것이다.

정치철학적인 측면에서 보면, 덩샤오핑이 주장하는 중국 특색의 사회주의가 지니고 있는 본질은 개방식 민족주의 독재(nationalist dictatorship)로, 이는 자유·민주, 공평, 정의라는 시대정신과 보편적인 가치에 위배된다.

'일부 사람이 부유해지는 것'과 '반자유화'라는 덩샤오핑의 대전략은 소수의 집권 계층과 다국적 기업 및 대기업가가 국가를 약탈하고 노동자를 착취하며 대다수 생명력과 창조력을 말살하는 악정(惡政)이다. 중국의 많은 국민은 여전히 빈궁할 뿐만 아니라 자유롭지도 못하다.

총이 당과 국가를 지휘하는 '제2대 핵심'

지면의 한계를 감안해 이 글에서는 보걸의 저서에서 '덩샤오핑이 중국을 전환시킨' 과정 중 중요한 부분만 간략하게 평가하려 하며, 보걸 교수와 의견을 교환할 수 있기를 바란다.

첫째, 덩샤오핑은 중국공산당 11기 3중전회에서 '최고지도자'가 되었다는 것과 관련된 문제다. 보걸의 견해는 사실이 아니며, 또한 법리적으로도 맞지 않는다. 예를 들면 마오쩌둥이 쭌이회의(遵義會議)에서 최고지도자가 되지 않았던 것처럼, 덩샤오핑도 11기 3중전회에서 최고지도자가 되지 못했다.

사실상 덩샤오핑을 포함해서 어떤 사람도 11기 3중전회에서 최고지도자를 바꾸려는 생각을 갖고 있지 않았다. 이러한 견해는 후에 수정된 것이다. 덩샤오핑 스스로도 자신의 강화에서 "화궈펑 동지를 수반으로 하는 당중앙과 국무원의 지도 아래 우리나라의 낙후한 면모를 탈바꿈시키고 우리나라를 현대화된 사회주의 강국으로 건설하기 위해 힘차게 전진해 나아가자!"라고 명확하게 말했다. 다만 『덩샤오핑 문선』 편집 당시 역사를 수정하는 데 전문가였던 후차오무과 덩리췬이 그 내용을 바꿔 사라진 것뿐이다.

'수반으로 한다(爲首)'는 것은 바로 '제1'이라는 의미다. 화궈펑의 '최고지도자'로서의 지위는 분권과 대체라는 두 가지 과정을 차례로 거쳐 변화되었다.

첫 번째 과정은 1980년 2월의 11기 5중전회에서 서기처를 설치하고 후야오방을 총서기로 선발하고 후야오방, 자오쯔양을 정치국 상무위원회에 추가로 선임함으로써 화궈펑에게 집중되어 있던 당, 정, 군의 권력을 분산시킨 것이다.

두 번째 과정은 1980년 11월 10일~12월 5일 동안 열린 여덟 차례의 정치국확대회의에서 화궈펑이 중국공산당 중앙주석과 중앙군사위원회 주석 직무를 사임하겠다고 청한 것이다.

회의석상에서 누군가가 화궈펑이 사임을 표명한 해당 직무를 덩샤오핑이 대신해야 한다고 했지만 덩샤오핑은 이를 거절했다. 덩샤오핑은 후야오방을 추천해 중국공산당 중앙주석에 임명하고 자신은 "한동안 군사위원회 주석을 담당해 새로운 비교적 젊은 동지들을 배양함으로써 장래에 교체할 수 있도록 하겠다"라고 말했다.

이후 덩샤오핑은 군사위원회 주석의 신분으로 당 전체를 장악했고, 최고지도자인 후야오방과 자오쯔양을 차례로 파면하고 퇴출시켰으며, 최후에 공개적으로 스스로를 '제2대 핵심'으로 책봉했다. 이는 모두 불법적인 행태로, 총이 당과 국가를 지휘하는 것이었다.

덩샤오핑은 군대 외에 보이보, 왕전, 후차오무, 덩리췬 등과 같은 한 무리의 간신들에게 의지했으므로 그들의 고자질은 현명한 사람을 배척하고 유능한 인재를 질투하지 않을 수 없었다.

후야오방이 덩샤오핑에 의해 파면당하고 퇴출당하기 전에 덩샤오핑의 아들 덩푸팡(鄧樸方)은 후야오방의 아들 후더핑(胡德平)에게 "빨리 너희 아버지가 나의 아버지를 찾아가도록 해라. 왕전과 덩리췬이 너희 아버지와 관련된 자료를 정리해서 나의 아버지가 있는 곳에 한가득 쌓아두었다!"라고 말했다.

둘째, 11기 3중전회 이후 벌어진 2개의 노선 사이의 투쟁이다. 이른바 덩샤오핑이 3중전회에서 제기한 '주제보고', '개혁·개방 노선 제정', '개혁·개방의 총설계사' 등은 모두 후차오무, 덩리췬 등에 의해 사후에 설계된 것이며, 역사적 진실에 부합되지 않는다.

3중전회의 주요 공헌은 마오쩌둥의 두 가지 범시를 비판하고 실천은 진리를 검증하는 유일한 표준임을 긍정했으며, 사상을 해방하고 개혁·개방의 길을 열어 마오쩌둥 시대에 행해진 대량의 억울한 사건·허위조작 사건·오심 사건을 바로잡아 이데올로기상의 장애물을 일소한 것이다.

또한 민주를 긍정한 것인데, 예를 들면 예젠잉이 말한 것처럼 "시단 민주주의의 벽은 인민민주의 본보기이며, 3중전회는 당내 민주의 본보기다". 그런데 이 내용도 이후 후차오무와 덩리췬에 의해 삭제되어버렸다.

이른바 '덩샤오핑 주제보고'는 그가 해외 방문을 마치고 돌아와 중간에 회의에 참석했을 때 형세가 변화하고 있음을 느껴, 자신과 후차오무가 작성해두었던 강화 원고 대신 후야오방에게 임시로 팀을 편성해서 황급히 작성하도록 한 급취장을 말한다. 이 급취장의 주제는 회의에서 이미 토론이 전개된 사상의 해방과 민주이며, 그 진리 표준에 대한 토론을 긍정하는 말은 저우양의 원래 강연 내용을 문자화해서 기록한 것이다.

하지만 덩샤오핑은 겨우 3개월 뒤 자신이 3중전회에서 언급했던 사상의 해방과 민주를 저버리고 이론공작 무허회에서 「4항 기본원칙의 견지」를 발표함으로써 마오쩌둥의 범시를 덩샤오핑의 범시로 교체시켜버렸다. 이는 덩샤오핑 제국에서 지금까지 지속되고 있는 치국 강령이다.

3중전회 이후의 상황을 살펴보면 화궈펑은 두 가지 범시가 진실임을 검토했으며, 회의 후 후야오방이 이론공작 무허회에서 사상의 해방과 민주를 심도 있게 토론하는 것에 대해 지지했다. 화궈펑은 처음으로 후야오방이 기초한 의회 회의법과 도입말에 지지를 표명하면서 후야오방에게 강화 원고를 준비하도록 요청했다. 후차오무는 화궈펑에게 반우파라는 자신의 주장을 제기했지만 화궈펑에 의해 매서운 말로 거절당했다.

보걸은 여기서 사소한 실수를 하나 했다. 덩샤오핑은 미국을 방문하기 전에 일찍이 민주에 대한 토론을 지지하고 팀을 조직해 민주 문제에 대한 대문장을 쓸 것을 건의했는데, 이 팀은 후야오방이 아니라 후차오무에 의해 조직되었고, 그 결과 후차오무가 덩샤오핑을 위해 「4항 기본원칙의 견지」라는 대문장을 구성했다.

보걸이 "덩샤오핑만이 중국을 변화시킬 수 있었다"라고 단언한 것은 잘못이다. 만약 덩샤오핑이 화궈펑을 파면시키거나 쳐내지 않았다면, 그리고 예젠잉을 화나서 떠나도록 만들지 않았다면 정치국 상무위원회는 직권을 행사해 '2명의 시어머니'(덩샤오핑과 천윈) 사이에서 균형을 이뤘을 것이고, 후야오방과 자오쯔양은 더 많은 일들을 해낼 수 있었을 것이며, 절대로 '2명의 시어머니'에 의해 불법적으로 파면되어 제거되지 않았을 것이며, 6·4 학살은 발생하지 않았을 것이다.

보편적인 가치와 반자유화에 대한 논쟁

셋째, 보걸의 저작은 덩샤오핑이 중국 역사를 후퇴시킨 결정적인 사건, 즉 12기 6중전회에서 '정신문명 결의'를 둘러싸고 벌어진 보편적인 가치와 반자유화에 대한 논쟁을 다루지 않고 있다.

보걸 저작의 장점은 구체적인 부분까지 묘사하고 있다는 것으로, 흥미로운 크고 작은 사건이 거의 누락되어 있지 않다. 그러나 고의인지 아닌지는 모르겠으나, 1986년 베이다이허에서부터 베이징에 이르기까지 12기 6중전회 대변론에서 중국의 운명에 직접적인 영향을 미친 '정신문명 결의'를 둘러싼 논쟁을 유독 빠뜨렸다.

후야오방이 기초한 결의는 자유·평등의 보편적인 가치를 긍정하면서 "인류 역사상 신흥 자산계급과 노동 인민은 봉건 전제제도에 반대하는 투쟁 가운데 민주와 자유, 평등, 박애 등의 관념을 형성했는데, 이는 인류 정신의 커다란 해방이었다"라고 지적했다. 이 문건은 "민주의 제도화·법률화는 당과 국가 정치 생활의 민주화, 경제 관리의 민주화, 전체 사회생활의 민주화를 현실적으로 추진한다"라고 강조했다.

시작하자마자 덩샤오핑은 후야오방을 지지했으며 베이다이허에서 "문건이 좋다. 인쇄해서 여러 사람들에게 발송하고 토론해도 된다"라고 말했다. 문건 초안은 작성되어 나오자마자 후차오무, 덩리췬 등의 공격을 받았으며, 그들은 별도로 하나의 수정 원고를 내어 천윈과 리셴녠의 지지를 얻었다. 그러나 덩샤오핑은 "덩리췬은 나를 좌의 방향으로 이끌려고 한다"라며 후야오방이 기초한 결의에 대한 지지를 표시했다.

그러나 베이징에서 개최된 12기 6중전회에서 덩샤오핑은 180도로 전향해 장문의 '반자유화 선언'을 논하고 '정신문명 결의'를 바꾸는 것을 전체회의의 주제로 삼았으며, 또한 이후에는 이를 후야오방을 파면시키고 퇴출하는 무기로 삼았다.

후야오방은 '정신문명 결의'를 기초하고 개혁·개방과 자유·민주, 공평·정의의 보편적인 가치를 서로 연결함으로써 시대정신이 포함된 광명의 길을 중국의 미래 발전을 위해 밝혀주었다. 한편 덩샤오핑의 반자유화 전략은 이 광명의 길을 단절시켜버렸고, 중국의 발전은 독재체제하의 공포, 공정하지 못하고 의롭지 못한 상황, 그리고 불안정하기 이를 데 없는 경지를 향해 나아가 결국 6·4 학살의 비극에 이르게 되었다.

넷째, 6·4 학살의 옳고 그름과 관련된 문제다. 내가 보기에 이는 세계 역사상 가장 쉽게 판단할 수 있고 가장 쉽게 답할 수 있는 문제다. 만약 마오쩌둥에게 가서 묻는다면 그도 "학생운동을 진압하면 끝이 좋을 리가 없다"라고 말할 것이다.

보걸의 저서는 '천안문의 비극'이라는 장의 마지막에 '만약'에 해당하는 부분을 특별히 집필해 모두 18개의 '만약'이라는 가정하에 답안을 모색하고 있다. 그리고 "우리는 우리가 답을 알지 못한다는 것을 반드시 인정해야 한다"라고 결론지었다. 전체 문장을 자세히 읽어보면 보걸이 해당 부분을 쓰는 데 매우 신경을 썼으며, 자신이 답안을 찾았다는 사실을 알 수 있다. 그러나 그 답안이 너무 우울하기 때문에 "우리는 답을 알지 못한다"라고 말할 수밖에 없었던 것이다.

다음과 같은 그의 말을 읽어보기 바란다.

> 우리가 확실히 아는 것은 천안문 사건 이후 20년 동안 중국 인민은 사회의 상대적인 안정과 신속한 경제 성장, 심지어 기적과 같은 성장을 누리고 있다는 것이다. 오늘날 수억 명의 중국인의 생활은 1989년 시기보다 훨씬 쾌적하다. 이와 비슷한 원인들로 인해 민족 성취에 대한 중국인의 자긍심은 지난 세기에 비해 매우 높다.

> 만약 중국 인민이 앞으로 더 많은 자유를 얻는다면 자유로 향하는 길이 구소련의 길보다 곡절이 덜할까? 1989년 봄에 일어난 사건이 하나의 중요한 요인이 아닐까? 우리는 우리가 답을 알지 못한다는 것을 반드시 인정해야 한다.

중국의 문인이 쓴 것처럼 문장은 복잡하지만 미국의 학자답게 그 뜻은 매우 명확하다. 답은 바로 1989년 봄에 발생한 사건이 중국 인민에게 쾌적한 생활과 민족 자긍심을 가져왔을 뿐만 아니라 장차 자유의 길로 향해 가는 데 중요한 요소라는 점을 긍정하는 것이다. 그러나 오늘날까지 중국 인민에게는 자유가 없으므로 이 답안은 아직 검증을 기다리고 있다.

문제의 핵심은 6·4 학살 이후 중국 인민이 노력해 얻은 성취를 덩샤오핑과 그의 학살 덕으로 돌려야 하는 이유가 어디에 있는가라는 것이다. 여기에 어떤 인과적 관계와 논리적 연관이 있는가? 설마 덩샤오핑의 학살이 없었다면 중국 인민의 생활과 자유가 오늘날보다 더욱 형편없었을 것이라는 말인가?

다섯째, 1992년 남순이 개방적인 형태의 민족주의 독재를 확립시켰다는 것이다.

보걸의 저서는 덩샤오핑의 1992년 남순을 대단히 중시하고 있는데, 특히 '덩샤오핑 시대의 피날레: 남순 1992'라는 장에서 이를 자세하게 논하면서 다음과 같은 평가를 내리고 있다.

> 그는 87세의 고령임에도 의연하게 남순을 위한 길을 걸었고, 이로써 중국은 개혁·개방의 길에서 더욱 빠르게 나아갈 수 있게 되었다. 그는 중국이 험난한 과정을 완성하도록 이끌었고, 낙후되고 폐쇄적이며 경직된 사회주의 제도를 국제적인 영향력을 지닌 현대화된 경제 강국으로 향하도록 이끌었다.

> 만약 중국 사람들이 자신들의 일상생활을 개선시켜준 어느 지도자에게 감사해야 한다면 그 사람은 바로 덩샤오핑일 것이다. 이렇게 많은 인민의 생활을 개선하는 데 공헌한 방면에서 20세기에 그에게 견줄 수 있는 다른 지도자가 있는가? 20세기의 세계사에 이처럼 거대하고 지속적으로 영향을 미치고 있는 지도자가 있는가?

보걸의 저작은 민족주의 가치관의 잘못된 길로 빠졌다

보걸의 저작은 덩샤오핑을 20세기 세계사에서 견줄 사람이 없는 위대한 지도자로 책봉했는데, 이는 믿기 어려운 일이다.

아인슈타인이라는 위대한 과학자의 견줄 수 없는 공헌을 언급하지 않더라도 스티븐 호킹(Stephen Hawking)이 말한 바와 같이 "이 100년간의 세계의 변화는 과거의 어떠한 세기도 초월한 것으로, 기초 과학의 발전은 과학기술의 비약적인 발전을 가져왔다. 이러한 진전의 대변인을 찾는다면 아인슈타인 외에 다른 이가 없다"라고 할 수 있다.

20세기 정치가에 대해 말하자면, 나치 파시즘이 유럽에서 횡행하고 일본 군국주의가 아시아·태평양을 피로 물들이고 있을 때 윈스턴 처칠(Winston Churchill)과 프랭클린 루스벨트(Franklin Roosevelt)는 기울어져가는 정세를 끌어올려 '대서양 헌장'과 '4대 자유'의 기치를 높이 들고, 자유를 추구하는 전 세계 인민과 연합해 아돌프 히틀러(Adolf Hitler)를 쳐부수고 인류를 멸망의 재앙에서 벗어나도록 만들었다. 이들의 공헌이 설마 중국의 덩샤오핑과 견줄 수 없단 말인가?

또한 덩샤오핑의 동시대 사람으로 전 세계 제3차 민주화의 물결 가운데 대국의 지도자 역할을 했던 로널드 레이건(Ronald Reagan)과 덩샤오핑을 견주어보겠다. 레이건은 베를린 장벽 앞에 서서 "저 벽을 무너뜨립시다!"라고 말했다. 레이건과 미국이 유럽의 자유화 과정에 수행한 역사적인 역할은 논외로 하더라도, 레이건은 자유를 모색하는 모든 사람들의 마음속 소리를 대신해 말해주었고, 그 결과 베를린 장벽은 1989년 11월 9일에 결국 무너졌다.

그런데 덩샤오핑은 어떠했는가? 그는 천안문광장에 모여 자유를 추구하던 중국의 젊은 남녀들을 탱크로 짓밟았고 그들에게 총탄을 쏘았다. 이는 그들이 앳된 마음속에 품고 있는 미약한 희망의 불꽃을 소멸시키기 위한 것으로, 이를 통해 자신의 당과 개인의 '민족주의 독재'를 공고히 하려 했던 것이다. 과연 누가 위대하고 누가 보잘것없는가?

또한 덩샤오핑의 개혁·개방을 지지하던 전우들에 비해 20세기 마지막

사반세기에 개혁·개방 집단에 속했던 화궈펑, 예젠잉, 후야오방, 자오쯔양, 시중쉰, 샹난, 런중이, 저우양, 왕뤄수이, 주허우쩌 등의 주장과 공헌은 덩샤오핑의 그것보다 시대정신과 인민의 필요에 부합했다. 하지만 덩샤오핑과 천윈이라는 '2명의 시어머니'에 의해 공격당하고 배척당해 결국 한을 품은 채 끝나고 말았다.

보걸의 저작이 강조한 인민의 생활 차원에서 말하자면, 후야오방은 식견과 공헌 면에서 모두 덩샤오핑을 훨씬 뛰어넘었다.

덩샤오핑과 천윈 '2명의 시어머니'는 모두 생산을 중시하고 수요를 억제했으며, 민족주의 부국강병의 노선을 걸었다. 후야오방은 도리어 "생산은 수단이며 인민의 소비가 목적이다", "소비가 생산을 촉진하는 것이지, 혁명이 생산을 촉진하는 것은 아니다", "우리는 생산을 위해 생산을 하는 것이 아니라 사람을 위해 생산할 필요가 있다"라고 말했다. 하지만 후야오방의 정확한 주장은 '2명의 시어머니'로부터 높은 소비를 고취한다는 지적을 받고 추궁을 당했다.

후야오방은 민간에서 요청을 받고 '강국부민(强國富民)'이라는 네 글자를 써준 뒤 "민부강국(民富强國)이라고 뒤집어서 읽어야 한다. 인민이 있고 나서야 비로소 국가가 있는 것이므로 인민을 부유하게 만들어야 한다. 인생이 행복하고 문화가 있고 지혜가 있고 자유가 있고 창조력이 있어야만 국가가 비로소 강해질 수 있다"라고 말했다. 덩샤오핑이 했던 "발전은 확고한 도리다", "국권이 인권보다 중요하며, 우리는 과거에 인권·자유라는 말을 들어본 적이 없다"라는 말과 비교해보기 바란다. 과연 누가 위대하고 누가 보잘것없는가?

이제 나도 마찬가지로 하나의 '만약'을 가정해보겠다.

만약 덩샤오핑이 앞에서 열거한 화궈펑, 예젠잉, 후야오방, 자오쯔양 등 10명의 정치가, 개혁가, 철학가 동료들과 평등하게 협력해 국가를 다스리고 자신의 주변에 있는 간신 그룹의 말에 따라 자신의 전우를 한 명 한 명 숙청하지 않았더라면 중국이 더 나빠졌겠는가 아니면 더 좋아졌겠는가?

어째서 중국의 좋은 친구이자 중국을 뜨겁게 사랑하는 미국 학자가 이와 같은 잘못된 판단을 내렸을까?

보걸의 저작 자체에 해답이 제시되어 있는데, 보걸은 책을 집필할 당시 자각을 했는지 못했는지는 모르겠지만 덩샤오핑의 입장에 이입해서 자신의 자유주의 가치관을 덩샤오핑의 민족주의 가치관으로 바꿔버리는 바람에 감정이 이성을 초월해 비판정신을 상실했으며, 이로 인해 스스로 객관적이고 공정하다고 여기는 함정에 빠져들었다. 하지만 이는 도리어 주관적이며 단편적인 잘못된 길이다.

보걸이 덩샤오핑의 개인적인 성격을 분석하면서 "덩샤오핑은 온화하거나 쉽게 친해질 수 있는 사람이 아니며, 집안사람 외에는 사람을 대할 때 유용한 도구를 대하는 것과 같았다. 그가 온 힘을 쏟은 것은 전체 국가였으므로, 결정적인 시기에 덩샤오핑은 자신이 보기에 국가에 가장 이로운 일을 하려 했다"라고 논했다. 또한 "덩샤오핑은 장차 약 200년 동안 다른 사람들이 실현하려 시도했던 사명, 즉 국가가 부강해지는 길을 찾아내는 사명을 자신이 완성하려 했다"라고 덧붙였다.

자유혼이 우선인가 아니면 민족혼이 우선인가 하는 문제는 덩샤오핑과 후야오방, 그리고 자유를 모색하는 모든 사람들의 가치관에서 근본적으로 갈등을 유발하는 문제다.

후야오방 그리고 자유 가치를 인정하는 모든 사람들의 견지에서 볼 때는 사람이 목적이고, 사람이 제1위이며, 사람이 국가의 주인으로, 사람이 있어야만 국가가 있는 것이다. 국가는 단지 사람의 자유, 행복, 안전을 보장하기 위한 도구일 뿐이다. 그런데 덩샤오핑은 이와 반대였다. 국가가 목적이며, 사람은 단지 유용한 도구였다. 따라서 덩샤오핑의 관점에서 볼 때 사람은 사용하기 좋지 않을 때에는 버리고 폐기할 수 있었는데, 산아제한 계획으로 없애거나 군대의 탱크를 보내 소멸시킬 수도 있었다. 그런데 과연 이 모든 것을 "국가에 가장 이로운 일"이라고 보았고 "국가가 부강해지는 길을 찾기 위한" 것이었다고 할 수 있을까?

자유로운 사람은 없고 단지 유용한 도구만 있는 국가는 무엇인가? 그것은 바로 한 사람의 의지만 남아 있는, '짐이 곧 국가다'라는 의미에서의 덩샤오핑 제국이 아닌가?

덩샤오핑 제국은 바로 개방적인 형태의 민족주의 독재국가다. 1945년 이전에는 자유의 주된 적이 파시즘이었으나 1945년부터 1989년까지는 공산주의였다. 그리고 1989년 이후에는 바로 민족주의다. 중국 인민이 인류의 자유 시대에 진정으로 발 딛고 서려 한다면 반드시 덩샤오핑의 민족혼을 초월해 각 개인이 자유를 확보하고 모든 사람이 자유를 누리는 조건이 되는 자유혼을 되찾아야 한다.

보론 3

제18차 당대회 개최와 함께 캄캄한 중국에 동이 트다[*]

중국공산당 제18차 당대회가 종료되었을 때 한 친구가 편지를 보내와서 "제18차 당대회에 전 세계가 실망했는데, 자네의 견해를 들어보고 싶다"라고 했다.

나는 그에게 "캄캄한 중국이 동트는 시각에 도달했고, 덩샤오핑 제국은 역사의 마지막 시기에 도달했다. 중국의 지평선상에 긴 밤이 거의 끝나고 한 줄기 서광이 떠오르고 있으니 부디 실망하지 말고 중국의 변혁을 촉진하기 바란다"라고 회답했다.

전 세계가 실망한 원인은 여론이 초점을 잃은 것과 관련이 있다. 제18차 당대회 이전에 여론은 각종 풍문으로서 태자당, 퇀파이(團派, 중국공산주의청년단 계열), 상하이방(上海幇, 상하이 출신의 정치 실세들) 간의 권력투쟁에 대해 '누가 이기고 누가 질 것인가', '누가 위가 되고 누가 아래로 갈 것인가'를 앞 다투어 예측했다.

예측 결과는 정확하지 못해서 "제18차 당대회의 인사를 둘러싼 거대한

---

[*] 이 글은 옮긴이의 요청으로 한국어판 출간을 위해 특별히 수록한 것이다.

연극의 막이 내렸다. 이번 권력 각축 가운데 태자당이 장쩌민 계열의 지지를 얻어 퇀파이에 대해 대승을 거두었으므로 앞으로 5년 동안 중국 정국은 태자당에 의해 장악될 것이라는 것이 외부의 일치된 견해다"[1]라고 결론 내렸다.

미국의 ≪포브스≫는 심지어 장쩌민을 '전 세계에서 가장 영향력 있는 인물 리스트'에 올리면서 "중국에는 노인 정치가 여전히 존재한다. 86세의 장쩌민은 중국 최대의 배후 권력 분배자로서, 여러 명의 정치국 신임 상무위원을 선발했다"라고 보도했다.

이는 단편적인 현상으로 전체를 판단하는 것이자, 나무만 살피다 숲의 전체 모습을 보지 못하는 식의 관찰 방법이다. 여기서는 중국에서 변화하는 것과 변하지 않는 것, 그리고 변화의 방향을 간과했다. 이는 중국의 경제·정치·사회 발전의 내외 조건에 달려 있고 시대의 조류와 인민의 의지에 달려 있는 것이지, 장쩌민, 후진타오, 시진핑 또는 몇 명의 새로운 정치국 상무위원의 개성에 따라 변동되는 것이 아니다.

이 글은 중국공산당 제18차 당대회의 새로운 소식을 근거로 오늘날 중국이 직면하고 있는 비상 국면에 대해 다음과 같은 주제를 중심으로 탐색하고 논의하는 것을 목적으로 한다. 즉, ① 제18차 당대회 이후 주의를 기울여야 할 세 가지 소식, ② 덩샤오핑 제국은 역사의 뒤안길에 거의 도달했다는 것, ③ 중국 국내외 정세의 중대한 변화, 그리고 ④ 시진핑 시대의 중국은 어디를 향해 가고 있는가라는 것이다.

1. 제18차 당대회 이후 주의를 기울여야 할 세 가지 소식

중국공산당 제18차 당대회가 거행된 이후 주의를 기울여야 할 새로운

---

1   "太子黨的政治個性," ≪蘋果日報≫, A15(論壇版), 2012. 12. 3.

소식이 있는가? 물론 있다. 최소한 다음 세 가지 사항을 살펴볼 수 있다.

첫째, 지도사상의 변화다.

모두들 제18차 당대회에 조금도 새로운 것이 없다고 하는데, 이 또한 이상한 일은 아니다. 후진타오의 보고는 예전과 마찬가지로 판에 박은 듯이 똑같은 내용으로 가득했는데, 예를 들면 '마르크스·레닌주의, 마오쩌둥주의, 덩샤오핑 이론, 이 세 가지 중요 사상을 견지한다'는 식이었다. 이는 단지 '조상의 위패'일 뿐이며, 덩샤오핑이 말한 "조상은 내버릴 수 없다"는 것이다.

사실상 조상은 이미 쓸모가 없어졌다. 레닌의 '무산계급 독재', 마오쩌둥의 '계급투쟁을 강령으로 삼는다', 덩샤오핑의 '4항 기본원칙의 견지', 장쩌민의 '3개 대표'에 대해 사람들은 별 관심을 두고 있지 않다.

후진타오의 보고에서 주의를 기울여야 하는 초점은 지도사상으로서, 제18차 당대회의 당 규약에 기재된 과학발전관이다. 이 과학발전관은 '인간 중심', '통주겸고(統籌兼顧, 모든 사항을 감안해 통합적인 계획을 세우다)', '지속 가능한 발전에 대한 전면적인 협조'를 강조하며, 시장경제, 민주정치, 선진 문화, 조화로운 사회, 생태 문명이라는 다섯 가지의 일체를 실현하려 한다.[2]

이것은 핵심을 찌르는 것으로, 중국이 30여 년 동안 반자유화, 반인권, 반민주, 특권 자본 독점 시장, 폭력을 통해 안정을 유지하고 모든 것을 압도했던 반과학발전관 및 이러한 반과학발전관이 초래한 횡령과 부패, 자원 낭비, 생태 파괴, 빈부 격차, 도덕적 타락, 잇따르는 민원 제기 등의 거대한 재난에 초점을 맞춘 것이다.

어떤 사람은 과학발전관 또한 케케묵은 논조라고 하면서, 후진타오가

---

2   제18차 당대회에서 후진타오가 보고한 내용 가운데 두 번째 부분에 해당한다. "堅定不移 走中國特色社會主義道路," ≪人民網≫, 2012. 11. 8.

지난 수년 동안 제창했지만 결국 해낸 것이 무엇이냐고 묻는다. 이 말도 틀린 것은 아니다. 덩샤오핑, 장쩌민 시대에 만들어진 정치·경제·문화·사회·환경상의 재난이 후진타오 시대에도 해결되지 않고 있으며, 본래보다 더 심해진 면도 있다.

그 근원을 탐색해보면 후진타오가 10년 동안 정치를 주도하면서 첫째, 가장(家長)이 바뀌었는데도 가법(家法)이 바뀌지 않은 채 덩샤오핑, 장쩌민의 기존 지도사상이 유지되어 과학발전관이 실천될 수 없었고, 둘째, 중국 GDP의 신속한 성장과 연해 지역 대도시의 겉만 번지르르한 번영으로 전체 국가의 어두운 면이 은폐되었기 때문이다.

제18차 당대회 보고는 "과학발전관은 새로운 형세 아래 어떤 모습의 발전을 실현하고 어떻게 발전을 실현할 것인가 등의 중대한 문제에 대해 새로운 과학적 대답을 내놓았다"[3]라고 지적했다.

이는 덩샤오핑이 주장한 "발전은 확고한 도리다", "일부 사람이 먼저 부유해져야 한다", "안정이 모든 것을 압도한다" 등의 진부하고 교조주의적인 지도하에 시행된 구전략, 즉 단순하게 GDP 목표를 추구하고, 수출은 과도하고 내수는 희박하며, 집권자가 독점자본으로 경제 성과의 저하를 초래하고, 분배가 불공정하며, 1%의 특권자가 99%의 노동자를 약탈하는 기존의 낡은 전략이 계속될 수 없으며 변화하지 않으면 안 된다는 사실을 표명한다.

둘째, 권력 이동의 변화다.

과학발전관 중 '시장경제', '민주정치', '생태문명' 등은 전혀 새로운 내용이 아니다. 이들 내용은 후야오방, 자오쯔양이 집권하던 1980년대에도 제기되었지만 장기간 실현될 수 없었다. 그 근본 원인은 중국 권력 구조의 독

---

3 같은 글.

재와 혼란 때문이다. 이로 인해 헌정 국가의 '주권재민(主權在民)'을 실현할 수 없었을 뿐만 아니라 독재 체제 자체의 지도자도 직권을 행사하기가 어려웠다.

후야오방과 자오쯔양은 일찍이 중국공산당 총서기와 중국 정부의 총리였으며, 명목상으로는 각각 최고지도자와 국가 실제 공작의 최고 집행인이었다. 그러나 그들 머리 위에는 자격도 없고 책임도 없는 2명의 배후 실권자 덩샤오핑과 천윈이 있었다. 덩샤오핑이 한 말에 따르면, 이들은 '2명의 시어머니'였다.

'2명의 시어머니'는 각기 다른 명령을 내렸다. 천윈은 경제적으로는 스탈린주의자였고, 철학적으로는 마오쩌둥파의 투쟁 철학을 신봉했다. 덩샤오핑은 정치적으로는 일관되게 반(反)우경·반(反)자유화의 독재파였고, 경제적으로는 반(半)개방·반(半)자유파였다. 이러한 '2명의 시어머니'의 독재 아래 후야오방, 자오쯔양의 정치경제 개혁은 모두 제지를 받았다.

덩샤오핑은 국가와 당의 최고지도자를 담당한 적이 없고 왕관도 없는 '태상황(太上皇)'이었다. 1987년 1월, 그는 독재파와 손을 잡고 궁정 쿠데타 방식으로 보이보가 주재한 생활회를 통해 후야오방을 파면시켜 내쫓았으며, 1989년 6월 다시 군사 쿠데타 방식(6·4 학살)으로 자오쯔양을 파면시켜 퇴출시킨 후 스스로를 '제2대 핵심'으로 봉하고 장쩌민을 '제3대 핵심'으로 책봉했다.

후진타오, 원자바오가 정치를 주도한 시기에는 장쩌민이 '시어머니'가 되었다. 장쩌민은 1989년부터 2002년까지 13년간 핵심을 맡고서도 권력을 이양하려 하지 않았으며 군사위원회 주석 자리를 놓지 않았다. 2004년에 압박을 받고 군사위원회 주석 자리를 물려주었지만 여전히 개인 판공실을 설립해 정무에 간섭하면서 정치를 어지럽게 했다.

후진타오의 '과학적 발전관', 원자바오의 '보편적 가치관'은 모두 장쩌민 및 그가 중앙과 지방에 심어놓은 독재파의 수하들에 의해 위아래로부터 협공을 받았으며, 후진타오와 원자바오의 명령이 중난하이에서 나가지 못하도록 만들었다.

제18차 당대회에서 후진타오가 확실하게 물러나고 시진핑이 총서기와 군사위원회 주석에 선발된 것은 중국 최고 권력 이동이 정상화를 향해 첫걸음을 힘차게 내디뎠다는 것을 보여주며, 덩샤오핑과 장쩌민이라는 개인이 인민과 국가 위에 군림하며 정사에 간섭하고 정치를 어지럽혔던 데 대한 근본적인 개혁이다. 후진타오는 새로운 모범을 세웠는데, 바로 중국에서 덩샤오핑, 장쩌민 같은 총이 국가와 당을 지휘하고 스스로 또는 타인을 '핵심'으로 봉하는 '태상황'이 출현하는 것을 용납하지 않는 것이었다.

이른바 태자당, 상하이방, 퇀파이에 대해 말하자면, 이는 인위적으로 만들어지고 여론을 오도한 거짓된 개념이다. 이러한 전형적인 출신론은 문화대혁명 시기 이래 남겨진 독으로, 문화대혁명 당시 중학생이던 위뤄커(遇羅克)는 독재파가 출신론을 내세우며 민중을 분열시키고 무고한 학생과 인민을 박해하는 데 반대하다가 생명의 대가를 치렀는데, 이러한 역사적 교훈을 잊어서는 안 된다.

사실상 공청단 출신 중에도 독재파가 있다. 상무위원회 중 퇀파이로 구분되는 류윈산(劉雲山)은 이데올로기 독재를 했던 사람 중 하나다. 반면 고위 간부의 자제 중에도 인민과 함께 호흡하며 함께 환난을 겪었던 개혁파가 있다. 그런데 시중쉰의 아들인 시진핑, 후야오방의 아들인 후더핑이 어떻게 보이보의 아들 보시라이(薄熙來), 왕전의 아들 왕쥔(王軍)과 함께 거론될 수 있겠는가?

중국공산당 18기 1중전회에서 구성이 완료된 새로운 상무위원회에는 개혁파와 독재파가 모두 소수다. 다수는 이른바 '풍파'인데, 점잖게 말하자면 '중간파'라고 할 수도 있다. 그들은 확실히 장쩌민의 선호하에 추천을 받아 들어온 사람들이다. 장쩌민은 풍파에서 일어선 인물로, 권력을 장악한 이후 비로소 독재파, 독재자 그리고 권력의 화신이 되었다. 풍파의 특색은 바람의 방향을 보면서 뱃머리를 돌리는 것으로, 장쩌민과 함께 갈 수도 있고 시진핑과 함께 갈 수도 있다.

형세는 사람보다 강하다. 제18대 당대회 이전에 독재파는 국내외의 각종 세력을 동원해 보시라이의 억울함을 호소했고, 장쩌민은 제대로 일어서지 못하는 건강 상태임에도 사람들의 부축을 받으며 지속적으로 정치에 개입했다. 그 결과는 무엇인가? 장쩌민 자신이 정사에 개입해 정치를 어지럽혔던 '장쩌민 판공실'이 모두 철거되어 사라져버렸다.

중국의 한 친구는 나에게 후진타오의 철저한 퇴진은 장쩌민과 한 차례 투쟁한 결과였다고 말했다. 후진타오는 17기 7중전회에 보내는 서신에서 다음과 같은 요청과 건의를 제기했다.

— 제18차 당대회에서 당과 군의 영도 직위에서 모두 물러나고, 내년 전국인대에서 국가주석과 군사위원회 주석의 자리에서 모두 물러난다.

— 완전히 물러선 이후로는 판공실과 판공실 팀을 설치해두지 않으며, 자택에서 규정에 따라 관련 문건을 열람하고 지시를 내리지 않는다.

— 중앙으로부터 참고 의견을 제공받을 필요가 있을 때 당원으로서 개인의 견해를 표현할 책임은 있지만 이것이 구속력 있는 지시여서는 안 된다.

— 완전히 물러난 이후 경축일의 식전 또는 기타 활동에 요청을 받아 참석하면 국가 지도자의 행렬에 나란히 설 수 없다.

— 외출하거나 조사 연구를 할 때 전용기나 전용 열차를 탈 수 없다.

이 몇 가지 사항은 하나하나 장쩌민을 겨냥한 것이었다. 중국공산당 18기 1중전회가 종료되던 날 오후 역대 지도자들은 제18차 당대회의 대표들을 회견했는데, 이전에는 부리나케 맨 앞에 서곤 했던 장쩌민이 화를 내며 자리에서 떠났고, 다음날 쓸쓸한 표정으로 상하이로 돌아갔으므로 그는 아무것에서도 승리를 거두지 못했다.

셋째, 인민과 당 사이의 지위 변화다. 중국공산당은 집정하기 전 인민에게 의지했다. 인민의 지지가 없었다면 중국국민당과 싸워서 이길 수 없었을 것이고 정권을 잡을 수 없었을 것이다. 하지만 집정한 이후 인민과 당의 지위는 전도되어 당이 인민의 머리 위로 올라갔다. 이로써 인민의 심부름꾼이 '인민의 구세주'로 소외되어버렸고, 인민은 당의 지배를 받는 순종적인 도구가 되었다.

중국공산당 18기 1중전회 이후 시진핑은 기자회견을 하면서 인민의 지위를 당의 위로 회복시키겠다고 말하면서 '인민은 위대하며 인민은 모든 힘의 근원'이라고 지적했다. 이는 마오쩌둥, 덩샤오핑의 2개의 제국에서 당권(黨權)이 인민의 주권보다 높았던 것을 바로잡으려는 것이었다.[4]

시진핑은 '권력은 인민이 부여한 것'이라는 새로운 권력관을 강조했는데, 이는 정치 개혁의 근본적인 출발점이었다. "민주는 좋은 것이다"라고 외치는 일부 집권 학자, 예를 들면 위커핑(兪可平) 등은 일전에 타이완에서 당내 민주 논의를 선전하면서 "당내 민주가 선행되어야 하고 정치 개혁은 당내 민주로부터 출발해야 한다"라고 주장했는데, 일부 중국국민당 졸개들만 이 말에 부화뇌동했을 뿐, 타이완 민중으로부터는 조롱을 받았다.

민주는 결코 레닌식처럼 정권 내부에서 생겨날 수 없다. 장징궈는 만년에 계엄을 해제한 뒤 ≪워싱턴포스트≫의 이사장 캐서린 그레이엄(Katherine Graham)을 찾아 전 세계에 광고를 했는데, 그 자리에서 기록을 하고 있던 마잉주는 이를 듣고 놀라서 펄쩍 뛰었다. 장징궈는 그 다음날 당내에서 계엄

---

4   "習近平接班, 許'美好生活'," ≪聯合報≫, A1版, 2012. 11. 16.

해제 또는 정당 결성 금지 및 보도 금지에 대한 조치를 논의했는데, 이는 마치 호랑이에게 자신의 가죽을 벗기자고 말하는 것과 같은 격이었다. 하지만 그는 이를 인민에게 알리고 세계에 알림으로써 민주개혁을 실현시켰다.

시진핑과 리커창(李克强)은 민생 경제, 부정부패 타파, 당풍 정돈으로 시정(施政)에 착수했다. 이는 역사에서 인민의 지지와 감독이 없거나 현대 헌정 민주의 권력 견제가 없으면 이러한 문제가 영원히 해결될 수 없다는 사실을 명확하게 보여준다. 시진핑은 인민을 가장 앞자리에 올려놓고 "인민이 역사를 창조한다"라고 강조하고 있는데, 이는 바로 인민을 무시하고 민주개혁을 저지하는 독재파를 겨냥한 것이다.

어떤 사람은 시진핑이 '정치 개혁(政治改革)'이라는 네 글자를 제기하지 않는다는 이유로 정치 개혁에 대해서는 희망이 없다고 단정하는데, 이는 너무 시기상조인 언사가 아닌가 한다. 덩샤오핑은 오히려 '정치 개혁', '당과 국가 영도제도의 개혁'을 적지 않게 논했지만 모두 거짓말이었고, 마지막에는 인민의 학살자로 전락하고 말았다.

왜 그러한가? 덩샤오핑과 독재파는 인민을 가장 두려워했고, 권력 견제를 통해 자신의 개인 독재를 방해하는 것을 가장 두려워했기 때문이다.

1978년 중국공산당 11기 3중전회 기간 중 베이징시 당 위원회는 마오쩌둥이 반혁명 사건으로 성격을 규정했던 1976년 천안문 인민운동의 명예를 회복시켰다. 그런데 ≪인민일보≫는 "인민 만세!"라는 사설을 써서 덩샤오핑의 '첫 번째 붓대'인 후차오무가 격노해서 "후지웨이가 민주당을 건립해 공산당을 개조하려 기도하고 있다!"라고 지적한 일을 비난했다.[5]

1980년대 초, 후차오무와 인민일보 사장 후지웨이 간에 인민성(人民性)과 당성(黨性)을 둘러싼 논쟁이 벌어졌다. 후지웨이는 "인민은 당보다 높

---

5   阮銘, 『鄧小平帝國』, p. 57.

다", "인민성은 당성보다 높다"라고 주장했고, 후차오무는 "당이 인민보다 높다", "당성이 인민성보다 높다"라고 주장했다. 덩샤오핑은 후차오무를 지지하고 후지웨이의 인민일보 사장 직위를 철회시켰다.

인민이 문혁을 부정하는 것은 전국적인 대재난을 만들어낸 마오쩌둥의 개인 독재를 부정하는 것이다. 그런데 덩샤오핑이 문혁을 부정하는 것은 인민을 부정하는 것이자, 그가 말하는 '대민주'를 부정하는 것이다. 덩샤오핑은 1989년 학생 민주운동을 가리켜 '문혁'이자 '대민주'이며 자신의 개인 독재를 방해하는 것이라고 하면서 수도에 군대가 진군하도록 명령해 인민을 학살했던 것이다.

'지도자의 위대함'에서 '인민의 위대함'으로 바뀌는 것, 이는 세계관의 근본적인 전환이다. 이로부터 출발해야 6·4 학살, 파룬궁 진압에서부터 중앙과 지방의 모든 인민의 억울한 사건·허위로 조작한 사건·오심 사건에 이르기까지 역사와 법률의 심판을 받게 될 것이다.

2. 덩샤오핑 제국은 역사의 뒤안길에 거의 도달했다

중화인민공화국 건국 이래 대략 30년마다 큰 변화가 일어났다. 제18차 당대회는 중국의 제3차 비상시국에 해당하는 결정적인 시기다.

1949년 10월 1일, 마오쩌둥은 스스로 마르크스에 진시황을 더했다고 칭했던 마오쩌둥 제국을 창건했다. 마오쩌둥은 자신이 "한평생 두 가지 일을 했다"라고 총결산했는데, 하나는 국민당을 타도해 장제스를 몇 개의 작은 섬으로 물리친 것이고, 다른 하나는 문화대혁명으로 무산계급 독재하의 계속혁명 이론을 창립한 것이었다.

1976년 9월 9일, 마오쩌둥은 세상을 떠났다. 그로부터 27일 후에 마오쩌둥이 지정한 후계자 화궈펑이 예젠잉, 왕둥싱과 연합해 마오쩌둥의 부인 장칭과 장춘차오, 왕훙원, 야오원위안 등 문화대혁명의 주동자들을 체포했다. 그런데 화궈펑은 마오쩌둥의 이론과 노선을 바꿀 의사가 없었으므로 2개의 범시, 즉 "무릇 마오쩌둥 주석이 결정한 정책 결정이라면 확고하게 옹호하며, 무릇 마오쩌둥 주석의 지시라면 시종일관 따른다"[6]라는 범시를 제기했다. 그러나 당시 중국의 국내외 정세로 볼 때 이미 마오쩌둥의 낡은 노선을 계속해서 걸을 수 없었다. 2개의 범시를 겨냥해 당내 민주개혁파의 지도자인 후야오방은 "실천은 진리를 검증하는 유일한 기준"이라는 주장을 제기해 전국적인 토론을 유발했고, 마오쩌둥의 독재론을 전복시켰다.

동시에 베이징 시단 민주주의의 벽을 대표로 하는 사회민주운동이 전국에서 급속히 진전되어 1976년 천안문 사건 및 마오쩌둥 통치하에 발생한 수많은 억울한 사건을 철저하게 바로잡고 마오쩌둥 제국의 독재 통치를 종결할 것을 요구했다.

1978년 12월 중국공산당 11기 3중전회는 전국의 민주운동과 안팎으로 호응해 범시파를 타도함으로써 마오쩌둥 제국의 종식을 알렸다. 예젠잉은 전회에서의 강화를 통해 "시단 민주주의의 벽은 인민민주의 본보기이며, 11기 3중전회는 당내 민주의 본보기다"[7]라며 크게 칭송했다.

하지만 덩샤오핑은 자신만의 계산이 있었다. 그는 다음과 같은 세 가지 일을 했다. ① 미국 카터 정부에 압박을 가해 미중 국교 수립 시 타이완에 대해 '단교, 철군, 조약 폐기'를 단행하도록 요구하고 장징궈가 '평화 통일' 협상을 받아들이도록 촉구했다. ② 베트남을 공격하는 자위 반격전을 발동했다. ③ 1979년 3월 30일 강령 성격의 강화인 「4항 기본원칙의 견지」를 발표했다.

이는 덩샤오핑이 개인의 의지를 강렬하게 표시한 것으로, 중국 역사의

---

6   ≪人民日報≫·≪解放軍報≫·≪紅旗≫, 社論, 1977. 2. 7.

7   예젠잉이 중국공산당 11기 3중전회에서 한 강화다. 이후에 중앙 문건으로 정식으로 하달되면서 후차오무가 이 말을 삭제해버렸다.

전진 방향을 역전시킨 '삼파화(三把火, 제갈량이 펼친 세 번의 화공)'였다. 이 삼파화는 모두 기대한 목적을 이루지 못했으며, 도리어 덩샤오핑이 당내 독재파와 동맹을 맺고 자신의 개인 권력을 확장시켜 마오쩌둥 이후 독재자 로서의 지위를 계승하도록 만들었다.[8]

마오쩌둥은 '계급투쟁을 강령으로 삼는 것'과 '무산계급 독재하의 계속 혁명'으로 공포에 가난을 더한 마오쩌둥 제국을 건립했다. 덩샤오핑은 '4항 기본원칙의 견지'와 '특권계급 독재하의 개혁·개방'으로 공포에 부패를 더 한 덩샤오핑 제국을 재건했다.

1980년 11월 10일에서 12월 5일까지 중국공산당은 정치국 확대회의를 아홉 차례나 거행했다. 이는 덩샤오핑이 실제로 중국의 최고 권력을 장악 한 기점이며, 중국공산당 역사상 제2차 쭌이회의라고 감히 부를 수 있다.[9]

화궈펑이 이루었던 업적과 범했던 과실은 그가 물러나야 할 이유로는 부족했다. 그는 사인방을 분쇄하는 데 공이 있었으며, 두 가지 범시의 오류 는 11기 3중전회에서 이미 검토되어 개정되었다. 원래 화궈펑 한 사람에게 집중되어 있던 권력은 1980년 2월 11기 5중전회에서 이미 분할이 완성되 었다. 즉, 후야오방은 총서기에 임명되어 당을 이끌게 되었고, 자오쯔양은 국무원 총리에 임명되어 정무를 주관하게 되었으며, 화궈펑은 당 주석과

8　첫 번째 파화(把火)는 국공(國共)평화회담으로, 장징궈에 의해 거절당했다. 두 번째 파화 는 베트남을 공격해 징벌하고 캄보디아 공산당 폴포트에 대한 포위를 해방시키려 했던 것인데, 베트남을 징벌하지도 못하고 폴포트의 포위를 해방시키지도 못했다. 세 번째 파 화는 반자유화로, 반자유화에 계속 반대했지만 계속 실패했고 심지어 2명의 총서기를 낙 마시키고 6·4 학살을 단행함으로써 개혁의 대업을 무너뜨렸다.

9　쭌이에서 개최된 정치국 확대회의에서 마오쩌둥은 장원톈(張聞天), 왕자샹(王稼祥)과 연 합해 보구[博古, 본명은 친방셴(秦邦憲)], 리더(李德)의 권력을 탈취했는데, 보구를 대신 한 인물은 장원톈이었다. 마오쩌둥은 군사 정책 결정에 참여했는데, 이는 그가 최고 권력 을 향해 나아가는 기점이 되었다. 덩샤오핑은 마오쩌둥을 모방해 천윈과 연합해서 화궈 펑의 권력을 탈취한 뒤 우선 군권을 장악했다. 이는 그가 '제2대 핵심'으로 나아가는 기점 이 되었다.

군사위원회 주석의 직무를 보류했고, 예젠잉은 군대 공작을 보좌하게 되었다. 새로운 권력 구도는 순조롭게 운행되었으며, 바뀌어야 할 급박함이 없었다.

당시 정치국 가운데 화궈펑을 끌어내야 한다고 주장했던 사람은 소수(덩샤오핑과 천윈)였다. 그들은 확대회의로 인해 들어온 독재파의 왕전, 후차오무, 덩리췬 등을 통해 세력을 형성하면서 화궈펑에게 사의를 표명하도록 압력을 가했다.

그렇다면 누가 화궈펑을 대신할 것인가? 예젠잉, 후야오방 등은 화궈펑이 물러날 것을 주장하지 않은 반면 덩샤오핑은 화궈펑에게 물러날 것을 요구했으니, 덩샤오핑을 추대해 화궈펑을 대신하면 되었다. 그러나 덩샤오핑은 도리어 자신은 군사위원회 주석만 맡을 것이라고 표시하고 후야오방을 당 주석으로 삼으려 했다.

후야오방은 10번 정도 거절하면서 "명망으로 보거나 정치적 능력으로 보거나 현재의 지도 시스템으로 보거나 상무위원회의 실제 상황으로 볼 때나 자신은 중앙 주석이라는 직무를 능히 감당하기 어려우며 반드시 덩샤오핑이 맡는 것이 좋다"라고 말했다. 표결이 이루어지던 날(12월 5일 제9차 회의)에 후야오방은 베이징을 떠나 후난(湖南)에 조사를 하러 갔다.[10]

정치국 확대회의는 최후에 다음과 같은 세 가지 항목을 결의했다. ① 화궈펑이 중앙 주석과 군사위원회 주석직에서 물러나도록 6중전회에 건의하고 이에 동의한다. ② 후야오방을 중앙위원회 주석으로, 덩샤오핑을 군사위원회 주석으로 삼도록 6중전회에 건의하고 이들을 선임한다. ③ 6중전회 이전에 후야오방이 잠시 정치국 상무위원회 공작을 주재하고 덩샤오핑이 중앙군사위원회 업무를 주재하지만 공식적인 명의는 사용하지 않는다.[11]

---

10 鄭仲兵 編, 『胡耀邦年譜資料長編』, 上卷(香港時代國際出版公司, 2005), p. 527.

1981년 6월 중국공산당 6중전회에서 후야오방은 당 주석과 총서기에 당선되어 다른 6명의 부주석과 새로운 정치국 상무위원회를 형성했다. 해당 7명의 순서는 후야오방, 예젠잉, 덩샤오핑, 자오쯔양, 리셴녠, 천윈, 화궈펑이었다.

이 구도는 단 1년만 유지되었다. 1982년 중국공산당 제12차 당대회가 열리기 전날 저녁, 천윈, 왕전, 후차오무, 덩리췬 집단은 다시 권력을 쟁탈하기로 계획했는데, 그들의 창끝은 후야오방을 향했다. 천윈, 왕전, 후차오무, 덩리췬 집단의 부하로서 군대에 소속되어 있던 자오이야(趙易亞)는 글을 집필해서 이론·정보·문예 영역에서 자유화가 추진되는 데 중요한 배후 인물이 있다고 폭로했다. 문장 중에서 직접적으로 이름을 거론하지는 않았지만 후야오방을 지명하고 있음을 누구나 알 수 있었다.

문장이 발표된 이후 전국적으로 시끄러워졌다. 덩샤오핑은 화가 나서 "왜 제12차 당대회 전에 이러한 일이 일어났는가? 자오이야는 어떤 사람인가?"라고 물었다. 그 당시 덩샤오핑은 아직 후야오방, 자오쯔양을 통해 개혁개방에 앞장서서 돌진할 필요가 있었다. 그가 "하늘이 무너져도 후야오방과 자오쯔양이 이를 받치고 있다!"라고 말한 것도 이 때문이었다.

덩샤오핑은 한편으로는 후차오무를 이용해 당 규약을 수정하고 당중앙 주석과 부주석의 설치를 취소해 총서기 직권을 일상 사무를 처리하는 것으로 축소시켰다. 후차오무는 사람들이 이 일의 숨겨진 뜻을 모를까 우려해 개인 명의로 「당장 수정에 관한 신화사 기자의 질문에 답한다(關於修改黨章答新華社記者問)」라는 글을 발표해서 "이번에 수정된 당 규약에는 새로운 규정이 있는데, 총서기는 단지 소집만 할 수 있고 중앙회의를 주재할 수 없다"라고 강조했다.

---

11 같은 책.

후차오무는, 총서기의 지위와 관련해 전국 당대회를 통해 선출되는 최고지도자로서의 권력을 박탈함으로써 최고 권력을 '2명의 시어머니'인 덩샤오핑과 천윈의 수중으로 이전시켜 당과 국가를 초월하는 배후 실력자가 독재를 하도록 만드는 것이 계획이었다. 이는 그 이후 후야오방 및 자오쯔양의 개혁을 실패시키고 부정부패의 창궐로 민중의 항쟁을 촉발시키며 6·4 학살을 유발시킨 제도적인 근원이 되었다.

6·4의 총성이 울려 퍼지자 대세는 이미 결정되었다. 하늘이 무너지지 않고 후야오방과 자오쯔양의 이용 가치가 다하자 덩샤오핑은 비로소 천하를 자신이 적임자로 고른 제3대 핵심 장쩌민에게 건네주었다. 경력과 인망, 개인 능력과 지도자로서의 소질로 보자면 장쩌민은 후야오방 및 자오쯔양에 비견될 수 없었다. 왜 덩샤오핑은 후야오방 및 자오쯔양을 핵심으로 삼을 생각을 하지 않고 오직 장쩌민을 핵심으로 삼았을까?

덩샤오핑은 개혁 대업을 시작하려면 후야오방 및 자오쯔양같이 새로운 사고를 갖춘 창조적인 인재가 필요하다는 것을 알고 있었다. 하지만 천하의 대세가 이미 정해지자 덩샤오핑은 새로운 사고가 자신의 옛 노선을 바꿀 것을 걱정하게 되었다. 그는 또 한 명의 화궈펑이 필요했다. 한 명의 화궈펑을 따르면 덩샤오핑의 범시는 변하지 않을 것이라 생각했다.

마오쩌둥이 선택한 화궈펑이 확고하게 서지 못했던 교훈을 감안하면 그는 또 하나의 덩샤오핑이 출현하는 것을 방지해야 했다. 그것이 바로 자신과 60년 동안 사귀어온 오래된 전우 양상쿤과 절교하고 장쩌민이 군권을 장악하도록 도운 이유다.

정확하게 보고, 신속하게 움직이며, 맹렬하게 손을 쓴다는 점에서 덩샤오핑은 마오쩌둥을 뛰어넘으며, 이는 덩샤오핑 제국이 3세대에 걸쳐 계속 이어지고 있는 비밀이기도 하다.

장쩌민은 기회주의자였다가 독재자가 되기까지 다양한 역할을 연출했다. 그가 집권한 15년(1898년 덩샤오핑에 의해 제3대 핵심으로 봉해진 이후 2004년 군사위원회 주석 자리를 내놓을 때까지)은 덩샤오핑을 뛰어넘었다.

6·4 천안문 학살 직후 3년 동안 장쩌민은 평화적 전복에 반대하는 독재파와 긴밀하게 함께 해 리펑, 야오이린, 덩리췬과 손을 잡고 '새장 경제'와 사상·문화 영역의 '전면 독재'를 부활시켰다. 그 결과 1989년 경제 성장률은 전년도의 11.3%에서 4.8%로 떨어졌고, 1990년에는 다시 3.8%까지 하락했다.

덩샤오핑은 가만히 앉아 있을 수 없어 1992년에 남순 강화를 하게 되었다. 강화 중 "개혁을 하지 않으면 누구든 자리에서 내려와야 한다"라고 했는데, 이는 장쩌민을 상당히 위협하는 것이었다. 이에 장쩌민은 바람이 부는 방향을 보고 뱃머리를 돌려 덩샤오핑의 패우 딩관건과 덩샤오핑의 아들 덩즈팡을 찾아가서 의기투합하고 덩샤오핑에 대한 자신의 충성을 표명했다. 덩샤오핑은 이에 대한 이해를 표시하고 장쩌민에게 "덩리췬과 거리를 유지하도록 유의하라"라는 한 마디 말을 전했다.

장쩌민은 덩샤오핑의 의도를 간파하고 즉각 제14차 당대회 보고를 제출해 덩샤오핑의 남순 강화를 전체 문장을 관철하는 기본선으로 삼았고, "왜 추호의 동요도 없이 덩샤오핑 노선을 100년 동안 확고부동하게 견지해야 하는가"에 대해 설명했다. 아울러 '사회주의 시장경제체제의 건립'을 제14차 당대회 보고에 기입하는 것과 관련해 덩샤오핑에게 지시를 부탁했고, 덩샤오핑으로부터 칭찬을 받았다.

덩샤오핑은 마오쩌둥을 비판하면서 "한 사람의 지도자가 스스로 자기의 후계자를 선택하는 것은 봉건주의적인 방식이며, 제도 개혁에 이 점도 포함시켜야 한다"[12]라고 말했다.

---

12 鄧小平, 「答意大利記者法拉奇問」, 『鄧小平文選(1975~1982)』, pp. 305~306.

그런데 덩샤오핑은 도리어 이대(二代)에 걸쳐 자신의 후계자를 선택했다. 마오쩌둥은 일대(一代)를 선택했으나 자신이 선택한 화궈펑이 덩샤오핑에 의해 파면되어 퇴출됨으로써 성공을 거두지 못했다. 하지만 덩샤오핑은 이대를 선택해 모두 성공했다.

한 세대 거른 덩샤오핑의 후계자 후진타오는 집정 초기 집정위민과 과학적 발전관을 제기해 당시 장쩌민의 악정을 겨냥한 '후진타오·원자바오 신정(新政)'으로 인식되었다. 그렇지만 사람들의 기대는 매우 빨리 깨졌다.

2004년 9월 중국공산당 16기 4중전회에서 장쩌민 수중으로부터 군사위원회 주석 자리를 확보한 후진타오는 덩샤오핑과 장쩌민의 낡아빠진 논조를 외치기 시작했다. 그는 다음과 같이 말했다.

"한동안 국경 외부의 적대세력과 언론은 우리 국가의 지도자와 정치제도를 오만방자하게 공격했다. 그런데 국내 언론은 정치체제 개혁의 깃발을 내걸면서 서방 자산계급의 의회민주와 인권과 언론의 자유를 선전했으며, 자산계급 자유화 관점을 유포하면서 4항 기본원칙을 부정하고 국가의 정치체제와 정권을 부정했다. 이러한 과오는 절대로 그냥 두어서는 안 된다. 소련은 고르바초프가 공개화·다원화를 제창해 당과 인민사상의 혼란을 만들어냈기 때문에 해체되었던 것이다."

후진타오는 덩샤오핑 제국이 펼쳤던 특권계급 독재하의 개혁·개방이라는 낡은 노선에서 벗어나지 못했다. 이는 소련과 동유럽 제국이 붕괴된 이후 마오쩌둥 제국에서 진화된 일종의 새로운 전형으로, 전통적인 공산 노예제도의 계승이자 전환이었다. 계승한 것은 전통 공산 노예제도의 핵심, 즉 덩샤오핑이 개괄한 4항 기본원칙과 반자유화이며, 바뀐 것은 세계화 시대의 필요에 부합하는 대외 개방 전략을 채택한 것이다. 그 특색은 다음과 같다.

첫째, 경제 시스템이 폐쇄에서 개방으로 나아가고 있으며, 계획경제 아래의 새장 경제를 타파하고 전 세계 시장을 향해 나아가고 있다.

글로벌 시대에 전통 공산국가는 경제력과 종합 국력의 경쟁에서 모두 실패했으며, 유일하게 중국만 부상해 전 세계 민주화에 대항하는 최후의 보루가 되고 있다. 이는 덩샤오핑이 개방 전략을 통해 폐쇄적인 전통 공산 노예제도에서 개방적인 새로운 공산 노예제도로 전환한 덕분이다.

덩샤오핑의 새로운 전략은 전 세계의 자유국가를 향해 개방을 해서 자본, 자원, 정보, 과학기술, 인재를 끌어들이고, 공산 노예제도 아래에서 자유가 없는 저비용의 노동자와 염가의 국유 토지를 결합해 중국을 세계의 공장으로 만들며, 염가의 상품을 생산해 전 세계 시장에 파는 것이었다. 그러나 서방의 자유 가치, 민주제도, 인권 관념은 반드시 맹아 상태에서 소멸시켜야 하는 동란 요인으로 간주했다.

둘째, 중국공산당은 지주와 자본가의 산물을 공유하는 형태에서 농민과 노동자의 산물을 공유하는 형태로 변화하고 있다.

과거에는 중국공산당이 농민과 노동자를 이용해 정권을 수립하고 토호를 공격해 땅을 나누었으나, 오늘날에는 자본주의를 이용해 정권을 보호하고 농민의 경작지를 구획지으며 노동자를 퇴출하도록 압박해 도시 지역에서 생계를 도모해야 하는 저비용의 농민공이 되도록 만들고 있다.

천원은 계획경제를 실행하면서 다음과 같은 공식을 만들었다. "국가는 큰 몫을 갖고, 집단은 가운데 몫을 갖고, 개인은 작은 몫을 갖는다." 오늘날 중국의 사회주의 시장경제는 천원의 이러한 구공식을 변형한 것으로, 국가와 외자는 큰 몫을 함께 누리고, 탐관오리와 중산계급 집권자는 중간 몫을 함께 누리며, 국가 자산의 창조자이자 노역에 시달리는 억만 명의 노동자는 작은 몫을 가질 뿐이다.

셋째, 선진국의 자본과 기술을 도입해 자국의 경제와 군사 실력을 확장한다.

덩샤오핑의 다극화 전략은 국제자본이 고액의 이윤을 추구하는 탐욕적인 특성에 착안한 것으로, 중국 노예제도 아래에서 저비용의 노동력과 국가 독점인 토지자원의 우세를 발휘해 국제자본과 현대 기술을 끌어들이고 자신의 경제, 과학기술, 군사 실력을 강화하는 것이자, 이와 동시에 개발도상국에 인력과 기술을 수출함으로써 전략적인 자원을 획득하고 전 세계를 향해 확장해가는 것이다.

넷째, 민족주의로 자유민주라는 보편적인 가치에 도전하고 있다.

덩샤오핑은 "조상은 내버릴 수 없다"라고 입버릇처럼 말했는데, 마음속으로는 조상이 더 이상 쓸모없다는 것을 알고서는 민족주의의 커다란 깃발로 사람들을 기만할 필요를 느꼈다. 이에 중국적 특색을 지닌 사회주의라는 새로운 개념을 발명하고 민족부흥, 국권지상(國權至上)을 널리 알림으로써 중국 특색이라는 말로 보편적인 가치에 대항하려 하고 있다.

제18차 당대회에서는 두 가지 상징적인 사건이 발생했다. 하나는 보시라이·왕리쥔(王力軍) 사건으로,[13] 이는 부패한 공산제국의 내부 분열을 폭로했으며, 다른 하나는 천광청(陳光誠) 사건으로,[14] 공포 제국의 폭력으로 안정이 유지될 수 없음을 선고했다. 두 대형 사건은 중국 내부를 유지하던 공포를 통한 균형을 타파했고, 공포에 부패를 더한 덩샤오핑 제국이 역사의 뒤안길에 다다랐음을 현저하게 부각시켰다.

---

13 2012년 2월 당시 충칭시 서기였던 보시라이의 심복이자 충칭시 부시장 겸 공안국 국장이었던 왕리쥔이 충칭시 공안국장에서 직위 해제된 직후 청두(成都)에 주재한 미국 총영사관에 망명을 시도하면서 보시라이와 관련된 비리들이 드러난 중국 최대의 정치 스캔들을 일컫는다. 이 사건은 이후 영국인 닐 헤이우드 사망 사건에 대한 진상 조사에 착수하는 데 도화선이 되었고 결국 보시라이의 실각으로 귀결되었다. _옮긴이 주
14 2012년 4월 시각장애를 앓고 있는 인권변호사 천광청이 가택연금 중 탈출한 사건을 일컫는다. _옮긴이 주

3. 중국 국내외 정세의 중대한 변화

글로벌 시대에 중국의 변화와 세계의 변화는 떼려야 떼어놓을 수 없는 관계다. 북아프리카 및 중동 지역의 재스민 혁명에서부터 미얀마에 자유의 서광이 비친 데까지, 미국 월스트리트에 대한 점령 시도에서부터 중국의 천광청이 자유를 찾아 도망친 데 이르기까지, 이 모든 변화는 중국과 세계가 기존의 낡은 노선을 따라서는 안 된다는 것, 그리고 새로운 역사의 대변혁에 직면해 있다는 것을 명확하게 보여준다.

기존의 역사적 대변혁은 1980년대 말에서 1990년대 초까지 소련과 동유럽 공산제국이 붕괴된 것이었는데, 당시 어떤 사람은 "역사의 진보는 이미 완성되었다"[15]라고 단언하기도 했다. 그러나 역사에는 끝이 없어서, 공산주의를 대신해 인류의 보편적 가치에 대항하는 새로운 이데올로기가 불타고 남은 재에 다시 불붙어 살아나기 시작했으니, 바로 민족주의다. 이는 사실상 결코 새로운 것이 아니다. 히틀러의 게르만 민족주의, 레닌의 러시아 민족주의, 마오쩌둥의 마르크스주의의 중국화, 덩샤오핑의 중국적 특색을 지닌 사회주의는 모두 민족주의로 포장된 강권주의다.

덩샤오핑이 소련 및 동유럽 공산제국의 붕괴로부터 얻은 결론은 중국에서 고르바초프가 나와서는 안 된다는 것이었고, 대책은 모든 자유화 반동 요인을 맹아 상태에서 소멸시킨다는 것이었다.

그렇다면 어떤 도구를 이용해 소멸시킬 것인가? 조상인 마르크스·레닌주의와 마오쩌둥주의는 신통치 않아졌으므로 허구의 민족주의를 통해 포장할 수밖에 없었다.[16]

---

15 『역사의 종언(The End of History)』의 저자 후쿠야마는 "1980년대에 발생한 일련의 정치 사건은 냉전의 종식을 의미할 뿐만 아니라 또한 역사의 진보가 이미 완성되었다는 것을 보여주며", "자유·민주와 시장경제는 인류의 가장 훌륭한 선택이며, 아울러 전체 인류의 제도가 될 것이다"라고 보았다.

덩샤오핑의 '중국적 특색을 지닌 사회주의'에서 '특색'은 바로 당국 특권 계급의 독재 아래에서 전 세계 자본을 향해 개방하는 것이다. 과거에 마르크스·엥겔스가 「공산당 선언」에서 한 구호는 "전 세계 프롤레타리아여, 단결하라!"였다. 그런데 오늘날 덩샤오핑 제국의 구호는 "국제자본과 연합해 전 세계 프롤레타리아를 착취하라!"이며, 이를 구체적으로 실행한 것은 제3대 핵심인 장쩌민이었다.

장쩌민의 '3개 대표 중요 사상' 가운데 핵심 요소는 '선진 생산력의 대표'다. 선진 생산력이란 무엇인가? 선진 생산력은 마땅히 사람의 생명력과 창조력, 축적된 인류 문명의 성과여야 하는데, 어떻게 중국공산당이 감히 선진 생산력이 될 수 있단 말인가?

장쩌민은 안하무인이다. 공사장, 공장, 농경지에서 피와 땀을 흘리며 건축물을 짓고 전 세계 시장을 위해 각종 식품과 생활용품을 생산하는 노동자와 농민, 각계각층의 디자이너, 엔지니어, 교사, 의사, 요리사, 농업기술자, 기업가와 관리자, 실험실의 과학자와 연구원이 장쩌민의 눈에는 특권자본 집단을 위한 노예와 도구로 보일 뿐이다.

장쩌민이 핵심 요소로 삼는 선진 생산력은 바로 월스트리트의 금융자본이다. 1997년 깊은 가을, 한 이른 새벽에 미국 월스트리트 증권거래소는 한 명의 귀한 손님을 맞이했는데, 바로 중국공산당 제3대 핵심 장쩌민이었다. 그는 그곳에 가서 무엇을 한 것일까? 참관을 했을까? 과거에도 중국공산당 관원이 이곳을 참관하긴 했지만 그렇게 일찍 도착하지는 않았다. 그는 중

---

16 '중화민족(中華民族)'은 하나의 거짓된 개념이다. 중국 정부 스스로도 중국에는 56개의 민족이 있다고 말하고 있다. '중화민족'을 강조하는 것은 바로 '하나의 민족'이 기타 55개의 민족을 통치한다는 의미다. 그런데 사실 하나의 민족이 아니라 하나의 당, 한 명의 지도자, 하나의 사상이 56개 민족을 통치하고 있는 것이다. 그러나 당과 사상은 중국에서 이미 흡인력과 응집력을 상실했다. 따라서 민족주의를 고취해 이를 흡입할 필요가 있으며, 하나의 민족이라는 개념을 고취시켜 이들 전체를 응집시킬 필요가 있다.

권거래소가 문도 열기 전에 도착해서 무엇을 하려 했던 것일까?

그가 이렇게 일찍 방문한 것은 공산주의 운동사에서 파천황(破天荒, 천지 개벽 이전의 혼돈한 상태를 깨뜨려 열다)이라는 극본을 연출하기 위해서였다. 즉, 월스트리트 증권거래소의 개시를 알리는 종을 울리기 위해서였다. 줄 곧 공산당은 자본주의의 사망을 알리는 종을 울렸다고 공언해왔는데, 장쩌 민은 황당하게도 자본주의의 '생명의 종'을 울리러 갔던 것이다. 이는 그가 자본주의를 매장시키지 않을 뿐만 아니라 전 세계 자본과 연합해 중국의 무산계급을 공동으로 압박하고 착취할 것임을 보여준 것이다.

종소리가 울려 퍼짐에 따라 장쩌민은 중국이 34억 달러의 보잉사 비행 기와 600억 달러의 핵에너지 발전 설비를 구입할 것이라고 선포했다. 월스 트리트와 중난하이 간의 연맹은 이로부터 확립되었다.

미국의 청년들은 월스트리트 점령 운동을 벌이면서 단지 자신들의 실업 과 빈곤을 인식했을 뿐이다. 그들은 자신들이 자유와 행복을 찾지 못하는 이 유가 자신들이 게으르고 부모에게 경제적으로 의존하고 있기 때문이 아니 라 월스트리트의 살찐 고양이가 탐욕스러워서 자신들이 생명력과 창조력을 실현할 기회를 박탈했기 때문이라는 사실을 알지 못하고 있다. 그들은 월스 트리트의 검은 손 뒤에 한 쌍의 검은 손이 도사리고 있다는 사실을 아직 알아 차리지 못하고 있는데, 한 쌍의 검은 손은 바로 중국의 특권계층이다.

18년 동안(1987년 8월 11일~2006년 1월 31일) 미국 연방준비위원회 의장을 맡았던 앨런 그린스펀(Alan Greenspan)은 『우리의 신세계(我們的新世界)』라 는 저서에서 이 비밀을 폭로했지만 주의를 끌지 못했다.

이 저서의 중국어 번역본 제목은 적절하지 못하다. 영문판 원서의 제목 은 'The Age of Turbulence: Adventures in a New World'이며, 그 의미는 '격동의 시대: 신세계에서의 모험'이다.

그린스펀은 자신과 월스트리트의 살찐 고양이들이 격동의 시대 가운데 모험으로 가득 찬 금융 도박을 했다는 사실을 잘 이해하고 있다. 책에서는 한 장을 할애해 제2기 클린턴 정부 시기부터 제1기 부시 정부 시기까지의 미국의 비이성적인 번영에 대해 중점적으로 논하고 있다.

그린스펀은 미국의 실질 경제가 나날이 위축되고 유사 경제가 신속하게 성장해 유사 경제가 실질 경제의 수십 배가 되었다고 적고 있다. 그러면서 중국에서는 실제 제조업이 발전하고 미국에서는 유사 금융이 발전하는 국제 분업은 이러한 비이성적인 번영이 세계화 시대에 장기간 지속될 수 있도록 만들었다고 말한다.

그린스펀은 다음과 같이 생각했던 것이다. "당신은 '중국 제조'이고, 나는 '미국 소비'여서 당신이 벌어들인 무역 흑자로 나의 국채와 주식을 사들여야 하고 나의 파생 금융 상품을 구매해야 한다. 그러면 돈이 다시 미국으로 돌아 들어오지 않겠는가?" 이리하여 민궁국부(民窮國富)인 중국은 민부국궁(民富國窮)인 거대 채권자 미국의 주주가 되었다. 그러나 그린스펀은 만기가 되었을 때 채권을 환급하지 못할까 봐 걱정하지는 않았다. 왜냐하면 달러를 찍어내는 인쇄기를 가동하면 바로 해결될 것으로 생각했기 때문이다.

이는 바로 월스트리트가 신세계라는 격동의 시대에서 겪은 모험이다. 그린스펀은 책을 집필할 당시 이 같은 '모험'을 기꺼이 받아들였다. 그리고 미중 양국은 중난하이와 월스트리트의 동맹 결성, 중국의 실질 경제와 미국의 유사 경제의 국제 분업, 중국 제조·미국 소비라는 발전 모델 등을 통해 10년간 비이성적인 번영을 창조했다.

중국은 이로 인해 농민의 농경지를 빼앗고, 거주민의 방을 부숴 쫓아내며, 전국의 농지, 산림, 초원, 강, 호수, 해양이 대규모로 오염되고 파괴되는 대가를 지불했다. 농민은 경작할 땅을 잃고 노동자는 일자리를 잃었고, 정부는 가난한 자의 재산을 빼앗아 부자를 살찌우고 인민의 재산을 빼앗아 관료를 살찌웠으며, 관료의 핍박은 극에 달했다. 이로 인해 사람들의 반발이 거세져 집단 시위가 발생하는 빈도가 기하급수적으로 증가하고 있다. 이에 따라 전국의 무장경찰과 사이버경찰 인원으로는 이러한 사태를 대처하기에 역부족인 상황에 처했으며, 결국 시각장애를 앓고 있는 인권변호사 천광청이 중국을 탈출해 전 세계를 경악하게 만든 사건이 발생했다.

한편 미국과 전 세계는 100년 동안 존재하지 않았던 금융 쓰나미, 실업위기, 빈부 격차의 심화 등을 대가로 지불했으며, 결국 99% 대 1%의 월스트리트 점령 운동이 폭발했다.

월스트리트와 중난하이의 동맹 결성은 세계화라는 속임수와 신자유주의의 허위를 폭로했다. 즉, 자본은 전 세계에서 범람할 수 있는 자유가 있되, 노동자는 전 세계에서 생계를 이어갈 수 있는 자유가 없다는 것이다.

중난하이가 통치하는 중국은 월스트리트를 향해 개방하고, 전 세계 자본을 향해 개방하며, 타이완의 거부 궈타이밍(郭台銘), 왕쉐훙(王雪紅) 등에게 개방한다. 전 세계의 로열패밀리 집안, 특권 귀족층, 재벌들은 중국에서 자유롭게 땅을 확보하고, 자유롭게 집을 헐고 공장을 지으며, 자유롭게 노동자들을 고용한다. 물론 중국 관원과 무장경찰이 겹겹이 보호하는 아래에서 말이다. 이것이 바로 권력과 자본의 세계화로, 어떤 사람은 이를 '게들'이 세계를 횡행하는 세계화라고 비유한 바 있다.

토머스 프리드먼(Thomas Friedman)은 『세계는 평평하다(The World Is Flat)』라는 책을 집필한 적이 있다. 틀리지 않다. 1%의 게들의 견지에서 볼 때 신자유주의라는 불도저는 이미 자신들을 위해 세계를 평평하게 밀어버렸다. 게들은 전 세계 어느 지역에서나 노동자를 고용하고 건물을 세울 수 있고, 공장을 열어 노동자의 임금을 최저로 낮출 수 있으며, 노동시간을 늘릴 수 있다. 어쨌든 전 세계에는 실업 상태의 노동자와 산업예비군들이 자신들의 저렴한 피와 땀을 구매해주기를 바라며 기다리고 있는 것이다.

그러나 신이 창조한 대부분의 사람들 입장에서 볼 때, 이러한 세계는 갈수록 평평하지 않으며 갈수록 자유스럽지 못하다. 신이 사람을 창조했는데 왜 사람은 모두 평등하지 않는가? 왜 당신만 세계화하는 것이 허락되고 내가 세계화하는 것은 허락되지 않는가? 왜 당신만 자유가 인정되고 나는 자유가 인정되지 않는가?

신자유주의는 자본과 상품의 자유는 방임하면서도 부지런한 노동을 통해 상품과 재화를 창조하는 사람들의 자유는 착취하고 빼앗고 있다! 이는 가짜 자유주의이며, '자유의 소외'와 별반 다름없다.

자유의 요체는 사람과 사람 사이에 평등하게 자유를 향유하는 것이다. 자유의 가치와 사람의 가치, 인간의 존엄은 분할할 수 없다. 신자유주의의 금융 자유화는 이미 사람이 돈을 주재하는 세계를 돈이 사람을 주재하는 세계로 소외시켰고, 전 세계 수많은 사람을 글로벌 금융 과두 통제 아래의 금전 노예로 전락시켰으며, 돈은 사람의 신체와 영혼을 지배하는 주인이 되어버렸다. 이는 바로 20세기 말과 21세기 초, 중난하이의 민족혼과 월스트리트의 거짓 자유 연맹이 전 세계의 자유혼을 압도한 이야기다.

중난하이와 월스트리트의 밀월 시기에 미국 정부는 거의 모든 일에 중국 정부의 눈치를 살폈다. 특히 타이완과 관련된 의제에서 그러했다.

2002년부터 2006년까지 더글라스 팔(Douglas Paal)은 타이완 주재 협회의 타이베이 사무소 처장으로 장기간 담임했는데, 타이완에 대한 미국의 정책은 항상 중국 정부의 필요에 영합했다. 중국은 천수이볜(陳水扁)과 민주진보당을 선호하지 않았고, 중국국민당이 정권을 다시 장악해 통일에 유리한 국면을 조성하기를 원했다. 팔과 당시 미국 국무부의 제임스 모리어티(James Moriarty), 미국 중앙정보부(CIA)의 데니스 윌더(Dennis Wilder)는 모두 중국국민당의 천수이볜에 대한 부정적인 평가를 신뢰했으며, 이는 미국 정부의 정책 결정에 영향을 미쳤다.[17]

당시 미국의 적지 않은 정객과 재계 인사는 "미중 G2가 세계를 함께 다스린다"라고 고취했으며, 이는 2009년 말 최고조에 이르렀다.

그러나 물극필반(物極必反, 사물의 전개가 극도에 달하면 반드시 반전한다)이라고 했다. 2010년 중국이 남중국해와 동중국해에서 무력을 과시하자 미국과 아시아·태평양 지역의 자유국가들은 놀라서 중국의 부상에 대해 조심스럽고 신중하게 살펴보기 시작했다.

중국공산당 제18차 당대회와 동시에 거행된 미국 대통령 선거에서 연임에 성공한 버락 오바마(Barack Obama)는 당선되자마자 바로 태국, 미얀마, 캄보디아를 방문하고 '아시아 축(Asia Pivot)'이라는 대전략을 제기해 아시아 민주국가의 연합을 지지했다. 오바마와 아웅 산 수 치(Aung San Suu Kyi) 여사는 포옹을 했고, 미얀마 군사독재 정권이 자유·민주제도를 향해 전환할 것을 촉구했다. 이는 모두 세계가 변화하고 있음을 명확하게 보여주는 것으로, 월스트리트와 중난하이가 세계를 함께 다스린다는 꿈이 산산조각 났음을 말해주는 것이었다.

4. 시진핑 시대의 중국은 어디를 향해 가고 있는가

후진타오의 제18차 당대회 보고는 '중국이 어디를 향해 가고 있는가?'라는 질문에 대해 "폐쇄적이며 경직된 낡은 길로도 가지 않고, 원래 걸어가고 있던 방향을 바꾸어 사악한 길로도 가지 않는다"라고 제기했다. 후진타오는 또한 "중국 특색의 사회주의의 길은 반드시 더욱 소중히 여겨야 하고 시종일관 견지해야 하며 부단히 발전시켜야 한다"라고 말했다.[18]

---

17 Arthur Waldron, "美國對台政策的演變," 『中國崛起亞太區域安全國際研討會論文集』(台灣安保協會, 2012年 9月 21日), p. 76.

18 제18차 당대회에서 후진타오가 보고한 내용 가운데 두 번째 부분에 해당한다. "堅定不移走中國特色社會主義道路," ≪人民網≫, 2012. 11. 8.

여론은 이를 토대로 시진핑 시대에는 정치 개혁을 바랄 수 없다고 단언하고 있는데, 이런 판단은 너무 시기상조인 것으로 보인다. 나아갈 수 없는 낡은 길은 무엇인가? 또한 갈 수 없는 사악한 길은 무엇인가? 걸어 나아가야 할 새로운 길은 또한 무엇인가? 모두 토론의 여지가 있으며, 사회 여론은 현재 '시진핑 시대의 중국은 어디를 향해 가고 있는가?'와 관련해 대변론을 전개하는 중이다.

'중국 특색의 사회주의', '중국 특색의 사회주의 민주정치'는 그 안의 큰 주머니에 무엇이든지 넣을 수 있다. '민주는 좋은 것이다'라고 했던 위커핑이 타이완에 와서 주머니 속에 넣었던, '당내 민주 우선'이라는 유사 모조품은 그를 초대한 중국국민당의 입맛을 만족시켜주기 위해 위커핑이 준비했던 것이다.

제18차 당대회 보고에서 제시한 새로운 지도사상인 과학발전관이라는 목표는, 시장경제, 민주정치, 선진 문화, 조화로운 사회, 생태 문명이라는 다섯 가지가 일체되는 아름다운 중국을 실현하는 것이다. 만약 이것이 새로운 길이라면, 마오쩌둥의 '무산계급 독재하의 계속혁명', 덩샤오핑의 '특권계급 독재하의 개혁·개방'은 모두 이미 역사의 뒤안길에 도달했으며, 더이상 걸어 내려갈 수 없는 낡은 길이다.

현재의 문제는 과학발전관이 지칭하는 민주정치가 무엇인가 하는 것이다. 후진타오는 정치체제 개혁의 추진에 대해 언급하면서 "인류 정치 문명의 유익한 성과를 적극적으로 참고해 서방의 정치제도 모델을 그대로 답습하지 않는다"[19]라고 말했다.

이러한 논법은 과거 장쩌민이 말했던 이른바 '민주 상대성 이론', '절대로

---

19 제18차 당대회에서 후진타오가 보고한 내용 가운데 다섯 번째 부분에 해당한다. "要堅持走中國特色社會主義政治發展道路和推進政治體制改革," ≪人民網≫, 2012. 11. 8.

서방 민주의 길을 걷지 않는다'라는 것과 차이가 있다.

자유·인권, 민주정치, 공평·정의는 세계의 보편적인 가치이며, 후진타오가 말한 "인류 문명의 유익한 성과"는 결코 동방과 서방의 구분이 없으므로 마땅히 적극적으로 참고해야 하는 범위에 속한다.

"서방 정치제도 모델을 그대로 답습하지 않는다"라는 말은 근본적으로 문제가 아니다. 모든 헌정 민주국가는 각자 역사와 문화의 차이로 인해 제도적 모델이 서로 다르다. 언어가 같고 인종이 같은 영국과 미국 두 국가도 제도적 모델은 확연히 다르다.

영국은 왕실을 계속 유지하고 있으며, 의회가 가장 막강한 내각제 국가다. 미국은 입법, 행정, 사법의 삼권이 분립된 대통령제 국가다. 또한 프랑스는 이원집정부제이며, 스위스는 위원제다. 진정한 자유·민주파는 아직 중국이 서방의 국가들 중에서 어느 특정 국가의 특정 제도 및 모델을 답습해야 한다고 주장한 적이 없다.

"인류 문명의 유익한 성과"라고 인정되는 자유·민주의 가치를 인정한다면 현대 문명국가의 헌정 민주의 길을 '사악한 길'이라고 보아서는 안 된다.

무엇이 사악한 길인가? 보시라이의 '충칭(重慶) 모델'[20]이 바로 사악한 길이며, 마오쩌둥의 '무산계급 독재하의 계속혁명'과 덩샤오핑의 '특권계급 독재하의 개혁·개방'을 합한 이중 악정이 '사악한 길'이다.

보시라이는 전 세계에서 가장 탐욕스러운 정객, 살찐 고양이, 투기학자 등을 자신의 편으로 흡수하면서 자신의 충칭 모델을 성원하도록 했다. 키신저는 무대에 올라 홍가(紅歌)를 불렀고, 우보슝(吳伯雄)은 보시라이를 '중국의 마잉주'라고 추켜세웠으며, 궈타이밍은 보시라이, 구카이라이(谷開

---

20 보시라이가 충칭시 서기로 재직할 당시 충칭시에서 일련의 정치적 목표를 실현하기 위해 추진한 정책을 의미한다. 그중에는 마피아 소탕 및 반부패 투쟁, 중국공산당의 전통적인 혁명 사상의 고취 등이 포함되었다. _옮긴이 주

來), 왕리쥔과 관련된 사건이 폭로된 후 충칭으로 급히 막차를 타고 가서 보시라이와 최후의 협약에 조인하고 사진 한 장을 함께 찍었다.

보시라이는 마오쩌둥, 덩샤오핑보다도 거리낌 없이 도리에 어긋나는 짓을 자행하므로 만약 보시라이의 충칭 모델이 전국으로 확대된다면 중국은 또 한 차례 대참사에 직면할 것이다.

충칭 모델의 기만성은 보시라이가 '이흑타흑(以黑打黑, 범죄·부패를 통해 범죄·부패를 제압하다)'으로 약탈해 수중에 넣은 대량의 자원 가운데 작은 몫을 떼어내어 백성의 민생 문제를 해결한 뒤 '충칭 소왕국(小王國)'이 다른 지방보다 공평하고 정의롭다고 부각시킴으로써 자신이 뇌물을 받고 법을 어긴 일들을 은폐하고 감추려 한 데 있다.

시진핑, 리커창 등은 반드시 경각심을 갖고 여기에 주목해야 한다. 왜냐하면 덩샤오핑 제국이 표면적으로 은폐시킨, 공정하거나 의롭지 못한 특권 횡행, 경찰과 강도의 결탁, 백성에 대한 기만과 압제가 보시라이의 '창홍타흑(唱紅打黑, 중국공산당·사회주의 예찬, 범죄·부패의 척결)'의 광범위한 시장을 잉태해서 낳았기 때문이다. 중국은 보시라이를 공개적으로 심판해야 하며, 덩샤오핑 제국의 특권계급 독재를 종식시켜야만 비로소 민심을 다시 얻을 수 있을 것이다.

한 명의 친구가 나에게 "마오쩌둥과 덩샤오핑은 폭군이었고, 장쩌민은 연극쟁이였으며, 후진타오는 선비였는데, 시진핑은 어떠한가? 그는 인민에게 접근하고 인민에게 친근감이 있다. 만약 시진핑이 중국을 자유민주, 공평·정의의 문명의 길로 끌고 간다면 현대 헌정 민주국가를 일으킨 지도자가 될 기회가 있을 것이다. 그가 이 역사적 기회를 잡을 것인지 여부를 앞으로 살펴봐야 할 것이다"라고 말했다.

마오쩌둥 제국은 실천 표준으로 마오쩌둥의 두 가지 범시를 돌파했기에 종식되었다. 하지만 안타깝게도 중국 인민은 아직 덩샤오핑이 자신의 두 가지 범시로 마오쩌둥의 두 가지 범시를 대신하는 것을 저지하지 못했다. 현재는 새로운 실천 표준으로 덩샤오핑의 두 가지 범시를 돌파하고 덩샤오핑 제국의 특권계급 독재를 종식시킬 때다.

과거 마오쩌둥 제국이 종식될 당시 중국공산당의 고급 간부 4000명이 '건국 이래 역사 문제에 관한 결의'에 대해 토론했다. 루딩이, 팡이 등의 중국공산당 원로들은 모두 두 가지 범시를 이미 부정한 마당에 마오쩌둥주의의 견지와 무산계급 독재의 견지를 더 이상 제기하지 말자고 했다. 하지만 덩샤오핑은 홀로 다수의 의견을 배척하면서 "조상은 내버릴 수 없다!"라고 견지했다. 덩샤오핑의 딸 덩난(鄧楠)은 자신의 아버지에게 "당신은 중국의 흐루쇼프가 될까 두려워하고 있군요"라고 말했다.

흐루쇼프와 고르바초프는 모두 중국공산당의 금기사항이다. 한 명은 조상을 내버렸고 나머지 한 명은 국가를 버렸기 때문이다. 이후 정치 개혁에까지 확장되어 금기사항이 되어 이른바 개혁을 하지 않으면 죽기를 기다려야 하지만 개혁을 하면 죽음을 스스로 초래하게 되었다. 죽음을 자초하는 것보다 기다리면서 죽는 것이 더욱 빨리 죽는다. 따라서 기다리면서 죽는 것이 죽음을 자초하는 것보다 낫다. 이것이 바로 6·4 학살 이후 정치 개혁을 거절한 유래다.

그러나 세계 역사상 민주개혁에 의거해 기사회생한 사례도 있는데, 바로 1980년대의 타이완이다. 1979년 미국은 타이완과 '단교, 철군, 조약 폐기'를 단행하고 덩샤오핑은 '1980년대 통일 시간표'를 제기했다. 이로써 미국과 중국은 손을 잡고 장징궈가 협상 테이블로 나오도록 압박을 가했다. 당시 미국 국무부의 관리들은 타이완이 길어봤자 4년 정도 생존할 수 있을 것으로 판단했다.

브레진스키는 자신의 저서 『대실패』에서 덩샤오핑에게 호응해 타이완이 중국 덩샤오핑의 상업적 공산주의 통치 아래에서 상업상의 자유를 계속

유지해야 한다고 주장했다.[21]

국민당은 그때 이미 사면초가 상태였는데, 미국의 배신, 덩샤오핑의 투항 권유, 타이완 내부의 자유민주운동의 고조, 계엄 통치 위협의 효과 감소 등으로 중국국민당 정권의 존망이 결정적인 시기에 도달했었다. 장징궈는 다음 같은 세 가지 종류의 선택을 할 수 있었을 뿐이다.

첫째, 미국의 '단교, 철군, 조약 폐기'와 덩샤오핑의 '통일 시간표'에 굴복하고 중국공산당과 평화 협의를 교섭하는 것이다.

둘째, 장제스의 철학인 '변하지 않음을 통해 모든 변화에 응한다(以不變應萬變)'를 계승하는 것이다. 이는 중국국민당 내부의 주된 경향이었다. 타이완으로 망명한 이 '공포 정권'은 30년 동안 유지되어왔는데, 장징궈는 만년에 병을 앓고 있었으므로 국면을 뒤로 미룰 수 있었다. 이로 인해 타이완에 불확실한 미래를 남겼다.

셋째, 시대의 조류와 인민의 의지를 따라 타이완이 독재 공포 정권 및 자신의 과거와 고별하고 자유민주의 새로운 길로 가도록 인도하는 것이다.

당시 만약 한 걸음이라고 잘못 내디뎠더라면 타이완은 지금 존재하지 않게 되었을 것이다. 이러한 세기의 게임에서 덩샤오핑은 승리에서 패배의 나락으로 떨어졌고, 타이완은 패배에서 승리를 거두었는데, 이는 모두 1980년대에 각자 마지막으로 몇 수를 둔 것이었다.

장징궈는 사망하기 전 마지막 1년 동안 계엄령을 해제하고 정당 금지와 보도 금지를 해제함으로써 타이완을 전 세계 제3차 민주화 물결 속으로 떠밀었다. 반면 덩샤오핑은 탱크를 수도로 들이닥치게 해서 자유민주를 쟁취하려 했던 젊은 학생들을 진압하고 후야오방·자오쯔양 시대에 이미 시

---

21 Zbigniew Brzezinski, *The Grand Failure: The Birth and Death of Communism in the Twentieth Century*(New York: Scribner, 1989).

작되었던 중국 민주개혁 진행 과정을 중단시켜버렸다.

그 이후 20여 년 동안 특권계급 독재의 테러와 부패는 중국을 뒤덮었다. 그 사이 말만 번지르르하게 개혁을 외치는 사람들도 적지 않았다. 특히 주룽지는 가장 그럴듯하게 연기했다. 그는 "부패에 반대하려면 몇 개의 관(棺)을 준비해둬야 하는데, 마지막 하나는 자신을 위해 준비해두기 바란다"라고 했고, "민주화는 촌민위원회부터 시작해 한 급씩 올라오며 선거를 한다"라고도 했는데, 모두 가짜 연극이었다. 그의 진정한 연기는 '경제 차르'로서의 모습을 선보인 것으로, 당시는 재산소유권을 중앙 정부에 고도로 집중시키고 국부민궁(國富民窮), 금융 부패, 불공불의(不公不義), 도농 간 빈부 격차의 양극화를 추진하면서 폭력에 의지해 안정을 유지했던 혼돈의 시기였다.

며칠 전 시진핑은 선전에서 "개혁·개방은 새로운 개척이 있어야 한다"라고 선포하며 대내 개방을 강조했다. '새로운 개척'은 바로 새로운 길을 여는 것이며, '대내 개방'은 곧 전국 인민의 생명력과 창조력을 방출해 경제·정치·문화의 전면적인 혁신을 실현하는 것인데, 모두 자유화 민주화의 제도 혁신으로부터 벗어날 수 없었다.[22]

타이완 모델은 정치를 혁신하는 것은 죽음을 초래하는 것이 아니라 오히려 기사회생하는 것임을 잘 보여준다. 민주화는 그렇게 복잡하고 두려워할 것이 아니다. 타이완은 정당 금지와 보도 금지를 해제하고 자유선거를 개방하는 데서 시작해 10년이 되지 않아 제도 전환을 실현했다.

일전에 나는 몽골의 울란바토르에서 개최된 '아시아에서의 민주'라는 주제의 국제회의에 초청을 받아 참석한 바 있다. 그 당시 일본의 학자 오가와 아키라(小川彰)는 다음과 같이 지적했다.

---

22 "習近平南巡: 創新是經濟成長動力," ≪中國時報≫, A11, 2012. 12. 10.

"타이완이 실현한 평화적 정권 교체의 역사적 의의는 베를린 장벽이 무너진 것에 비견된다. 1989년 베를린 장벽이 무너진 것은 서방 공산제국의 종말과 유럽에서의 민주의 보편화를 예시했다. 2000년 타이완에서 실현된 평화적 정권 교체는 동방 공산제국의 종말과 아시아에서의 민주의 보편화를 예시하는 것이다."[23]

또한 그는 일본의 '평화헌법'은 미국 점령군 사령관이었던 더글라스 맥아더(Douglas MacArthur)가 6일간 제정한 것으로, 지금까지 일본은 미국으로부터 제대로 자립하지 못하고 있기 때문에 완전히 독립된 정치 대국으로 볼 수 없으며, 한국에서의 민주도 동방의 전제국가[24]에 중대한 충격을 가져다주지 못했다고 논했다.

타이완에서의 민주가 전 세계적으로 주목을 받는 것은 자유민주국가와 최후의 공산 군사패권 제국이 대치하는 제일선에 타이완이 처해 있기 때문이다. 타이완에서 민주가 공고해질 것인가의 여부는 장차 미래 세계의 자유민주 역량이 공산 군사패권의 확장을 저지할 수 있을 것인지, 그리고 아시아에서 민주적 평화를 궁극적으로 실현할 수 있을 것인지를 결정하는 관건이 될 것이다.[25]

---

23 2000년 4월 26일 몽골 울란바토르에서 개최된 '아시아에서의 민주' 국제회의에서 일본 오카자키연구소(日本岡崎研究所)의 주임연구원 오가와 아키라가 했던 발언이다.

24 직접적으로는 중국, 즉 현재의 중화인민공화국을 지칭하며, 더 광범위하게는 북한, 즉 현재의 조선민주주의인민공화국을 포함한다. _옮긴이 주

25 한편 타이완에서는 덩샤오핑이 사망하기 1년 전인 1996년에 최초의 총통 민선이 실시되어 중국국민당의 리덩후이가 당선되었으며, 그 이후 2000년에 민주진보당의 천수이볜, 2008년에 중국국민당의 마잉주가 각각 총통으로 선발되었다. 한편 2016년 1월 16일 완료된 타이완 총통 선거의 개표 결과, 민주진보당의 차이잉원(蔡英文)이 최초의 여성 총통에 당선되어 8년 만에 정권교체를 다시 실현했다. 이는 자유와 민주주의가 타이완에서 완전히 정착된 것으로 평가받고 있다. 渡辺利夫, "民意の强靭性を證した台灣總統選: '大國'を牽制し國際社會の支持得る最大の力", ≪産經新聞≫, 2016. 1. 19, http://www.sankei.com _옮긴이 주

옮긴이 후기

"우리의 적은 결코 스스로 소멸할 리가 없다."

(敵人是不會自行消滅的)

— 毛澤東,「將革命進行到底」

"민주는 우리의 목표이지만, 국가는 반드시 안정을 유지해야 한다."

(民主是我們的目標, 但國家必須保持穩定)

— 鄧小平,「壓倒一切的是穩定」

"인민의 이익을 위배하면 우리 공복들은 곧 역사에서 도태될 것이다."

(違背了人民的利益, 我們這些公僕就會被歷史所淘汰)

— 習近平,「一切爲民者, 則民向往之」

이 책을 한국에 소개하게 된 계기는 머릿속으로 우연히 그려본 하나의 가설, 즉 '중화권(중국 대륙, 타이완, 홍콩, 마카오, 싱가포르)의 연구자들 중에 현재의 중국정치를 덩샤오핑 시대의 연속이라고 간주하는 관점을 가진 사람이 적어도 한 명은 있을 것이다'라는 학술적 판단 때문이었다. 덩샤오핑은 1997년에 사망했지만 이 가설이 맞는다면 그 이후의 이른바 제3대 장쩌 민, 제4대 후진타오까지를 덩샤오핑 시대의 연속이라고 간주하면서 거시 적인 차원에서 제5대 시진핑 시대의 출범과 그 향배를 평가할 것이다.

일반적으로 덩샤오핑은 제2대 핵심으로 알려져 있지만, 1921년 7월 1일 상하이에서 중국공산당이 창당되었을 때 덩샤오핑은 프랑스 파리에서 낮 에는 공장에서 노동자로 일하고 밤에는 공부하는 근공검학(勤工儉學) 중이 었다. 그리고 1923년 6월 저우언라이 등과 함께 중국공산주의청년단(中國 共産主義靑年團) 유럽 지부의 지도자였을 뿐만 아니라 중국인민해방군의 전신에 해당하는 홍군(紅軍)의 초창기 지도자로서 활약했기 때문에 사실상 그는 마오쩌둥과 똑같은 제1대 지도자로 볼 수도 있다.[1] 따라서 덩샤오핑 시대는 중국공산당의 창당 시기부터 시작해 거꾸로 마오쩌둥 시대를 포함 해 현재까지 계속되고 있다고 할 수도 있다.

이러한 관점에서 덩샤오핑 시대는 비단 마오쩌둥 시대 이전의 현대 중 국정치를 관통하고 있을 뿐만 아니라 마오쩌둥 시대와 그 이후 현재의 시 기까지 일관되게 영향을 미치고 있다고 할 수 있다. 다시 말해 덩샤오핑을 제대로 알지 못하면 현대 중국정치의 과거와 현재 및 그 향배를 정확하게 이해할 수도 없고 현실적으로 전망할 수도 없다는 결론이 자연스럽게 도출 된다. 이러한 가설하에 나는 시간을 충분히 할애해 전체 중화권의 관련 서 적들을 점진적으로 살펴보기 시작했다. 그러던 중에 타이완에서 출간된 이 책을 마침내 찾아냈다.

무엇보다 이 책의 저자 란밍의 경력을 살펴보면서 이 책이 지닌 학술적 · 정책적 · 연구사적 의미를 잘 파악할 수 있었다. 란밍은 중국공산당 총서

---

1 덩샤오핑은 자신을 마오쩌둥과 대비해 제2대라고 일컫기도 했다. 그렇지만 덩샤오핑이 제1대 지도부 가운데 가장 젊은 연령대의 일원이었다는 점에 유의할 필요가 있다.

기 후야오방의 책사형 비서로서 이른바 덩샤오핑 제국의 형성 과정을 직접 체험하고 목격했을 뿐만 아니라 이후 미국으로 건너가 하버드대, 프린스턴대 등에서 연구와 강의를 하면서 학문적인 식견을 쌓았다.

또한 그는 장제스의 장남으로 덩샤오핑과 함께 모스크바 중산대에서 공부했던 중국국민당의 지도자 장징궈 등과 유기적인 관계를 맺는 것은 물론, 타이완 민주진보당의 지도자로 총통에 오른 천수이볜의 국책고문으로 활동한 사람으로, 이른바 양안의 삼당(三黨, 대륙의 중국공산당, 타이완의 중국국민당 및 민주진보당)에 모두 참여해 공헌했다. 이를 통해 볼 때 이 책의 저자는 실사구시적인 지식인이자, '정무·당무·국무 감각'을 지닌 뛰어난 참모이자, 중화권 전체를 아울러 지행일치(知行一致)를 중시한 대문장가라고 할 수 있다. 그의 삶 자체가 현대 중국 정치의 역동적인 궤적을 대변하고 있다고 해도 과언이 아닐 것이다.

이 책은 덩샤오핑의 주도 아래 '마오쩌둥 제국'을 포괄적으로 계승하면서도 이를 비판적으로 발전시킨 '덩샤오핑 제국' 30년의 전체 양상과 열띤 논쟁을 담아내고 있다. 특히 덩샤오핑 제국을 일부 계승하면서도 이를 발전적으로 승화시키려 했던 후야오방의 정치적 고뇌와 정책적 노력을 생동감 있게 묘사하면서, 그동안 국내에 잘 알려져 있지 않았던 덩샤오핑의 정치적 책모와 개혁·개방 이후 현대 중국정치사의 복잡한 이면을 잘 보여주고 있다. 결론적으로 후야오방의 비서이기도 했던 저자는 덩샤오핑 제국을 개방적인 형태의 새로운 노예제도라고 일갈하며, 이에 대한 비판적 독해를 제시하고 있다.

한편 1987년 3월 3일 조지 슐츠 미국 국무장관과의 대담 중에 덩샤오핑은 당시 해외 언론에서 언급하고 있던 바와 같이 자신을 개혁파로 본다면 개혁파라고 할 수도 있고, 보수파로 본다면 보수파라고 할 수도 있지만, "사실은 개혁파도 아니고 보수파도 아니다. 비교적 정확하게 말하자면 나는 실사구시파다"라고 논한 바가 있다. 즉, 그는 '정치 보수파'와 '경제 개혁파'라는 두 개의 얼굴을 함께 지닌 야누스적인 정치가였던 것이다.[2] 이와 함께 '덩샤오핑 제국 30년'에 대한 평가에서는 마오쩌둥과 마찬가지로 덩샤오핑 역시 문무(文武)를 동시에 겸비한 현실주의자였다는 측면에 주목할 필요가 있다.

이러한 맥락에서 덩샤오핑이 '덩샤오핑 제국' 아래에서 정치 영역과 경제 영역 간의 변증법적 수렴과 복합적인 발전을 염두에 두었으며, 거시적인 차원에서 경제 정책의 정치 이데올로기적 의미를 심도 있게 사유했던 측면을 간과해서는 안 된다. 다시 말해, 고도의 정치적 민감성 및 감별력에 입각한 덩샤오핑의 관점에서 볼 때 경제 문제는 사실상 하나의 정치 문제였다. 이는 "정치의 각도에서 경제를 논하고, 경제를 장악해서 정치를 실현하며, 정치와 경제를 하나로 융합시키는 것"[3]이었다.

이로부터 볼 때 현재의 중국 지도부는 덩샤오핑 서거 20주년인 2017년 중국공산당 제19차 당대회의 개최를 앞두고 덩샤오핑, 장쩌민, 후진타오 시기부터 계승되어온 덩샤오핑 제국의 기존 정책 노선을 어떻게 수렴하고 어떻게 창조적으로 발전시켜 나아갈 것인가 하는 실사구시적인 과제를 안고 있다. 좀 더 구체적으로 논하면 시진핑 중국 국가주석이 '마오쩌둥 사상'을 비판적으로 계승한 이른바 '덩샤오핑 이론'의 사상전선을 대국적인 차원에서 어떻게 창조적으로 돌파하고 '중국의 꿈(中國夢)'을 실현할 수 있을

---

2   矢吹晋, 『鄧小平』(東京: 講談社, 2003), pp. 122~123.

3   範印華, "努力提高政治鑑別力和政治敏銳性: 六淡領導幹部一定要講政治," 中國人民解放軍總政治部宣傳部·解放軍報編輯部 編, 『劃淸在重大原則問題上的基本界限』(北京: 人民出版社, 1996), p. 114. 경제 영역에서의 돌파를 통해 정치 문제와 사회 문제를 해결한다는 덩샤오핑의 사고방식은 그의 다음과 같은 글에서도 확인된다. 鄧小平, "關於經濟工作的幾點意見(1979年10月4日)", 中國共産黨中央宣傳部 編, 『鄧小平論社會主義精神文明建設』(北京: 學習出版社, 1996), p. 121.

것인지가 향후 덩샤오핑 제국의 역사적 발전 궤적을 결정하는 중대한 변수가 될 것이다.

따라서 이 책이 전하고 있는 내용을 비판적으로 해석한다면 덩샤오핑 제국의 향후 발전 양상과 이러한 발전이 동북아시아 정세에 미칠 영향을 입체적으로 파악할 수 있을 것이다. 요컨대 덩샤오핑 제국 30년의 궤적을 면밀하게 살펴봄으로써 현대 중국정치의 과거, 현재, 그리고 미래 흐름을 읽어낼 수 있을 뿐만 아니라, 향후 중국의 정치적 향배를 예측하고 정책적으로 대비하는 데 유용한 디딤돌이 될 수 있을 것이다.

무엇보다 어려운 여건 속에서도 이 책이 세상에 나올 수 있도록 물심양면으로 지원해준 한울엠플러스의 김종수 사장님을 비롯한 모든 분들에게 진심으로 감사의 말을 전한다. 또한 이 책에는 '보론 2'와 '보론 3'을 추가로 게재했다. 해당 글은 저자가 2012년 11월 중국공산당 제18차 당대회가 개최되기 이전 이 책의 '한국어판 서문'을 집필하면서 '덩샤오핑 제국 30년'의 발전 흐름과 향후 중국정치의 향배를 조망하며 함께 전해준 것이다. 필자의 요청을 흔쾌히 수락해준 저자에게 진심어린 사의를 전한다.

마지막으로 바쁜 일정 가운데에서도 일반 독자의 입장에서 번역 원고의 내용을 분담해서 읽고 소중한 조언을 해준 한반도아시아국제관계연구회의 이동건(서울대 법학전문대학원 박사과정), 김동욱(서울대 정치외교학부 정치학전공 졸업), 손하늘(서울대 정치외교학부), 백승헌(서울대 경제학부), 홍주표(서울대 노어노문학과) 등 여러 후배에게도 진심어린 고마움을 전한다.

2016년 2월
덩샤오핑 서거 19주년에 즈음해
이용빈

지은이 **롼밍**(阮銘)

중국 상하이 출생(1931)
중국공산당 가입(1946)
옌징대(燕京大, 베이징대의 전신) 입학(1948)
중국공산주의청년단 중앙위원회 후보위원(1957)
베이징일보(北京日報) 문교부 부주임 및 이론부 주임(1958~1961)
중국공산당 중앙선전부 소속으로 업무에 종사함(1961~1967)
닝샤회족자치구(寧夏回族自治區) 허란현(賀蘭縣) 농장으로 하방됨(1967~1973)
중국공산당 중앙당교 학술위원회 위원 겸 이론연구실 부주임(1977)
중공중앙(中共中央) 제5호 문건의 기초를 주관함(1984)
중국공산당 당적 박탈(1985)
미국 하버드대, 콜럼비아대, 미시건대 등에서 방문연구 및 강의(1988)
프린스턴대 동아시아학과 'Princeton China Initiative'에서 연구(1990)
타이완(중화민국) 단장대(淡江大) 대륙연구소 방문연구원(1997)
타이완(중화민국) 국적 취득(2002)
타이완(중화민국) 총통부(總統府) 국책고문(國策顧問)(2004~2006)
현재 미국과 타이완(중화민국) 등 해외에서의 중국 민주화운동에 참여

저서: 『歷史轉折點上的胡耀邦』(1991), 『中共人物傳』(1994), 『民主在台灣』(2000), 『歷史的錯誤:
美中台關係探源』(2006), 『我看台灣人與台灣』(2009) 외 다수

옮긴이 **이용빈**

한국지도자육성장학생
중국 베이징대 국제정치학과 대학원 수학
서울대 외교학과 대학원 수료, 서울대 국제문제연구소 간사 역임
미국 하버드대 HPAIR 연례 학술대회 참석(서울대 대표: 안보 분과)
이스라엘 크네세트(국회), 미국 국무부, 중국국민당, 일본 게이오대 초청방문
중국공산당 중앙당교, 타이완 국립정치대(NCCU), 홍콩중문대(CUHK) 학술방문
중국 '시진핑 모델(習近平模式)' 전문가위원회 위원(專家委員會委員)(2014. 11~)

저서: *China's Quiet Rise: Peace through Integration*(공저, 2011) 외
역서: 『시진핑』(2011, 아시아·태평양출판협회(APPA) 2012년도 출판상 수상), 『중국의 당과
국가: 정치체제의 궤적』(2012), 『현대 중국정치』(제3판, 2013), 『마오쩌둥과 덩샤오핑의 백년
대계』(2014), 『중국인민해방군의 실력: 구조와 현실』(2015), 『중난하이: 중국 정치와 권력의
심장부』(2016), 『현대 중국의 정치와 관료제』(근간) 외

한울아카데미 1871

덩샤오핑 제국 30년

지은이 **롼밍** ｜ 옮긴이 **이용빈** ｜ 펴낸이 **김종수** ｜ 펴낸곳 **한울엠플러스(주)** ｜ 책임편집 **신순남**

초판 1쇄 인쇄 **2016년 2월 5일** ｜ 초판 1쇄 발행 **2016년 2월 19일**

주소 **10881 경기도 파주시 광인사길 153 한울시소빌딩 3층** ｜ 전화 **031-955-0655** ｜ 팩스 **031-955-0656**
홈페이지 **www.hanulmplus.kr** ｜ 등록번호 **제406-2015-000143호**

Printed in Korea.
ISBN 978-89-460-5871-2 93910(양장)
　　　978-89-460-6127-9 93910(반양장)
* 책값은 겉표지에 표시되어 있습니다.